묵시는 박탈당한 이들, 중심부에서 밀려난 이들에게서 비롯되었다는 것이 이제까지 합의된 견해였다. 쿡의 연구는 이러한 상식에 맞선다. 전혀 주변부이지도 않았고 때로 정치권력까지 지닌 채 묵시 프로그램을 실행한 집단들에 대한 여러 예를 들면서 쿡은 묵시의 기원이라 할 수 있는 "원묵시" 본문들을 세밀하게 다루고 구약성서의 원묵시가 페르시아와 같은 외래문화에서 영향을 받은 것이 아니라 유대 사회의 중심부 제사장 집단에 의해 형성되었음을 보인다. 페르시아로부터의 영향을 완전히 부정할 수도 없고, 묵시와 극심한 박해의 연관도 부정할 수 없으며, 에스겔서, 스가랴서, 요엘서에 대한 분석 역시 달리 볼 여지도 있겠지만(가령 에스겔서와 스가랴서는 유대 사회에서는 중심부이되 당시 이스라엘이 처한 국제 정세 안에서는 철저하게 주변부에 위치하여 그 존재 자체가 흔들렸던 집단에 속한다), 쿡의 연구는 일반적인 상식이나 선입견, 교리 같은 것에 얽매이지 않은 채 본문 자체를 차근차근 들여다보는 것이 성서학의 가장 근본적이고 핵심적인 자세임을 명확히 보여준다. 그리고 이 책은 영원불변한 하나님의 말씀만을 선포하는 것 같은 성서 본문의 이면에 생생한 현실 사회와 그 사회 내부의 갈등과 희망이 반영되어 있음을 보여준다는 점에서, 구약 본문을 읽을 때 본문에 근거하여 더 풍성한 상상력이 우리에게 필요하다는 점도 일러준다.

김근주 기독연구원 느헤미야 학술부원장

『예언과 묵시』는 얇지만 다소 전문적인 책으로, 구약성서의 묵시 문서인 다니엘서와 신약성서의 묵시 문서인 요한계시록을 이해하는 데 요긴한 통찰을 제공한다. 이 책은 묵시 문학적 본문(겔 38-39장; 슥 1-8장; 요엘서 등)의 기원에 대한 학설을 설정함에 있어 기존 학계의 세 가지 오류 혹은 결핍을 바로잡아주려고 한다. 첫째, 예언과 묵시를 과도하게 구분한 채 예언에 비해 묵시의 가치를 깎아내렸던 연구 경향(율리우스 벨하우젠)을 비판한다. 둘째, 묵시 사상이 페르시아 종교의 영향으로 파생된 외래 사상이라고 보는 연구 경향(페르시아 가설주의자들)을 비판한다. 셋째, 묵시 문서의 이스라엘 기원은 인정하되 종교 권력 투쟁에서 패배한 박탈 집단에서 묵시 사상이 유래했다고 주장하는 연구 경향(막스 베버, 칼 만하임, 폴 핸슨)도 비판한다. 반면에 쿡은 바빌로니아 포로기 이후 예루살렘 성전의 권력을 쥔 중심 세력의 천년왕국 희구적 종말론으로부터 묵시 사상이 유래했다고 주장한다. 책의 많은 부분에 등장하는 여러 학설과 학자들의 논쟁 때문에 글의 흐름을 놓치기 쉬우므로, 독자들은 바로 에스겔 38-39장, 스가랴 1-8장, 그리고 요엘서의 묵시 사상적 면모를 음미하는 편이 더 낫다. 묵시는 예언을 믿는 예루살렘 성전 제사장들이 이스라엘 백성을 영적으로 인도하려고 산출한 영감된 사상이다. 하나님으로부터 오는 급진적인 역사 개입을 열망하는 하나님 자녀들의 희망과 분투가 이 묵시 사상 속에 갈무리되어 있다. 인내를 갖고 성서 본문을 찾아가면서 읽다 보면, 하나님의 부재로 인한 영적 황무함을 뼈저리게 느끼는 오늘날 독자들에게 묵시 문학적 전망이 요청된다는 것을 알 수 있다. 묵시 문학은 역사로부터의 도피를 조장하기보다는 하나님의 임박한 간섭을 갈구하고 촉발시키는 역사 참여적 신앙을 장려한다.

김회권 숭실대학교 기독교학과 구약학 교수

예언과 묵시 현상의 관계는 설명하기 어려운 분야 중 하나다. 현대 영미 신학계에서 묵시 문학 연구의 탁월한 권위자 중 하나인 스티븐 L. 쿡은 묵시 현상이 사회적 소외 집단의 박탈감에서 시작되었다는 기존의 사회학적 묵시 문학 이론을 해체하고 해방시키는 구원자 역할을 자처한다. 저자는 묵시 문헌에 해당하는 여러 구약 본문을 상호본문성과 사회과학적 접근 방법을 사용하여 분석함으로써 묵시 문헌의 기원이 이스라엘의 신학적 주류 집단에서 태동되었다는 점을 설득력 있게 논증하고 있다. 묵시 문헌이 단순히 소외 계층의 산물이 아니라 사회 중심부 제사장 계층의 산물이라는 그의 결론은 공감과 동의를 얻어내기에 충분하다. 이 책은 사회학적 맥락에서 예언과 묵시의 관계를 새롭게 설정해주는 이정표로서 곱씹어 공부할 만한 가치가 있다. **류호준** 백석대학교 신학대학원 구약학 교수

『예언과 묵시』는 구약성서 묵시 문학의 이해에 있어 획기적인 방향 전환을 이루고 있다. 먼저, 묵시 사상이 소외되고 박탈당한 계층으로부터 출현한 것이 아니라 도리어 사회의 중심부에 위치한 계층에서 기원하였음을 밝힌다. 둘째, 묵시 문학의 주인공들이 예언자들에만 국한된 것이 아니라 제사장들까지 포함된 포로기 이후의 관료 집단이었음을 주장한다. 셋째, 이스라엘의 묵시 사상이 외래로부터의 유입이나 성서 전승의 돌연변이가 아니라 토착 기원을 지니며 성서 전승에 능통한 제사장들의 작품임을 갈파한다. 본서는 묵시 문학 연구에 있어 종말론적 갈등과 파괴의 요소에 집중하던 성서 주석가들의 관심을, 묵시 기원의 재발견을 통해 사회적 일치와 연합 그리고 질서의 사회 개혁 프로그램으로 돌리고 있다는 데 큰 의의가 있다. **안근조** 호서대학교 구약학 교수

스티븐 L. 쿡은 자신의 예일 대학교 박사 학위 논문에서 시작한 사회학적 연구 방법론에 입각해 묵시 문학에 관한 연구를 지속적으로 수행해왔다. 이 책에서 그는 묵시 문학의 전통적인 접근 방법인 박탈 이론을 반박하면서 에스겔서, 스가랴서, 요엘서에 나타난 원묵시 문학을 더욱 통전적이고 심도 있게 분석하여 묵시 문학의 기원에 대한 새로운 관점을 제공해주고 있다. 폴 D. 핸슨 및 존 J. 콜린스 이후 주춤하던 묵시 문학 연구에 다시 활력을 불러일으킨 그의 책을 기쁜 마음으로 추천한다.

유윤종 평택대학교 피어선신학전문대학원 구약학 교수

아주 반가운 묵시 문학 연구서가 우리말로 출간되었다. 지금까지는 묵시 사상을 박해와 궁핍을 치료하기 위한 극복 메커니즘으로 보는 견해가 지배적이었다(대표적인 학자로 오토 플뢰거나 폴 D. 핸슨 등이 있다). 즉 묵시 사상이나 묵시 문학을 지배 계층에 의해 소외당한 피지배 계층이나 권리를 박탈당한 집단의 저작으로 이해했던 것이다. 묵시 집단이 박탈로부터 출현했다는 주장 때문에 이를 소위 박탈 이론이라고 부른다. 그러나 이 이론은 지나치게 사회적 갈등에 근거한 이론적 재구성이라는 약점이 있다. 이 책은 기존 학계를 지배해온 박탈 이론에 대해 논리적 반격을 가하면서 묵시 문학이 오히려 권력을 쥔 제사장 집단에서 기원한 작품임을 논증하면서 묵시 문학이 지배 계층의 이념적 이데올로기라고 주장한다. 묵시 사상에 대한 새로운 시각을 제시해주는 이 책이 지금이라도 우리에게 소개되는 것이 얼마나 반가운지 모른다. 묵시 문학을 새롭게 바라보고 이에 대해 균형을 잡는 데 이 책이 큰 도움이 될 것으로 믿어 의심하지 않는다. **차준희** 한세대학교 구약학 교수

성서 본문의 사회적 정황에 대한 이해는 본문에 숨을 불어넣는 것과 같으며, 이런 작업은 본문의 내용과 의미를 당대와 우리 시대에 생생한 모습으로 드러나게 한다. 스티븐 L. 쿡은 이 책을 통해 구약 성서의 묵시 사상을 태동시키고 발전시켰던 천년왕국 집단에 관한 견해를 설득력 있게 제시한다. 그는 본문에 대한 사회학적·전통사적 접근을 통해 묵시 사상이 광범위한 박탈에 대한 대응으로 주변부 비밀 집단이 저술한 작품이 아니라, 포로기 이후 중심부에서 활동했던 사독계 제사장 집단에서 생성된 천년왕국 프로그램이라는 점을 분명하게 제시한다. 이를 통해 독자들은 묵시 집단의 사회학을 이해하게 될 뿐만 아니라 묵시 본문들(겔 38-39장; 슥 1-8장; 요엘서)이 시대와 사상의 옷을 입고 생생하게 다가오는 것을 체험하게 될 것이다.

하경택 장로회신학대학교 구약학 교수

스티븐 L. 쿡의 『예언과 묵시』는 사회학적 방법론과 본문의 문학적 읽기를 통해 폴 D. 핸슨 등의 기존 방법론을 뒤집어엎음으로써 묵시 문학 연구의 한 획을 그은 것으로 평가받는 명저다. 기존 학자들이 포로기 이후 유다 사회의 종교 권력 중심부에서 밀려난 주변부에서 묵시 문학이 기인했다고 보는 단순한 이분법적 시선에 근거했다면, 쿡은 포로기 이후 유다 사회 내 권력 구조의 복합성에 주목한다. 묵시 운동과 같은 사회적 움직임이 반드시 사회의 위기나 전복 세력에 의해 일어나는 것은 아니라는 사회학적 이론에 근거해, 쿡은 원묵시 사상을 배태하는 몇몇 본문을 세밀하게 분석하여 이 움직임이 페르시아에서 귀환하여 사회의 주류 세력으로 자리매김한 주류 계열에 의해 다양한 모습으로 전개되었다는 새로운 가설을 제시한다. 이 책은 출간된 지 20년이 지났지만, 여전히 묵시 문학 연구의 이정표 역할을 하는 필독서다. 난해한 내용을 깔끔하게 번역해낸 역자 이윤경 교수의 노고에 감사를 전하고, 이토록 높은 학문적 가치를 지닌 성서학 전문 도서를 번역해 출간하기로 결정한 새물결플러스의 용단에 박수를 보낸다.

홍국평 연세대학교 신과대학 구약학 교수

쿡 박사는 포로기 이후 성전 제의 신학이 지닌 명백한 종말론적 관점을 보여줌으로써 이를 이해하는 풍성한 자료를 제공해준다.

엘런 F. 데이비스 듀크 대학교 성서와 실천신학 교수

이 책은 학계에서 현재 합의된 견해의 주요 대안을 제시해준다. 아울러 이 분야의 모든 이후 연구는 이 책을 반드시 중요하게 취급하게 될 것이다.

로버트 R. 윌슨 예일 대학교 구약학 교수

성서 연구에 있어 지나치게 단순화된 사회 구성주의 이론을 정교하게 다듬는 데 반드시 기여할 책이다. 이를테면 사회 계층의 목소리와 묵시 문학 내 목소리를 동일시하거나 곧바로 관련짓는 것과 같이, 소위 계층 이론을 잘못 이해한 이들이 저지르기 쉬운 특정 실수를 바로잡는 데 도움이 될 것이다. 계몽주의 이후의 학계를 불편하게 만들었지만, 역사적으로 다양한 이념에 사용되어온 묵시 문헌을 발전시킨 이들을 "박탈당한 자들"로 한정하는 배타적인 주장은 이제 유효하지 않다.

고(故) 베벌리 W. 해리슨 유니온 신학교 사회윤리 교수

Prophecy & Apocalypticism
The Postexilic Social Setting

Stephen L. Cook

한국구약학연구소 총서 002

예언과 묵시

포로기 이후 묵시 사상에 대한 사회학적 연구

스티븐 L. 쿡 지음 | 이윤경 옮김

차례

머리말

20세기가 끝나고 새 천 년이 시작되면서 대중과 학계는 성서와 묵시 사상(apocalypticism)에 대한 관심을 재개할 수밖에 없었다. 불행히 도 성서 묵시 사상의 특성과 기원에 대한 학자들의 합의가 현재까지 도 이뤄지지 않고 있다는 분명한 약점이 있다. 따라서 이에 대한 비 평적 해석이 계속 방해받는 실정이다. 사실상 현 상황에서는 성서 묵 시 사상에 관한 오늘날의 주류 해석이 특히 문제가 되는데, 이 견해 는 묵시적 종말론이 소외된 주변 계층이나 권리를 박탈당한 집단 사 이에서 나타났다고 본다. 이런 일반적인 주장은 묵시 집단이 박탈 (deprivation)로부터 출현했다고 보는 사회학 이론과 결부되어 있다. 박탈 이론은 현재 인기를 누리고 있지만, 사회학이나 인류학 자료와 모순되며 중요한 성서 텍스트들을 설명해낼 수 없다.

이 책에서 나는 박탈 이론의 실패를 지적하고 이스라엘 묵시 사상 의 발달에 관한 기존 이해의 대안이 되는 사회학적 해석을 제시하고 자 한다. 2장에서는 이런 노력의 방법론적·사회학적 토대를 설명하 면서 묵시 사상을 정의하고 박탈 이론을 비판하고자 한다. 3장에서는 박탈 이론에 기반을 둔 모델이 아니라 대안이 되는 사회학적 틀을 체 계적으로 세워보고자 한다. 이 틀을 통해 권력 집단을 포함해 훨씬 더 광범위한 영역의 천년왕국 집단을 설명해낼 수 있다. 본 연구는 권력을 쥔 묵시 집단을 검토함으로써, 포로기 이후 이스라엘 사회의 중심부에서 나온 것으로 보이는 성서의 묵시 문헌을 해석하기 위한 이해를 증진하고자 한다.

4-6장은 권력을 쥔 천년왕국 집단에 대한 조사를 에스겔서, 스가랴서, 요엘서에 있는 원묵시(proto-apocalyptic) 문학 단락을 재검토하는 데 적용해보고자 한다. 이 연구를 통해 이러한 단락과 관련된 이면 집단의 기원, 사회학, 역사에 대해 부적절하게 제기된 질문들을 살펴보고자 한다. 각 단락에 대한 텍스트의 원묵시 장르, 제사장 문서 중심의 관용어구, 그리고 유래를 밝히고자 한다. 이 결과를 종합해보면 세 텍스트의 원묵시적 특징 및 제사장들과 관련된 특징은 단일한 사회적 배경의 두 차원을 보여준다. 다시 말해 박탈 이론과는 정반대로 에스겔 38-39장, 스가랴 1-8장, 요엘서는 당시에 권력을 쥔 제사장 집단에서 기원한 성서의 원묵시 문학을 대변한다.

마지막 장은 에스겔 38-39장, 스가랴 1-8장, 요엘서 내 원묵시 단락과 관련된 중심부 집단의 사회적 배경에 대한 연구 결과를 요약하고 이 결과를 통해 도출된, 더 광범위한 의미를 설명하고자 한다.

나는 이스라엘 묵시 사상의 기원 문제에 관한 이 연구를 수행하는 동안 도움과 지지를 받았던 몇몇 인물에게 감사를 표하고자 한다. 무엇보다도 먼저 스승이신 예일 대학교의 로버트 R. 윌슨(Robert R. Wilson)의 지도와 아낌없는 지지에 큰 감사를 드린다. 엘렌 F. 데이비스(Ellen F. Davis)와 솔 M. 올얀(Saul M. Olyan)의 통찰력 있는 논평과 제안도 이 연구에 큰 도움이 되었다. 아울러 글쓰기와 문체에 대한 존 슈나이더의 전문가적 조언에 감사를 드린다.

개인적인 차원에서 나는 부모님이신 윌리엄 헨리 쿡(William Henry

Cook) 박사 부부의 끊임없는 사랑과 긴 세월 보여주신 지지에 감사드린다. 그분들은 내게 최고의 부모이셨다. 또한 내가 이 연구를 진행하던 기간 중에 갑작스럽게 돌아가신 장인어른 아서 레이 제이콥스(Arthur Ray Jacobs) 박사의 배움에 대한 헌신과 굳은 의지로부터 영감을 얻었음을 밝히고자 한다. 무엇보다도 우리가 예일에서 대학원 시절을 함께 보내는 동안 아내 캐서린 엘리자베스 쿡(Catherine Elizabeth Cook)이 보여준 용기, 사랑, 유머에 감사를 전한다. 캐서린은 이 책을 준비하는 데 도움을 주었을 뿐만 아니라 내가 삶의 묵시적 혼돈에서 벗어나 본 연구에 몰두할 수 있도록 도와주었다. 캐시! "어딘가에 새로운 세상이 있을 거야. 누군가는 약속의 땅이라고 부르겠지. 당신이 내 손을 잡고 있다면, 언제가 나는 거기 거하게 될 거야"(The Seekers, *I'll Never Find Another You* 중에서 인용함).

1Q, 2Q, 3Q, etc.	Numbered caves of Qumran, yielding written material
1QH	*Hôdāyôt* (*Thanksgiving Hymns*) from Qumran Cave 1
1QM	*Milhāmāh* (*War Scroll*)
1QS	*Serek hayyahad* (*Rule the Community* [*Manual of Discipline*])
1QSa	Appendix A (*Rule of the Congregation*) to 1QS
1QSb	Appendix B (*Blessings*) to 1QS
4QMMT	*Miqsat Ma'aseh Torah* from Cumran Cave 4
AB	Anchor Bible
ANEP	*The Ancient Near East in Pictures*. Ed. James B. Pritchard. 2d ed. Princeton, N.J.: Princeton University Press, 1969.
ANET	*Ancient Near Eastern Texts Relating to the Old Testament*. Ed. James B. Pritchard. 3d ed. Princeton, N.J.: Princeton University Press, 1969.
ATD	Das Alte Testament Deutsch
BA	*Biblical Archaeologist*
BASOR	*Bulletin of the American Schools of Oriental Research*
BHS	*Biblia Hebraica Stuttgartensia*. ED. K. Elliger and W. Rudoph. Stuttgart: Deutsche Bibelgesellschaft, 1977.
Bib	*Biblica*
BJRL	*Bulletin of the John Rylands University Library of Manchester*
BKAT	Biblicher Kommentar: Altes Testament

BR	*Biblical Research*
BWANT	Beiträge zur Wissenschaft vom Alten und Neuen Testament
BZAW	Beihefte zur ZAW
CAT	Commentaire de l'Ancien Testament
CB	Cambridge Bible for Schools and Colleges
CBC	Cambridge Bible Commentary
CBQ	*Catholic Biblical Quarterly*
CD	Cairo (Genizah text of the) *Damascus (Document)*
CTA	*Corpus des tablettes en cunéiformes alphabétiques dé couvertes à Ras Shamra-Ugarit de 1929 à 1939*. ED. A. Herdner. Mission de Ras Shamra 10. Paris: Imprimerie Nationale, 1963.
Eng.	English Bible Text
ErIsr	Eretz Israel
FB	Forschung zur Bibel
FOTL	The Forms of the Old Testament Literature
HAR	Hebrew Annual Review
HAT	Handbuch zum Alten Testament
HR	*Histoty of Religions*
HSM	Harvard Semitic Monographs

약어

HSS	Harvard Semitic Studies
HUCA	*Hebrew Union College Annual*
IB	*The Interpreter's Bible.* 12 vols. Ed. G. A. Buttrick, et al. Nashville: Abingdon, 1951–1957.
ICC	International Critical Commentary
IDB	*The Interpreter's Dictionary of the Bible.* 4 vols. Ed. G. A. Buttrick. Nashville: Abingdon, 1962.
IDBSup	*Supplementary* volume to *IDB*
IEJ	*Israel Exploration Journal*
Int	*Interpretation*
JAAR	*Journal of the American Academy of Religion*
JB	Jerusalem Bible
JBL	*Journal of Biblical Literature*
JETS	*Journal of the Evangelical Theological Society*
JTS	*Journal of Jewish Studies*
JNES	*Journal of Near Eastern Studies*
JQR	*Jewish Quarterly Review*
JSOT	*Journal for the Study of the Old Testament*
JSOTSup	Journal for the Study of the Old Testament Supplement Series
JSS	*Journal of Semitic Studies*
JTS	*Journal of Theological Studies*
KAT	Kommentar zum Alten Testament

KJV	King James Version
KTU	*Die keilalphabetischen Texte aus Ugarit einschliesslich der keilalphabetischen Texte ausserhalb Ugarits.* Ed. M. Dietrich, O. Loretz and J. Sanmartin. Kevelaer: Butzon & Bercker, 1976.
LXX	Septuagint
MT	Masoretic Text
NAB	New American Bible
NASB	New American Standard Bible
NCBC	New Century Bible Commentary
NEB	New English Bible
NICOT	New International Commentary on the Old Testament
NIV	New International Version
NJPS	The new Jewish Publication Society of America translation: *TANAKH*
NRSV	New Revised Standard Version
OBT	Overtures to Biblical Theology
Or	*Orientalia*
OTL	Old Testament Library
OTS	*Oudtestamentische Studiën*
OTWSA	*Die Ou Testamentiese Werkgemeenskap in Suid-Afrika*

RB	*Revue biblique*
RelSRev	*Religious Studies Review*
RGG	*Religion in Geschichte und Gegenwart*
RSV	Revised Standard Version
SB	Stuttgarter Bibelstudien
SBLDS	Society of Biblical Literature Dissertation Series
SBT	Studies in Biblical Theology
SEÅ	*Svensk exegetisk årsbok*
STJ	*Scottish Journal of Theology*
TDNT	*Theological Dictionary of the New Testament.* 10 vols. Ed. G. Kittel and G. Friedrich. Grand Rapids, Mich.: Eerdmans, 1964-1976.
TDOT	*Theological Dictionary of the Old Testament.* Ed. G. J. Botterweck and H. Ringgren. Grand Rapids, Mich.: Eerdmans, 1974-.
TEV	Today's English Version
TSK	*Theologiche Studien und Kritiken*
TWAT	*Theologisches Wörterbuch zum Alten Testament.* Ed. G. J. Botterweck and H. Ringgren. Stuttgart: W. Kohlhammer, 1973-.
TZ	*Theologishe Zeitschrift*
Vg	Vulgate

VT	*Vetus Testamentum*
VTSup	Vetus Testamentum, Supplements
WBC	Word Biblical Commentary
ZA	*Zeitschrift für Assyriologie*
ZAW	*Zeitschrift für die alttestamentliche Wissenschaft*
ZTK	*Zeitschrift für Theologie und Kirche*

1장

서론

히브리어 성서의 원묵시 문학이 제기한 가장 흥미로운 질문 중 하나
는 이 텍스트들을 생산해낸 집단과 사회의 속성에 대해서다. 우주의
대격동적 종말과 멋진 새 시대의 도래를 그리고 있는 이 텍스트들의
저자는 누구였는가? 그리고 이들은 어떤 종류의 공동체를 대변하고
있는가? 많은 독자는, 원묵시 텍스트의 저자들이 실제 세계를 묵시적
으로 보았다면 그들은 아마도 심리적으로 고통을 겪고 있던 주변부
인물들이었음이 틀림없다고 본다. 다른 이들은 묵시 문학에서 오존층
파괴, 걷잡을 수 없는 인구 폭발, 핵무기 확산을 겪고 있는 우리 시대
를 향한 진실한 경고를 찾는다. 또 다른 이들은 묵시 문학 저자들에게
서 신의 개입 없이는 불가능한 지구상의 순수한 공동체를 향한 분명
한 통찰력을 발견한다.

오토 플뢰거(Otto Plöger)와 폴 핸슨(Paul Hanson)이 주도한 이래,
많은 학자는 성서의 원묵시 문학 집단의 속성에 관해 의견 일치를 보
았다. 그들의 "비밀 집회적 접근"(conventicle approach)은 원묵시 텍스
트들을 사회학적으로 정치 분쟁과 권력 투쟁에서 패배한 자들의 것으
로 분류하고, 이들이 회복 공동체를 특징짓는다고 주장해왔다.[1] 하지

---

1) Otto Plöger는 맨 처음 *Teokratie und Eschatologie* (Neukirchen: Neukirchener
   Verlag, 1959)를 출판했으며, 2판은 영어로 출간되었다. *Theocracy and
   Eschatology*, trans. S. Rudman (Richmond, Va.: John Knox, 1968). Paul

만 나는 이 견해에 근본적인 문제가 있다고 보고, 원묵시 텍스트들의 배경을 더욱 잘 밝혀주는 사회학 이론을 주장하고자 한다.

비밀 집회적 접근을 광범위하게 수용하는 것은 이해할 만하다. 이 방법론은 이스라엘의 원묵시 문헌을 다루는 한 가지 방식을 제공해주는데, 이를 통해 원묵시 문학의 자료와 속성을 밝히고 이 문헌들의 사회적 배경을 탐구하는 양식 비평의 과제에 대답을 제시하는 것처럼 보이기도 한다. 비밀 집회적 접근은 심지어 비이스라엘 사회 내 묵시 집단의 기원에 대한 사회학자들의 최근 설명인 상대적 박탈의 인과론과도 일치한다. 박탈 이론은 묵시 집단이 주변부로 밀려나고 소외되거나 적어도 자신의 안녕에 필수적인 것이 박탈되었다고 느끼는 사람들 사이에서 발생한다고 주장한다.

그러나 성서의 원묵시 문학이 박탈이라는 배경에서 나타났다는 최근의 합의에 대해, 히브리어 성서 안에 이례적인 사항들이 상당히 나타난다는 이유로 이제는 의문이 제기되고 있다. 히브리어 성서는 박탈 이론에 근거를 둔 방법론으로는 성공적으로 해석할 수 없는 텍스트군을 포함하고 있다. 나는 이것들을 검토한 뒤, 다른 방식으로 여기에 접근할 때 나타나는 폭넓은 의미를 가늠해보고자 한다.

나는 원묵시 텍스트들이 소외되고 주변부로 밀려나거나 심지어 상대적으로 박탈당한 집단의 산물이 **아니라**고 제안한다. 오히려 그것들은 회복된 사회의 중심부에 있던 제사장들과 연합된 집단 혹은 제사장 집단 자체에서 유래한 것으로 보인다. 먼저 에스겔 38-39장에 등

Hanson의 원묵시 텍스트에 관한 주요 연구는 다음의 책을 보라. Paul Hanson, *The Dawn of Apocalyptic* (Philadelphia: Fortress, 1979). "비밀 집회적 접근"이란 원묵시 텍스트를 가리켜 권력자를 두려워하여 비밀스럽게 만난 소규모 종교 공동체 내에서 기록된 문헌으로 보는 방법론이다.

예언과 묵시

장하는 "마곡의 [왕인] 곡"의 마지막 공격에 관한 원묵시적인 묘사는 중심부에 있던 제사장들의 동기와 관심사를 표현하고 있으며, 이는 에 스겔서 나머지에서도 마찬가지다. 둘째, 스가랴 1-8장의 원묵시 텍스트들은 제2성전기 지배층을 지지하면서 기록된 것으로 보인다. 스가랴서의 비전은 포로기 이후 성전을 중심으로 하는 공동체 건설을 목표하고 있으며, 중심부의 제의 이미지와 신학이 스며들어 있다. 셋째, 요엘서에 나타나는 우주의 대변동과 성령을 부어주시는 모습에 대한 초기 묵시적 묘사 역시 포로기 이후 사회의 중심부에 있었던 제사장들에게서 유래한 것 같다. 요엘서는 사회 중심부의 제의 용어와 동기로 가득 차 있으며, 중심부의 제의 관행을 실행하라고 요구하고 있다.

이 세 텍스트의 묵시 단락이 후대에 친(親)제사장적 맥락에 삽입되었을 것 같지는 않다. 오히려 이런 원묵시 텍스트는 주변부의 박탈당한 집단이 아니라, 권력을 쥐고 있던 제사장 집단의 산물이었다. 뒤따르는 논의를 통해 나는 이 제안을 검토하고 확증하고자 한다.

묵시 사상과 예언에 관한 선행 연구

묵시 문학 텍스트에 대한 역사 비평적 검토

비록 19세기 이래 역사 비평을 통해 묵시 문학 텍스트의 기원을 추적하고자 했지만, 몇 가지 경향성 때문에 이 문학의 실제 사회적 배경에 대한 이해는 진전을 이루지 못했다.[2] 묵시 문학적 세계관에 동조하지

---

2) 성서 묵시 문학에 대한 역사 비평학적 검토는 19세기에 시작되었다. 이 문학에 대한 초기의 2가지 비평적 연구는 Friedrich Lücke, *Versuch einer vollständigen Einleitung in die Offenbarung Johannis und in die Gesammte*

못한 학자들은 이 문학의 이른바 비관주의, 결정론, 심지어 조현병을 외세의 영향 탓으로 설명하기 위해 기원전 3-4세기의 묵시 문학과 동시대의 것으로 여겨지는 이스라엘 외부의 자료를 찾아보았다.

율리우스 벨하우젠(Julius Wellhausen)은 묵시 사상을 신학적 가치가 결여된 것으로 보았다. 그래서 그는 이스라엘 종교의 진화에 대한 자신의 이해와 부합하는 묵시 사상의 자리를 찾는 데 곤란을 겪었다. 벨하우젠은 예언자들이야말로 이스라엘의 윤리적 사고의 절정을 대변할 뿐 아니라 신약의 종교로 통하는 가교라고 보았기 때문에, 신구약의 묵시 문학 자료를 기껏해야 기이한 것쯤으로 여겼다.[3] 심지어 묵시 문학의 "위대한 원로"인 R. H. 찰스(R. H. Charles, 1855-1931)의 탁월한 연구마저도, 묵시 문학은 다소 비이성적이며 성서 종교의 주류인 개신교적 사고와 관련짓기 힘들다는 대다수 학자의 주장을 반박하는 데 실패했다. 찰스는 평생 묵시 사상 연구에 헌신했지만, 묵시 문학의 언어는 그에게 생소한 것으로 남았다. 그는 묵시 문학의 세계에 감정

---

apokalyptische Literatur (Bonn: E. Weber, 1852); Adolf Hilgenfeld, *Die jüdische Apokalyptik in ihrere geschichtlichen Entwicklung* (Jena: F. Mauken, 1857)을 보라. Lücke는 묵시 문학이 예언에서 나왔다고 주장했다. Hilgenfeld는 묵시 문학의 기원에 대해 탐구할 때는 역사 비평 방법론을 적용해야 한다고 주장했다. Paul Hanson, *Visionaries and their Apocalypses* (Philadelphia: Fortress, 1983), 4; John J. Collins, *The Apocalyptic Imagination: An Introduction to the Jewish Matrix of Christianity* (New York: Crossroad, 1984), 1-5의 개관을 보라.

3) Wellhausen은 신약 신학 내 묵시 사상의 중요성에 대한 현대의 평가를 예견하지 못했다. 묵시 문헌에 대한 그의 무관심은 그가 *Prolegomena to the History of Ancient Israel* (Gloucester, Mass.: Peter Smith, 1973; 1st ed., 1878)에서 이를 거의 다루지 않는 데서 드러난다. Klaus Koch, *The Rediscovery of Apocalyptic* (Naperville, Ill.: Allenson, 1972), 36; Collins, *Apocalyptic Imagination*, 1의 논의를 보라.

을 전혀 이입하지 못했고, 일관되게 이 문학을 이스라엘의 세계관에 생경한 것으로 여겼다.[4]

묵시 사상이 이스라엘에 생소한 개념이었다는 주장은 독일에서 헤르만 궁켈(Hermann Gunkel)과 같은 양식 비평학자들도 지지하는 바였다. 궁켈은 19세기에 빛을 본 고대 근동의 신화 텍스트들과 성서의 묵시 문학을 연결하고자 했다.[5] 결국 궁켈의 제자였던 지그문트 모빙켈(Sigmund Mowinckel)은 묵시 사상의 부상에 미친 페르시아의 영향을 특히 강조했다.[6] 특별히 모빙켈은 묵시 문학에 나타나는 이원론의 기원이 페르시아로 거슬러 올라갈 수 있다고 주장했다. 이렇게 페르시아 종교를 묵시 문학의 배경으로 보는 견해는 H. H. 로울리(H. H. Rowley)와 D. S. 러셀(D. S. Russell)을 통해 영어권에 대중화되었는데, 이들은 이스라엘에서 묵시 사상이 부상했던 이유를 페르시아의 영향과 관련지었다.[7]

---

4) Charles의 태도에 대한 이런 평가는 James Barr, "Jewish Apocalyptic in Recent Scholarly Study," *BJRL* 58 (1975): 32을 보라. 그러나 Charles의 연구는 묵시 사상 연구를 위해 중요한 기본 자료를 학자들에게 제공했다. 이를테면 R. H. Charles, *The Apocrypha and Pseudepigrapha of the Old Testament* (Oxford: Clarendon, 1913)를 보라.

5) Hermann Gunkel, *Schöpfung und Chaos in Urzeit und Endzeit* (Göttingen: Vandenhoeck & Ruprecht, 1895)를 보라. 독일에서 나온 또 다른 중요한 공헌은 Hugo Gressmann, *Der Ursprung der israelitisch-jüdischen Eschatologie* (Göttingen Vandenhoeck & Ruprecht, 1905)이다.

6) Sigmund Mowinckel, *He That Cometh* (Nashville: Abingdon, 1954)를 보라. 19세기 말 일부 초기 학자들은 묵시 사상의 뿌리를 페르시아로 추적할 뿐만 아니라, 유대교 전반에 대한 페르시아 혹은 조로아스터교의 영향을 주장했다. David Winton, "The Iraenian Component in the Bible, Apocrypha, and Qumran: A Review of the Evidence," *HR* 5 (1966): 185을 보라.

7) H. H. Rowley, *The Relevance of Apocalyptic* (London: Lutterworth, 1944); D. S. Russell, *The Method and Message of Jewish Apocalyptic*, OTL (Philadelphia:

최근 학계는 묵시 사상을 이스라엘에 이식된 외래종으로 보는 견해를 적절히 비판하고 있다. 묵시 문학이 페르시아의 이원론에 의존했다는 설명이 부적절하다는 것은 점차 분명해지고 있다.[8] 주변 환경의 영향에 초점을 맞추는 것은 묵시 사상의 기원 및 헬레니즘 시대의 본격적인 묵시보다 선행하는 이전 수 세대의 역사와 사회에 대한 연구에 오해를 불러일으켰다.

페르시아적인 기반에 집중하느라 학자들은 이스라엘 사회에서 (원)묵시 문학을 생산해낸 집단들에 관한 사회학적 연구에 거의 관심을 기울이지 않았다. 로울리와 러셀의 연구 같은 최근 연구조차 묵시 문학의 배경이 된 이스라엘 사회를 제대로 탐구하지 않았다.

비록 로울리가 예리하게 묵시 사상에 관심을 기울였지만, 대체로 그의 연구는 묵시 문학 텍스트의 문학적 특징을 묘사하는 데 그쳤다. 여타 20세기 중반의 학자들처럼 로울리는 성서를 연구하는 데 사회학과 인류학을 분명하게 사용하지 않았다. 그는 유대 묵시 사상으로 주제를 한정시키고, 문화 간 병행 자료를 사용하지 않았다.[9]

Westminster, 1964; *Apocalyptic: Ancient and Modern* (Philadelphia: Fortress, 1978)을 보라. Rowley와 Russell의 논의는 Barr, "Recent Scholarly Study," 10-14; Ernst W. Nicholson, "Apocalyptic," in *Tradition and Interpretation*, ed. G. W. Anderson (Oxford: Clarendon, 1979), 191-92을 보라.

8) 최근 연구는 제2성전기 유대교에 미친 페르시아의 어떤 영향, 특히 페르시아의 윤리적 이원론이 쿰란 문헌에 미친 영향을 주장하기도 한다. Winston, "Iranian Component," 183-216; Shaul Shaked, "Qumran and Iran: Futher Considerations," Israel Oriental Studies 2 (1972): 433-46; Richard N. Frye, "Qumran and Iran: The State of Studies," in *Christianity, Judaism, and Other Greco-Roman Cults*, Morton Smith *Festschrift*, ed. Jacob Neusner (Leiden: E. J. Brill, 1975), 3: 167-73을 보라.

9) Philip R. Davies는 Rowly의 견해를 역사적으로 평가하면서 이를 "본질적으로 유다의 역사, 종교, 문학의 관점으로만 표현되었다"라고 언급한다. Philip R. Davies,

소위 주류 성서 전승과 비교해 묵시 문학을 후대의 산물로 여기거
나 퇴락한 양상으로 간주하는 평가가 부적절한 만큼, 묵시 문학의 문
학적 특징과 독특한 개념들을 단지 예언과 구분되는 양상으로 간주해
연구하는 것은 불충분하다고 할 수 있다. 묵시 문헌을 사회학적인 방
식으로 접근하지 않으면, 이 문헌들에 관한 자료와 특징을 온전히 이
해할 수 없다. 실제로 그런 방식은 묵시 문헌의 사회적 배경에 관한
질문인 양식 비평의 과제 태반에 대답하지 못한다.

　20세기의 후반부 몇 십 년은 (원)묵시 문학 텍스트들의 이면에 있
는 여러 집단과 사회의 속성을 이해하는 데 상당한 진보를 보였다. 로
울리에 의해 대중화된 관점은 일반적으로 더는 받아들여지지 않고 있
다. 오히려 여전히 페르시아의 영향을 고려하는 현대 학자들조차 묵
시 사상이 페르시아에서 수입되었다는 주장을 평가절하하면서 묵시
텍스트의 사회적 배경에 더욱 관심을 기울이고 있다.[10] 1947년에 최

"The Social World of Apocalyptic Writings," in *The World of Ancient Israel*,
ed. R. E. Clements (Cambridge, England: Cambridge University Press, 1989),
255을 보라.

10) 최근 성서 묵시 문학 작품에 대한 관심이 몇 가지 이유로 다시 재개되고 있다.
Klaus Koch는 그중 몇 가지를 간단히 서술한다(그의 책 *Rediscovery*의 논의
를 보라). 비록 Koch의 연구가 대체로 문제를 해결하기보다는 문제를 더욱 제기
한 것으로 보이지만, 그를 성서의 묵시 문학 작품에 대한 최근 관심의 시초로 인
정할 수 있다. 묵시에 대한 관심이 재개된 또 다른 요소는 묵시 문학적 종교를 강
조한 신학자들의 등장이다. 이를 강조하는 기틀은 초기 기독교를 묵시 문학 운동
으로 해석했던 19세기 후반과 20세기 초반 학자들에 의해 이미 마련되었다. 다
음을 참조하라. Johannes Weiss, *Jesus' Proclamation of the Kingdom of God*
(Philadelphia: Fortress, 1971), 1st German ed., 1982; Martin Kähler, *The
So-Called Historical Jesus and the Historic, Biblical Christ* (Philadelphia:
Fortress, 1988; 1st German ed., 1982); Albert Schweitzer, *The Quest of the
Historical Jesus* (New York: Macmillan, 1957; 1st German ed., 1906). 그 후
20세기 후반, 초기 기독교의 묵시 사상을 진지하게 고려한 몇몇 학자는 예수와

초로 사해 사본이 발견되면서 이런 연관성을 이끌었는데, 사본들이 번역된 후 학자들은 쿰란 공동체를 고대 천년왕국 집단의 실제 사례로 인식하게 되었다.[11] 묵시 사상의 연구를 위한 이런 종류의 새로운 증거가 출현하면서 학자들은 이런 유형을 지닌 종교의 사회적 배경에 집중하기 시작했다.

학자들이 페르시아가 아닌 이스라엘을 묵시 사상의 배경이자 환경으로 보기 시작하면서 연구는 분수령을 맞았다.[12] 1959년에 플뢰거는 구약 묵시 문학의 기원과 발전에 관해 영향력 있고 독창적인 연구를 제시했다.[13] 그는 이스라엘의 종교 발전을 2가지 노선으로 추적한다. 한 노선은 종말론적 사고의 흔적이 없는 반면, 다른 노선은 철저하게 묵시적이다. 플뢰거는 이 2가지 사고 노선을 안티오코스 에피파네스의 정책에 반대했던 두 집단과 관련지었다. 한 집단인 하시딤은 다니엘 묵시를 생산해내어 이원론적이며 종말론적인 전승을 대변했다. 대조적으로 두 번째 집단인 마카비파는 일어나는 사건들을 비종말론

바울의 복음에 미친 묵시 사상의 긍정적인 신학적 공헌을 강조했다. "묵시 문학은 모든 기독교 신학의 어머니"라고 주장한 Ernst Käsemann, "The Beginnings of Christian Theology," in *New Testament Questions of Today,* trans. W. J. Montague (Philadelphia: Fortress, 1969), 102을 보라. 묵시는 Wolfhart Pannenberg와 Jürgen Moltmann과 같은 신학자들에게도 영향을 미쳤다. 이 신학자들의 묵시에 대한 논의로는 Koch, *Rediscovery,* 14-15; Barr, "Recent Scholarly Study," 24-26; Hanson, *Visionaries,* 7을 보라.

11) 종종 사회학자들과 인류학자들은 "천년왕국의"(millennial/millenarian)와 같은 용어를 성서학자들이 묵시적(apocalyptic)이라고 묘사하는 집단과 유사한 부류를 묘사하기 위해 사용한다.

12) Stanley B. Frost는 대개 이 새로운 학문계의 초기 대변인으로 여겨진다. Stanley B. Frost, "Apocalyptic and History," in *The Bible in Modern Scholarship,* ed., J. P. Hyatt (Nashville: Abingdon, 1965), 99-112을 보라.

13) 앞서 언급했듯이, 관련 연구는 *Theokratie und Eschatologie*로 처음 출간되었다.

적인 관점으로 해석하면서 자신들을 속세의 억압자에 맞서 싸우는, 이 세상의 혁명에 개입하는 자들로 보았다.

플뢰거가 보기에 하시딤과 마카비파의 의의는, 시간을 거슬러 추적해보면 드러나는 두 종류의 사고방식을 대변한다는 점이었다. 플뢰거는 이러한 사고방식의 발전을 포로기 이후 이스라엘 공동체에 존재했던 두 집단에서 추적했다. 그 두 집단은 P의 저자 및 역대기 저자(Chronicler)로 대변되는데, 플뢰거는 이들을 "신권 정치"를 주장했던 포로기 이후 집단으로 재구성했다. 그는 이 신권 정치주의자들이 오직 제의와 율법에만 관심을 기울였다고 본다. 그러므로 그들은 묵시 사상에 대해 참을성이 전혀 없는, 실현된 종말론을 주장했다.[14]

이 집단에 반대한 자들은 사상적으로 하시딤의 선조인데, 이들은 반체제 비밀 결사(종교적 목적을 위한 비밀 집단)를 조직했다. 플뢰거는 이 비밀 단체를 예언자적 말씀을 고수하려는 자들로 간주했으며, 이 단체 내부에서 당시 제의를 담당했던 공식 집단에 맞섰던 자들이 예언자적 정신을 되살렸다고 본다. 플뢰거는 이사야 24-27장과 스가랴 12-14장 및 요엘서를 저술한 원(原)하시딤 집단을 묵시 사상의 기원이라고 보았다. 따라서 그는 묵시 사상이 페르시아에서 수입되었다는

---

14) 이 지점에서 용어에 관해 한마디 하고자 한다. Plöger는 포로기 이후 사회의 중심부에 있던 제사장의 역할을 언급하기 위해 **신권 정치**(Theokratie)라는 용어를 사용한다. 반면에 Hanson은 똑같은 제사장 통치 체제(Priesterherrschaft)를 지칭하고자 **성직자 정치**(hierocracy)라는 용어를 선호한다. Hanson의 용어가 더 구체적으로 보인다. 신권 정치(신을 통치자로 여기는 통치 체제)의 경우, 신의 의지를 실행하는 관료들이 반드시 제사장일 필요는 없기 때문이다. 그러나 이 책에서는 두 용어를 다 피하고자 한다. 스가랴서에 관한 5장의 논의에서 다루겠지만, 페르시아 시대 유다(Yehud)의 제사장들이 통치권을 쥐면서 공적 지도자로서 사회를 다스렸다는 Wellhausen의 주장은 과장된 것이다. 물론 이 말은 이 시기에 어떤 제사장도 중앙 권력을 공유하지 않았다는 뜻은 아니다.

견해를 거부하고, 대신 이스라엘의 예언으로부터 묵시 사상으로 이어지는 궤적을 수립했다.

한 가지 관점에서 플뢰거의 논지는 진전을 이뤘다. 비록 로울리 같은 초기 학자들은 좌절과 박해라는 역사적 정황이 유대교 묵시의 이면에 놓여 있다고 주장했지만, 그들의 논거는 사회학적으로 정교하지 못했다. 대조적으로 플뢰거는 좌절의 원인을 이스라엘 사회 내부 기반으로 한정함으로써 로울리를 넘어서게 되었다. 이스라엘 사회 내부의 집단 간 갈등을 본질적 문제로 보았던 것이다.[15] 플뢰거의 접근은 "공동체"(Gemeinschaft)와 "사회"(Gesellschaft) 사이의 차이를 발전시킨 19세기 페르디난트 퇴니에스(Ferdinand Tönnies)의 사회학 연구에 기초한다.[16] 초기 학자들이 당시 유대인들의 좌절을 일반적인 용어로 다뤘다면, 플뢰거의 사회학적 이해는 묵시 문학을 포로기 이후 대두된 제사장 정권에게서 소외당한 공동체의 산물로 구체화했다.[17]

한편, 플뢰거의 연구에 기초를 둔 핸슨은 이를 프랭크 무어 크로스(Frank Moore Cross)에 의해 전개된 논제들과 결합시킴으로써 유사한 견해를 진전시켰다.[18] 핸슨은 예언으로부터 묵시 문헌으로 이

---

15) Davies, "Social World," 256을 보라.

16) Tönnies의 주장은 D. H. Mayes, *The Old Testament in Sociological Perspective* (London: Marshall Pickering, 1989), 7-17을 보라.

17) Ibid., 14.

18) Frank Moore Cross, *Canaanite Myth and Hebrew Epic* (Cambridge, Mass.: Harvard University Press, 1973), 343-46. Cross는 묵시 문학의 기원을 기원전 6세기로 주장하면서, 그것이 예언 전승의 개혁 및 왕정 이데올로기의 개혁과 관련된다고 말한다. 아울러 그는 6세기 후반 새로운 묵시 문학적 통합이 지닌 중요한 측면이 가나안 옛 민간 신화의 부활이라고 주장한다. Hanson은 초기 이스라엘 종교 및 가나안 종교의 뿌리가 포로기 이후 묵시 문학을 통해 새롭게 결합되었다는 Cross의 제안을 수용하면서, 이러한 혼합주의를 당시 사회 배경으로 제시

어지는 궤적에 대한 플뢰거의 묘사에 있는 허점을 메우고자 했다. 그는 포로기 이후의 "예언자적 목소리"가 고대 가나안의 신화 형성 (mythopoetic) 언어를 재사용한 예를 찾음으로써 부분적으로 그 작업을 수행했다. 이를 위해 핸슨은 재건된 공동체의 지도자들과 긴장 관계에 놓인 포로기 이후 분파들 사이에서 신화가 이런 식으로 재사용된 경우를 찾고자 했다. 이러한 예언자 분파들과 그들의 갈등을 묵시 문헌이 발생한 토대로 재구성함으로써, 핸슨은 예언적 종말론에서 묵시 문학적 종말론으로의 발전을 묘사하고자 했다.[19]

구체적으로 핸슨은 성전 당국자를 겨냥한 묵시 사상을 지녔던, 제3이사야서를 기록한 예언자 집단과 그 협력자들(박탈당한 레위인 집단)이 구약의 묵시 문학을 최초로 저술한 자들이라고 주장한다. 따라서 스가랴 9-14장도 동일한 반(反)성직자 단체에 의해 저술되었다. 그리고 환상가(visionary)가 된 예언자들과 사독계가 이끄는 제사장 성직자 집단의 계속된 갈등이 묵시 문학적 종말론의 여명을 알리는 사회적 배경으로 제시된다.

핸슨은 묵시 문학적 사고를 보존·전승했던 이들의 특징으로 소외와 박탈을 꼽는 데 있어 이전 연구자들보다 더욱 분명한 태도를 보인다. 그는 모든 묵시 문학 운동의 이면에는 "음울한 소수자"가 있다고 주장한다.[20] 핸슨이 계승한 사회학적 유산은 묵시 문학을 이전에 연구했던 이들보다 훨씬 더 분명했다. 그의 연구는 칼 만하임(Karl

---

하고자 했다. 이를 위해 그는 슥 9-14장과 사 56-66장의 신탁 이면에 놓인 예언적·분파적 충동이라는 개념을 이론화하는 작업을 수행했다.

19) 이런 후자의 논제에 대한 분명한 진술 중 하나로는 Paul Hanson, *Old Testament Apocalyptic* (Nashville: Abingdon, 1987), 33을 보라.

20) Hanson, *Dawn*, 2.

Mannheim)과 에른스트 트뢸치(Ernst Troeltsch)뿐만 아니라 막스 베버 (Max Weber)에도 기초를 두고 있다.[21] 묵시 문학적 종말론의 원인을 박탈로 보는 핸슨의 견해가 베버와 만하임의 사회학에 의존하고 있음은 다음의 인용을 볼 때 분명히 드러난다.

> 만하임과 베버와 같은 현대 사회학자들은 사회의 종교나 정치 구조를 지배하는 권력자들이 기존 질서를 혁명적으로 전복하려는 묵시 문학적 비전을 꿈꾸지 않았다는 점을 설득력 있게 제시했다. 성전 제사장들은 묵시적 선견자들이 아니었을 것이다.[22]

비록 베버와 만하임이 핸슨에게 끼친 영향이 분명하다고 할지라도, 핸슨 자신이 트뢸치의 교회/분파 패러다임을 사용한다는 점은 그

---

21) Andrew D. H. Mayes, "Sociology and the Old Testament," in *The World of Ancient Israel Sociological, Anthropological and Political Perspectives* (Cambridge, England: Cambridge University Press, 1989), 55을 보라. Hanson의 논증은 지배 계급과 소외 계급이라는 Weber의 이상적인 유형을 전제로 하고 있다. 예컨대 Hanson, *Dawn*, 212은 Max Weber, *The Sociology of Religion*, trans. E. Fischoff (Boston: Beacon, 1963; 1st German ed., 1922), 80ff., 106-7 및 Weber의 책에 대한 Talcott Parson의 서론 가운데 xxxix-xxx, xxxv을 언급한다. 이후 Hanson은 "유토피아 정신"이 소외된 집단의 이상적 유형을 나타내는 특징임을 보여주고자 Mannheim의 연구를 끌어온다(Hanson, *Dawn*, 213은 Karl Mannheim, *Ideology and Utopia: An Introduction to the Sociology of Knowledge*, trans L. Wirth and E. Shils [New York: Harcourt, Brace and Col, 1936; 1st German ed., 1929], 40, 87, 192-93을 언급한다). Hanson은 사회 변혁에 대한 기대가 좌초될 때, 소외된 자들이 묵시 문학적 종말론에 끌리게 된다고 주장한다. 이런 환경에서는 "순전히 초자연적 희망 속에서 위로를 찾을 수밖에 없다"(Hanson, *Dawn*, 214은 Weber, *Sociology*, 140을 인용한다). Weber, Mannheim, Troeltsch에 관한 논의는 이후에 재개될 것이다.

22) Hanson, *Dawn*, 232.

가 구상한 이스라엘의 묵시 문학적 종말론 부상 시나리오에 가장 강력한 영향을 미쳤다. 트뢸치는 상류 계급에 의존한 중세 교회가 종말론적 가르침을 최소화했다고 주장한다. 대조적으로, 주변부로 밀려나고 억압받는 자들로 구성된 분파 "유형"의 집단은 종말론적 견해를 채택했다. 트뢸치의 견해에 따르면, 교회와 분파 간 갈등이 중세 천년왕국설 발흥의 사회학적 토대를 형성했으며, 따라서 분파 "유형"의 집단들이 박해에 직면하여 "천년왕국의" 꿈을 택했다는 것이다. 핸슨은 "성직자"와 "환상가" 집단 간에 대두된 포로기 이후의 갈등에 대한 자신의 진술을 뒷받침하고자 트뢸치의 패러다임을 수용한다.[23] 트뢸치가 묵시 사상을 소외된 주변부 집단의 종교로 보았듯이, 핸슨은 이스라엘의 묵시 문학적 종말론의 발흥을 사회 중심부에 자리 잡은 제사장에게 억압받던 포로기 이후 집단의 산물로 자리매김한다.

현재 상황

묵시 문학적 종말론이 특히 주변부 혹은 박탈된 분파가 느낀 상실감에서 비롯했다고 보는 견해는 이제 매우 일반적이다. 초기 유대 역사에 나타난 천년왕국설의 기원에 관한 현대적 논의는 종종 플뢰거와 핸슨에게서 발견되는 박탈 이론에 의존하고 있다.[24] 예를 들어 발터

---

23) Hanson, *Dawn*, 215은 Ernst Troeltsch, *The Social Teaching of the Christian Churches*, 2 vols, trans. O Wyon (New York: Harper Torchbooks, 1960; 1st Germen ed., 1911), 336, 995을 언급한다. 또한 Hanson, *Dawn*, 216은 Troeltsch, *Social Teaching*, 337, 380을 인용한다.

24) Plöger와 Hanson의 연구 외에도, 포로기 이후의 종교에 대한 Morton Smith의 가설적인 재구성에서도 박탈 이론이 발견된다. Morton Smith, *Palestinian Parties and Politics That Shaped the Old Testament* (London: SCM, 1971)를 보라. 아울러 구약 개론서인 Norman K. Gottwald, *The Hebrew Bible: A Socio-Literary Introduction* (Philadelphia: Fortress, 1985), 585-90; Bernard

슈미탈스(Walter Schmithals)는 포로기 이후 예언자들의 종말론으로부터 묵시 문학적 종말론으로의 전이가 있었다는 플뢰거의 견해를 수용한다. 그는 "후대의 예언자적 운동을 계승한 이들이…유대 공동체의 주변부로 밀려남으로써"[25] 예언자들의 종말론이 묵시 문학적 종말론으로 전이됐다고 진술한다. 슈미탈스는 비록 기득권자들이 "그런 역사를 결코 비난하지는 않을 테지만", 일반적으로는 묵시 사상을 "낮은 사회 계층"에서 유래한 것으로 상상할 수 있다고 믿는다.[26]

묵시 사상이 페르시아 시대에 나타난 사회적 박탈에서 기인했다는 광범위한 합의를 고려할 때, 원묵시 문학을 종종 포로기 이후 박탈된 집단의 소산으로 여기는 것은 예상 가능한 시나리오다. 이런 현재의 견해를 반영하여 로버트 R. 윌슨(Robert R. Wilson)은, "포로기 이후 저자들이 이사야서와 에스겔서 같은 초기 예언서에 묵시 문학적 자료를 덧붙였던 것 같다. 묵시 문학 이미지가 증가한 것은 예언자들 자신이…아마도 사회 구조상 중심부로부터 점차 소외되었던 집단의 일부였음을 암시한다"[27]라고 주장한다. 성서의 원묵시 문학 자료의 이면에서 박탈을 발견한 또 다른 학자 루븐 아흐로니(Reuben Ahroni)는, 에스겔 38-39장을 포로기 이후에 겪은 좌절 혹은 정신적 외상의 산물

W. Anderson, *Understanding the Old Testament* (Englewood Cliffs, N.J.: Prentice-Hall, 1986), 502-4, 516, 622을 보라. "진보" 개념의 기원에 관한 Theodore Olson의 1982년 박사 논문인 *Millennialism, Utopianism, and Progress* (Toronto: University of Toronto Press, 1982) 2-6장은 박탈 이론이 얼마나 광범위하게 퍼져 있는지 그 예를 잘 보여준다.

25) Walter Schmithals, *The Apocalyptic Movement: Introduction and Interpretation,* trans. J. Steely (Nashville: Abingdon, 1975), 136.

26) Ibid., 144-45.

27) Robert R. Wilson, *Prophecy and Society in Ancient Israel* (Philadelphia: Fortress, 1980), 292; 참조. 285-86, 290, 308.

예언과 묵시

이라고 주장한다.[28] 박탈 이론은 종종 스가랴서 텍스트에도 적용된다. 그래서 윌리엄 니일(William Neil)은 스가랴 9-14장을 절망의 산물로 다루고, 조셉 블렌킨소프(Joseph Blenkinsopp)는 이를 주변부 비밀 집단의 산물로 본다.[29]

나아가 요엘서를 해석하는 이들은 이 책의 원묵시 사상 이면에서 박탈을 찾고자 한다. 예를 들어 한스 발터 볼프(Hans Walter Wolff)의 주석은 요엘서가 종말론적 반대파에서 기인했다는 플뢰거의 견해를 수용한다.[30] 마찬가지로, 폴 L. 레딧(Paul L. Redditt)은 요엘과 그가 속했던 사회의 중심부 관료들이 서로를 거부했으며, 그 결과 요엘의 집단이 주변부로 밀려났다고 주장한다. 레딧의 주장이 실린 글은, 주변부에 속한 이들의 예언에 관한 I. M. 루이스(I. M. Lewis)의 개념과 천년왕국 집단이 자기들을 상대적으로 박탈당한 자로 인지하고 있었다는 루이스의 이론에 기초하고 있다.[31]

완전히 발달된 묵시 문학 텍스트에 대한 몇몇 연구 역시 박탈 접근법을 모델로 삼고 있다. 예를 들어 슈미탈스는 다니엘서와 「제1에녹서」와 같은 묵시 문학에 관한 논의에서 다음과 같은 결론을 내린다. "묵시 문학 집단은…분명 비밀 집회와 같은 존재를 이끌었고, 공공 종교에서 떨어져 나가서, 분파적인 사고방식을 발전시키게 된다."[32] 마

---

28) Reuben Ahroni, "The God Prophecy and the Book of Ezekiel," HAR 1(1977): 24.
29) William Neil, "Zechariah, Book of," *IDB* 4:947; Joseph Blenkinsopp, *A History of Prophecy in Israel* (Philadelphia: Westminster, 1983), 263.
30) Hans Walter Wolff, *A Commentary on the Books of the Prophets Joel and Amos,* Hermeneia (Philadelphia: Fortress, 1977), 10-12, 36, 49, 82, 84-85.
31) Paul L. Redditt, "The Book of Joel and Peripheral Prophecy," *CBQ* 48 (1986): 236-37. Lewis의 논의에 대해서는 이후에 다시 다룰 것이다.
32) Schmithals, *Apocalyptic Movement*, 46.

찬가지로, W. 시블리 타우너(W. Sibley Towner)는 다니엘서의 저자를 기존 세력에 반대했던 묵시 문학 전승 안에서 찾는다. 타우너에 따르면 이 책의 저자는 포로기 이후 의기양양하게 이스라엘을 다스렸던 제사장 집단에 반대했던 이들로 여겨진다.[33]

묵시 문학에 대한 최근 접근법은 옛 연구의 수많은 문제를 극복하고 있다. 이렇게 함으로써 묵시 문학의 사회적 토대에 대한 중요한 이해를 제시하기는 하지만, 이는 기껏해야 성서 본문 중 일부에만 적용될 뿐이다. 우선, 이 견해는 묵시 문학적 종교를 예언이 낳은 산물로 본다. 핸슨은 이 점에서 플뢰거를 수용하지만, 이 견해는 이미 로울리와 러셀에게서도 찾아볼 수 있다. 로울리는 묵시 사상의 기원에 대한 예언자적 종말론의 공헌을 강조한다. 결국 러셀은 포로기 이후의 예언을 묵시 문학의 원뿌리로 본다.[34]

처음부터 이 견해는 모든 자료를 설명하기에는 부적절하다는 조짐이 있었다. 1919년 초부터 구스타브 횔셔(Gustav Hölscher)는 **지혜**

---

33) W. Sibley Towner, "Daniel," in *Harper's Bible Commentary*, ed. J. L. Mayes (San Francisco: Harper & Row, 1988), 695-96. 이런 점에서 묵시 문학 텍스트를 연구하는 학자들 역시 박탈 이론의 접근법을 사용하고 있음에 주목해야 한다. 그러므로 Philipp Vielhauer는 Plöger에 의존하여 묵시 문학이 처음에 권리를 박탈당한 자들 사이에서 유래했다는 견해를 수용한다. 그는 다음과 같이 서술한다. "우리는 묵시 문학의 본거지를 신정 정치로 인해 비밀 집회와 유사한 존재로 점차 변모해가는 종말론적 추동을 받은 집단 안에서 찾아볼 수 있다는 견해를 수용한다." Philip Vielhauer, "Apocalypses and Related Subjects, Introduction," in *New Testament Apocrypha*, ed. E. Hennecke and W. Schneemelcher (London: Lutterworth, 1965), 2: 598; 참조. 2: 595. Vielhauer는 유대 묵시 문학의 풍조와 초기 유대-기독교는 공유점이 있고, 묵시 문학적 기대가 특히 소아시아의 종말론적으로 고무된 무리 사이에서 소중히 여겨졌음을 발견했다.
34) 이 견해로 이들은 19세기 Lücke의 제안을 따라가고 있다(각주 2를 보라).

문학이 묵시 문학의 자료라는 상반된 견해를 내놓았다.[35] 이후 게르하르트 폰 라트(Gerhard von Rad)가 휠셔의 견해를 정교하게 다듬었지만 폭넓게 수용되지는 못했다. 하지만 라트의 작업은 미해결 문제들의 주요 지표로 제공된다.[36] 한 가지 미해결 문제는 다니엘서가 예언서 계열보다는 지혜 문학 계열에 의해 저술된 것 같다는 점이다.[37] 지혜 문학 계열 같은 집단들이 천년왕국설을 주장했다면, 제사장 집단과 같은 여타 계열 역시 묵시 문학의 원천이었을 수도 있다.[38]

둘째, 더욱 최근의 접근법은 묵시 문학 텍스트를 회복된 이스라엘 공동체 내 소외된 분파의 문학적 표현으로 주로 간주한다. 이 분파들은 권력을 가진 성직자 집단에 의해 권리를 박탈당하고 궁핍해진 자들로 보인다. 하지만 이런 식의 해석은 성서 내 증거를 설명하지 못하므로 반드시 수정되어야 한다. 포로기와 포로기 이후 사회 중심부에 속했던 제사장 계열로부터 나온 책 가운데 종종 원묵시 문학으로 분류되는 텍스트들은 설명될 수 없는 채로 남아 있다. 이런 텍스트들을 이해하기 위해서는 박탈 이론을 넘어서야 한다.

---

35) Gutstav Hölscher, "Die Entstehung des Buches Daniel," *TSK* 92 (1919): 113-38.

36) Gerhard von Rad는 묵시 문학과 지혜 문학 둘 다 이스라엘의 구원사와는 유리된 내밀한 지식에 집중하고 있다고 주장한다. Gerhard von Rad, *Old Testament Theology*, trans. D. Stalker (New York: Harper and Row, 1965), 2: 301-15; *Wisdom in Israel*, trans. J. Martin (New York: Abingdon, 1973), 263-83; Koch, *Rediscovery*, 45-46도 보라.

37) 단 1-6장의 궁중 이야기는 지혜 개념과 용어로 가득 차 있다. Robert R. Wilson, "From Prophecy to Apocalyptic Reflections on the Shape of Israelite Religion," *Semeia* 21 (1981): 87-93을 보라.

38) R. Wilson, *Prophecy and Society*, 308을 보라.

천년왕국설에 관한 사회학적 연구

핸슨과 플뢰거가 비밀 집회적 접근법으로 제기한 기본 문제는 사회학 및 인류학 이론에 단순히 의존해서는 바로잡을 수 없다. 플뢰거와 핸슨의 연구처럼 사회학 연구 자체는 묵시 문학의 사회적 토대라는 일반적이며 포괄적인 이해를 수용한다.

특별히 사회학 이론은 천년왕국설의 원인으로 소외와 박탈을 제시할 때 플뢰거와 핸슨을 비교한다. 그러나 사회학 이론과 성서 연구의 묵시 사상에 대한 접근법이 유사한 까닭은 대개 공유된 토대 때문이다. 천년왕국 집단에 대한 사회학적 이해는 베버와 만하임의 패러다임에 종종 뿌리를 두고 있고, 같은 패러다임이 핸슨의 논지를 형성하는 기반이 된다.[39]

20세기 초에 베버와 그의 친구 트뢸치[40]는 천년왕국이 힘없고 궁핍한 자들("버림받은 집단들")로 구성되었다고 주장한다.[41] 1920년대 말

---

39) 천년왕국의 부상에 관한 Max Weber의 가장 중요한 공헌은 1922년 논문인 *The Sociology of Religion*(예. 106, 109, 140, 175)에서 발견된다. 그러나 Troeltsch와 같은 인물에 미친 Weber의 영향은 그 책의 출간보다 앞선다. Weber, Troeltsch, Mannheim에 대한 Hanson의 의존에 관해서는 이 책 pp. 33-35을 보라.

40) Troeltsch, *Social Teaching*, 336-37, 380, 995.

41) 물론 Weber 이전의 연구는 종종 천년왕국 집단을 주변부에 속한, 반사회적이거나 심리적으로 문제가 있는 자들로 이뤄졌다고 보았다. 관련된 논의는 Hillel Schwartz, "Millenarianism, An Overview," in *The Encyclopedia of Religion* (New York: Macmillan, 1987), 9: 531-32을 보라. Schwartz는 천년왕국 집단에 관한 17세기의 연구가 그들을 광신자 혹은 무언가에 현혹되거나 귀신들린 자들로 구성되었다고 묘사한다는 데 주목한다. 뒤따라 일어난 18세기의 연구는 천년왕국설을 일종의 의학적인 문제로 간주했다. 이를테면 기억이나 시간 개념의 상실이 그 원인으로 제시되었다(Ibid., 531). 마찬가지로, 19세기의 연구 결과 역시 그들의 화학적 불균형, 심지어 돈벌이의 수단으로 천년왕국설의 원인을 설명하곤 했다.

만하임의 저술은 마르크스주의와 베버의 사상에 영향을 받았는데, 그는 천년왕국설이 궁핍한 계층이나 사회의 하층민, 그리고 억압받고 박해받은 소수의 종교라고 주장한다.[42] 앞서 보았듯이, 핸슨뿐만 아니라 그가 채택하지 않았던 후대의 사회학적 연구도 베버와 만하임을 인용한다.

1930년대 이후로 집단 심리학과 문화 변용을 연구하는 사회학자들은 힘없고 박해받거나 불만이 가득한 집단들이 묵시 문학적 사고의 원천이라는 베버의 견해를 재도입했다. 1935년 해럴드 라스웰(Harold Lasswell)은 정신 병리학적 측면에서 천년왕국설을 이해하고자 했고, 1937년 필리어 내쉬(Philleo Nash)는 천년왕국 집단을 박탈을 경험한 무리로 간주했다.[43] 그 후 1941년 버나드 바버(Bernard barber)는 천년왕국설이 험난한 시대에 대한 몇 가지 대안적인 대응 중 하나라고 주장한다. "메시아 운동은 광범위한 박탈에 대한 대응으로서만 이해 가능하다."[44]

인류학자 가운데 랄프 린튼(Ralph Linton)은 박탈 개념에 기초하여 천년왕국설에 관한 완벽한 이론을 처음으로 통합한 학자 중 한 명이었다.[45] 자신의 선구적인 1943년 논문에서 린튼은 한 문화의 본래 상

---

42) Mannheim, *Ideology and Utopia*, e.g., 40, 87, 192-93.
43) Harold D. Lasswell, "Collective Autism as a Consequence of Culture Contact: Notes on Religious Training and the Peyote Cult at Taos," *Zeitschrift für Sozialforschung* 4 (1935): 232-47; Philleo Nash, "The Place of Religious Revivalism in the Formation of the Intercultural Community on Klamath Reservation," in *Social Anthropology of North American Tribes*, ed. F. Eggan (Chicago: University of Chicago Press, 1937), 377-442.
44) Bernard Barber, "Acculturation and Messianic Movements," *American Sociological Review* 6 (1941): 667.
45) Ralph Linton, "Nativistic Movements," *American Anthropologist* 45 (1943):

태를 위협하는, 여타 문화와의 접촉에서 기인하는 운동에 관심을 기울였다. 린튼에 따르면, 어떤 문화가 지배를 받고 곤경이나 적어도 극심한 불만의 상황에 처할 때, 그 결과로 천년왕국 운동이 일어나게 된다.[46] 그는 천년왕국설이 긴장의 시대에 현실로부터 비이성적으로 도피하려는 데서 비롯된다고 주장하기에, 긴장과 박탈이 이런 유형의 종교를 유발한다는 당대의 발상을 확립시켰다.

그 이전의 린튼과 바버처럼, 프레드 W. 보게트(Fred W. Voget)도 천년왕국 운동을 지배층과의 접촉으로 생긴 박탈과 좌절의 결과로 간주했다. 또한 레이몬드 W. 퍼스(Raymond W. Firth)도 천년왕국 집단이 박탈당한 자들로 구성되었다는 린튼의 개념을 지지했다.[47] 앤서니 F. C. 월리스(Anthony F. C. Wallace) 역시 초기의 영향력 있는 천년왕국설 이론가 중 하나였다.[48] 월리스 역시 천년왕국 집단의 주요 원인으로 충족되지 않은 필요에서 기인한 스트레스를 강조했다.[49]

230-40.

46) Ibid., 233. 사실 Linton의 문화 박탈 이론은 적화 제의(cargo cult)가 서구 문화의 도입과 토착 의식의 파괴에서 기인했다고 보는 F. E. Williams의 견해를 다듬은 것이다. Williams는 1920년대에 "바일라라의 광기"(Vailala Madness)에 관한 연구를 기초로 이를 관찰했다. F. E. Williams, "The Vailala Madness in Retrospect," in *Essays Presented to C. G. Seligmann*, ed. E. E. Evans-Pritchard, et al. (London: K. Paul, Trench, Trubner, 1934), 369-79을 보라.

47) Fred W. Voget, "The American Indian in Transition: Reformation and Accommodation," *American Anthropologist* 58 (1956): 249-63; Raymond W. Firth, *Elements of Social Organization* (New York: Philosophical Library, 1951), 113.

48) Anthony F. C. Wallace, "Revitalization Movements," *American Anthropologist* 58 (1956): 264-81.

49) Wallace는 몇 가지 점에서 Weber에 의존한다. 예컨대 그는 부흥 운동을 전개하는 조직의 특징을 묘사할 때, 카리스마적 지도력에 관한 Weber의 개념을 인용한다.

예언과 묵시

월리스의 논문이 발표된 것과 같은 해에, 레온 페스팅거(Leon Festinger)는 인지 부조화 이론을 발표했다.[50] 페스팅거의 사회 심리학적 연구(1956년)는 세상에 대한 신념과 인지의 불일치로 야기된 심리학적 갈등에도 불구하고 천년왕국 집단이 지속되는 이유를 밝히는데 관심을 기울인다. 그러나 이후 학자들은 박탈 이론을 더욱 정교하게 다듬고자 인지 부조화 개념을 사용했다.[51] 예를 들어 웨인 A. 믹스(Wayne A. Meeks)는 바울의 기독교 천년왕국 집단들의 이면에 있는 "박탈"을 인지 부조화라는 측면에서 묘사할 수 있다고 추정했다. 이 집단의 구성원들은 "[그들 사회의] 계급 구조에 대해 모호한 관계"에 놓인 자신들을 보게 된다. 이렇게 인지된 "신분 불일치"로 초래된 내적 갈등 때문에 이들은 긴장에서 헤어나고자 했다. 페스팅거의 이론에 호소하면서, 믹스는 이 집단이 자신들이 느끼고 있던 바와 마찬가지로, 천년왕국설의 핵심 표상들이 이 세상을 비정상 상태라고 보는

---

50) Leon Festinger, Henry W. Riecken, Stanley Schachter, *When Prophecy Fails: A Social and Psychological Study of a Modern Group That Predicted the Destruction of the World* (New York: Harper & Row, 1964; 1st ed., 1956). "인지 부조화"는 서로 조화를 이루지 못하는 두 가지 인식(지식, 신념 혹은 감정의 단편들이 이에 해당한다)으로 인해 내적 갈등을 경험하게 되는 사람과 관련된다. Festinger는 이런 종류의 부조화가 나타날 때 그 부조화가 한 개인에게 압력을 가함으로써 이를 축소하거나 제거하려 한다고 주장한다.

51) 예를 들어 Weston La Barre는 천년왕국설에 관한 문화 변용 이론이 "대립하는 체제 사이에서 일어나는 '인지 부조화'를 사실로 받아들이고, 혼합주의적인 [천년왕국의] 제의가 이를 다소 해결한다"라고 언급한다(Weston La Barre, "Materials for a History of Studies of Crisis Cults: A Bibliographic Essays," *Current Anthropology* 12 [1971]: 20). (La Barre는 천년왕국 집단이 한 사회의 내적 갈등 때문에도 형성될 수 있다고 주장함으로써 문화 변용 이론을 비판한다.) 천년왕국설에 대한 인지 부조화 관점의 설명은 Charles Y. Glock and Rodney Stark, *Religion and Society in Tension* (Chicago: Rand McNally, 1965)에서도 찾아볼 수 있다.

세계관을 통해 그들의 인지 부조화를 설명해줄 때, 그들이 안식처를 찾게 되었다고 본다.[52]

구약성서학자들 역시 인지 부조화를 정교하게 다듬어진 박탈 이론으로 여겨 수용한다. 그러므로 묵시 문학에 관한 핸슨의 1976년 논문은, 묵시 문학적인 상징의 세계가 종교적 희망과 경험 사이에서 일어나는 내적 모순을 해소한다고 주장하기 위해 인지 부조화적 접근을 취하는 것처럼 보인다. 이런 주장이 박탈 이론과 강하게 연결된다는 점은 핸슨의 주장을 통해 분명히 드러난다. 다시 말해 논의 대상인 상징의 세계는 지배 사회의 그것과 상반되며, 내적 갈등을 일으키는 경험은 항상 소외를 경험하는 집단에 속한다고 핸슨은 주장한다.[53]

학자들이 인지 부조화와 박탈 이론을 지나치게 연결한 것은 불행한 일이다. 부조화는 집단이 전혀 박탈당하거나 좌절하지 않을 때도 일어날 수 있다. 믹스가 보여준 것처럼, 객관적으로 볼 때 모든 초기

---

52) Wayne A. Meeks, *The First Urban Christians: The Social World of the Apostle Paul* (New Haven: Yale University Press, 1983), 173-74.

53) Paul Hanson, "Apocalypticism," *IDBSup*, 28-31. 묵시 문학 집단을 연구하는 Robert P. Carroll이나 Paul L. Redditt과 같은 이들은 Hanson이 그러한 것보다 인지 부조화 이론에 훨씬 명백하게 의존하고 있다. Carroll은 이스라엘 묵시 사상의 부상이 어떻게 "부조화가 해석학을 유발하였는지"를 보여주는 예라고 주장한다. 그에 따르면, 예언자적 희망의 붕괴에 수반된 포로기 이후의 박탈 때문에 부조화가 유발되었다. 그에 대한 대응으로 이전의 예언에 대한 묵시 문학적 재해석은 부조화를 제거하고자 하는 노력의 일환이었다(*When Prophecy Failed* [New York: Seabury, 1979], 88, 110, 160, 205, 219). Carroll은 "예언에 기반을 둔 묵시가 포로기 이후 초기에 예언 성취의 실패로 야기된 부조화의 해결책이 된다"라고 말한다(*Prophecy*, 205). 마찬가지로, Redditt 역시 "옛 예언을 여전히 유효하게 만들었던 수정된 종말론"을 낳은 슥 9-14장 이면에 있는 인지 부조화를 주장한다 ("Israel's Shepherd: Hope and Pessimism in Zechariah 9-14," *CBQ* 51 [1989]: 640).

기독교인들이 박탈당한 것은 아니었다. 일부는 사회 구조상 상류층에 속하기도 했으며, 일부는 심지어 부와 높은 지위도 가지고 있었다.[54] 인지 부조화는 이렇게 명망 있는 사람들에게서도 나타날 뿐 아니라, 한 사회의 지도자들도 이를 경험할 수 있다. 예를 들어 권력 집단이 설득력 있는 스승의 중요한 예고나 메시지와 마주했을 때 심리적 동요를 겪을 수 있다. 우리는 보통 이런 심리적 동요를 인지 부조화로 간주할 수 있지만, 이를 박탈이라고 보지는 않는다. 그렇게 보는 것은 특별한 주장이다. 인지 부조화의 원래 의미를 되살려서 천년왕국설의 배경을 이해할 수는 있겠지만(2장을 참조하라), 이를 박탈과 연결시킬 필요는 없다.

데이비드 F. 애버얼(David F. Aberle)의 수정된 박탈 이론은 박탈이라는 용어에 인지 부조화와 같은 현상을 포함시킬 수 있는 길을 열어놓았다. 페스팅거의 책보다 수년 후인 1959년에 쓴 책에서 애버얼은 천년왕국설의 원인으로 박탈 이론을 강력하게 재개했다.[55] 비록 라스웰, 내쉬, 바버가 제기했던 박탈의 인과론에 의존하고 있기는 하지만, 애버얼의 다듬어진 박탈 이론은 탁월하다.[56] 그의 수정 이론은 상대성 개념을 소개함으로써 박탈 이론을 확장했다. 상대적 박탈 이론

---

54) Meeks, *Urban Christians*, 52, 57, 73.

55) David F. Aberle, "The Prophet Dance and Reaction to White Contact," *Southwestern Journal of Anthropology* 15 (1959): 74-83.

56) 관련 논의는 La Barre, "Materials for a History," 24; Weston La Barre, *The Ghost Dance: Origins of Religion* (Garden City, N. Y.: Doubleday, 1970), 287; Virginia H. Hine, "The Deprivation and Disorganization Theories of Social Movements," in *Religious Movements in Contemporary America*, ed. I. Zaretsky and M. Leone (Princeton University Press, 1974), 651; R. Wilson, *Prophecy and Society,* 78; R. Wilson, "Prophecy to Apocalyptic," 85; Meeks, *Urban Christians*, 172을 보라.

에서 박탈은 어떤 중립적 관찰자가 인지할 수 있는 객관적인 조건으로 여겨지지 않는다. 오히려 박탈은 기대와 현재 상황에 대한 사람들의 **자각**으로 구성된다.[57] 예컨대 억만장자가 최후의 백만 달러를 제외하고 나머지를 다 잃어버리게 되면 상대적 박탈감을 느낄 수 있다. 비록 애버얼의 박탈 개념이 분명히 이전 이론보다는 더 많은 천년왕국 집단을 설명할 수 있지만 객관적으로 적용하기에는 훨씬 난해한 개념이고, 거의 모든 집단을 박탈로 묘사하는 문제가 있다.

다른 현대 사회학자들 역시 천년왕국설을 설명하기 위해 훨씬 치밀한 형태로 박탈 이론을 사용한다. 잘 알려진 박탈 이론 중 몇몇을 여기서 언급하고자 한다. 베버, 바버, 린튼, 퍼스에 기대어, 비토리오 란테르나리(Vittorio Lanternari)는 천년왕국 운동을 "억압받는 자의 종교"로 묘사한다. 란테르나리는 위기와 박탈에 직면할 때 이 운동이 구원과 희망의 메시지를 전달한다고 주장한다. "고도로 발달된 사회든 원시 사회든 어느 곳에서나 메시아 운동은 위기로부터 영적 구원을 제공하기 위해 나타난다."[58]

---

57) David F. Aberle, "A Note on Relative Deprivation Theory as Applied to Millenarian and Other Cult Movements," in *Millennial Dreams in Action: Essays in Comparative study*, ed. S. Thrupp (The Hague: Mouton, 1962), 209. Aberle과 마찬가지로, Charles Y. Glock은 박탈 개념이 더욱 유용해지도록 이를 정교하게 다듬으려고 했다. Glock은 "우리가 이해하듯이 박탈은 개인이나 집단이 다른 개인이나 집단, 혹은 내재화된 기준과 비교해서 혜택을 누리지 못한다거나 그와 같이 느끼는 방식의 일부 및 전부를 지칭한다"라고 언급한다("The Role of Deprivation in the Origin and Evolution of Religious Groups," in *Religion and Social Conflict*, ed. R. Lee and M. W.; Marty [New York: Oxford University Press, 1964]. 27). Glock은 박탈 이론을 일반적인 종교 운동의 기원에 적용한다. 그러므로 그가 보기에 종교는 종종 박탈 감정의 보상이다("Role of Deprivation," 29).

58) Vittorio Lanternari, *The Religions of the Oppressed*, trans. L. Sergio (New

노먼 콘(Norman Cohn)은 천년왕국 운동의 사회적·경제적 원인을 찾고자 베버의 이론과 정교화된 박탈 이론을 수용한다.[59] 콘은 천년왕국설의 원인으로 빈곤이 아니라, 전통적인 삶의 방식이 주변화되거나 상실되는 데 초점을 맞춘다. 그는 천년왕국설이 다양한 사회 계층에 호소력을 지닌다는 점을 인식하지만, 각 계층에서 불만족이나 물질적·감정적 지지의 결핍이 나타난다고 주장한다. 마지막 분석에서 콘은 기존 체제에 대한 광범위한 불만족이 천년왕국설의 일반적인 배경이라고 주장함으로써, 하위 계층과 급진적인 주변부 사이에서 일어난 중세 천년왕국설의 경향을 강조한다.[60] 소외된 이들은 "궁지에 몰린 자신들의 불안을 잠재우기 위해", 그리고 스스로 중요하고 힘 있는 자로 느끼고자 천년왕국설을 채택한다.[61]

마지막 발전 단계로, 주변 집단 개념과 박탈 제의(deprivation cult)에 관한 루이스의 연구에 주목해보자. 비록 단순한 천년왕국설보다는 더욱 광범위한 현상의 범주에 관심을 두지만, 루이스는 주변부 집단과 그들 가운데서 찾아볼 수 있는 종교를 명확히 설명해준다.[62] 그의 연구는 주변부 및 중심부 집단과 제도 사이의 차이에 대한 논의를 더욱 명확하게 규정하며, 박탈 이론을 강화한다.

York: Knopf, 1963), 309.

59) Thrupp, "Millennial Dreams in Action: A Report," 20. Norman Cohn은 종종 그의 책에서 Weber에 의존한다. Norman Cohn, *The Pursuit of the Millennium* (New York: Oxford University Press, 1970).

60) Cohn, *Pursuit*, 10, 37, 50-52, 282, 284.

61) Ibid., 87-88.

62) I. M. Lewis, "Spirit Possession and Deprivation Cults," *Man* n.s. 1 (1966): 307-29; *Ecstatic Religion* (New York: Routledge, 1971)을 보라.

새로운 간학문적 접근

현재 이 분야는 최근의 사회학적 사고를 통해 플뢰거와 핸슨이 주장한 비밀 집회 이론을 수정해야 할 뿐만 아니라 박탈 이론에 대한 비평역시 필요한 상황이다. 구약성서의 묵시 텍스트에 대한 재논의는 이런 재평가, 특히 중심부 제사장들의 묵시 텍스트에 대한 재논의에 제대로 근거를 두어야 한다. 나는 이 과제를 수행할 때 천년왕국설에 대한 사회학적 연구를 활용할 것이며,[63] 린튼과 월리스의 연구에서 시작된 포괄적 논의를 특별히 살펴보려고 한다.[64]

천년왕국 집단에 관한 사회학적·인류학적 연구는 제임스 무니(James Mooney)가 북미 원주민들의 교령 춤(Ghost Dance)과 결부된종교에 관한 연구를 수행한 19세기 말 이래로 발전되었다.[65] 이 연구

---

63) 여기서 인류학에 대한 포괄적 검토는 불필요하다. 박탈 이론의 역사는 이미 앞에서 간단히 서술했다. 더 깊이 살펴보려면, 다음과 같이 참고 문헌이 잘 정리된 몇몇 소논문을 통해 천년왕국설에 대한 전반적인 연구를 검토해볼 수 있다. H. Schwartz, "Millenarianism," 531-32; Hillel Schwartz, "The End of the Beginning: Millenarian Studies, 1969-1975." *RelSRev* 2/3 (1976): 1-14; La Barre, "Materials for a History"; Yonina Talmon, "Millenarism" [*sic*], in *The International Encyclopedia of the Social Sciences* (New York: Macmillan Company and Free Press, 1968), 10: 349-62; Ted Daniels, *Millennialism: An International Bibliography* (New York: Garland, 1992)를 보라.

64) Linton, "Nativistic Movements"; Wallace, "Revitalization Movements." 위의 논의와 함께 Gary W. Trompf, "Introduction," in *Cargo Cults and Millenarian Movements: Transoceanic Comparisons of New Religious Movements* (Berlin: Mouton de Gruyter, 1990), 1-5을 보라.

65) James Mooney, *The Ghost-Dance Religion and the Sioux Outbreak of 1890* (Lincoln: University of Nebraska Press, 1991). 이 연구의 첫 판은 다음 책의 제2부로 출판되었다. *The Annual Report of the Bureau of American Ethnology* 14 (Washington: Government Printing Office, 1896).

들은 성서의 묵시 사상 연구에서 언급된 문제 중 일부를 다룰 때 이미 사용된 관련 자료들이다.[66] 앞서 언급한 대로, 천년왕국설에 관한 과거의 사회학적 연구는 성서학자들에 의해 수행된 묵시 종교 연구와 병행을 이룬다. 천년왕국 집단이 박탈당한 자들로 구성되었다는 개념은 흔하고도 오랜 연구 역사를 지닌다. 그러나 박탈 이론을 보편적으로 주장할 수는 없으며, 일부 천년왕국 집단은 주변부나 소외된 자들이라고 단정적으로 묘사할 수도 **없다**. 나는 사회학자들의 이론적 구상에만 의존하는 위험에 빠지지 않기 위해, 그들의 사회학적 서술을 직접적으로 활용하고자 한다. 연관된 이스라엘 집단을 권력형 천년왕국 집단과 비교해보면, 성서 묵시 문학의 연구에 나타나는 몇 가지 문제가 해결될 수 있을 것이다.

---

66) 예컨대 *Semeia* 21 (1981)의 관련된 일부 논문을 보라.

2장

묵시 집단의 사회학

PROPHECY &
APOCALYPTICISM
THE POSTEXILIC SOCIAL SETTING

로버트 R. 윌슨은 이스라엘 종교의 양상을 설명하고자 비교 자료를
사용할 때 필요한 몇 가지 지침을 열거했는데,[1] 그 지침은 이 책에서
사용된 방법론의 핵심이기도 하다. 이 지침을 좇아서, 나는 최근의 사
회학 연구에만 의존하려 한다. 아울러 내가 내리는 결론은 가능한 한
많은 사회에 대한 조사,[2] 즉 천년왕국 집단과 그들의 사상, 지도력과
인원 모집의 역사에 대한 정보 수집 및 조사에 근거를 두고 있다.[3] 이
결과는 묵시 사상에 대한 몇 가지 가설을 구성하는 데 도움이 될 것이
다. 이후에 나는 관련된 성서 텍스트를 통해 이 가설들을 검증해볼 것
이다. 아울러 관련 외부 자료는 성서 텍스트를 주해하는 작업에 한정

---

1) Robert R. Wilson, *Prophecy and Society in Ancient Israel* (Philadelphia: Fortress, 1980), 15-16.
2) 추후 성서 자료와 비교하기 위해 여기서는 집단과 사회에 대해 검토할 텐데, 이런 검토는 현존하는 집단과 사회에 국한되지는 않을 것이다. Andrew D. H. Mayes는 고대 이스라엘을 이해하기 위해 사회학을 활용하는데, 이를 위해 사회학과 역사를 연결하는 것을 정당화하려고 Max Weber와 Emile Durkheim을 둘 다 언급한다 (Andrew D. H. Mayes, *The Old Testament in Sociological Perspective* [London: Marshall Pickering, 1989], 1). Sylvia L. Thrupp과 같은 학자 역시 이 두 영역과 역사 연구 결과를 비교하는 타당성을 논증한다(Sylvia L. Thrupp, "Millennial Dreams in Action: A Report on the Conference Discussion," in *Millennial Dreams in Action: Essays in Comparative Study*, ed. S. Thrupp [The Hague: Mouton, 1962], 13).
3) Thrupp, "Millennial Dreams in Action: A Report," 13에 실린 목록을 보라.

해 사용할 것이다.

첫 번째 문제는 분석을 위해 어떻게 천년왕국 집단을 선택할지를 결정하는 것이다. 노먼 K. 갓월드(Norman K. Gottwald)가 언급했듯이, 집단을 선택적으로 묶는 데는 어떤 기준이 필요하다.[4] 이 기준이라는 주제는 중요하다. 선택 과정에서 지나치게 좁은 기준을 사용하는 것은 처음부터 연구에 편견을 주기 때문이다.[5] 그러므로 인과론을 전제하거나, 천년왕국 집단은 사회적 환경의 단 한 가지 유형에서만 찾아볼 수 있다고 추정하는 대신, 나는 구성원들이 특정 세계관을 공유하는 모든 집단을 고려해보려고 한다.[6]

묵시적 신앙과 사고를 지닌 집단에 대한 조사를 근거로, 나는 우선

---

4) Norman Gottwald, "Problems and Promises in the Comparative Analysis of Religious Phenomena," *Semeia* 21 (1981): 111.

5) 만약 천년왕국 집단을 박탈이라는 인과적 토대로부터 발흥한 집단으로 정의하면서 시작한다면, 박탈 이론으로는 많은 천년왕국 집단을 설명해낼 수 없다는 논지를 증명하기란 불가능하다. 나아가 천년왕국 집단들을 한 가지 사회 영역 유형으로만 정의하는 데 반대되는 적절한 경험적 근거들이 있다. 천년왕국 세계관을 지닌 집단들은 많은 사회 정황에서 발견된다. 이에 대해서는 이후에 분명히 밝힐 것이다. 그래서 Kenelm Burridge는 다음과 같이 말한다. "묵시적 메시지를 이를 산출한 것으로 추정되는 상황을 통해 규정하지 않는다면, 묵시 사건[예. 묵시적 메시지나 묵시 집단 활동의 출현] 역시 매우 다른 상황에서 나타날 것이다"("Reflections on Prophecy and Prophetic Groups," *Semeia* 21 [1981]: 99-100). 그러므로 인과론을 전제로 천년왕국 집단의 사회학에 대해 정의하는 일을 여기서는 피하고자 한다. Weston La Barre의 경우도 **적응 운동**(adjustment movements), **회복 운동**(revitalization movements), **메시아 운동**(messianic movements)과 같이, 천년왕국 집단을 위한 용어를 선택할 때 발생하는 유사한 문제를 피하고자 했으나("Materials for a History of Studies of Crisis Cults: A Bibliographic Essay," *Current Anthropology* 12 [1971]:11), 불행히도 그가 선택한 **위기 제의**(crisis cult)라는 용어조차 지나치게 많은 것을 전제하고 있다.

6) La Barre, "Materials for a History," *Current Anthropology* 12 (1971): 34에 대한 T. Stern의 논평은 "Responses"를 보라.

묵시 사상의 현상을 묘사하고자 한다. 그다음에는 묵시 사상에 대한 분명한 이해로 무장하여 박탈 이론을 비판하고, 천년왕국설의 기원에 대해 더욱 비판적인 견해를 제시하고자 한다.

용어의 정의 문제

성서학에서 사용되는 "**묵시의**"(apocalyptic)라는 용어의 부정확성과 모호성 때문에, 종말론[7]과 묵시 사상[8]을 논의하기 전에 먼

---

7) 심지어 저자마다 **종말론**이라는 용어를 다르게 이해하므로, 그 의미 역시 검토해야 한다. 그러므로 Stanley B. Frost가 사용하는 종말론이란 단어는 이 책에서 쓰이는 의미와는 다르다. Frost의 경우, 역사 안에서 어떤 **텔로스**(*telos*, 목적)가 묵시로 드러나기 이전에 구상되는 것을 참된 의미의 종말론으로 보지 않기 때문이다(Stanely B. Frost, "Apocalyptic and History," in *The Bible in Modern Scholarship*, ed. J. P. Hyatt [Nashville: Abingdon, 1965], 105). 성서학자들은 "가장 멀리 있는, 마지막"을 의미하는 그리스어 "에스카토스"(ἔσχατος)에서 유래한 **종말론**이라는 용어를 다가오는 성취의 시대 혹은 현재 연속되는 사건들이 완성될 미래에 대한 견해나 관점을 언급하기 위해 사용한다. 묵시 문학에서 표현되는 종말론이란 용어는 역사의 진행 안에서가 아니라, 역사와의 과격한 단절을 통해 나타나는 하나님의 결정적 도래 혹은 마지막 도래를 의미한다(「제2에스드라」 11:44; 단 7:26-27을 보라). Frost는 다음과 같이 말한다. "종말은 역사에 개입한다. 종말은 역사가 준비하는 무언가가 아니며, 어떤 방식으로든 역사가 발생하게 하는 무언가도 아니다"("Apocalyptic and History," 112). 종종 철저한 불합리성과 절대 혼동이 이 시대와 다가올 시대를 구분 짓는다(예. 계 4:1-19:21).

8) 묵시 사상이란 용어에 관해 일반적으로 수용되는 서술이 부정확할 뿐 아니라 뭔가 계속 결여되어 있다는 주장에 관해서는 Bruce Vawter, C. M., "Apocalyptic: Its Relation to Prophecy," *CBQ* 22 (1960): 33-34; Hartmut Gese, "Anfang und Ende der Apokalyptik, dargestellt am Sacharjabuch," *ZTK* 70 (1973): 20; Klaus Seybold, *Bilder zum Tempelbau: Die Visionen des Propheten Sacharja*, SB 70 (Stuttgart: Verlag Katholisches Bibelwerk, 1974), 105; Michael E. Stone, "Lists of Revealed Things in the Apocalyptic Literature," in *Magnalia Dei:*

저 이 용어를 정의해야 한다. **묵시**라는 용어는 그리스어 "아포칼립 토"(ἀποκαλύπτω, "벗기다, 드러내다")에서 유래한다. 이 형용사는 일반적 으로 마지막 때가 계시적으로 드러나는 것을 의미하며, 초자연 세계 라는 또 다른 부분의 개입을 묘사하는 단어이기도 하다. 이 형용사에 관해 더욱 구체적인 정의가 필요하므로, 어떤 이들은 묵시라는 장르 를 묵시 사상이나 묵시적 종말론과 구별해야 한다고 제안한다.[9] 그러 나 이 특별한 구분이 실제로 묵시 사상을 더욱 명확히 규정하는 데 도 움이 되는지는 여전히 불분명하다.[10] 나는 하나의 문학적 현상이나 **세 계관**(Weltanschauung), 혹은 (종교적) 사고의 한 유형인 묵시 사상과

The Mighty Acts of God, ed. F. M. Cross, W. Lemke, and P. D. Miller, Jr. (Garden City, N.Y.: Doubleday, 1976), 439-43; Peter R. Ackroyd, "Apocalyptic in Its Social Setting," *Int.* 30 (1976): 412; Wayne A. Meeks, *The First Urban Christians: The Social World of the Apostle Paul* (New Haven: Yale University Press, 1983), 172; Willem S. Prinsloo, *The Theology of the Book of Joel* (New York: Walter de Gruyter, 1985), 86을 보라. 원묵시 문학을 구성하는 요소가 무엇 인가에 대한 논의는 불일치가 특히 심하다. 따라서 Baruch Halpern은 원묵시 문 학을 "여명기에 속한 영역"이라고 말한다("The Ritual Background of Zechariah's Temple Song," *CBQ* 40 [1978]: 167). 후자의 용어에 관해서는 이후에 논의할 것 이다.

9) Paul Hanson, "Apocalypticism," *IDBSup*, 29-30; Klaus Koch, *The Rediscovery of Apocalyptic* (Napervill, Ill.: Allenson, 1972); John J. Collins, *Daniel with an Introduction to Apocalyptic Literature*, FOTL 20 (Grand Rapids: Eerdmans, 1984), 2-5.

10) 예를 들어 Hanson("Apocalypticism")은, 이를테면 왜 묵시적 이원론보다 묵시적 종말론을 특별히 선택하는지 설명하지 않는다. 더욱이 Hanson이 택한 범주 사이 의 관계는 불분명하다. 그러므로 그는 묵시 사상이 묵시적 종말론으로부터 발전 했다고 보는 자신의 견해를 제대로 설명하지 못한다. 이 논의에 대해서는 Robert R. Wilson, "From Prophecy to Apocalyptic: Reflections on the Shape of Israelite Religion," *Semeia* 21 (1981): 83을 보라. 묵시 사상의 정의가 여전히 확 정적이지 않다는 증거는 각주 8에 인용된 문헌을 보라.

역사적·사회적 현상인 묵시 사상을 구별하는 것이 더욱 유용하다고
본다.

묵시라는 용어는 문학 현상, 세계관, 사회 현상에 적용되어왔다.
나는 묵시 사상의 이 세 가지 측면이 지닌 특징을 발전시켜보고자 한
다. 또한 각각의 경우에 대해 어떤 한 가지 포괄적 정의를 내리거나
부여하지 않고자 한다. 그 대신 나는 루트비히 비트겐슈타인(Ludwig
Wittgenstein)의 "가족 유사성"(family resemblance) 개념을 차용함으로
써 중복 및 교차되는 다양한 유사성의 개요를 제시하고자 한다. 묵시
의 다양한 사례를 조사할 텐데, 이것들은 결국 한 가족을 형성하게 된
다. 케넬름 버릿지(Kenelm Burridge)는 비트겐슈타인의 가족 유사성
개념을 연상시키는 천년왕국 현상의 양상들을 비교하는 방식을 다음
과 같이 제안한다.

> 균일성을 추구하기보다는…관련된 차이점을 살펴보는 것이 분명히 더
> 유익하다. 예컨대 한 상황에서 a, b, c, d, e, f라는 요인이 나타나는 것처
> 럼 보일 때, 다른 상황에서는 c, e, g, h, f라는 요소가 나타나는 것처럼 보
> 인다. 그리고 또 다른 상황에서는 a, f, g, i라는 요소를 찾게 될지도 모른
> 다.…이런 절차를 계속 수행하면서 차이점을 찾아볼 때, 아직 우리가 조
> 금밖에 알지 못하고 있는 구체적 관계가 추론될 것이다.[11]

이 책에서는 비트겐슈타인의 이 접근 방식을 취하려고 한다. 묵시
사상의 특색을 제시하는 것이 이 현상의 본질적 특성이나 내재적 특
성을 밝히는 데 실패한다는 주장에 맞서기 위해, 나는 이 접근을 활용

---

11) Burridge, "Reflections," 102.

할 것이다.[12] 묵시 사상은 언제나 고정된 구성 요소를 지니지는 않지만, 진술 가능한 어떤 본질적 구성 요소를 지니는 것도 아니다. 오히려 묵시 현상은 어떤 구체적인 중복과 차이를 공유한다. 나는 바로 이 점을 서술하고자 한다.

문학 현상

묵시 문학은 성서학자들이 가장 접근하기 쉬운 묵시 사상의 한 양상이다. 그럼에도 성서의 묵시 문학 및 이와 매우 가깝게 연결된 묵시 텍스트들의 정체를 규명하고 분류하는 것은 어려운 일이다. "묵시"(apocalypse)라는 장르를 묵시 문학적 현상의 하부 범주로 분류한 것은 중요한 진전이었다. 존 J. 콜린스(John J. Collins)는 형식과 내용의 측면에서 묵시를 정의하고, 기원전 250년부터 기원후 150년 사이에 기록된 15개의 묵시를 발견했다.[13] 유대인들의 묵시로는 다니

---

12) 묵시의 이상적인 본질에 대해 언급하는 논증은 Paul Hanson, *The Dawn of Apocalyptic* (Philadelphia: Fortress, 1979), 6-7을 보라. 대조적으로 Wittgenstein은 궁극적인 본질을 언급함으로써 한 단어나 표현이 명료해질 수 없다고 보고, 자신의 논증을 위해 "가족 유사성" 개념이 도움이 된다고 생각한다. 어떤 단어들은 보편적인 정의가 없지만 다수의 대상을 지칭하기 위해 사용되는데, 그 대상들 사이에는 어떤 하나의 공통적인 특징도 존재하지 않을 수 있다. 예를 들어 A, B, C, D, E가 다섯 가지 특징 혹은 요소라고 생각해보자. ABCD, ABCE, ABDE, ACDE, BCDE 조합은 모두 같은 이름으로 불릴 수도 있다. 이들이 다섯 요소 중 공통으로 가진 요소가 하나도 없는데도 말이다. 이들은 진술 가능한 어떤 본질을 기초로 함께 묶이는 것이 아니라 복잡하지만 객관적인 중복과 차이를 기초로 함께 묶인다. Ludwig Wittgenstein, *Philosophical Investigations*, 3d ed., trans. G. Anscombe (New York: Macmillan, 1958), 32를 보라.

13) Collins는 묵시를 "내러티브 구조를 지닌 계시 문학 장르"로 정의하는데, 이 경우 "계시는 초자연 세계의 존재로부터 인간 수령자에게로 전달되어 초월적 현실을 드러낸다. 이 초월적 현실이란, 종말론적 구원을 구상한다는 점에서 시간적이며, 또 다른 초자연 세계를 포함한다는 점에서 공간적이다"(John J. Collins, "The

예언과 묵시

엘 7-12장, 「동물 묵시서」(*The Animal Apocalypse*), 「주간 묵시서」(*The Apocalypse of Weeks*), 「희년서」 23장, 「제4에스라서」, 「제2바룩서」, 「아브라함 묵시서」, 「제1에녹서」 1-36장, 「천상의 광체들」(*The Heavenly Luminaries*), 「에녹의 비유」(*The Similitudes of Enoch*), 「제2에녹서」, 「레위 유언서」 2-5장, 「제3바룩서」, 「아브라함 유언서」 10-15장, 스바냐서가 포함된다.

불행히도, 더 큰 문학 범주거나 거시 장르인 "묵시 문학"은 "묵시"라는 장르보다 훨씬 더 유동적이다.[14] 그럼에도 이런 유동성 안에서 어떤 특징이 반복되는데, 그런 특징에는 수비학(numerology)이나 필명을 사용하는 방식뿐만 아니라, 표현상 주로 이원론적 언어를 사용한다는 점, 미래의 일이지만 마치 종말이 임박한 듯 표현하는 점 등도 포함된다. 나는 "가족 유사성"을 차용함으로써 이런 특징들을 묵시 문학의 발생적 분류를 위한 최적의 기본 재료로 묘사하고자 한다.[15]

Jewish Apocalypse," *Semeia* 14 ([1979]: 22).

14) 장르는 광범위하게도, 구체적으로도 정의할 수 있다는 주장에 대해서는 Gene M. Tucker, *Form Criticism of the Old Testament*, Old Testament Guides to Biblical Scholarship (Philadelphia: Fortress, 1971), 3을 보라.

15) 이것은 D. S. Russell의 접근법으로 회귀한다는 점에서 이견에 부딪힐 수 있다(D. S. Russell, *The Method and Message of Jewish Apocalyptic* [Philadelphia: Westminster, [1964]; *Apocalyptic: Ancient and Modern* [Philadelphia, Fortress, [1978], 22]. (참조. Koch는 묵시 문학의 형식적/문학적 특징과 전형적인 분위기와 사상을 모두 열거했다[*Rediscovery*, 23-33]). Hanson은 "임의로 여러 특징을 길게 늘어놓은 목록"이 묵시 문학을 적절하게 묘사하는 데 실패했다고 주장함으로써 Russell의 접근을 비판한다. Hanson은 그런 목록이 혼동을 가중할 뿐 아니라 거기에 포함된 모든 특징을 포함하는 묵시 문학은 있을 수 없다고 말한다(*Dawn*, 6-7). 그러나 이 책에서 채택된 Wittgenstein식 접근은 그런 반대에 취약하지 않다. 나는 묵시 문학이라는 한 "가족"에 속하는 텍스트들이 모든 특징을 공유해야 한다고 주장하지 않는다. 그들이 공유하는 바는 "가족 유사성"이다. 각주 12를 보라.

이원론적 언어는 이를테면 쿰란 「전쟁 문서」와 데살로니가전서 5:5에 나타나는 "빛의 아들들"과 "어둠의 아들들"처럼 분명히 구분되어 나타난다. 「제2에스드라서」 6:5 역시 두 종류의 집단을 이야기한다. 지금 죄를 짓고 있는 자들과 믿음이라는 보물을 쌓아두고 영원을 보장받은 자들 말이다. 묵시 문학은 두 개의 적대적인 도덕적 세력을 묘사할 뿐 아니라 종종 형이상학적 이원론을 담고 있다. 예를 들어 다니엘 7장은 천상의 존재와 지상의 존재 사이를 이원론적으로 구분 짓고, 다니엘 10:20은 지상의 사건에 영향을 미치게 될 천상의 전투를 언급한다.[16] 마지막으로 묵시 문학은 종종 일시적인 현재 세계와 다가올 세상 사이의 이원론을 보여준다. 그러므로 요한계시록 21장은 현재의 하늘과 땅이 지나가고, 새 하늘과 새 땅 및 새 예루살렘이 도래하는 모습을 묘사하고 있다.

묵시 문학의 종말론은 이 세대와는 질적으로 다른, 미래 세대의 막을 여는 하나님의 임박한 침입이라는 주제를 포함한다. 따라서 다니엘 7:26-27에 묘사된 종말론은 급격한 변형과 단절을 보여주는 예 중 하나다. 마찬가지로, 쿰란 「전쟁 문서」는 새로운 세상을 여는 다가오는 최후 심판 전쟁에 대한 계획을 잘 보여준다. 묵시 문학은 종종 이 세대와 다가오는 세대를 나누는 혼동과 전쟁에 대한 묘사를 담고 있

---

16) 묵시 문학의 우주적·신비적 경향은 고대 근동 문학에서 전형적으로 발견되는 종류(예. 왕상 22장, 「키르타 이야기」[Kirta Epic], 「아카트 이야기」[Aqhat Epic])와는 다른 우주관을 보여준다. 고대 근동의 일반 텍스트와 달리 묵시 문학은 하늘과 땅을 존재론적으로 구분하고, 이들을 서로를 반영하는 존재의 영역으로 본다. 그러므로 묵시 문학에서 지상 사건들은 초자연적인 배경을 지니게 된다. 그 결과 지상의 문제는 (천상의 전투와 같은) 천상의 영역에서 일어나는 행위로 다뤄질 수 있다(John J. Collins, *The Apocalyptic Imagination: An Introduction to the Jewish Matrix of Christianity* [New York: Crossroad, 1984], 8, 32, 82).

다(예. 「제2에스드라서」 5:4f.; 계 4:1-19:21). 최후 심판은 누가 새로운 왕
국에 들어갈지 아닌지를 결정짓는 전쟁으로 끝을 맺는다. 「제1에녹
서」 1:1은 마지막 심판을 가리켜 "모든 악한 자를 제거하기 위한 고통
의 날"로 언급한다. 1QM 1:5은 최후 심판이 "벨리알의 모든 몫의 영
원한 제거"를 의미한다고 진술한다.[17]

계시가 환상이라는 방식으로 드러나는 것도 묵시 문학에서 종종
발견되는 특징 중 하나다. 「제1에녹서」 1:2은 "천사가 내게 보여준 하
늘의 거룩한 환상"에 대해 언급한다. 묵시적 환상은 기이하고 진기
한 이미지를 통해 묘사되는데, 이를테면 다니엘 8:1-14의 여러 뿔이
돋아난 교만한 염소나, 요한계시록 4:6-8의 여섯 날개를 지닌, 눈으
로 가득 찬 생물의 이미지를 들 수 있다. 게다가 묵시 문학은 결정론
과 예정론 개념을 빈번하게 드러낸다. 그러므로 묵시 텍스트는 예정
된 역사의 단계를 개략적으로 제시한다. 예컨대 다니엘 7장은 세계의
미래에 대한 청사진을 제시해준다. 숫자와 암호화된 표현의 사용 역
시 묵시 문학만의 독특한 방식으로, 특히 완전히 발달한 묵시 문학에
잘 나타난다. 요한계시록 4:4은 24장로를, 5:1은 7인(seal)을 언급한다.
8:8에서는 바다의 3분의 1이 피가 된다. 13:18에서 짐승의 숫자는 666
이다.[18] 천사론 및 악마론, 메시아에 대한 강조는 묵시 문학에 흔한 부
수적 특징이기도 하다.

---

17) Collins, *Apocalyptic Imagination*, 37, 129을 보라.
18) 비밀스러운 지혜에 대해 사색하는 묵시 텍스트의 경향에 관한 사례로는 Stone,
    "Revealed Things," 414-39을 보라.

세계관

묵시 문학은 묵시적 세계관이나 (종교적) 사고의 유형에서 유래한다.[19] 이것은 단순히 의식적으로 선택된 양식이나 문학 장치가 아니다. 나는 성서 언어의 한 유형으로부터 그 언어를 사용하는 자들의 정신으로 쉽게 옮겨갈 수 있는 어떤 방식을 제안하려는 것이 아니다. 오히려 우리는 신비적이고도 현실적이며 때로는 극도로 기이한 묵시 문학의 언어를 기록하고 읽었던 집단이 어떻게 그것을 이해할 수 있었으며 중요하게 여길 수 있었는지를 설명해야 한다.[20]

장르가 특정 사회 현상과 연관되어 있다는 양식 비평의 가정은 이 질문을 이해하는 데 필요한 몇 가지 단서를 제공한다.[21] 세계관 자체는 개인이 아닌 집단에 의해 형성된 것이므로 사회 현상의 한 측면이며,[22]

---

19) 많은 사회학자가 세계관이 의미하는 바를 설명한다. 그 예로는 Anthony F. C. Wallace, "Revitalization Movements," *American Anthropologist* 58 (1956): 266-267; La Barre, "Materials for a History," 27; Mayes, *Old Testament*, 132-33을 보라. John Lofland는 세계관을 "사물과 사건 및 인간의 속성을 당연시 하는 사물의 질서이며…실재, 가능성, 도덕에 대한 [관점]"으로 본다(*Doomsday Cult* [Englewood Cliffs, N.J.: Prentice-Hall, 1966], 1).

20) 그러므로 Meeks는 어떤 문서에서 종말과 관련된 언어가 빈번하게 사용된 것은, 그런 언어를 읽는 이들이 그것을 "이해할 수 있었으며" 그것이 그들에게 "중요한" 것이었음을 암시한다고 추정한다(*Urban Christians*, 171).

21) 묵시 문학의 양식 비평에 대한 논의는 이후에 재개될 것이다.

22) 그러므로 (La Barre와는 반대로) Kenelm Burridge는 상징을 "적응 가능한 인간이 만든 가공물"이 **아니라** 예상 밖에 나타난 것이라고 주장한다. La Barre, "Materials for a History," *Current Anthropology* 12 (1971): 28에 대한 Burridge의 논평 "Responses"를 참조하라. Graham Allan 역시 세계관은 개인이 진공 상태에서 만든 무언가가 아니라 사회 현상이라고 강조한다("A Theory of Millennialism: The Irvingite Movement as an Illustration," *British Journal of Sociology* 25 [1974]: 298).

집단 안에서 구성원들은 세계관을 공유하고 지지한다.[23] 성서 및 연관된 묵시 문학 작품의 신비적이며 기이한 언어와 신앙을 만족스럽게 설명하려면, 천년왕국 세계관의 사회적 배경과 이를 관련지어야 한다.

우리에게는 지중해와 고대 근동 세계에서 유래한 묵시 텍스트의 사회적 측면에 대한 지식이 부족하다. 그러나 성서 혹은 성서와 연관된 고대 묵시 문학을 통해 표현된 신앙은 사회학자들이 "천년왕국"이라고 언급하는 집단의 신앙과 강력한 가족 유사성을 지니고 있으므로, 이런 문학이 상응하는 천년왕국 세계관을 전제한다고 가정해도 틀리지 않을 것이다. 나아가 우리는 천년왕국 집단의 사회학적 가족 유사성의 윤곽을 파악함으로써, 성서 묵시 텍스트의 이면에 있는 세계관 유형을 구체화하기 시작할 수 있다.

천년왕국 집단의 세계관은 직선적 역사관을 미래적 종말론과 결합하는데, 이런 미래적 종말론은 세상이 돌아가는 현재 방식에 미칠 임박하고 급격한 변화를 보여준다.[24] 이런 급격한 변화는 다가올 심판에 대한 기대를 수반하며,[25] 종종 세계나 우주의 멸망 혹은 적어도 악

---

23) 그러므로 Mayes는 다음과 같이 기록한다. "개인의 현실 인식은 그가 속한 사회 집단의 지속적인 지지에 의존한다.…이는 개인이 완벽한 고립 속에서 현실에 대한 특정 관점이나 이해를 견지할 수 없음을 의미한다. 지지 구조, 만남을 통한 표현, 대화, 제의 등이 없다면, 신앙은 객관적 실재로서의 특성을 상실하며, 결국 개인에 대한 그들의 점유권 역시 상실하게 된다"(Old Testament, 133). 또한 Allan, "A Theory," 299을 보라.

24) 천년왕국 세계관과 종말론에 부여된 관점 간의 정확한 관계에 대한 질문은 여전히 문제로 남아 있다. 특정한 종말론적 관점으로부터 묵시 문학적·상징적 우주관으로 전환된 궤적이 있는 것 같다. 아니면, 종말론과 세계관이 함께 발달했을지도 모른다(Hanson의 견해는 "Apocalyptic," 20을 보라).

25) 천년왕국 세계관의 일부인 최후 심판을 묘사하는 논의나 서술은 Vittorio Lanternari, The Religions of the Oppressed, trans. L. Sergio (New York: Knopf, 1963), 204; Justus van der Kroef, "Messianic Movements in the

한 대적의 멸망을 포함하고 있다. 예를 들어 스모할라 제의(Smohalla cult)로 알려진 북미 원주민 천년왕국 집단은 늙어가는 "땅 여성"(Earth woman)이 곧 멸망할 것이며, 모든 백인은 종말 때 전멸할 것이라고 주장했다. 마찬가지로, 멜라네시아의 적화 제의(cargo cult) 예언자는 모든 유럽인을 멸망시킬 해일이 일어날 것이라고 예언했다.[26] 종말이 어떻게 인식되든지, 그것은 임박하다고 여겨진다.[27] 하지만 대개 고난의 시기나 메시아 "출산의 고통"을 맛보는 시기가 전조로 있을 것이다.[28]

Celebes, Sumatra, and Borneo," in *Millennial Dreams*, 102; Norman Cohn, *The Pursuit of the Millennium* (New York: Oxford University Press, 1970), 212을 보라. 대조적으로, 중국의 태평천국 농민 혁명 운동은 다른 천년왕국 양상을 지녔으며, 최후 심판을 거의 강조하지 않았다(Eugene P. Boardman, "Millenary Aspects of the Taiping Rebellion [1851-64]," in *Millennial Dreams*, 70).

26) Bryan R. Wilson, *Magic and the Millennium* (New York: Harper & Row, 1973), 279, 334을 보라. 천년왕국 세계관의 일부로서 이런 신앙을 묘사하는 논의나 관련된 더 많은 서술은 Ibid., 234, 300; Weston La Barre, *The Ghost Dance: Origins of Religion* (Garden City, N.Y.: Doubleday, 1970), 310; Mircea Eliade, "'Cargo Cults' and Cosmic Regeneration," in *Millennial Dreams*, 139-40; Lanternari, *Religions of the Oppressed*, 132을 보라.

27) 표본적인 예로는 Norman Cohn, "Medieval Millenarism: Its Bearing on the Comparative Study of Millenarian Movements," in *Millennial Dreams*, 31; René Ribeiro, "Brazilian Messianic Movements," in *Millennial Dreams*, 56; B. Wilson, *Magic*, 213을 보라.

28) 표본적인 예로는 John L. Phelan, *The Millennial Kingdom of the Franciscans in the New World*, 2d ed. (Berkeley and Los Angeles: University of California Press, 1970), 99; Theodore Olson, *Millennialism, Utopianism, and Progress* (Toronto: University of Toronto Press, 1982), 15; van der Kroef, "Messianic Movements," 111; Eliade, "Cargo Cults," 143; Cohn, *Pursuit*, 136, 212을 보라. 최후 심판일의 도래를 예고하는 임박한 대재앙을 믿는 집단의 예로는 Kenelm Burridge, *New Heaven, New Earth: A Study of Millenarian Activities* (New York: Schocken, 1969), 78; Lanternari, *Religions of the Oppressed*, 132; Thomas W. Overholt, *Prophecy in Cross-Cultural*

우주적 징조 역시 종말의 조짐으로 등장한다.[29]

묵시적 세계관에 따르면 세계의 급격한 변화는 존재론적으로 분리된 또 다른 세계로 인해 완성된다. 다시 말해 세상 밖에서 오는 구원자의 개입이 일어나며, 산 자들과 함께 싸우기 위해 죽은 자들이 부활하고, 메시아가 도래한다. 예를 들어 멜라네시아의 천년왕국 운동인 만세렌 제의(Manseren cult)는 샛별을 포획함으로써 엄청난 힘을 얻게 된 메시아인 만세렌 만군디가 배를 타고 오리라는 임박한 도래를 기대한다.[30] 메시아를 기대하는 여부와는 상관없이 묵시적 세계관은 종말을 가져올 신적 대리자에 집중한다.[31]

묵시적 세계관으로 보면, 세상에 다가오는 급격한 변화는 질적으로 다른 존재의 도래를 초래한다. 우주적 갱신이 일어나거나, 황금시대가 도래하거나, 지상이 낙원으로 변모될 것이다. 종종 이 새로운 세

Perspective: A Sourcebook for Biblical Researchers (Atlanta: Scholars Press, 1986), 130을 보라.

29) 예를 들어 남아프리카 호사(Xhosa) 부족의 19세기 천년왕국 제의는 하늘의 두 태양, 거대한 암흑, 난폭한 강풍이 종말에 전조로 나타날 것이라고 주장한다(B. Wilson, *Magic*, 239). 이 세대와 다가오는 세대 사이의 급격한 불연속은 세계의 전복을 표지로 더욱 분명히 드러날 것이다(Burridge, *New Heaven*, 50을 보라).

30) Peter Worsley, *The Trumpet Shall Sound: A Study of "Cargo" Cults in Melanesia*, 2d ed. (New York: Schocken, 1968), 127, 131-36; B. Wilson, *Magic*, 202을 보라. 다른 예와 논의로는 George Shepperson, "Nyasaland and the Millennium," in *Millennial Dreams*, 146; van der Kroef, "Messianic Movements," 110; Cohn, *Pursuit*, 111, 136, 142; Lanternari, *Religions of the Oppressed*, 135을 보라.

31) Bernard Barber, "Acculturation and Messianic Movements," *American Sociological Review* 6 (1941): 663을 보라. 관련된 논의나 예로는 Cohn, "Medieval Millenarism," 131; Ribeiro, "Brazilian Messianic Movements," 65; Olson, *Millennialism, Utopianism*, 112; B. Wilson, *Magic*, 286, 344을 보라.

상은 바라고 소망하는 것이 성취되는 장소로 묘사된다.[32] 1890년, 천년왕국적인 북미 원주민의 교령 춤(Ghost Dance)이 전달하는 메시지에 대한 한 가지 설명은 다음과 같다. "다음 봄에 중요한 인물(위대한 영)이 온다. 그가 온갖 종류의 사냥감을 가져온다.…다른 누구도 아닌 인디언만이 어디에서나 온갖 사냥감을 얻게 된다."[33] 이런 낙원의 도래는 **태고**(Urzeit)로의 회귀이며, 새 시대에 대한 묘사는 그 집단이 알고 있는 옛 창조 신화를 회상시킨다.[34] 새 시대에 대한 희망은 또한 종종 죽은 자의 부활을 기대하고, 그러므로 죽은 자는 산 자와 함께 새로운 세상에서 살게 될 것이다. 예컨대 1890년 교령 춤은 "조만간…죽었던 모든 인디언이 돌아와 다시 살게 된다. 그들은 모두 젊은이처럼 강하게 되고, 다시 젊은이가 되리라"라는 메시지를 전한다.[35]

---

32) 관련된 논의나 예로는 Van der Kroef, "Messianic Movements," 110; Barber, "Acculturation," 664; Shepperson, "Nysasaland," 146; Burridge, *New Heaven*, 23; Lanternari, *Religions of the Oppressed*, 205을 보라.

33) Overholt, *Prophecy in Cross-Cultural Perspective*, 125에서 인용함. 천년왕국 세계관의 일부인 이런 믿음에 대한 표본적인 서술과 논의로는 Barber, "Acculturation," 663; Thrupp, "Millennial Dreams in Action: A Report," 12; Eliade, "Cargo Cults," 138, 141; Cohn, *Pursuit*, 108, 213; B. Wilson, *Magic*, 332을 보라.

34) 예컨대 Eliade, "Cargo Cults," 142; B. Wilson, *Magic*, 205; Burridge, *New Heaven*, 50을 보라. 어떻게 천년왕국 집단이 종종 자기 문화의 옛 신화 혹은 전승을 회상하는지를 보여주는 예로는 Peter Lawrence, "The Fugitive years: Cosmic Space and Time in Melanesian Cargoism and Mediaeval European Chiliasm," in *Millennialism and Charisma*, ed. R. Wallis (Belfast, Northern Ireland: Queen's University, 1982), 291; Ribeiro, "Brazilian Messianic Movements," 57; Eliade, "Cargo Cults," 143; Cohn, *Pursuit*, 145; B. Wilson, *Magic*, 209, 300; Lanternari, *Religions of the Oppressed*, 170, 173, 220, 231, 242, 261을 보라.

35) Overholt, *Prophecy in Cross-Cultural Perspective*, 125, 참조. 128에서 인용함. 더욱 심화된 예시와 논의는 Barber, "Acculturation," 663; van der Kroef,

마지막으로 도덕적 혹은 윤리적 이원론은 늘 천년왕국 세계관의 일부분을 구성한다. 선택된 자는 "흑인과 구분되는 백인처럼" 저주받은 자와 구분된다.[36] 그들은 자신들을 다른 인간과 질적으로 다른, 도덕적 엘리트로 여긴다.[37] 이런 엘리트는 임박한 심판을 견뎌내거나 다가오는 시련을 통해 단련되어 시험을 받고 남은 자로 그려진다. 그러므로 타비보(Tavibo)의 천년왕국적인 교령 춤(1870)은 오직 "믿는" 북미 원주민만이 종말에 부활할 것이라고 가르쳤다.[38] 대조적으로 천년왕국 집단은 윤리적 이원론의 반대쪽에 있는 자들을 미워하거나 적어도 두려워한다.[39]

사회 현상

묵시적 세계관을 지닌 집단은 뚜렷한 사회학적 가족 유사성을 지니고 있다. 그러므로 묵시—묵시적 사회 제도에서의 묵시—를 규정하는 세

"Messianic Movements," 110; Eliade, "Cargo Cults," 140; B. Wilson, *Magic*, 239, 279, 300; Burridge, *New Heaven*, 79; Lanternari, *Religions of the Oppressed*, 207; Worsley, *Trumpet*, 95, 102를 보라.

36) Burridge, *New Heaven*, 147; Cohn, *Pursuit*, 83, 86, 173.

37) Cohn, "Medieval Millenarism," 38; Cohn, *Pursuit*, 60, 85; van der Kroef, "Messianic Movements," 111을 보라.

38) Thomas W. Overholt, *Channels of Prophecy: The Social Dynamics of Prophetic Activity* (minneapolis: Fortress, 1989), 40을 보라. 남은 자 신앙은 천년왕국 세계관에 대한 묘사에서도 볼 수 있다. Cohn, *Pursuit*, 223; B. Wilson, *Magic*, 286; Lanternari, *Religions of the Oppressed*, 132; Overholt, *Prophecy in Cross-Cultural Perspective*, 125; Worsley, *Trumpet*, 135-36; La Barre, *Ghost Dance*, 212을 보라.

39) 관련된 논의나 예로는 Van der Kroef, "Messianic Movements," 120; Shepperson, "Nyasaland," 145; B. Wilson, *Magic*, 300; George Simpson, "The Ras Tafari Movement in Jamaica in Its Millennial Aspect," in *Millennial Dreams*, 161을 보라.

번째 항목은 묵시 문학 및 묵시적 세계관과 구별되어야 한다.[40] 천년왕국 세계관을 다룰 때도 그랬지만, 나는 묵시 사상이라는 사회 현상을 천년왕국 집단에 관한 조사를 기반으로 이해한다. 이 단락을 포함해, 연구를 위해 어떤 집단을 선택해 다룰 때는 어떤 한 가지 유형의 사회적 토대라도 전제로 삼지 않을 것이다. 더 넓은 사회적 토대의 수준에서 볼 때 선택된 집단에는 어떤 가족 유사성도 없을 것이라고 여기면서 말이다.[41] 실상 사회학적 가족 유사성은 광범위한 사회적 배경의 수준에서 나타나기보다 집단의 수준에서 드러난다.[42]

월슨은 여러 천년왕국 집단 간 드러나는 가족 유사성의 개요를 작성했다.[43] 무엇보다 천년왕국설은 집단 현상이다. 월슨은 "묵시적 종교는 개인주의 현상이 아니라 응집력이 있고 상대적으로 잘 조직된 집단을 배경으로 늘 나타나는 현상이다. 집단의 구성원들은 자신들을 하나의 집단으로 간주하고, 집단의 구조를 유지하고 보존하고자 한다"라고 말한다.[44] 많은 천년왕국 집단의 입회 의식은 이러한 집단 정

---

40) 이런 구분을 명확하게 하는 한 가지 좋은 시도로는 Olson, *Millennialism, Utopianism*, 15을 보라. Philip R. Davies는 연관된 사회 구성체를 살펴보기 위해서는 "묵시적"(apocalyptic)이라는 용어를 문학적 범주에 한정시키고 인식 가능한 사회과학적 범주인 "천년왕국의"(millennial/millenarian) 같은 단어를 사용하자고 주장한다. Philip R. Davies, "The Social World of Apocalyptic Writings," in *The World of Ancient Israel*, ed. R. E. Clements (Cambridge, England: Cambridge University Press, 1989), 253을 보라.

41) 각주 5를 보라.

42) 뒤에 나오는 "천년왕국설 기원에 대한 비판적 견해" 단락을 보라.

43) R. Wilson, "From Prophecy to Apocalyptic," 84-87.

44) Ibid., 84. 참조. Olson은 "천년왕국설의 특징적 형태는 그 사회 안에 있는 조직된 힘으로서, 개인이 수행하는 문학 활동이라기보다는 일종의 운동이다"라고 말한다 (*Millennialism, Utopianism*, 15). 천년왕국설이 집단 현상이라는 점은 천년왕국 세계관의 독특성과 그런 견해가 고립된 개인의 소산물이 아니라는 위의 논증

예언과 묵시

체성을 강화한다.[45] 여타 천년왕국 집단은 구성원이 입회하기 전에 자기 소유를 팔라고 요구함으로써 집단에 대한 헌신을 확고히 한다.[46]

만약 집단이 대단히 조직적이라면, 그 내부에는 인사 조직이 있을 것이다. 이렇게 조직적인 위계는 종종 소위 천년왕국 예언자 혹은 촉매로 작용하는 인물, 특별한 제자 파벌, 그리고 외부 추종자 집단을 포함한다.[47] 3장에서 나는 어떻게 집단 조직 내에서 나타나는 긴장과 도전이 집단 역사의 일부로서 발생할 수 있는지를 제시하고자 한다.

많은 천년왕국 집단의 세계관은 집단의 구체적 목적과 다가오는 새로운 시대의 비전을 포함한다.[48] 문화 변용을 포함하는 환경 속에서, 집단의 목적은 그 사회 자체의 문화가 특별히 가치 있게 여기는 측면을 부활시키거나 영속하게 만드는 것을 포함한다.[49] 동시에 미래 비전에는 종종 천년왕국 집단이 대적의 기밀과 재산도 상속할 것이라는 기대도 담겨 있다. 그러므로 피터 워슬리(Peter Worsley)는 적화 제

을 고려해볼 때 놀라운 것이 아니다. 예컨대 천년왕국 세계관은 다가오는 구원이 집단적이며 모든 신실한 자를 포함하리라는 기대를 품고 있다. Cohn, "Medieval Millenarism," 32; Boardman, "Taiping Rebellion," 70을 보라.

45) 일부 다른 천년왕국 집단의 사회학의 일부인 입회 의식의 사례는 Howard Kaminsky, "The Free Spirit in the Hussite Revolution," in *Millennial Dreams*, 167; Worsley, *Trumpet*, 106; Cohn, *Pursuit*, 143; Burridge, *New Heaven*, 27, 65; Ribeiro, "Brazilian Messianic Movements," 66; Boardman, "Taiping Rebellion," 78; van der Kroef, "Messianic Movements," 103; Shepperson, "Nyasaland," 149을 보라.

46) 관련 사례는 Kaminsky, "Free Spirit," 170; Cohn, *Pursuit*, 157, 212을 보라.

47) Wallace, "Revitalization Movements," 273과 각주 134를 보라.

48) R. Wilson, "From Prophecy to Apocalypse," 85을 보라.

49) 관련 논의나 사례는 Ralph Linton, "Nativistic Movements," *American Anthropologist* 45 (1943): 230-31; Eliade, "Cargo Cults," 142; B. Wilson, *Magic*, 306; Ribeiro, "Brazilian Messianic Movements," 57을 보라.

의의 경우, "멜라네시아인들은 결코 유럽 문화를 **완전히** 거부하지는 않았다. 그들은 백인의 권력과 부를 원했지만, 그들의 통치가 영속하기를 원하지는 않았다"[50]라고 진술한다.

천년왕국 집단은 대개 과거와 미래 사건에 대해 초자연적으로 계시된 시간표에 의해 제시된 틀 안에서 자신들의 비전과 목적이 실현되리라 믿는다. 1890년의 교령 춤과 연관된 북미 원주민 천년왕국의 촉매였던 워보카(Wovoka)가 그런 구상을 했는데, 그것은 창조를 포함해 과거 사건에 대한 서술을 담고 있다. 미래에 관한 그의 청사진은, 1890년 가을 모든 선한 사람의 "갱신"과 그해 봄 모든 사람의 후속 갱신을 포함한다. 그리고 땅의 부활과 확장이 뒤따를 것이었다.[51]

윌슨이 주장하듯이, 목적을 달성하고 역사의 마지막 날에 살아갈 방식을 찾고자 천년왕국 집단은 실천적 행동 양식을 전개했다.[52] 이런 실천 프로그램에 대한 반응은 소극적 측면에서 적극적 측면에 이르기까지 연속적으로 나타난다. 소극적 프로그램은 단지 집단생활을 위한 조직을 제시하지만, 적극적 프로그램은 종말의 도래나 적어도 그 준

---

50) Worsley, *Trumpet*, 44.

51) Overholt, *Prophecy in Cross-Cultural Perspective*, 128; Burridge, *New Heaven*, 79. 몇몇 다른 문화 속 천년왕국 집단의 집단 비전, 연대기적 계획 혹은 묵시적 가르침에 대한 더 많은 사례는 Olson, *Millennialism, Utopianism*, 15, 111, 120; Cohn, *Pursuit*, 108; van der Kroef, "Messianic Movements," 111을 보라.

52) R. Wilson, "From Prophecy to Apocalyptic," 86. 관련 사례와 논의는 Donald Weinstein, "Millenarianism in a Civic Setting: The Savonarola Movement in Florence," in *Millennial Dreams*, 199; Cohn, *Pursuit*, 136; Olson, *Millennialism, Utopianism*, 16; B. Wilson, *Magic*, 19; Gary W. Trompf, "The Cargo and the Millennium on Both Sides of the Pacific," in *Cargo Cults and Millenarian Movements: Transoceanic Comparisons of New Religious Movements*, ed. G. W. Trompf (Berlin: Mouton de Gruyter, 1990), 74-75 을 보라.

비를 위한 집단행동을 조직화한다. 예를 들어 멜라네시아 적화 제의
는 적극적으로 부두, 활주로, 창고를 짓고, 조상으로부터 오는 화물 수
송선을 맞을 준비를 했다.[53]

또 다른 적극적 반응은 특별한 의례의 수행을 포함하는데,[54] 이는
때때로 특별한 성전 혹은 제의 대상에 대한 창조 및 재적응을 포함한
다.[55] 그러므로 워보카와 연관된 교령 춤 천년왕국 운동에서, 집단 구
성원들은 중앙 나무 주변을 천천히 도는 의식을 수행한다. 이 춤을 추
는 동안 많은 참가자는 죽은 자의 세계를 방문하는 무아지경을 체험
한다.[56] 다른 문화에서 방언은 종종 천년왕국 의례 행위의 일부로 언
급된다.[57]

천년왕국 집단의 실천 프로그램은 세상으로부터 자기 집단의 부
분적 분리나 완전한 분리를 포함한다. 늘 그런 것은 아니지만, 때때로
이런 집단들은 뗏목을 건설하기 위해 육체적으로 사회에서 분리되거

---

53) B. Wilson, *Magic*, 312; Worsley, *Trumpet*, 115, 151, 178, 247.

54) 관련 논의와 사례는 Barber, "Acculturation," 663; Ribeiro, "Brazilian Messianic
Movements," 57, 64-65; van der Kroef, "Messianic Movements," 111;
Burridge, *New Heaven*, 79; Lanternari, *Religions of the Oppressed*, 132, 153;
Overholt, *Prophecy in Cross-Cultural Perspective*, 129; Cohn, *Pursuit*, 133;
B. Wilson, *Magic*, 248, 284, 288, 319을 보라. 그러나 모든 천년왕국 집단이 의
례와 의식에 중심을 두는 것은 아니며, 이 모든 집단을 제의라고 명명할 수도 없
다. 관련 사례는 Karlene Faith, "One Love-One Heart-One Destiny: A Report
on the Ras Tafarian Movement in Jamaica," in *Cargo Cults and Millenarian
Movements*, 329-30을 보라.

55) 표본적인 사례는 B. Wilson, *Magic*, 319; Worsley, *Trumpet*, 84; Burridge, *New
Heaven*, 17; Lanternari, *Religions of the Oppressed*, 254을 보라.

56) Overholt, *Prophecy in Cross-Cultural Perspective*, 123.

57) van der Kroef, "Messianic Movements," 102-3, 116; B. Wilson, *Magic*, 203,
249; Jean Guiart, "The Millenarian Aspect of Conversion to Christianity in
the South Pacific," in *Millennial Dreams*, 124.

나, 피난처로 물러나기도 한다.[58] 다른 천년왕국 집단은 종말을 기다리는 동안 연장된 불침번을 서기 위해 공동체를 떠나기도 한다.[59] 아니면, 천년왕국 집단은 노동을 거부하고 비축 식량을 없애거나, 저축된 돈을 모두 써버림으로써 종말을 준비하고자 자신들을 격려한다. 예를 들어 19세기 후반 뉴기니에서 천년왕국을 촉진했던 인물인 토케리우(Tokeriu)는 전체 해안을 침몰시킬 거대한 해일을 예견했다. 그의 메시지에 대한 응답으로 백성은 삼사백 마리의 돼지를 잡아먹음으로써 자신들의 부의 원천을 고갈시켜버렸다.[60] 이런 행위는 종말이 곧 도래할 것이고, 새로운 시대가 시작되자마자 신이 그들에게 풍부한 식량을 제공하리리라는 기대감에서 나온 행위였다.

천년왕국 집단의 종말론은 다가오는 대재앙이나 전쟁에서 신의 전적 주권을 강조하므로, 이런 종류의 집단들은 종종 무기를 들지 않는다.[61] 그럼에도 적극적인 천년왕국 집단의 실천 프로그램은 때때로

---

58) 피난처로 물러나거나 뗏목을 만든 천년왕국 집단의 사례는 Worsley, *Trumpet*, 101, 102, 139을 보라. 신체적으로 자기들을 분리시키지 않는 천년왕국 집단에 관한 논의나 사례는 Simpson, "Ras Tafari Movement," 161; Cohn, *Pursuit*, 160-61을 보라.

59) van der Kroef, "Messianic Movements," 89; Simpson, "Ras Tafari Movement," 162; Kaminsky, "Free Spirit," 170, 171; Cohn, *Pursuit*, 212, 216; Burridge, *New Heaven*, 23; B. Wilson, *Magic*, 334; David F. Aberle, "A Note on Relative Deprivation Theory as Applied to Millenarian and Other Cult Movements," in *Millennial Dreams*, 214.

60) Worsley, *Trumpet*, 51-43. 참조. 69, 111. 직업을 포기하거나 저축했던 돈을 써버리는 데 관한 논의와 추가 사례는 Eliade, "Cargo Cults," 142; Simpson, "Ras Tafari Movement," 162; Cohn, *Pursuit*, 217; B. Wilson, *Magic*, 201, 239, 316, 332; Burridge, *New Heaven*, 23; Lanternari, *Religions of the Oppressed*, 172-73, 246; La Barre, *Ghost Dance*, 213, 306을 보라.

61) B. Wilson, *Magic*, 196, 275, 285-86, 311; Faith, "One Love," 329; Worsley, *Trumpet*, 232을 보라.

군사적 행동을 위한 준비를 강조한다.[62] 때때로 종말의 전쟁은 여전히 신의 싸움으로 이해되며, 해당 천년왕국 집단의 군사적 준비는 단순히 상징으로 여겨진다.[63] 집단의 구성원들이 실제로 싸움을 준비하는 경우, 그 집단은 적어도 다가올 충돌이 초자연적 통제와 보호 아래 수행되리라고 믿는다. 그러므로 백인과의 군사적 충돌을 겪었던 수(Sioux)족 천년왕국 집단은 소위 유령 셔츠 같은 것을 입고, 총알을 피할 수 있다고 믿었다.[64]

천년왕국설과 윤리적 관심사의 관계를 보면, 천년왕국 집단은 뻔뻔스러울 정도의 비윤리적 행위와 도덕폐기론, 아니면 극단적인 자기 통제와 규율을 보이는 경향이 있다. 그러므로 일부 천년왕국 집단은 구성원들이 자기가 속한 문화의 규범에 어긋나는 (난교, 음주, 혹은 도둑질과 같은) 행동에 가담하도록 부추긴다.[65] 버릿지는 그런 집단의 "규율 없는" 행동이, 이 세상과 저 세상 사이에서 자신들이 과도기에 있다고 여기는 천년왕국 집단의 자기 이해와 부합한다고 본다.[66] 그러므로 일부 천년왕국 집단은 자신들이 이미 전복된 세계에 살고 있다고 보거나 이 시대의 사회 통념을 뛰어넘은 존재라고 여기며, 이미 즐기

---

62) 전투 준비를 포함해 천년왕국 집단의 프로그램에 대해서는 Boardman, "Taiping Rebellion"; Simpson, "Ras Tafari Movement," 162; Cohn, *Pursuit*, 75, 139; B. Wilson, *Magic*, 221-72; Lanternari, *Religions of the Oppressed*, 241, 254-55, 260을 보라.

63) Ribeiro, "Brazilian Messianic Movements," 66; Gary W. Trompf, "Introduction," in *Cargo Cults and Millenarian Movements*, 7을 보라.

64) Overholt, *Prophecy in Cross-Cultural Perspective*, 132 n. 7.

65) van der Kroef, "Messianic Movements," 111; Eliade, "Cargo Cults," 142; B. Wilson, *Magic*, 334; Burridge, *New Heaven*, 65, 112; Cohn, *Pursuit*, 217을 보라.

66) Burridge, *New Heaven*, 166.

고 있다고 본다.

그러나 천년왕국 집단이 도덕성 상실이라는 특징을 지녔다고 주장하는 것은 옳지 않다. 사실상 천년왕국 집단의 프로그램은 대개 윤리적 근면성을 강조한다.[67] 최후 심판과 새로운 시대가 임박했으므로, 윤리적 근면성은 특별히 타당하다고 간주된다. 그러므로 묵시 언어는 빈번하게 권면의 맥락에서 나타난다.[68] 웨인 믹스(Wayne Meeks)는 묵시적 세계관으로 인해 나타난 공동체 응집력이 어떻게 윤리적 행위의 원인이 되는지를 언급하는데, 집단 구성원들이 공동체의 안녕을 위해 행동하고자 할 때 내적 규율과 지도자에 대한 순종이 생겨난다.[69]

"원묵시"

원묵시(proto-apocalyptic)라는 용어는 유대교 묵시 종말론의 기원을 추적하려는 시도에서 나왔다. 핸슨은 원묵시 종말론을 예언 종말론으로부터 묵시 종말론으로 이어지는 연속체의 일부로 간주한다.[70] 나는 그런 연속체를 가정하지 않지만, 다음의 이유로 원묵시라는 용어를

---

67) B. Wilson, *Magic*, 226, 232, 307, 332; Burridge, *New Heaven*, 79; Lanternari, *Religions of the Oppressed*, 152; Overholt, *Prophecy in Cross-Cultural Perspective*, 128, 130-31; Ribeiro, "Brazilian Messianic Movements," 66; van der Kroef, "Messianic Movements," 103을 보라. 윤리적 행위를 강조하는 신약의 묵시 텍스트는 살전 4:6; 5:1-8과 롬 14:10을 포함한다.

68) Collins는 "경외심을 불러일으키고, 초월적 세계와 다가오는 심판의 계시에 대한 확신을 심어줌으로써, 묵시는…의로운 행위의 전제 조건을 만들어낸다"라고 기록한다(*Apocalyptic Imagination*, 46, 참조. 5, 7).

69) Meeks, *Urban Christians*, 175.

70) Hanson, *Dawn*, 27; "Apocalypticism," 32; *Old Testament Apocalyptic* (Nashville: Abingdon, 1987), 33.

예언과 묵시

사용하고자 한다.[71]

페르시아 시대의 몇몇 이스라엘 문학은 가족 유사성을 드러내는
데, 그것이 더욱 정교한 형태로 형성된 것은 기원전 250년 이후 기록
된 유대교 묵시 텍스트에서 찾아볼 수 있다. 동시에 이 문학은 후속
묵시와는 다르다. 후대 작품의 규칙성과 수용된 특징들은 시간의 경
과에 따라 발전했을 뿐이다. 나아가 초기의 성서 묵시 텍스트들은 헬
레니즘 묵시에서 발견되는 많은 중요한 사상과 모티프의 영향을 받
지 않았다. 예를 들어 이사야서와 스가랴서 같은 페르시아 시대 텍스
트들은 다니엘서나 「제1에녹서」와는 달리, 일반적인 부활(그러나 사
26:19을 보라)이나 죽은 자의 심판(그러나 사 24:21-22을 보라)을 강조하
지 않는다.[72] 이런 이유로, 초기 문학이 묵시가 아닌 환상 문학(예. 아모
스의 환상 사이클) 및 완전히 발달된 묵시 문학(예. 다니엘의 환상) 둘 다
와 거리감이 있음을 인식한다면, 특별한 명칭이 필요하다.[73] 나는 이
를 위해 **원묵시**라는 용어를 수용한다.

그러므로 나는 헬레니즘과 로마 시대에 완전히 발달된 묵시 사상
과 확실한 유사성을 보이는 페르시아 시대의 종교적 텍스트, 관점, 관
습을 묘사하고자 **원묵시**라는 용어를 사용하고자 한다.[74] 그러나 이 용

---

71) 예언을 묵시 사상의 근원으로 보는 문제에 관한 논의는 1장을 보라.
72) 예를 들어 단 12:2과 「제1에녹서」 90:31-36(참조. Collins, *Apocalyptic
Imagination*, 20)을 보라. 그런 차이는 부분적으로 헬레니즘의 영향 때문이다.
Collins는 "[본격적인] 묵시의 가장 뚜렷한 특징은 헬레니즘 시대에 광범위하게
퍼진 사상에 따른 성서 전승의 수정을 포함한다는 점이 중요하다"라고 기록한다
(*Apocalyptic Imagination*, 28).
73) Seybold, *Bilder zum Tempelbau*, 105; Robert North, "Prophecy to
Apocalyptic via Zechariah," *VTSup* 22 (1972): 70-71; Samuel Amsler,
"Zacharie et l'origine de l'apocalyptique," *VTSup* 22 (1972): 229을 보라.
74) Collins, "Jewish Apocalypses," 29를 보라.

어를 사용한다고 해서, 예언 사상으로부터 묵시 사상으로의 발전 궤적을 전제하는 어떤 유형론을 수용하는 것으로 보아서는 안 된다.

박탈 이론의 인과론에 대한 비판

박탈 이론의 본래 개념이 지닌 문제

사회학적 박탈 개념은 본래 불만족스러운 경제 조건, 혹은 적어도 여타 관찰 가능한 결핍, 혹은 스트레스를 포함하는 사회적 배경의 존재와 일반적으로 관련되었다.[75] 박탈은 보통 한 집단이 필요로 하고 기대했던 어떤 것을 몰수당하거나 제지당하는 상황과 관련이 있다. 초기 박탈 이론가들은 관찰 가능한 이런 박탈 유형의 사회적 토대를 천년왕국의 원인으로 간주했다. 성서학자들이 성서의 묵시 집단을 소외되고 권력을 빼앗긴 자로 고찰할 때, 이것은 사회학에서 본래 제시되었던 인과론적 설명을 전제한다.

이런 일반적인 박탈 개념은 천년왕국 현상을 설명하는 데 부적절하다는 점이 분명해졌다. 수많은 천년왕국 집단은 박탈을 경험하지 않았다는 사실이 관찰되었다. 목록 1은 박탈의 본래 개념으로는 설명할 수 없는 천년왕국 집단의 사례를 제공한다. 인류학자들은 사회 상류층과 연관된 수많은 천년왕국 집단을 간과했다. 워슬리가 언급했듯이, 그 이유는 이 집단들이 대개 대중 운동과 관련되지 않았기 때문인데, 이는 점점 흥미로운 연구 주제가 되고 있다.[76]

---

75) 1941년 Bernard Barber는 박탈을 "문화가 삶의 평범한 만족이라고 규정한 바를 얻지 못할 때 야기되는 절망으로 정의한다"("Acculturation," 664).

76) Worsley, *Trumpet*, xl.

목록 1: 박탈당하지 않은 천년왕국 집단의 사례들

1. 13세기 이후 유럽에서 발흥한 자유 심령 형제단(Brethren of the Free Spirit)은 덜 부유했던 지식 계급뿐만 아니라 사회의 특권 계층까지 포함했던 천년왕국 분파였다. 예컨대 그중 일부는 부유하고 안정된 가정 환경에서 온 자들이었다.[77] 자유 심령 형제단의 천년왕국 예언자들은 특히 도시 사회 엘리트 계층에 속한 한가한 여성들에게 매력적으로 보였다.[78] 이는 좌절을 보상하고자 연대했던, 추방당했거나 가난한 자들의 경우가 아니다.

2. 잘 알려지지 않았지만, 1450-50년대에 유럽의 비르스베르크 형제단(Wirsberg brothers)이 이끈 천년왕국 집단이 있다. 비르스베르크의 얀코와 리빈 형제는 부유하고 권력이 있었지만, 천년왕국의 촉매 인물로 활동했다.[79]

3. 15세기 말 피렌체에 퍼져나간 천년왕국설은 모든 계층과 직업의 구성원을 포함했다. 천년왕국의 유명한 촉매 인물인 시민 개

---

77) Cohn, *Pursuit*, 159.

78) Cohn, "Medieval Millenarism," 37. 어떤 학자들은 이 여성들이 상류층이었지만, 젠더(gender) 때문에 자신들을 박탈한 자로 분류했다고 주장한다. 종종 박탈 이론적인 접근은 여성 사이에서 일어난 천년왕국설을 남성 중심 문화에서 여성들이 차지하지 못했던 권력에 대한 보상 수단이었다고 해석한다. Hillel Schwartz가 언급하듯이, "가부장제로 인해 거부당했던, 상처받은 집단인 여성들이 권력의 수단으로 종교를 사용한다는 것이 박탈 이론의 주장이다"("Millenarianism, An Overview," in *The Encyclopedia of Religion* [New York: Macmillan, 1987], 9:528). 그러나 Schwartz는 이런 판단이 부당하다고 본다. 이것은 여성의 종교 일반을 단순히 반응적이며 보상적인 어떤 것으로 축소한다는 점에서 그러하다. 몇몇 여성 천년왕국 촉매 인물이 적극적·창조적 종교를 영위했다는 점을 지적함으로써 박탈 이론의 주장을 반박할 수 있다(예. 밀란의 구글리엘마, 도나 베아트리체, 요안나 사우스코트, 엘런 굴드 화이트, 야코비나 마우러, 키타무라 사요).

79) Cohn, *Pursuit*, 233.

혁가 사보나롤라는 가난한 자뿐 아니라 정치 관료와 상류층에게
도 세계관을 제시했다.[80] 사보나롤라 천년왕국설의 주요 연구자
중 하나인 도널드 바인슈타인(Donald Weinstein)은, 사보나롤라
의 천년왕국설은 분명히 "가난한 자의 시위로부터 기인한 것이
아니며, 경제적 위기로는 설명할 수 없는 천년왕국설의 사례"[81]
라고 말한다. 이 경우 천년왕국설은 박탈당한 자의 종교나 세계
관이 아니었다. 오히려 사보나롤라 천년왕국 집단의 가르침은
피렌체 공화국 시민 프로그램의 근거로 채택되었다.

4. 중세 천년왕국설의 잘 알려진 사례로는 피오르의 요아킴
   (Joachim of Fiore, 1135-1202년경)의 천년왕국설이 있다. 요아
   킴이 기독교 천년왕국설을 부활시켰던 칼라브리아(Calabria)에
   는 특별한 박탈이나 위기가 없었다. 테오도르 올슨(Theodore
   Olson)이 기록했듯이, "기껏해야 요아킴은 그 시대의 해석 관
   행이 성서의 윤곽 전체를 이해하는 데 부적절하다는 점 정도
   를 발견했다고 할 수 있다."[82] 이런 상황은 박탈이라고 볼 수 없
   다. 요아킴에 근거를 둔 요아킴주의의 부상은 박탈과는 무관했
   다. 오히려 그 운동의 핵심에 있었던 프란체스코 영성주의자(the
   Franciscan Spirituals)들은 대개 어마어마한 부를 포기한 사람들

---

80) Donald Weinstein은 "사보나롤라가 권위 있는 신과 대화를 나누었고, 그의 이
    야기를 듣던 사람들이 많이 살아 있는 동안, 피렌체로부터 퍼져나갈 세계의 회복
    에 대한 예언이 곧 성취될 것이라고 열렬히 믿었던 자 중에는 피렌체의 모든 계층
    및 모든 직업을 가진 사람들이 있었다. 이를테면 일반 대중뿐만 아니라 로렌초와
    피에로 드 메디치의 이전 친구들 같은 귀족들까지 있었다는 말이다"라고 기록한
    다(*Savonarola and Florence: Prophecy and patriotism in the Renaissance*
    [New Jersey: Princeton University Press, 1970], 30).
81) Weinstein, "Civic Setting," 187, 참조. 203.
82) Olson, *Millennialism, Utopianism*, 119.

예언과 묵시

이었다.[83] 노먼 콘은 "영성주의자들은 주로 사회의 특권층 출신이었고, 특히 이탈리아 도시의 지배 계층이었던 귀족과 상인 가문의 혼성으로 구성되었다"[84]라고 기록한다.

5. 요아킴주의 천년왕국설은 16세기 뉴스페인의 스페인 식민주의자 중 천년왕국 집단을 배출한 모체였다. 프란체스코 수도사 헤로니모 데 멘디에타(Gerónimo De Mendieta)는 스페인 왕족을 대행했던 천년왕국 집단을 이끌었다. 카를 5세의 통치 기간 동안, 멘디에타 집단은 감독권, 행정권, 경제권을 쥐고 있었다.[85] 박탈당하거나 억압당한 적이 전혀 없었던 멘디에타는 스페인을 "고래"로, 원주민을 "정어리"로 표현했다.[86]

6. 러시아의 스코프츠이(Skoptzi) 천년왕국 분파 역시 주변부 집단이나 경제적 소외 계층 사이에서 발흥하지 않았다. 이 종파에는 귀족, 국가 공무원, 부유층도 있었다.[87] 이 분파가 경제적·계층적 박탈로 생겨나지는 않았지만, 그들의 세계관은 분명히 천년왕국에 근거했다. 이들은 천년왕국의 도래를 알리는 임박한 심

---

83) 가난은 늘 불만족과 분노를 포함한다고 보는 많은 박탈 이론식 접근의 추론은 비평의 여지가 있다. 때로 요아킴주의에서처럼 부자는 가난한 자가 복을 받으리라고 믿는다. 크샤트리아가 자이나교로 개종하는 것은 마찬가지로, 부에 대한 불만족을 의미한다(pp. 96-97의 논의를 보라). 물론 불평이 늘 사람들이 부를 버리는 이유는 아니다. 그래서 부가 임박한 새 세상에서 불필요하리라는 믿음은 종종 천년왕국 집단이 돈과 재산을 버리는 동기가 된다(각주 60을 보라). 천년왕국 집단 가담자들은 재산을 포기하여 집단에 대한 그들의 헌신을 확고히 한다는 데 주목하라(각주 46을 보라).

84) Cohn, "Medieval Millenarism," 35.

85) Phelan, *Franciscans*, 54.

86) Ibid., 61, 97.

87) La Barre, *Ghost Dance*, 256.

판을 기대했다. 이 집단의 믿음 중 독특한 점 하나는 천년왕국에는 성(性)이 없다는 확신이었다. 이에 대한 준비로, 이 집단의 천년왕국 계획은 모든 남성의 거세를 포함했다.[88]

7. 사바타이 체비(Sabbatai Ṣevi)가 이끌었던 17세기 유대교 메시아 운동은 경제적 박탈이나 계층 간 긴장과 같이, 관찰 가능한 스트레스로는 설명할 수 없는 원인으로 생겨난 또 다른 집단이다.[89] 사바타이 체비가 1665년 5월에 자신을 메시아라고 계시한 이후, 그는 시민, 장로, 부유한 상인, 랍비 학자 등의 추종자를 끌어들였다.[90] 이 운동이 부흥하게 된 중요한 원인이 폴란드와 러시아의 유대인 탄압임을 논증할 수는 없다.[91] 오히려 게르솜 숄렘(Gershom Scholem)이 언급했듯이, "메시아주의의 물결이 억압과 유혈 사태를 경험했던 자들과 마찬가지로, 이를 겪지 않았던 공동체 역시 휩쓸었다."[92] 예를 들어 암스테르담의 부유한 유대인 공동체에서 메시아 열광주의는 여타 공동체만큼이나 엄청났다. 사실상 사바타이의 천년왕국 신앙을 앞장서서 선전했던 자들은

---

88) Cohn, "Medieval Millenarism," 40. 참조. 갈 3:28.
89) 이 운동을 이해하는 기본 자료는 Gershom Scholem, *Sabbatai Ṣevi: The Mystical Messiah 1626-1676* (Princeton, N. J.: Princeton University Press, 1973)을 보라.
90) Ibid., 391-92. Yonina Talmon은 "추종자들이 부자로부터 상인에 이르기까지 사회의 모든 계층 출신이었다. 이들은 메시아, 가난한 자 중의 가난한 자에게 자신의 전 재산을 기부했다"라고 논평한다("Millenarism" [sic], in *The International Encyclopedia of the Social Sciences* [New York: Macmillan Company and Free press, 1968], 10:358).
91) 폴란드 유대인의 탄압과 살상이 사바타이 체비 운동을 야기하는 수단이 되었다고 보는 견해는 다음에서 찾아볼 수 있다. Cohn, "Medieval Millenarism," 32-33.
92) Scholem, *Sabbatai*, 461.

예언과 묵시

가난하지도, 탄압을 받지도 않았던 공동체였다.

8. 19세기 영국에서 형성된, 부유한 어빙파(Irvingite) 가톨릭 사도 교회는 박탈 때문에 생겨난 집단이 아니었다. 구성원들은 일반적으로 중산층이나 상류층이었다.[93] 특히 이 집단의 지도자들은 사회의 엘리트였고, 일부는 가장 부유한 계층의 일원이었다. P. E. 쇼(P. E. Shaw)는 지도자들인 소위 어빙파 사도들을 다음과 같이 묘사한다. "만약 그들이 억압당한 무리였다면, 혹은 세상에서 잘 살지 못했다면, [그들이 천년왕국에서 통치자가 되리라는 그들의 신념을] 심리적 보상이라는 측면으로 단정짓기 쉬웠을 것이다."[94] 사실상 그들은 가난하지도, 탄압을 당하지도 않았다. 소위 사도 중 한 사람이며 노섬벌랜드의 바무어 성을 소유했던 프랭크 시트웰(Frank Sitwell)과 그 집단의 설립자로 여겨지는 존 베이트 카데일(John Bate Cardale) 역시 부유한 자였다.[95] 세 번째 "사도"인 헨리 드러먼드(Henry Drummond)는 영국에서 가장 부유한 사람 중 하나였다. 게다가 드러먼드는 의회의 일원이었으며 귀족 가문에 속했다.[96] 부유층이라는 것보다 영국의

---

93) George Shepperson, "The Comparative Study of Millenarian Movements," in *Millennial Dreams*, 49을 보라. 천년왕국설에 대한 일반 추론에 반하는 어빙파에 관한 논의는 Allan, "A Theory," 296-311을 보라. 어빙파에 관한 자세한 묘사는 P. E. Shaw, *The Catholic Apostolic Church Sometimes Called Irvingite: A Historical Study* (Morningside Heights, N.Y.: King's Crown, 1946)를 보라.

94) Shaw, *Catholic Apostolic Church*, 231.

95) Ibid., 82, 72. Cardale의 아버지 William Cardale은 상당한 재산을 소유한 변호사였다.

96) ibid., 73-74, 83. 원래 부유한 평민이었던 Drummond는 Kinnoull의 제9대 백작의 장녀인 Henrietta Hay와 결혼했다. 나아가 Drummond의 증조부는 Melville 경이었고, 그의 사위는 노섬벌랜드의 공작인 Lovaine 경이었다.

상류층 혹은 귀족의 일원이라는 사실은 엄청난 지위를 의미했으며, 일부 어빙파 지도자들은 드러먼드와 같은 배경을 지녔다. 또 다른 어빙파 "사도"였으며 의회의 일원이었던 스펜서 퍼시벌(Spencer Perceval) 역시 귀족 가문 출신이었다.[97] 그는 노샘프턴의 네 번째 백작 가문 출신이었다. 그의 동료인 어빙파 토마스 칼라일(Thomas Carlyle)은 1824년 휴면 상태였던 남작 칼라일이라는 직책을 수여받고, 직위를 지닌 상류층에 가담하게 되었다.

9. 근대 서구 문화 역시, 경험적으로 관찰 가능한 박탈을 겪지 않았던 천년왕국 집단의 사례를 보여준다. 예컨대 캘리포니아 주 산타바바라의 20세기 후반 천년왕국 집단인 태양 형제단(the Brotherhood of the Sun)은 4,000에이커에 달하는 목장과 본부 외에도 슈퍼마켓 체인과 창고를 소유했다. 이 집단의 천년왕국 촉매 인물인 노먼 폴슨(Norman Paulsen)은 연봉으로 15만 달러를 받았다.[98] 버릿지는 이렇게 말한다. "캘리포니아의 묵시적·카리스마적 예언자 운동에 참가한 자들은, 오늘날 이 현상을 연구하는 많은 이가 주장하는 상대적 박탈, 좌절 등을 대체로 보이지 않았다."[99]

10. 로널드 레이건(Ronald Reagan) 전 대통령은 성서의 묵시 문학에 대한 지대한 관심과 지구의 임박한 파국에 대한 신념으로 많은 주목을 받았다.[100] 레이건은 관직에 있는 동안 국제적 사

---

97) Ibid., 78, 80. Perceval이 같은 이름을 지닌 영국 수상(1809-1812)의 장남이었다는 점에 주목하라. Egmont의 제2대 백작의 아들이었던 그 수상은 1812년 5월 총탄에 쓰러졌다.

98) Trompf, "Cargo and the Millennium," 35-37.

99) Burridge, "Reflections," 102.

100) Yehezkel Landau, "The President and the Prophets," *Sojourners* 13/6

건들의 요소와 성서의 묵시적 인물 및 내용을 동일시했다. G. 클라크 채프먼 주니어(G. Clark Chapman, Jr.)는 이렇게 전한다. "1971년 캘리포니아 주지사였던 레이건은 공식 만찬에서, 에스겔 38-39장을…'곡은 러시아임이 틀림없다'…'이제 그리 멀지 않았다'라는 식으로 해석함으로써, 참석한 내빈들을 당황케 했다."[101] 후에 미국 대통령이 되었을 때, 레이건은 1983년 한 전화 통화에서 다음과 같이 말했다. "나는 구약의 고대 예언자들과 아마겟돈을 예언한 징조를 돌아보고자 합니다.…나를 믿으세요. 성서는 분명히 우리가 겪어야 할 바를 묘사하고 있답니다."[102]

"상대적" 박탈 역시 부적절하다

1959년 박탈 원리를 정교하게 설명하기 위해 데이비드 F. 애버얼(David F. Aberle)은 상대적 박탈 개념을 발전시켰다. **상대적**이라는 용어를 덧붙임으로써, 그는 객관적인 고난이나 억압뿐만 아니라, 만족을 향한 기대와 수단 사이의 불균등한 관계를 담아내고자 박탈 개념을 확대했다.[103]

애버얼은 상대적 박탈을 "정당한 기대와 현실 사이의 부정적인 불일치"로 정의한다.[104] 그는 상대적 박탈이라는 새로운 개념이 이전의

(June-July, 1984): 24-25. Danny Collum, "Armageddon Theology as a Threat to Peace," *Faith and Mission* 4/1 (1986): 61-62.

101) G. Clark Chapman, Jr., "Falling in Rapture Before the Bomb," *The Reformed Journal* 37/6 (June 1987): 13.

102) Landau, "The President," 24에서 재인용.

103) David F. Aberle, "The Prophet Dance and Reactions to White Contact," *Southwestern Journal of Anthropology* 15 (1959): 74-83; Aberle, "A Note on Relative Deprivation Theory."

104) Aberle, "A Note on Relative Deprivation Theory," 209; 또한 Aberle, "Prophet

2장 묵시 집단의 사회학   81

객관적 박탈 개념보다 훨씬 더 많은 자료를 설명할 수 있다고 주장한다. 나는 더욱 정교해진 상대적 박탈 개념이 여전히 천년왕국설의 원인과 특성을 이해하는 데 부적절하다는 점을 논증하고자 한다.

상대적 박탈 이론의 초기 문제는 그것이 **미발생**(nonoccurrence)이라는 점이다. 에벌리의 개념은 천년왕국설을 예견할 수 없다.[105] 심지어 기록으로 남아 있는 객관적 박탈을 초래한 재앙조차 천년왕국설을 유발하지는 않았다. 1960년 마이크로네시아의 울리티를 가격한 태풍 오펠리아는 어떤 천년왕국 집단도 초래하지 않았다.[106] 경제적·사회적 박탈을 드러낸 사회 영역 역시 천년왕국 집단을 낳지 않았다. 르네 리베이로(René Ribeiro)는 극심한 박탈을 견뎌냈던, 최하위 계층이었던 브라질의 흑인 사이에서 천년왕국 운동이 형성되지 않았다는 데

Dance," 79을 보라.

105) 이미 1941년에 Barber는 박탈과 천년왕국설 사이에는 "일대일 관계"가 없다고 인정했다("Acculturation," 667). 또한 Burridge, *New Heaven*, 74; H. Silvert (contributor), "Current Anthropology Book Review: The Religions of the Oppressed: A Study of Modern Messianic Cults by Vittorio Lanternari," *Current Anthropology* 6 (1965): 456; Thrupp, "Millennial Dreams in Action: A Report," 26-27; Michael Adas, *Prophets of Rebellion: Millennial Protest Movements against the European Colonial Order* (Chapel Hill: University of North Carolina Press, 1979), 92-93; Virginia H. Hine, "The Deprivation and Disorganization Theories of Social Movements," in *Religious Movements in Contemporary America*, ed. I. Zaretsky and M. Leone (Princeton, N. J.: Princeton University Press, 1974), 653을 보라. Aberle은 이 문제를 상대적 박탈 이론으로 인식했다. "박탈이라는 사실은 분명히 개선의 노력이 있을지를 예견하는 데는 불충분한 근거다. 만약 그런 노력이 있다면, 그 노력은 세상을 변화시키거나 초월하거나 떠나는 것을 목표로 삼을 것이다"("A Note on Relative Deprivation Theory," 211).

106) W. A. Lessa in La Barre, "Materials for a History," 22 및 그의 *Ghost Dance*, 281에 소개된 논의를 보라.

예언과 묵시

주목한다.[107] 마찬가지로, 사바타이 운동(목록 1, 항목 7을 보라)은 부유하고 자유로운 지역보다 억압이나 경제적 박탈이 있는 지역에서 지지자를 더 많이 얻거나 더 빨리 퍼져나간 것이 아니었다.[108] 만약 객관적 박탈이 천년왕국설을 예측할 가치가 거의 없다면, 더 흔한 상대적 박탈은 훨씬 더 가치가 없다고 본다. 내가 보기에, 미발생의 문제는 박탈과 천년왕국설 사이의 상관관계의 강도를 약화시키고, 박탈은 기껏해야 천년왕국설에 개입된 더욱 직접적인 여타 원인을 가속하는 정도의 역할을 한다.[109]

상대적 박탈 이론의 훨씬 심각한 문제는 이론 자체의 태생적 탄력성에 있는데, 이는 순환 논증을 불러온다.[110] 이 이론은 너무나 쉽사리 적용된다는 문제가 있다. 거의 모든 집단은 상대적으로 박탈당한 집단으로 볼 수 있다.[111] 따라서 박탈 이론을 지지하는 이들은 모든 천년

---

107) Ribeiro, "Brazilian Messianic Movements," 64.

108) Talmon, "Millenarism," 358; Scholem, Sabbatai, 461.

109) 상관관계의 결여에 대해서는 Hine, "Deprivation," 653을 보라. Aberle을 비판하는 이들은 천년왕국설에는 박탈과 좌절 외에도 가능한 다른 촉매 요인이 있다고 말한다. Leslie Spier, Wayne Suttles, Melville J. Herskovits는 다음과 같이 질문한다. "[상대적 박탈 외에] 다른 가능성은 없는가? Aberle은 그런 가능성을 인정한다. 그러나 그는 이것을 단순히 이론적으로만 주장하는 것처럼 보인다. 그러나 박탈이 없어도, 사랑했던 죽은 자나 젊은 날이 돌아오리라는 기대를 실현하려는 제의가 발생하고 성행하지 못할 이유가 없다"("Comment on Aberle's Thesis of Deprivation," *Southwestern Journal of Anthropology* 15 [1959]: 86).

110) 이 문제는 상대적 박탈 이론을 적용하기 힘든 경우에 대한 Brian Wilson의 논의에서 분명해진다. 그는 "박탈의 외부적·객관적 지표는 개인이 경험하는 박탈감과는 불확실한 관계에 놓여 있다. 그렇게 '느낀' 박탈에 대한 유일한 증거는 [몇몇 경우에]···뒤따라 나타나는 행동이다"라고 말한다(*Magic*, 289). 그러나 집단 행동이 선행된 박탈 감정의 증거로 여겨진다면, 후자는 전자를 설명하기 위해 환기되는 식으로 순환 논증이 될 위험이 크다.

111) Burridge 역시 천년왕국 운동을 불필요하다고 볼 만한 정도의 조건을 제시하기

왕국의 경우를 해석하는 데 자기 견해를 지나치게 쉽게 적용하게 된
다. 심지어 경험적 근거가 분명하지 않을 때조차도 말이다.

박탈에 근거한 설명은 경험적 관찰이 아니라 해석 원칙일 뿐이다.
애초에 천년왕국 집단을 시작부터 상대적으로 박탈당한 자들로 정의
했으므로, 상대적 박탈이라는 집단 감정의 근거는 검토되는 각 천년왕
국 집단에게서 쉽게 찾아낼 수 있다. 실비아 L. 트럽(Sylvia L. Thrupp)
은 이런 순환 논증에 다음과 같이 강력한 비판을 제기했다. "프로이트
식의 이론과 더불어 [박탈 이론을] 지지하는 이들은, 만약 완벽한 정
보를 지니고 있다면 그 모든 사실이 자신들이 원하는 대로 지속적으
로 딱 맞아떨어질 것이라는 믿음에 근거를 두어야만 한다."[112]

가 어렵다고 보고, 같은 논의를 펼친다. Burridge는 "요컨대 핵심 문제는 인간
본성의 품격을 높이는 것이므로, 천년왕국 행위를 불필요한 것으로 간주할 만한
조건에 대해서는 알려진 바가 없다"라고 말한다(*New Heaven*, 117). 그러므로
몇몇 학자는 "삶의 경제적·사회적 보상에 만족하는" 이들까지 포함하도록 "박
탈"이라는 범주를 탄력적으로 확장하기조차 한다(Hine, "Deprivation," 654의
논의를 보라).

112) Thrupp, "Millennial Dreams in Action: A Report," 26. 탄력성과 순환 논증 문
제의 사례는 밴쿠버 섬 근처에 살고 있는 코스트 살리쉬 부족의 천년왕국설(이
경우, the Plateau Prophet Dance)에 대한 인류학적 논의를 통해 살펴볼 수
있다. 이 논의의 일부로서 Aberle은 직접적인 가능성뿐만 아니라, 간접적 가능
성까지 끌어들임으로써, 자신의 박탈 이론을 옹호했다("Prophet Dance," 82).
Aberle에 대한 반응으로, Spier, Suttles, Herskovits는 백인과의 접촉으로 인
한 박탈 가능성이라는 Aberle의 제안을 지지해줄 긍정적인 증거는 없다고 주
장했다. 전염병이나 문화 변용은 데이터베이스에서 상대적 박탈감에 대한 객
관적 자료로 나타나지 않는다. 그러므로 Aberle의 관점은 멀리 있는 백인들
이 토착 부족들에게 "불분명한" 영향을 미쳤을지도 모른다는 주장에 이르렀다
는 것이, Aberle에 대한 비평가들의 주장이다(Spier, Suttles, and Herskovits,
"Comment," 85). 다시 말해서 Aberle은 박탈 가능성을 찾아내려고 애쓰면서,
해석 원칙을 적용한 격이었다. 물론 Aberle을 비판하는 이들도 코스트 살리쉬
부족이 이루지 못한 꿈과 소원을 지니고 있었다는 데는 동의한다. 그러나 그들

상대적 박탈 이론의 마지막 주요 문제는 환원주의다. 이 이론의 주창자들은 종종 천년왕국설을 폐쇄적인 사회 체제 안에서 일어나는 불건전하거나 병리적인 현상이라고 추론한다. 많은 서구 학자들, 특히 자연주의 세계관을 지닌 이들은 신세계에 대한 천년왕국적인 믿음을 망상이라고 보았다.[113] 그래서 이들은 논리적으로 "병리적인" 반응을 설명할 수 있는 위기 상황, 혹은 적어도 좌절감이나 박탈감을 찾고자 한다.[114] 이런 가정은 종종 비판을 받는다.

첫째, 천년왕국 세계관을 지닌 자들이 정신 병리학적 고통을 틀림

은 이런 유형의 감정이 "박탈"을 형성한다고 주장할 수 있는 유일한 방법은 박탈의 의미를 확장하여, "어떤 종류의 좌절과도 거의 동의어로 만드는 것"이라고 주장했다("Comment," 87).

113) 많은 학자들의 자연주의적 전제는 다음과 같은 Bryan Wilson의 진술을 통해 찾아볼 수 있다. "마술이 작용하지 않는다. 천년왕국은 오지 않을 것이다"(*Magic*, 500). 이런 전제를 고려할 때, Aberle, Cohn, Lanternari 같은 학자들은 천년왕국 믿음을 망상이나 보상 메커니즘으로 설명하고자 한다(Olson, *Millennialism, Utopianism*, 84 n. 2을 보라). Hillel Schwartz는 이런 문제투성이 전제가 천년왕국 연구에 횡행하고 있다고 강조한다. Schwartz는 "우리는 묵시적 감정을 근대 이전의 것 혹은 역기능적인 것이라고 더는 유형화할 수 없다"라고 반박한다("The End of the beginning: Millenarian Studies, 1969-1975," *RelSRev* 2/3 [1976]: 6). 일반적으로 성서학의 사회학 이용에 나타나는 자연주의와 실증주의를 넘어서려는 시도로는 Mayes, *Old Testament*, 120-28을 보라.

114) 천년왕국설이 불건전하고 비이성적이거나 망상이라고 간주되는 경우는 Cohn, *Pursuit*, 88; B. Wilson, *Magic*, 317, 327, 337; La Barre, *Ghost Dance*, 317을 보라. 다음과 같은 Wilson의 언급에서 관련 사례를 다시 찾아볼 수 있다. "천년왕국설은 물론 비이성적이다. 예견되는 내용에 대한 원인을 설명하려 하지만, 그것은 정당한 추론의 경계를 건너뛰고, (객관적으로 볼 때, 그리고 내용을 완전히 숙지했다고 해도) 선행하는 모든 경험을 거스르는 전망을 제시한다. 옛날이야기라는 환상은 서구 사회에서 사라지지 않고 지속하고 있으며, 이제 인간의 과거와 미래에 대해 비신화화된 종교 표상들은 용인되고 있다. 이것은 서구 세계에서 천년왕국적인 꿈의 보고다"(*Magic*, 338). "비이성성" 문제에 대한 논의는 Worsley, *Trumpet*, lxvi; Burridge, *New Heaven*, 123-24을 보라.

없이 받았다고 볼 증거는 없다.[115] 이런 관점은 일종의 편견으로, 학자들은 자신이 세운 견해를 가리켜 추정할 수 있는 건전한 규범으로 간주한다.[116] 그러므로 버릿지는 천년왕국설을 일종의 사회 병리학으로 보는 관점에 맞서서 "기존 견해에 편안하게 자리를 잡은 학자들에게 기대할 수 있는 것"이란 "상대적 박탈, 좌절 등의 어휘"라고 진술한다.[117]

둘째, 병리학적 결과인 천년왕국설은 물질적 원인(즉 사회 체제 내부의 어떤 불균형)을 지니고 있음이 틀림없다고 보는 가정은 오도된 것이다. 이런 주장은 사회 체제 내부의 모든 현상을 엄격한 인과율로 설명할 수 있다고 보는 낙관주의적 개념에 기초를 둔다. 그러나 이 개념은 명백히 환원주의의 한 예다. 힐렐 슈바르츠(Hillel Schwartz)를 인용하자면, 이 견해는 사회 내 모순과 불균형을 전혀 고려하지 않고 있다.[118] 사회를 사회적 "에너지"가 전혀 만들어지지 않거나 소멸해버리는 폐쇄된 체제로 보는 것은 옳지 않다.

슈바르츠는 천년왕국설이 폐쇄된 세계 속 사회에서 실제 악이나 인지된 악에 맞서 나타난 결과가 아니라고 주장한다.[119] 기업가가 새

---

115) Ribeiro, "Brazilian Messianic Movements," 68; Burridge, *New Heaven*, 122; Thrupp, "Millennial Dreams in Action: A Report," 17; Schwartz, "Millenarian Studies," 5.

116) Overholt, *Channels*, 35 n. 23; Worsley, *Trumpet*, lxvi, 266-72.

117) Burridge, "Reflections," 100.

118) H. Schwartz, "End of the Beginning." 상대적 박탈 이론에 관한 Olson의 언급을 보라. "고대와 현대 언제든 천년왕국설의 성장과 부활은 너무나 복잡해서 인과 관계라는 단순한 수준으로는 이를 적절하게 다룰 수 없다"(*Millennialism, Utopianism*, 84 n. 2). 마찬가지로, La Barre는 "위기 제의"가 복잡한 원인을 지닌다고 주장한다("Materials for a History," 26-27).

119) H. Schwartz, "End of the Beginning," 7. 아울러 Mayes, *Old Testament*, 126, 129; Vittorio Lanternari, "Nativistic and Socio-religious Movements: A Reconsideration," *Comparative Studies in Society and History* 16 (1974):

롭게 창출한 부처럼, 천년왕국은 새롭게 나타난 창조적 "에너지"로부터 "발흥"한다. 이런 통합적 접근으로 보면, 천년왕국 집단은 이용 가능한 다양한 세계관을 집단으로 실현한 결과라고 단순화할 수도 있다. 그들은 집단의 실현을 통해 새롭고 급진적으로 다른 상징적인 세계를 선전할 수 있을 것이다. 아니면, 천년왕국 세계관의 등장은 종교적 모티프라는 측면에서 가장 잘 서술될 수도 있다. 사바타이 운동은 순수한 믿음과 동기로 일어났다. 사람들은 메시아가 왔다고 믿었으므로, 그들의 전 세계는 흥망성쇠를 겪었다.[120]

박탈 이론을 통해 성서학자들은 특정한 사회적 환경으로부터 천년왕국 집단이 **연유하여** 그들에 의해 묵시 문학이 생성된다고 추론하는데, 이는 환원주의 모델, 다시 말해 어떤 문학의 형식과 그 배경의 관계로부터 채택된 주장이다. 그런데 이는 전통적인 양식 비평의 가설에는 생소한 것이다.[121] 양식 비평은 특정 장르나 유형(Gattungen)

497의 논의를 보라.

120) Scholem, *Sabbatai*, 392, 462-63. Weinstein(*Savonarola*, 59)에 따르면, 사보나롤라의 천년왕국설(목록 1의 항목 3) 역시 사회적 위기보다는 "참 믿음" 때문이었다.

121) 예를 들어 Ferdinand Deist가 이런 식으로 비판을 받을 수 있다. Ferdinand Deist, "Prior to the Dawn of Apocalyptic," in *The Exilic Period: Aspects of Apocalypticism*, OTWSA 25/26 (1982/1983), 14을 보라. 초창기 양식 비평가들은 삶의 자리를 인과 관계의 토대로 언급하지 않았다. 실상 Hermann Gunkel은 양식과 배경의 정확한 관계라는 주제를 전혀 해결하지 못했다. 예를 들어 장소가 영웅 전설을 항상 낳는지, 또는 기존의 영웅 전설이 때때로 후대에 가서야 장소와 연결되는지는 그의 글에 분명히 나타나지 않는다. 마찬가지로, 비록 Hugo Gressmann은 영웅 전설이 지역과 연관된다고 주장하지만, 그의 연구는 다양한 영웅 전설이 특정 지역과 연결되는 방식에 미묘한 차이가 있음을 보여준다. Hermann Gunkel, "Fundamental Problems of Hebrew Literary History," in *What Remains of the Old Testament* (London: George, Allen & Unwin, 1938), 57-68; "Die Israelitischen Literatur," in *Die Kultur de Gegenwart, Teil I, Abteilung VII: Die Orientalischen Literaturen*, ed. P.

의 "원인"이라는 야심찬 질문을 제기하지 않는다. 언어 관행과 그 배경 사이의 관계는 너무 복잡해서 배경을 원인으로, 그 유형(Gattung)을 결과로 환원할 수 없다.[122] 양식 비평은 훨씬 단순한 작업을 수행한다. 다시 말해 어떤 의도를 성취하는 특정한 언어 형태가 사회 안에서 반복적으로 나타나는 경우를 파악하는 것이다.[123]

예언자의 심판 선언과 그 삶의 자리(Sitz-im-Leben)의 관계를 고려해보자. 예언자의 심판 선언 양식과 그것이 선포되는 방식은 배경과 사회의 구성과 기대로부터 **분명히** 영향을 받지만, 그 사회와 배경이 메시지가 전달되는 원인이나 근거는 아니다. 메시지는 신의 계시 혹은 초자연과의 접촉을 인지적으로 경험하는 데서 나온다. 예언 활동은 각각의 환경과 지역에서 일어나므로, 어떤 한 배경에서 연유한다고 볼 수는 없다. 특정한 사회경제 환경이나 (길모퉁이 혹은 성전같이) 정해진 지역을 예언 메시지의 원인이라고 주장할 수 없다. 우리는 어

Hinneberg (Berlin: Teubner, 1906), 51-102; *Genesis*, 5th ed. (Göttingen: Vandenhoeck & Ruprecht, 1922); Hugo Gressmann, *Mose und seine Zeit* (Göttingen: Vandenhoeck & Ruprecht, 1913), 121ff., 291ff; "Sage und Geschichte in den Patriarchenerzählungen," *ZAW* 30 (1910): 1-34을 보라.
122) 특정 행위, 발언, 문학 장르는 반복되는 상황 안에서의 관행이거나 전형적인 지위를 차지한다. 그러나 관행은 단순히 그 배경의 결과가 아니다. 관행 안에 나타나는 교차 문화적인 다양성은 그런 식의 인과 관계의 존재를 의문시하게 한다. 예를 들어 식사 시간이 포크를 오른손에 잡게 하는 "원인이 되지는" 않는다. 영국에서는 먹을 때 왼손에 포크를 잡는다. 나아가 장르가 바뀔 수 있다는 사실은 늘 장르와 배경이 인과적으로 연결된다는 생각을 약화시킨다. 한 양식의 언어적 배경은 그것이 차용되는 배경과는 다르다. 마지막으로, 배경은 언어적 양식을 결정하는 데 도움이 되지만, 언어적 양식은 배경에 결정적 영향을 끼치기도 한다(Klaus Koch, *The Growth of the Biblical Tradition: The Form-Critical Method*, trans. S. M. Cupitt [New York: Macmillan, 1969], 27). 다시 한 번 여기에는 단순한 인과 관계가 없다.
123) Koch, *Growth*, 27; Tucker, *Form Criticism*, xi을 보라.

예언과 묵시

떤 배경이 예언이나 설교와 같은 현상을 "일으켰는지"를 묻지 않는다. 마찬가지로, 우리가 어떤 배경이 묵시적 비전을 일으키는지를 질문한다면, 이는 잘못된 질문이다.

천년왕국설 기원에 대한 비판적 견해

천년왕국 집단 자체에 연구의 초점을 맞추는 것이 적절하다. 묵시 텍스트를 박탈 이론을 통해 양식 비평으로 접근하는 것은 텍스트와 배경의 관계를 지나치게 단순화하는 것이며, 사회학으로부터 배경에 대해 지나치게 광범위한 이해를 차용하는 것으로 볼 수도 있다.[124] 양식 비평은 인간의 행위와 사고에 영향을 미치거나 (어떤 철학에서 보면) 원인이 되기도 하는 광범위한 사회경제적 요소와 환경에 관한 질문에는 집중하지 않는다. 양식 비평은 삶과 제도라는 훨씬 협소한 영역에 관심을 기울이는데, 이 영역의 규율과 요구는 말과 글쓰기에 연관된 방식에 영향을 끼치기도 하고, 그것을 형성하기도 한다.[125] 우리는 설교라는 장르를 이해하기 위해 예배가 행해지는 다양한 종파와 사회 사이의 공통분모를 찾아보지 않는다. 오히려 우리는 협소하게 예배 제도 자체를 살펴본다. 같은 이유로, 묵시 문학에 대한 양식 비평 분석은 천년왕국적인 종교의 많은 사례 중 가장 흔한 공통분모를 드러내는 사회학 단계인 천년왕국 집단이라는 제도 자체에 관심을 기울여야 한다.

---

124) 양식 비평 작업을 용이하게 하고자 사회학을 사용하는 것에 대한 조심스러운 접근으로는 Robert R. Wilson, *Sociological Approaches to the Old Testament*, Old Testament Guides to Biblical Scholarship (Philadelphia: Fortress, 1984), 24, 82을 보라.

125) Koch, *Growth*, 27; Hermann Barth and Odil Hannes Steck, *Exegese des Alten Testaments: Leitfaden der Methodik* (Neukirchen-Vluyn: Neukirchener Verlag, 1971), 56을 보라.

긍정적 동기부여 요인이 검토의 핵심이어야 한다. 천년왕국 집단들은 각각 다른 유형의 사회 영역에서 서식한다. 공통분모는 오직 더욱 협소한 집단 수준에서만 찾아볼 수 있다. 그러므로 천년왕국 집단이 항상 박탈이라는 상황에 대한 **반응**으로 나타나는 것은 아니다. 이것은 중요한 수정 사항인데, 박탈 이론은 너무 오랫동안, 오직 부정적인 관점이나 보상이라는 관점으로만 천년왕국 종교를 다뤄왔기 때문이다.[126] 같은 이유로 천년왕국설의 동기 부여 요인은 지나치게 일방적으로 결핍이나 부정적 요소로 간주되어왔다. 건설적이거나 적극적인 동기 부여 요인이야말로 천년왕국 집단 이면의 특징으로 나타나는데, 이 점이 충분히 설명되지 못했다. 그러므로 앞으로는 천년왕국 집단과 그 긍정적 원인을 검토하는 데 집중해야 한다. 결국 정체를 알 수 없는 공허한 박탈이 아니라 천년왕국 제도의 창조적 행위로 말미암아 묵시 문학이 태동한 것이다.

천년왕국설을 낳은 실질적인 한 가지 긍정적 요인은 믿음이라는 성향이다. 단순하게 말하자면, 천년왕국 집단은 묵시가 일어날 수 있다는 믿음 없이는 형성되지 않는다.[127] 그러므로 집단 안에서 이어져 온 전통이나 문학은 하나님의 급진적인 개입을 허용해야 한다. 적어도 집단은 직선적인 역사관을 지녀야 하며, 역사 밖에 계신 하나님을 믿어야 한다.[128]

---

126) 논의를 위해 H. Schwartz, "Millenarianism," 9:528을 보라. 마찬가지로, Hine 은 다음과 같이 말한다. "박탈 개념을 정교화하기 위해, Aberle과 Glock은 긍정적 동기의 가능성을 회피하려고 때때로 자기 논지에서 벗어나는 것처럼 보인다"("Deprivation," 654).

127) 묵시가 중개되기 위한 사회적 선제 조건에 관한 R. R. Wilson의 논의와 비교해보라(*Prophecy and Society*, 28-32).

128) 다음과 같은 Linton의 관찰은 옳다. "회의적인(skeptical) 사회가 도래하기 훨

예언과 묵시

이를 넘어설 때, 잠재적인 천년왕국 집단은 종종 어떤 경향성으로 더욱 기울어지게 된다.[129] 어떤 사건을 겪으면서 현재의 세계관에 의문을 제기하게 되고, 인지 부조화를 초래하게 되는데, 이는 천년왕국설이 무르익게 되는 상황이다. 예컨대 어빙파(목록 1, 항목 8을 보라)는 천년왕국설로 기울어지는 환경에서 일어났다.[130] 천년왕국 집단이 생겨나자, 스코틀랜드에서 방언 현상이 터져 나왔다. 동시에 순회 설교자 제임스 스튜어트의 설교로 인해 종말론적 기대감이 생겨났다.[131] 마지막으로 유럽에서 일어난 당대의 혁명은 하나님이 보시기에 참을 수 없는 엄청난 반역의 증거로 여겨졌다. 프랑스 대혁명은 종교와 왕권으로부터 인간을 "해방"하는 것을 목표로 삼았다. 유럽의 다른 지역에 불안정한 세월의 포문을 연 프랑스 대혁명은 영국 왕권을 지지했던 상류층을 공포로 몰아넣었다.[132] 실상 그들 주변에서 목도되는 사건들은 묵시적 긴장감을 초래하면서 그들의 세속적 세계관과 충돌을 일으켰다.

마찬가지로, 사바타이 천년왕국설이 발흥하기 이전에 신비주의 유대교(Kabbalah)에서는 메시아의 도래가 임박했다고 믿는 경향이 열렬

씬 이전에, 독실한(devout) 사회는 토착 문화 부흥(nativism)에 의존할 것이다"("Nativistic Movements," 238).

129) B. Wilson, *Magic*, 315을 보라.

130) Shaw, *Catholic Apostolic Church*, 26.

131) Ibid., 64.

132) Ibid., 65-67; Ernest R. Sanders, "Millennialism," in *The New Encyclopaedia Britannica*, 15th ed. (Chicago: Benton, 1974), 12: 203; Allan, "A Theory," 304. 사실 프랑스 대혁명은 왕권에 대항하는 많은 국가적 운동을 포함했던 유럽의 혁명이었다. 예를 들어 그리스는 오토만 제국에 맞서 혁명을 일으켰고, 헝가리에서는 민족주의 정부가 출범했으며, 오스트리아 제국의 통치에 맞선 폭동이 비엔나에서 일어났다.

히 일어났다. 실제로 17세기경 이들은 묵시적 사건이 이미 임박했다는 광범위한 기대감을 유포시켰다.[133] 그 결과, 천년왕국을 믿는 성향이 일반 대중과 랍비 지도자들의 저작 사이에서 무르익어갔다.

이런 성향을 고려할 때, 영향력 있는 문학 작품이나 스승 혹은 예언자와 같은 촉매 인물은 종종 부차적으로 천년왕국설 발흥에 긍정적 동기를 부여한 요인이다.[134] 이런 촉매 인물은 잠재적인 종말론적 기대감을 수면 위로 부상하게 하고, 어떤 집단의 상징으로 행동하며, 묵시적 집단 비전에 초점을 맞추게 한다.[135] 천년왕국의 촉매 인물은 종

---

133) Saadia Gaon의 *Book of Belief and Opinions*(기원후 935년경 저작)는 훨씬 후대에 일어난 폭동의 근원이 된 중요한 자료집이다. 이 책은 1186년 히브리어로 번역되었고, 18세기까지 영향을 미쳤다. 관련 논의는 Scholem, *Sabbatai*, 8, 12; Talmon, "Millenarism"을 보라.

134) 천년왕국의 촉매 인물에 관한 논의나 사례는 Linton, "Nativistic Movements," 232; Wallace, "Revitalization Movements," 270; Cohn, "Medieval Millenarism," 38, 42; Ribeiro, "Brazilian Messianic Movements," 56; van der Kroef, "Messianic Movements," 117-18; Adas, *Prophets of Rebellion*, 92-93; B. Wilson, *Magic*, 201, 223, 327을 보라. Thomas W. Overholt는 다음과 같이 기록한다. "나는 이 문제의 복잡성을 인정하고, La Barre가 '위기 제의 연구에 만연한 것'으로 본 일종의 '환원주의'에 연루되고 싶지 않다.…나는 예언자 유형인 지도자의 존재가 '위기 제의' 출현의 결정적 요소가 아닌지 궁금하다"("Model, Meaning, and Necessity," *Semeia* 21 [1981]: 129). Overholt와 달리, 나는 예언자나 지도자가 아니라 촉매에 대해 다루기를 선호한다. 촉매가 항상 반응이 일어나는 데 필요한 것은 아니지만, 이런 결과를 재촉하는 동인이 된다. 나아가 촉매는 늘 사람인 것은 아니며, 모든 천년왕국 집단이 그 중심에 비범한 지도자를 두는 것도 아니다. 이 후자의 논지에 관해서는 George W. E. Nickelsburg, "Social Aspects of Palestinian Jewish Apocalypticism," in *Apocalypticism in the Mediterranean World and the Near East*, ed. D. Hellhom (Tübingen: J. C. B. Mohr, 1983), 648; Roy Wallis, "Introduction," in *Millennialism and Charisma*, 2; Faith, "One Love," 328-29를 보라.

135) Meeks, *Urban Christians*, 173; Burridge, *New Heaven*, 29, 98, 111, 164; Worsley, *Trumpet*, xiii, xvii을 보라. 천년왕국 촉매 인물이나 신입 회원 모집자

종 집단의 고대 신화에 의존하고, 이를 직선적 역사관에 맞춰 해석한다. 신화의 패러다임이 미래를 지향하는 세계사적 사고 유형과 융합됨에 따라 묵시적 세계관이 발생하게 된다.[136] 대안적으로, 만약 그 집단이 묵시 전승에 접근할 수 있다면, 촉매 인물은 이런 전승을 집단의식의 중심에 자리 잡도록 한다. 그러므로 세계관을 재구성하는 시기에 오래된 어떤 묵시 저작물이 안내자 역할을 하게 되는 경우라면, 그 저작물의 세계관은 부활을 경험하게 될 것이다. 묵시 전승과 저작에 친숙하다는 것은 늘 조직적인 연구를 반영하므로, 서기관주의 (scribalism)는 천년왕국 집단을 형성하는 중요한 한 요인이다.

어빙파의 경우, 도래하는 재앙에 대한 에드워드 어빙의 설교는 그

자신이 소위 천년왕국적인 견해를 공유하고 촉진함으로써, 예비 집단 구성원 속에 소위 박탈감을 창출해야 한다는 점을 인지할 때, 상대적 박탈 이론의 문제는 더욱 분명히 드러난다. 예를 들어 Howard Kaminsky는 타보르파(Taborite)의 천년왕국설에 나타난 스트레스와 긴장을 운동 그 자체 때문에 일어난 것으로 보고, 기존의 요인 때문은 아니라고 주장한다. (Kaminsky의 주장은 Thrupp이 발표한 논문 "Millennial Dreams in Action: A Report," 21에 나타나는 논의의 일부다.) 마찬가지로, 관찰자들은 문선명의 통일교 신입 회원 모집이 예비 구성원에게서 찾아볼 수 있는 삶에 대한 불만을 끄집어내거나 확대하는 일을 포함한다고 말한다. 예를 들어 Wallis, "Introduction," 7을 보라. 마찬가지로, Hine은 박탈이 천년왕국설을 설명할 수 있는 선결 조건이 아니라, 천년왕국 집단 역학이 미친 영향 때문임을 보여주는 연구 결과를 발표한다("Deprivation," 655).

136) 묵시적 사고는 태고의 시간을 역사 너머의 미래로 투사한다. 그러므로 Gunkel 이래로, 묵시적 사고는 종말론화된 신화로 묘사되었다(Frost, "Apocalyptic and History," 99을 보라). Frost는 이런 견해를 수용하면서, 묵시적 사고가 "역사학적" 사고와 "신화적" 사고의 결합으로 형성된다고 본다(ibid., 105). 마찬가지로, Talmon은 묵시적 세계관이 "시간에 대한 역사적 개념과 비역사적 개념의 합병"을 통해 형성된다고 서술한다("Millenarism," 10:351-52). Collins, *Apocalyptic Imagination*, 40도 보라. 이런 인지 현상을, 에스겔서의 묵시 이전 단락과 신화적 이미지가 사용되는 사 40-55장과 구분하는 것은 중요하다. 이 단락들은 여전히 역사에 대한 믿음을 보여준다.

런 성향을 보이고 있던 그의 집단 안에서 새로운 의미의 우주를 환기시켰다. 이렇게 환기된 새로운 상징적 우주는 그들의 집단 경험과 잘 들어맞았으며, 그들의 방언 현상과 당시 유럽에서 일어난 혁명을 설명하기에 알맞았다. 동시에 이는 집단 구성원의 옛 세계관과 양립 불가능한 신념 및 가치로 구성되었다.

박탈 이론보다 우위에 있는 세계관 이론. 한 집단의 새로운 묵시적 세계관을 가능케 하는 긍정적 요인에 집중할 수 있다면, 정신 병리학적 설명에 경도된 박탈 모델의 경향성을 극복하게 된다. 박탈 모델은 환원주의적이며, 천년왕국설을 대응 기제(coping mechanism)처럼 보이게 하는 경향이 있다. 또한 **박탈**은 개인의 감정과 정신에 초점을 맞추는 심리학 용어이므로, 박탈 이론 자체로는 사회학자들이 집단의 쟁점과 그 구성을 논의할 수 없다. 그러므로 학자들은 개인의 심리 상태로부터 집단의 세계관 재구축에 따른 심리적 혼동을 해결하려는 발전된 조치로, 박탈 이론을 인지 부조화 이론과 같은 다른 접근법과 결합하고자 했다.[137] 그러나 학자들이 사회학 이론을 훨씬 정교하게 다듬게 되면서 사실상 박탈 이론은 불필요하게 되었다. 개인이 아닌, 집단의 창조물인 세계관이야말로 확실한 사회 현상이다.[138] 그러나 집단은 세계관을 재창조할 때 박탈 상태에 대한 반응뿐만 아니라, 다양한

---

137) 1장 pp. 40-44의 논의를 보라.

138) 각주 22를 보라. 그러므로 묵시적 믿음과 사고를 천년왕국 집단의 비전과 행동 계획과 연결하고자 할 때, 사회학자는 묵시 세계관에 초점을 맞추는 것이 도움이 된다고 본다. 어빙파의 경우, 연구자가 그들의 천년왕국 세계관으로부터 종말에 대한 집단 비전과 산출(Shaw, *Catholic Apostolic Church*, 186)로부터 우주의 마지막 날에 살아갈 실천 계획(ibid., 234)에 이르기까지의 논리적인 사회학적 연결 고리를 찾기란 쉬운 일이다.

이유로 그렇게 한다. 그러므로 박탈이 늘 쟁점이 되지는 않는다는 것을 상기하는 한, 무엇이 한 집단의 새로운 묵시적 세계관의 창출을 가속화하는지에 집중하는 것은 천년왕국설에 대한 사회학적 이해를 진전시키는 데 도움이 될 것이다.

목록 1과 같은 데이터는 한 집단이 묵시적 세계관을 창출하거나 수용하는 데 박탈이 필수 불가결한 원인이 아님을 알려준다. 이런 증거는 세계관의 변화가 여러 종류의 집단, 심지어 박탈 환경에 있지 않으며 분노를 느끼지 않는 권력 집단 내에서조차 일어날 수 있음을 보여준다. 이것은 전혀 놀랍지 않은 일이다. 사회학적 연구는 권력층이나 높은 사회 계층의 사람들이 종종 그들의 지위와 조화를 이루지 않는 것처럼 보이는 세계관을 발전시키고 지지하는 모습을 보여준다.[139] 그러므로 앤드류 D. H. 메이스(Andrew D. H. Mayes)는 "차별이 있는 어떤 사회의 틀 속에서 묵시 종말론은 이를 고수하는 자들의 사회적 지위와는 대단히 어울리지 않는 이념일지도 모른다. 사람들은 자신의 사회적 지위와 일치하지 않는 신념 체제를 지닐 수 있고, 실제로도 그렇게 하기 때문이다"[140]라는 제안에 주목할 수 있었다. 나아가 사회의 엘리트는 대개 부유한데도, 그들의 희망과 소원은 현재 기득권을 유

---

139) 예를 들어 B. Wilson은 사회의 엘리트 계층 사이에서 불가사의한 패턴의 생각이 만연하다고 말한다. "가나의 각료들 사이의 '돈 두 배로 굴리기'에 대한 믿음은 콰메 은크루마(Kwame Nkrumah) 정부 시절 일부 정치 공작 가운데 드러났다"(*Magic*, 193 n. 42). 한편 CNN은 볼리비아의 대통령이 비슷한 신화적 관점을 지녔다고 보도하기도 했다(1991년 5월 28일 뉴스 보도). 마찬가지로, 점성술은 레이건 대통령의 일부 의사 결정에 중요한 역할을 했다. S. Roberts, "White House Confirms Reagans Follow Astrology, Up to a Point," *New York Times*, May 4, 1988, p. A. 1, col. 5 및 N. Wade의 사설 "Your Stars for the 80's: The Age of Aquarius Isn't Over Yet," *New York Times*, May 5, 1988, p. A. 30, col. 1을 보라.

140) Mayes, *Old Testament*, 16-17.

지하고자 하는 욕망을 종종 초월한다. 상류층 인사들은 자신들이 통제하는 체제의 큰 변화나 심지어 전복을 갈망할 수도 있다.[141] 이 인물들은 그런 변화를 고대하는 세계관을 포용하게 된다.

어떻게 권력을 쥔 중심부 집단이 급진적으로 새로운 종교나 세계관을 수용할 수 있는지를 보여주는 전형적인 사례는 자이나교 창시자에 대한 버릿지의 논의에서 찾아볼 수 있다.[142] 기원전 6세기 자이나교의 창시자들은 사회의 상류층이었다. 이들은 크샤트리아 계급의 귀족들이었고, 전사와 통치자로 구성되었다. 나아가 자이나들은 사회의 금융 엘리트에 속했다. 이들은 인도의 은행가였고, 늘 대단히 부유한 사람들이었다. 크샤트리아는 권력층이었지만, 그들은 현재의 독점에 대해 과격하게 의문을 제기하고, 세계관을 재구축하도록 집단을 이끌었다.

크샤트리아 계층이 생각했던 우주관은 순수하게 내적·주관적 요인으로 인해 그 통일성이 붕괴하기 시작했다. 이들의 세계관에 따르면, 크샤트리아 계층은 존재 자체 내로 흡수되는 종교적 목표인 모크샤(Moksha)에 도달할 수 없다. 외부의 억압이나 박탈은 문제가 되지 않았다. 오히려 사회의 엘리트 계층인 구성원들이 그들 자신의 사회

---

141) 예를 들어 David Rockefeller는 세계 경제 체제를 급진적으로 바꾸기 위해 삼변회(Trilateral Commission)라 불리는 민간 그룹을 발족했다. 원래 구상했던 것처럼, 삼변회는 동서양을 새로운 세계 체제로 연합하고자 했다. 지금은 일본과 미국 그리고 유럽의 관계를 더욱 친밀하게 하는 업무에 집중하고 있다. 분명히 이 집단의 구성원들은 국제적 상류층 출신의 엘리트 자본가 집단이지만, 현재의 세계 체제를 바꾸고자 한다. 이 그룹의 몇몇 모임에 대한 보도는 L. Silk, "Trilateralists' Confident Tone," *New York Times*, May 21, 1986, p. D. 2., col. 1; "Global Appeal of Capitalism," *New York Times*, May 23, 1986, p. D. 2, col. 1을 보라.

142) Burridge, *New Heaven*, 86-96.

예언과 묵시

범주에 혐오감을 느끼기 시작했을 때, 내적 혼란이 일어났다. 버릿지는 자이나교를 "크샤트리아로 계속 살아가는 데 맞서는 크샤트리아의 혐오"[143]로 묘사한다.

세계관의 변화를 갈망했던 크샤트리아의 성향은, 이후 새로운 사상을 주창하는 새로운 종교 교사의 등장으로 인해 객관적으로 드러났다. 결국 많은 크샤트리아에게 점차 필요한 구원에 대한 새로운 주장과 확신을 구체화한 종교적 견해를 유포하는 촉매 인물이 나타났다. 그 촉매 인물은 자이나교의 창시자인 마하비라(Mahavira)이고, 버릿지는 그를 구루, 예언자, 교사로 묘사한다.[144] 마하비라는 모크샤가 누구에게나 열려 있다고 주장하면서, 크샤트리아를 위한 새로운 종교인 자이나교로 향하는 길을 열었다. 귀족 계층에게 자이나교로의 개종은 급격한 방향성의 변화를 포함했다. 자이나교는 세속을 비세속으로 대신했으며, 탁발승이 되기 위해서는 부를 포기해야 했다. 그러므로 자이나교의 창시는 권력을 쥔 집단이 자신들의 상징적 우주를 어떻게 급진적으로 변화시켜 나가는지를 보여주는 패러다임 역할을 한다.

권력을 가진 천년왕국 집단을 분석하기 위한 함의들

이 장의 논의는 천년왕국 연구를 진전시키기 위한 준비 단계다. 첫 단락에서 내린 정의와 묘사는 선택된 성서 텍스트가 원묵시 문학인지, 그리고 텍스트 이면의 집단과 세계관에 관한 우리 지식의 공백을 메

---

143) Ibid., 93.
144) Ibid., 151.

울 수 있는지를 결정하는 데 도움이 된다.

권력을 가진 천년왕국 집단이 기록한 성서 원묵시 텍스트를 더욱 비평적으로 분석하기 위한 기초 작업은 두 번째 단락에서 이뤄졌다. 목록 1의 사례는 성서의 모든 원묵시 텍스트가 주변부 혹은 권리를 박탈당한 집단에 의해 기록되었다고 추론할 필요가 없음을 보여준다. 상대적 박탈이라는 배경조차 성서 내 모든 묵시 텍스트에 문제가 될 필요가 없다. 묵시 문학의 삶의 자리인 천년왕국 집단은 박탈과 함께 일어날 수도 있고, 박탈 없이도 일어날 수 있다.

이 결과는 양식 비평의 일반적 발견과 결과로부터 도출된다. 양식 비평은 반복되는 상황이나 배경이 지속적인 요소와 가변적인 요소를 둘 다 포함하고 있다고 인정한다. 대개 가변성은 어떤 사회적 배경이 되풀이되는 서로 다른 공동체와 서로 다른 종교적·정치적 조건의 함수일 수 있다. 다른 말로 하면, 양식 비평은 장르와 주어진 종류의 제도, 사회적 사건, 혹은 집단을 연결하지만, 실제 제도나 집단이 구체적으로 발생하는 배경은 사회적 환경이나 영역에 따라 다양하게 나타난다는 의미다.[145] 박탈은 가변적이어서, 천년왕국설이 일어나는 영역의 일부일 수도 있고 아닐 수도 있다.

다음의 도식화는 이런 관찰을 요약한 것이다.[146] 삶의 자리는 추상

---

145) 양식 비평은 삶의 자리를, 서로 비교할 수 있는 구체적인 상황 속에 놓인 집단 사이에 나타나는 공통적이고 전형적인 것이자 다양하면서도 실제로 매우 다른 것으로 파악한다. Hans Werner Hoffmann, "Form—Funktion—Intention," *ZAW* 82 (1970): 342; Koch, *Growth*, 28. Koch는 선교 설교의 사례를 제시하는데, 그 배경은 초기 기독교 선교사의 설교다. Koch는 이런 설교가 추상적인 상황을 배경으로 나타나는 것이 아니라, 다양한 환경에 놓인 다양한 공동체를 배경으로 한다는 데 주목한다.

146) 이 도식화는 H. Hoffmann, "Form—Funktion," 343과는 다소 다른 도식의 영향을 받은 것이다.

적이지 않은 구체적 상황 속에서 일어나기 때문에, 우리는 그런 상황이 다양하다는 점을 받아들여야 한다. 도표에서 대문자 A, B, C는 이러한 가변성을 일정 정도 설명하기 위한 것으로, 사회적 환경이나 영역의 다양성을 나타낸다. 그래서 나는 사회적 영역을 삶의 구체적 표현에 영향을 미치는 사회적·경제적·종교적·정치적 구성 요소의 스펙트럼이라고 정의한다. 이런 영역을 고려하는 한 가지 방법은 구체적 상황들을 모두 포함하는 상황이다.

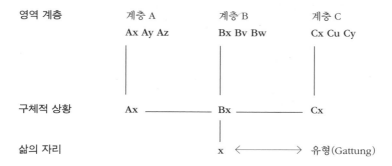

도표 1. 양식 비평에서 배경을 구성하는 요소

구체적 상황이 대문자와 소문자의 결합으로 도표에 표기되어 있다는 데 주목하라. 각 상황에서 소문자는 모두 삶의 자리를 나타낸다. 양식 비평은 주어진 유형과 구체적 삶의 자리를 연결시킨다. "삶의 자리"라는 용어는 비교 가능한 구체적 상황 속 집단 사이에서 거듭되거나 흔하게 나타나는 바(이 도표에서는 x로 표현된다)를 의미한다.[147] 이 도표는 구체적 상황을 Ax, Bx, Cx라는 방식으로 표기하여, 반복되는

147) Ibid., 342.

구체적 상황이 다양한 사회적 영역에서 나타날 수 있음을 잘 보여준다. 더 큰 영역의 영향은 각 표기에서 대문자로 나타난다.

양식 비평에 기반을 둔 이 도표는 천년왕국 집단이 사회의 상류층을 포함할 수 있으며, 우리가 관찰할 수 있는 박탈을 겪지 않은 사회적 영역에서 일어날 수 있다는 사실을 이해하는 틀을 제시한다. 양식 비평의 삶의 자리를 구성하는 다양한 사회적 사건, 제도, 집단과 마찬가지로, 천년왕국 집단은 다양하고 광범위한 사회적 영역에서 발생한다. 어떤 사회 계층이나 사회적 접촉 형태의 유형도 천년왕국설이 태동하는 사회적 영역이나 토대가 될 가능성이 있으므로, 이를 추측만으로 배제할 수는 없다. 앞서 논의된 긍정적 요인이 발생할 때, 집단은 (위의 도표에서 계층 A, B, C로 표기된 영역처럼) 다양하고 광범위한 사회적 환경 안에서 천년왕국설이 발흥하는 촉매 작용을 겪게 된다.

예언과 묵시

3장

권력을 가진
천년왕국 집단들

PROPHECY &
APOCALYPTICISM
THE POSTEXILIC SOCIAL SETTING

2장에서는 박탈 이론을 재검토했다. 이는 권력을 가진 천년왕국 집단의 사회학을 밝히는 건설적 과제를 위한 준비였다. 이런 특별한 천년왕국 집단에 대한 설명은 그것의 본성과 사회학에 대한 몇 가지 작업가설을 제공할 것이다. 그다음으로, 포로기 말과 그 이후 이스라엘 사회의 권력을 가진 집단이 저술한 것으로 보이는 성서의 원묵시 텍스트를 상대로 이 가설들을 시험해볼 수 있다.

나는 그 사회학을 설명하기 전에, 권력을 가졌거나 사회적으로 중심부에 있는 특정 천년왕국 집단을 고려하는 것이 무슨 의미인지를 분명히 하고자 한다. 이 질문은 천년왕국 집단들을 다양한 방법으로 볼 수 있다는 발견으로 나아가게 한다. 이런 다양성을 정의하고 도표화하는 것은, 성서에 나타나는 권력을 가진 천년왕국 집단의 정체를 밝히며 그 사회적 토대를 더욱 정확하게 나타내고 구별하는 데 유용하다.

그러므로 주요 과제는 권력을 가진 천년왕국 집단들의 사회적 영역이었을 가능성이 있는 다양한 영역을 설명하는 것이지만, 추가 질문 역시 당면한 문제가 된다.[1] 이 장에서는 권력을 가진 천년왕국 집

---

1) 천년왕국 집단을 분석할 때 수집, 비교해야 할 정보로는 Sylvia L. Thrupp, "Millennial Dreams in Action: A Report on the Conference Discussion," in *Millennial Dreams in Action: Essays in Comparative Study*, ed. S. Thrupp

단의 지도층에 대해서도 탐구하고자 한다. 한 사회의 제사장들이 천년왕국 집단의 지도층에 포함될 수 있다는 증거를 볼 때, 1장에서 개요를 설명한 바 있는 폴 핸슨의 관점에 대한 중대한 수정이 불가피하다. 또 다른 중요한 주제는 권력을 가진 천년왕국 집단과 그들 사회내부 및 외부 다른 집단의 관계에 대한 질문과 연관된다. 마지막으로나는 권력을 가진 천년왕국 집단의 발전에 관한 질문, 구체적으로 천년왕국 집단이 시간의 경과에 따라 변화해가는 다양한 방식에 관해질문하고자 한다.

다양한 사회적 영역

1장에서 제시했듯이, 성서 원묵시 텍스트의 사회학을 이해하려면 이텍스트를 생산해낸 집단이 중심부였는지 혹은 주변부였는지에 관한질문이 중요하다. 이 논점은 종종 제기되는 것보다 훨씬 더 복잡하다.보통 **중심부**와 **주변부**라는 용어는 자신이 속한 사회의 기본 제도에서 차지하는 사회적 지위를 뜻한다.[2] 중앙 제도는 전통적 가치를 유지

(The Hague: Mouton, 1962), 13을 보라.

2) I. M. Lewis는 접신 제의(possession cult)에 관한 논의에서 **주변부** 개념을 이해하는 데 중요한 몇 가지 범주를 제시한다. I. M. Lewis, *Ecstatic Religion* (New York: Routledge, 1971), 27-31을 보라. Lewis는 "주변부의 저항 집단과 제의에대한 오늘날 우리 자신의 경험이 여기서 의미하는 바를 이해하는 데 도움이 된다"라고 진술한다(p. 27). 또한 Lewis, "Spirit Possession and Deprivation Cults," *Man* n.s. 1 (1966): 307-29을 보라. David L. Peterson은 Lewis의 주변부 개념이"해당 사회의 중앙 제도 및 그 사회의 상류층과 비교할 때 덜 중요함"을 의미한다고요약한다(*The Roles of Israel's Prophets*, JSOTSup 17 [Sheffield, England: JSOT Press, 1981], 44).

하고 사회의 질서를 지지한다.[3] 그러나 한 사회가 다른 사회와 조우하거나 충돌하는 상황에서, 중심부와 주변부라는 개념은 다른 관점으로 바라볼 수도 있다. 한 사회가 다른 사회를 지배하는 상황에서, 피지배 사회의 중앙 제도는 지배 사회의 그것에 비하면 (피지배 사회와 지배 사회 모두에게) 주변부처럼 보일 것이다.[4] 그런 경우, 중심부를 결정하는 문제는 관점에 달려 있는 것이 분명하다. 그러므로 모호함을 피하기 위해, 한 집단이 중심부인지 주변부인지와 관련된 사회적 맥락은 집단의 환경을 분류할 때 언급하는 게 좋겠다.

천년왕국 집단을 중심부 혹은 주변부로 분류할 때, 적어도 두 가지 주요 논리적 구분을 고려해야 한다는 점은 분명하다. 먼저 한 집단의 사회적 환경은 하나의 문화(내생적 조건)와만 관련되는지, 혹은 접촉된 두 문화(외생적 조건)와 관련되는지에 달려 있다. 다른 주요 논리적 구분은 한 집단이 속한 사회 자체 내에서 그 집단이 누리는 사회적 지위에 달려 있다. 이런 두 가지 구분을 기초로 천년왕국 집단의 사회적 환경을 도표 2로 도식화했다. 이 도표에 이어서, 나는 이 구분에서 나온 범주 혹은 계층을 도표에 명명된 실제 사례를 통해 설명할 것이다.

---

3) Robert R. Wilson, *Prophecy and Society in Ancient Israel* (Philadelphia: Fortress, 1980), 83-85을 보라. 아울러 *Sociological Approaches to the Old Testament*, Guides to Biblical Scholarship, ed. G. Tucker (Philadelphia: Fortress, 1984), 74-75에 있는 그의 논의도 중요하다.

4) 교령 춤을 중심부이자 주변부로 보는 흥미로운 논의에 대해서는 Thomas W. Overholt, *Prophecy in Cross-Cultural Perspective: A Sourcebook for Biblical Researchers* (Atlanta: Scholars Press, 1986), 16-18을 보라. Charles H. Long 은 토착 문화가 서구 영향의 결과로 "서구라는 거대한 상업 중심지"의 주변부에 속한 일부가 되고 있는 모습을 고려한다("Cargo Cults as Cultural Historical Phenomena," *JAAR* 42 [1974]: 406).

	내생적 조건	외생적 조건	
		지배/식민	피지배/피식민
사회에서 중심부 집단	**계층 A** 어빙파 코스트 살리쉬 사바타이 운동	**계층 B** 스페인 프란체스코회	**계층 C** 교령 춤 몽상가 사보나롤라의 피렌체
사회에서 주변부 집단	**계층 D** 세계 종말론 교파 중세 고행자	**계층 E** 초기 미국 청교도	**계층 F** 워드지워브의 초기 집단

도표 2. 계층 A~F

외생적 조건

아마도 천년왕국 집단의 사회적 영역에 관한 가장 일반적인 논의는 서로 다른 두 문화가 접촉하는 영역인 외생적인 부분과 관련될 것이다(도표2의 두 번째, 세 번째 열). 일부 학자와 달리, 나는 문화 간 충돌이 천년왕국설을 일으킨다는 주장의 일환으로 **외생적 조건**이라는 용어를 사용하지는 않는다.[5] 오히려 나는 한 집단이 중심부로도, 혹은 주변부로도 보일 수 있는 한 가지 관점을 서술하고자 한다. 이는 천년왕국 집단의 사회적 토대가 종종 민족지학적으로 구분되거나, 사회나 문화가 다른 이들과의 갈등에 개입되는 경우를 가리킨다.[6] 그런 경우,

---

5) 앞 장에서 분명히 제시했듯이, 문화 변용이나 접촉 위기를 천년왕국설의 일반 원인으로 말할 수 없다. 그러나 그런 위기가 천년왕국 세계관이 발견되는 영역의 양상일 수는 있다. 관련 논의는 Weston La Barre, *The Ghost Dance: Origins of Religion* (Garden City, N.Y.: Doubleday, 1979), 9장을 보라.

6) Vittorio Lanternari, "Nativistic and Socio-religious Movements: A Reconsideration," *Comparative Studies in Society and History* 16 (1974): 483-84에서 Lanternari는 내생적 조건과 외생적 조건 사이에서 이런 구분을 발전시켰다.

예언과 묵시

두 문화 중 하나는 자기를 지배하거나 식민화하는 반대편으로부터 억압을 받거나 주변화된 것으로 여겨지곤 한다.

이런 형태의 영역에 속하는 집단에 관한 연구는 적어도 의미 있는 두 가지 결론을 산출한다. 첫째, 두 사회가 충돌할 때, 지배층이거나 식민지를 삼는 편에서도 천년왕국 집단이 **분명히** 나타난다. 둘째, 피지배 문화의 일부에서 나타나는 천년왕국 집단조차 자신이 속한 사회의 관점에서 보면 권력을 가진, 중심부에 있는 집단일 수 있다.

계층 F(피지배층이면서 주변부—도표 2를 보라). 한 집단이 자기가 속한 사회 안에서 지니는 지위와, 그 사회가 외부 사회와 맺는 관계라는 측면에서 천년왕국 집단이 출현할 수 있는 영역을 고려한다면, 계층 F는 하나의 논리적인 범주로 여겨진다. 이후 논의할 계층 D처럼, 계층 F에 속하는 집단은 어떤 관점으로 봐도 중심부나 권력을 가진 집단으로 볼 수 없다.

1870년의 첫 번째 교령 춤은 계층 F의 사회적 환경에서 시작했다. 교령 춤은 미국 서부의 북미 원주민 사이에서 일어났던 독특한 춤을 제의로 했던 19세기 천년왕국 운동이었다. 첫 번째 춤의 촉매 인물인 워드지워브(Wodziwob, 타비보로도 알려짐)는 네바다 주 버지니아 시티 근처에 살았던 파이우트족이었다. 수년간에 걸쳐 백인이 토착 문화를 점점 침해하던 가운데 이 천년왕국 운동이 일어났으므로, 이 운동은 외생적이라고 할 수 있다. 아울러 천년왕국의 촉매 인물인 워드지워브는 북미 원주민 사회의 주변부에 속했고, 처음에는 그의 세계관이 사회에서 수용되지 않았다.[7] 분명히 이러한 계층 F는 권력을 쥔 천년

---

7) 산 속에 있을 때 Wodziwob는 위대한 영에 의해 곧 다가올 거대한 지진에 관한 환

왕국 집단의 사회학을 설명하는 데 도움이 되지 않는다.

계층 C(피지배층이지만 중심부). 박탈 이론이 우위를 차지하게 되면서, 피지배 상황에 놓인 천년왕국 집단이 자신이 속한 사회의 관점으로 보면 정치적·사회적 권력을 가진 중심부 집단일 수 있다는 사실을 간과하게 되었다. 이 점이 강조되지 않았다는 사실이 충격적인 것은, 특히 이 범주에 속하는 많은 위대한 천년왕국 집단을 중심부로 간주할 수 있기 때문이다. 예컨대 적화 제의 현상에 버금갈 정도로 잘 알려진 종류의 천년왕국설인 교령 춤과 연관된 많은 천년왕국 집단은 계층 C 가 속한 환경에서 나타난다.[8]

두 번째로 소위 1890년 위대한 교령 춤의 일부로서 각 부족을 대

상을 보았다. 지진을 통해 초자연적으로 모든 백인이 파멸하지만, 그들의 재화, 집, 소유는 북미 원주민을 위해 남겨진다(La Barre, *Ghost Dance*, 227을 보라). 이 환상은 부족한 사냥감과 전통적인 파이우트족의 생활에 필수인 여타 물품의 회복을 포함해, 다가오는 천년왕국을 고대하는 세계관의 기초를 형성했다(Thomas W. Overholt, *Channels of Prophecy: The Social Dynamics of Prophetic Activity* [Minneapolis: Fortress, 1989], 82를 보라). 산에서 돌아온 Wodziwob는 사회로부터 대체로 부정적인 평가를 받았다. 그토록 엄청난 지진이 백인을 전부 파멸시킨 채 북미 원주민을 살려둔다고 믿기란 어려웠기 때문이다. 지진으로 백인이 파멸되고, 백인의 거주지와 물자는 파이우트족에게 남겨진다는 사실에 대해, Wodziwob의 사회는 훨씬 더 회의적이었다. Wodziwob는 자기가 속한 사회에서 많은 지지자를 얻기 전에, 자신의 선포를 수정하기 위해 적어도 두 번은 더 산에 다녀와야 했다. 요약하자면, 처음에 Wodziwob의 천년왕국 집단은 백인 사회의 주변부에 속한 사회 안에서도 주변부로 보였음이 틀림없다.

8) 멜라네시아 적화 제의조차 종종 계층 C 영역에서 발생하는데, 이는 그들의 촉매 인물이 보통 사회의 상류층이며 잠재적으로 "중요 인물"이라는 점에서 그렇다. Bryan R. Wilson, *Magic and Millennium* (New York: Harper & Row, 1973), 315; Overholt, *Prophecy in Cross-Cultural Perspective*, 306 n. 9을 보라. (중심부 가치를 재주장하는 것과 같이) 중심부 기능을 지닌 적화 제의에 관한 논의는 Overholt, *Prophecy in Cross-Cultural Perspective*, 298을 보라.

표하는 많은 이들이 메시아 워보카(Wovoka)의 메시지를 배우고자 왔다. 그 대표자들은 이 북미 원주민 구세주의 메시지를 집으로 가져갔고, 정보 제공자에 따르면, 전체 부족이 이를 잘 받아들인 듯하다.[9] 그리고 적어도 한 가지 관점에서 볼 때, 교령 춤은 사회에서 주류의 목소리가 되었으므로 중심부 현상으로 볼 수 있다.

두 번째 교령 춤 운동을 전파했으며 천년왕국의 촉매 인물이기도 한, 북미 원주민 추장 중 잘 알려진 예로는 씨팅 불(Sitting Bull)이 있다. 티톤 다코타 수(Teton Dakota Sioux)의 훈크파파족 추장인 씨팅 불은 분명히 자기 사회에서 중심부에 속하는 군사적·정치적 권력을 갖고 있었다.[10] 동시에 그는 교령 춤의 세계관을 선포하고, 백인에게 맞서는 집단적인 군사 작전을 완강하게 옹호했다.[11] 커스터 학살에 참여함으로써, 그는 북미 원주민의 승리가 가능하다는 확신을 강화했다. 이 신념은 운디드 니(Wounded Knee)에서 일어난 북미 원주민 학살로 인해 거짓으로 판명되었다.

계층 C 유형의 영역에 천년왕국 집단이 속할 수 있다는 것은 19세기 워싱턴과 오리건에서 발생한 몽상가 제의(cult of the Dreamers)를 통해서도 입증된다.[12] 이 집단의 시초는 천년왕국의 촉매 인물인 스

---

9) Overholt는 2-4명의 대표자가 Wovoka를 보기 위해 각기 다른 14 혹은 16개의 부족으로부터 왔다는 정보 제공자의 보고를 언급한다. Mooney는 Wovoka의 세계관이 산지와 대평원 지대 부족의 5분의 4에 퍼진 것을 목격했다. Mooney가 Overholt에 제공한 정보에 관해서는 재출간된 *Prophecy in Cross-Cultural Perspective*, 125-35을 보라.

10) La Barre, *Ghost Dance*, 230, 232을 보라.

11) Vittorio Lanternari, *The Religions of the Oppressed,* trans. L. Sergio (New York: Knopf, 1963), 63, 155을 보라.

12) 이 제의는 1807년의 교령 춤(Wodziwob 운동)과 1890년의 교령 춤(Wovoka 운동) 이면에도 있었던 운동으로, 북서부 예언자 춤 운동의 분파 중 하나였다. La

모할라 추장의 설교에서도 찾아볼 수 있다. 스모할라는 백인에게 군사적 승리를 거두는 데 지극히 도움이 될, 죽은 자의 다가오는 부활을 꿈꿨다. 이 승리는 북미 원주민의 땅이 회복되는 천년왕국으로 인도할 사건이었다.[13]

스모할라의 원주민 보호주의는 중심부 북미 원주민의 가치를 강화했다. 그는 백인의 농사법이나 동물 가축화에 반대하면서, 북미 원주민의 사회적 패턴을 옹호했다. "너는 나에게 목초를 잘라 팔아서, 백인처럼 부자가 되라고 말한다! 그러나 내가 어떻게 감히 내 어머니의 머리카락을 자르겠는가?"[14] 다수의 북미 원주민이 스모할라의 세계관을 받아들였고, 네즈퍼스족의 추장 조셉도 이를 지지함에 따라, 중심부 지위를 얻고자 하는 이 천년왕국설의 요청은 한층 강화되었다. 추장 조셉의 지휘하에 스모할라의 세계관은 부족 집단들의 군사 계획으로 실행되었다. 이들은 1877년 아이다호에서 널리 알려진 전쟁을 수행했지만, 결국 전쟁에서 패배했다.

(앞 장에서 언급된) 사보나롤라의 피렌체는 위협을 받거나 지배하에 놓인 사회 안에서 권력을 쥐고 있는 중심부 집단에 나타나는 다른 유형의 천년왕국설의 예를 보여준다.[15] 사보나롤라는 15세기 말 피렌체

Barre, *Ghost Dance*, 215-16을 보라.

13) 자세한 내용은 Lanternari, *The Religions of the Oppressed*, 127을 보라.

14) La Barre, *Ghost Dance*, 219에서 재인용.

15) Donald Weinstein, "Millenarianism in a Civic Setting: The Savonarola Movement in Florence," in *Millennial Dreams*, 187-203; *Savonarola and Florence: Prophecy and Patriotism in the Renaissance* (New Jersey: Princeton University Press, 1970)를 보라. Hillel Schwartz는 사보나롤라에 관한 Weinstein의 묘사가 "천년왕국을 향한 희망의 복합성"을 드러낸다고 언급한다("The End of the Beginning: Millenarian Studies, 1969-1975," *RelSRev* 2/3 [1976]: 4). 또한 La Barre, *Ghost Dance*, 255-56에 있는 세부 사항도 보라.

에서 두각을 나타냈던 천년왕국 촉매 인물이었다. 여기서 논점은 문화 변용이 아니라 군사적 위협이지만, 피렌체 지역이 당시 강력한 프랑스 정부의 위협을 받고 있었다는 사실은 우리가 계층 C 영역을 다루고 있음을 시사한다.

사보나롤라 자신은 피렌체 사회에서 중심부 인물이었던 것 같다. 프랑스가 이탈리아로 쳐들어와서 피렌체를 위협하던 1494년의 군사적 위기 이전에도, 사보나롤라는 존경받는 공인이었다. 그는 영향력 있는 교회를 이끌었으며, 피렌체 공화국의 수장인 피에로 드 메디치 정권과도 긴밀하게 협력했다.[16] 비록 피렌체 사회 중심부의 사제였지만, 사보나롤라는 1494년의 프랑스 침략을 하나님의 진노가 분출된, 묵시적인 최후 심판 사건으로 보았다. 사실, 실제 침략 이전에 사보나롤라는 피렌체에 다가오는 종말의 시련을 예견했다. 후에 사보나롤라는 그 사건을 "세계 제5의 시대, 적그리스도의 시대, 보편적인 기독교로의 개종의 시작"으로 회고했다.[17]

사보나롤라의 천년왕국설 이력의 두 번째 단계는 프랑스의 침략 이후 메디치 가문의 통치가 붕괴되면서 시작됐다. 피렌체의 정치 지도자들이 메디치 정권에 대해 반란을 일으킬 때, 그들은 침략자인 프랑스 왕 샤를 8세와 협상하기 위해 사보나롤라를 보냈다.[18] 사보나롤라는 협상을 통해 군사적 대립을 성공적으로 피하게 했고, 자신의 위상을 점차 높여갔다. 사보나롤라는 이를 통해 메디치 가문의 통치를

---

16) 사보나롤라는 피렌체의 핵심 사제로 여겨졌는데, 교회에서 강력하고 위엄 있는 자리를 차지했으며, 피렌체의 감독과도 긴밀한 관계를 맺고 있었다(Weinstein, *Savonarola*, 110을 보라). 궁중이 사보나롤라를 지지했다는 점이나 그가 메디치 가문과 가까웠다는 점에 대해서는 ibid., 100, 128을 보라.

17) Weinstein, "Civic Setting," 194.

18) 세부 사항에 대해서는 Weinstein, *Savonarola*, 72, 115을 보라.

대체하는 새로운 공화국 수립에 영향을 끼칠 자리를 차지하게 되었다. 피렌체 사회의 많은 엘리트는 사보나롤라가 권력을 얻는 것을 지지했다. 도널드 바인슈타인은 사보나롤라의 천년왕국설을 지지하는 집단을 다음과 같이 기술한다. "그들은 메디치 가문의 통치하에서 중요한 인물이었다. 그들은 사보나롤라 공화국에서 활발하게 활동했다. 그리고 그들은 공적 생활의 선두에 머물게 되었다."[19]

공화국 통치 영역의 중심부를 수립하는 데 사보나롤라 자신의 천년왕국설이 결정적인 영향을 미쳤다는 점은 권력을 쥔 천년왕국 집단을 이해하고자 하는 어떤 시도에도 중요한 의미를 지닌다. 사보나롤라는 메디치 이후 나타난 새로운 공화국에서 정치가와 법률가의 지위를 쟁취했다.[20] 사실상 사보나롤라는 자신의 역할이 구약의 학개와 스가랴의 역할과 비슷하다고 보았다. 이들이 성전을 재건했듯이, 사보나롤라도 자신이 피렌체를 새로운 시민 질서로 이끈다고 보았다.[21] 실제로 그는 피렌체에서 새로운 헌법이 구성되는 데 결정적인 영향을 미쳤다.

사보나롤라의 도시 계획이 천년왕국 비전에 기초를 둔 천년왕국 집단의 프로그램이었다는 데는 의심의 여지가 없다. 이 비전은 그 중심에 임박한 천년왕국에 대한 기대를 포함하고 있었다. 피렌체는 중앙 무대를 차지하고, 심지어 정치적·종교적 중요도라는 측면에서 로마를 앞지르게 된다. 사보나롤라는 임박한 황금시대에 "피렌체는 어

---

19) Weinstein, "Civic Setting," 187.
20) 이런 평가에 대해서는 Weinstein, *Savonarola*, 77을 보라. Weinstein은 사보나롤라가 정치적 지위를 차지하지는 않았지만, 새로운 정권에 정치적으로 크게 개입했다고 주장한다(Ibid., 272-74).
21) Ibid., 142, 168을 보라.

예언과 묵시

느 때보다 더욱 영광스럽고 부유하며 강력하게 될 것이다"[22]라고 선포한다. 그러므로 사보나롤라는 다가오는 종말에 성령의 통치가 분명히 있으리라는 천년왕국적인 견해를 지녔는데, 그때 피렌체는 지도층으로서 결정적 역할을 하게 될 것이었다. 이 비전은 자치 공화국의 도시 계획을 위한 기초가 되었다.

계층 E(지배층이지만 주변부). 천년왕국 집단의 계층 E 유형의 영역은 천년왕국설을 억압당하는 계층만의 종교로 보는 일반적인 이해[23]에 중요한 반증이 된다. 일부 현대 이론에서는 천년왕국 집단을 피지배층 혹은 피식민 사회 내 집단의 접촉 제의(contact cult)로 생각해왔다. 그러나 사실상 그런 집단은 **지배** 계층에서도 나타난다. 역방향 접촉 제의가 나타난다는 것은 피정복자나 피식민지 계층뿐 아니라 식민지주의에서도 천년왕국의 특징이 나타난다는 점을 보여준다. 웨스턴 라 바(Weston La Barre)는 "만약 한편으로 위기 제의가 박탈당한 자와 추방당한 자 사이에서 일반적인 것이라면, 다른 한편으로 정치적 지배국가와 엘리트는 종말론적 불안에 심란해하지조차 말아야 한다"[24]라고 진술함으로써, 이런 가능성을 제시한다. 힐렐 슈바르츠는 라 바보다 한 걸음 더 나아가, "만약 천년왕국설이 피억압민의 종교라면, 억압자의 종교일 수도 있다. 피억압민이 새로운 도덕적 질서를 꿈꾸게 한 것은 바로 수십 년 전, 그 억압하는 자들을 행동하게 한 것과 같은 것

---

22) Weinstein, "Civic Setting," 195에서 재인용.

23) Lanternari의 *The Religions of the Oppressed*라는 책 제목이 그렇듯이 말이다.

24) Weston La Barre, "Materials for a History of Studies of Crisis Cult: A Bibliographic Essays," *Current Anthropology* 12 (1971): 15.

일 가능성이 높다"[25]라고 주장한다.

17세기 영국에서 건너온 미국 청교도들은, 어떤 천년왕국 집단이 다른 사회와의 관계 속에서는 식민주의자이면서도 자신의 사회 제도 속에서는 주변부일 수 있음을 보여준다. 당시 청교도가 유럽에서 여전히 주변부에 속했다는 것은 잘 알려져 있다. 그들은 영국에서 권력자들의 반감을 샀던 비분리 회중교회주의자(nonseparating Congregationalists)였다. 자기들의 무력한 지위를 보면서 그들은 자신들과 영국의 관계를 기원전 6세기 이스라엘과 바빌로니아의 관계와 유사하다고 여겼다. 그러므로 코튼 매더(Cotton Mather)는 존 윈스럽(John Winthrop) 치하에서 청교도가 영국을 떠난 것을 바빌로니아에서 이스라엘로 포로들이 귀환한 것과 비교할 수 있다고 보았다.[26]

비록 청교도가 한 관점에서 보면 주변부에 속했다고 할지라도, 다른 각도에서는 (계층 C처럼) 중심부로 볼 수 있다. 북미 사회라는 맥락을 고려한다면, 영국 청교도들의 북미 대륙 식민지화는 자기 국가를 세우면서 동시에 북미 원주민 문화를 주변부로 몰아내는 중심부 집단의 행위로 볼 수도 있다. 천년왕국 집단이 형성되는 곳은 주변부, 즉 (중심부와) "접촉된" 문화 내에서라는 일반적인 학계의 가정을 고려해 보면, 뉴잉글랜드 지역에서 청교도는 피식민 계층이 아니라 식민주의자였다는 점을 다시 한 번 언급할 필요가 있다. 영국인과 북미 원주민이 접촉했던 외생적인 상황에서, 청교도는 우위를 차지했다.

색번 버코비치(Sacvan Bercovitch)는 초기 미국 청교도가 지녔던

---

25) Hillel Schwartz, "Millenarianism, An Overview," in *The Encyclopedia of Religion*, ed. Mircea Eliade (New York: Macmillan, 1987), 9:525.

26) Sacvan Bercovitch, *The Puritan Origins of the American Self* (New Haven: Yale University Press, 1975), 63, 89.

이런 천년왕국 세계관을 강조했다. 이민자들은 자기 자신을, 그리고 신세계를 묵시적 기적으로 바라보았다.[27] 신세계로의 여행은 그들에게 자신들이 종말을 살고 있다는 징표였다. 매더는 청교도가 뉴잉글랜드에 왔다는 점이 지닌 종말론적 중요성을 강조했다. "[노아 시대의 세계는] 파괴됐다. 우리 구세주의 위대한 예언이 거기서는 망각되었기 때문이다.…[이제 새롭고 더 위대한] **노아**의 [가족]이 **신세계**를 소생시킨다."[28]

몇몇 청교도 성직자의 글은 하나님의 왕국이 도래할 수 있도록 신세계를 준비하고자 하는 과업이 묵시 사상과 몇 가지 가족 유사성을 지니고 있음을 보여준다. 묵시적인 도덕 이원론은 악인과 의인의 차이에 대한 그들의 강조를 통해 살펴볼 수 있다. 또한 그들의 작품에는 묵시적 결정주의에 대한 신념이 분명히 나타나는데, 이는 인크리즈 매더(Increase Mather)의 『고통의 날이 다가온다』(The Day of Trouble Is Near, 1674)의 한 구절을 통해 분명히 나타난다. "우리를 가장 암울하게 하는 신의 섭리는…세계가 시작되기도 전에 결정되었다."[29] 나아가 이민자들이 자신들이 뉴잉글랜드에서 경험한 "암울한" 어려움을

---

27) Ibid., 90.

28) Ibid., 90에서 인용. 청교도의 역동적인 역사관은 하나님 나라를 준비하는 데 미칠 자신들의 주도적인 역할을 강조했다. 적어도 일찍이 1650년대 Oliver Cromwell 치하 영국에서 청교도가 권력을 얻기 시작할 때부터, 그들은 이런 역할로 부름을 받았다고 여겼다. 뉴잉글랜드로 옮겨온 청교도들은 "후천년설"(postmillennialism)을 신봉하며 신세계를 다가올 세계로 준비하고자 애썼다. 뉴잉글랜드는 유럽으로 하여금 종말을 준비하도록 이끄는 모델이자 자극제였다. 그러므로 청교도는 신세계를 이전에 어떤 선택받은 민족도 할 수 없었을 정도로 깔끔하게 정돈된 완벽한 정원으로 만들어야 했다(A. W. Plumstead, *The Wall and the Garden* [Minneapolis: University of Minnesota Press, 1968], 29).

29) Bercovitch, *Puritan Origins*, 54에서 재인용.

천년왕국을 태동하게 하는 고통으로 간주했다는 데 주목하라.[30]

청교도들의 묵시적 기대감은 필립 왕의 전쟁 때 최고조에 도달했던 것 같다. 그때 왕파노아그(Wampanoag)족과 나라간셋(Narraganset)족은 거의 전멸당했다. 600명의 영국인 정착민과 3,000명의 북미 원주민이 목숨을 잃은 필립 왕의 전쟁(1675-76)은 17세기 뉴잉글랜드에서 벌어진, 가장 유혈이 낭자했던 충돌이었다. 북미 원주민이 아니라, 남부 뉴잉글랜드를 가로지르는 북미 원주민의 영역에 정착지를 확장하고자 싸웠던 영국인들 사이에서 갈등에 대한 묵시적 해석이 나왔다는 사실에 주목하라. 천년왕국 세계관을 통해 청교도들은 이 전쟁을 말라기서 끝부분에 묘사된 "두려운 날"(The Dreadful Day)로 간주했다. 하나님을 두려워하는 자들이 묵시적 심판 행위를 수행하도록 이끌림 받게 될 그 날 말이다. 식민지 지도층은 뉴잉글랜드 군대가 악한 자를 짓밟음으로써 심판을 수행한다고 보았다(말 3:19-21[개역개정 4:1-3]).[31]

권력형 천년왕국 집단의 사회학을 이해하는 데 청교도가 중요한 것은, 이들이 식민지 성직자로서 뉴잉글랜드 신정 정치의 중심부에 있었고, 천년왕국 집단을 신세계로 이끈 자들이었기 때문이다. 신정 정치 지도자들은 천년왕국 세계관을 주장했을 수도 있다는 점이 입증되는데, 이 경우에 그들에게 뉴잉글랜드의 청교도 교회 국가는 마지

---

30) 북미 원주민 선교사였던 John Eliot은 1664년에 다음과 같이 기록했다. "계 3:10에서 그리스도께서 예언했던 유혹의 시간이 온 세계에 도래할 것이고, 그들이 여전히 땅 위에 살도록, 그 시간은 다가오고 있으며, 여전히 우리에게 다가오는 중이고, 하나님이 보시기에 모든 사람의 참된 상태는 심판대 앞에 섰을 때 나타날 것이다"("Letter from Rev. John Eliot, 1664," in *The New England Historical and Genealogical Register* [Boston: Drake, 1855], 9:131). 멜라네시아의 적화 제의와는 반대로, 이 천년왕국설은 토착민이 아닌 선교사의 종교다!

31) Bercovitch, *Puritan Origins*, 65을 보라.

막 때에 묵시 문학이 말하는 남은 자를 대표했다. 뉴잉글랜드 정통주의자의 종교적 민족주의는 신정 정치의 형성이야말로 시대의 절정이며, 재림(parousia)의 도래에 중요한 진전이라는 관점을 보였다.[32]

이를 통해 사회 중심부의 성직자들에게는 종말론적 기대감이 없었다고 간주해서는 안 된다는 것을 알 수 있다. 실현된 종말론과 신정 정치가 함께 간다는 개념은 사회학적으로 볼 때 해석의 규칙으로 유효하지 않다. 오히려 청교도들의 문헌은 신정 정치가 미래에 세상에 닥칠 급진적인 변화를 기대하라고 선포하고 있음을 보여준다.

계층 B(지배층이면서 중심부). 이제 여러 인류학자는 다른 사회를 식민지로 삼거나 정복하는 주요 국가와 엘리트를 대표하는 중심부 인물조차 천년왕국 세계관에 추동될 수 있다고 인정한다.[33] 스페인의 신세계 정복은 이런 유형의 사회적 토대를 지닌 집단에 대한 좋은 사례다. 예컨대 스페인의 프란체스코 수도회 중 일부는 식민주의를 추구하는 천년왕국 집단이자 스페인 사회 구성원의 일부이기도 했다.[34] 16세기 프란체스코회 선교사 겸 역사가인 헤로니모 데 멘디에타(Gerónimo De Mendieta)는 자기들의 정복을 천년왕국 현상으로 이해해야 한다고

---

32) Ibid., 62.

33) 그러므로 F. Sierksma는 악명 높은 정복자이면서 "주기적으로 세상에 일어나는 재앙 때문에 두려움에 떨었던" 자들이기도 했던 아즈텍을 특별히 흥미로운 예로 여겨 인용한다("Current Anthropology Book Review: The Religions of the Oppressed: A Study of Modern Messianic Cults by Vittorio Lanternari," *Current Anthropology* 6 [1965]: 455).

34) 신세계에 거주했던 프란체스코 수도회에서 나타난 천년왕국설을 이해하기 위한 주요 자료로는 John L. Phelan, *The Millennial Kingdom of the Franciscans in the New World*, 2d. ed (Berkeley and Los Angeles: University of California Press, 1970)를 보라.

주장했던 대표적인 식민주의자다.[35]

멘디에타의 집단은 천년왕국 집단이었다. 그들은 신세계가 세상의 끝이라고 주장했다.[36] 사실상 새로운 스페인은 다가오는 천년왕국을 실현하는 물리적 장소여야 했다. 스페인 사람을 새롭게 선택받은 백성으로 보는 멘디에타의 관점에서 천년왕국설에 근거한 이원론이 나타난다. 천년왕국적인 여타 특징은 천년왕국 앞에 시련의 시기가 온다는 개념, 메시아가 미래의 스페인 왕으로 온다는 사상, 그리고 세상이 마지막 심판 직전에 있다는 믿음을 포함한다.[37]

존 L. 펠란(John L. Phelan)은 멘디에타의 천년왕국설이 착취당한 집단의 그것과는 매우 다르다고 주장한다. 펠란은 멘디에타를 "묵시적 엘리트주의자"[38]로 묘사한다. 스페인의 식민주의 질서에 반대하는 폭력을 옹호하는 대신에, 멘디에타는 천년왕국을 위한 준비의 하나로 새롭게 정해진 질서를 원주민들이 수용하기를 원했다. 그러므로 멘디에타는 "스페인 합스부르크의 보편 군주 정치에 대한 종말론적 근거"[39]를 고안해냈다. 천년왕국 프로그램 아래서, 새로운 스페인의 정치적·종교적 통치는 위에서 아래로 행해져야 했다. 임박한 종말은 권리를 박탈당한 자와 소외된 자의 혁명으로 완수되는 것이 아니라 모든 백성, 특히 (신세계의 북미 원주민을 의미하는) "이교도"가 스페인으로 개종하는 일을 통해 준비된다. 스페인 왕이 인류의 개종을 완수했을 때, 하나님은 마지막 심판을 개시하실 것이다.

---

35) Phelan은 프란체스코회 중 "친인디언"파의 영향력 있는 구성원들이 Mendieta의 묵시적 확신을 공유했다고 언급한다(*Franciscans*, 74).

36) Ibid., 110을 보라.

37) Ibid., 11, 104-5. 106.

38) Ibid., 74, 124.

39) Ibid., 16, 53, 106, 108; 참조. Bercovitch, *Puritan Origins*, 140.

자신이 속한 사회에서 멘디에타의 집단이 스페인 당국의 일부였음은 분명하다. 이미 15세기 요아킴주의자들의 천년왕국 사상은 스페인 왕국의 후원을 받았다.[40] 이사벨라 여왕의 고해 신부였던 히메네스 데 시스네로스(Ximénez de Cisneros)의 개혁으로, 요아킴주의자의 패러다임이 여왕의 성직자에게 도입되었다. 그러므로 1490년대까지는 왕실이 프란체스코회 요아킴주의자의 천년왕국설을 지지할 길이 마련되었다.[41] 그 결과 16세기 카를 5세 치하 프란체스코회가 신세계에 개입하던 초기에, 탁발 수도사들은 왕실의 직접적인 대표자로 행동했다.

카를 5세 치하에서 프란체스코회는 군주의 완벽한 신뢰를 받았고, 토착민을 개종시키기 위해 광범위한 특권을 부여받았다. 왕이 직접 그들에게 부여한 주교의 권력, 행정권, 경제권을 쥐게 되었다.[42] 그러므로 북미 청교도의 상황과는 대조적으로, 프란체스코회는 유럽에서 온 도망자가 아니라, 그들이 속한 사회의 중심 세력이자 식민주의 대표로서 신세계에 도착했다.[43] 확실히 프란체스코회는 카를 5세 이후 펠리페 2세가 권력을 얻게 되었을 때, 중앙 권력을 상당 부분 상실했다. 멘디에타 집단이 왕이 귀를 기울이던 목소리 중 하나에 불과하

---

40) 앞 장에서 언급한 대로, 요아킴주의는 종종 사회의 엘리트 계층에서 나온 프란체스코 영성주의자들로 알려진 집단과 연관된 중세의 천년왕국 운동이었다. 영성주의자들에 대해서는 Norman Cohn, *The Pursuit of the Millennium* (New York: Oxford University Press, 1970), 14; "Medieval Millenarism: Its Bearing on the Comparative Study of Millenarian Movements," in *Millennial Dreams*, 35을 보라. Joachim of Fiore에 대해서는 Theodore Olson, *Millennialism, Utopianism, and Progress* (Toronto: University of Toronto Press, 1982), 110-27; Cohn, *Pursuit*, 108-10을 보라.

41) Phelan, *Franciscans*, 45을 보라.

42) Ibid., 54.

43) Bercovitch, *Puritan Origins*, 140.

게 되었지만, 멘디에타는 여전히 자신을 왕실 고문으로 간주했다.[44] 결국 멘디에타는 펠리페 2세 왕실의 일부로서 자신에게 유효한 권력이 더는 없음을 알게 되었고, 그의 집단은 쇠퇴하기 시작했다. 그러나 이 때쯤 멘디에타 집단의 천년왕국 세계관은 이미 확실히 자리를 잡았다.

내생적 조건

천년왕국 집단이 속할 가능성이 있는 두 번째 사회적 영역은 내생적인 영역이다(도표 2의 첫 열을 보라). 내생적인 사회 환경에서 외래문화와의 충돌은 천년왕국 집단의 사회적 영역을 구성하는 중요한 요소로 보이지 않는다. 오히려 해당 집단의 사회 환경은 그 자체 문화와 사회의 내적 요소라는 측면으로 가장 잘 묘사된다.[45] 천년왕국 집단이 형성되는 내생적 영역이 있다는 사실을 통해, 버나드 바버와 랄프 린턴과 같은 인류학자들의 주장이 지나치게 좁았음을 알게 된다. 이들은 천년왕국 집단을 사회적 토대와 관련짓는데, 이 토대에는 다른 사회와의 충돌 같은 현상이 포함된다.[46] 천년왕국 집단의 사회학에 대한 우리의 지식은 문화 전용을 겪는 집단뿐만 아니라 내생적 영역에서 발생한 집단을 검토함으로써 확장될 것이다.

계층 D(내생적이며 주변부). 도표 2의 계층 D는 내생적 영역을 대변하는데, 이 영역에 속하는 천년왕국 집단은 주변부에 속하며, 권력을 박

---

44) Phelan, *Franciscans*, 81.

45) 관련 논의는 La Barre, *Ghost Dance*, 277; "Materials for a History," 20을 보라.

46) Bernard Barber, "Acculturation and Messianic Movement," *American Sociological Review* 6 (1941): 663-69; Ralph Linton, "Nativistic Movements," *American Anthropologist* 45 (1943): 230-40.

탈당했거나 자기들이 속한 사회에서 소외된 계층이다. 노먼 콘은 이
것이 중세 유럽 천년왕국 집단의 지극히 일상적인 사회적 영역이라고
주장한다.[47] 이런 유형의 사회적 토대는 성서학자들에 의해 너무 잘
인식되었으므로(핸슨과 플뢰거가 성서의 묵시 종말론의 "여명" 이면에서 본
것이 바로 이런 배경이다), 여기서 이를 상세히 다루지는 않을 것이다.[48]
계층 D 영역의 한 예로는 존 라플런드(John Lofland)가 묘사한 한 종
말론 교파를 들 수 있다.[49] 또 다른 예로는 일부 중세 고행자 집단의
사회적 환경이 있다.[50]

---

47) Cohn, *Pursuit*, 10, 37, 50-52, 282, 284.

48) 관련 논의는 이 책 1장 및 Philip R. Davies, "The Social World of Apocalyptic
Writings," in *The World of Ancient Israel*, ed. R. E. Clements (Cambridge,
England: Cambridge University Press, 1989), 258을 보라.

49) John Lofland, *Doomsday Cult* (Englewood Cliffs, J.M.: Prentice-Hall, 1966).
비록 Lofland가 연구했던 분파의 이름을 거명하지 않았고, 주요 인사들의 이름을
바꿔 불렀지만, 그의 책은 실제 천년왕국 분파에 대한 관찰에 기초하고 있다(사
실, 그 단체는 초기 통일교였다). 이 집단은 오늘날 미국에서 내생적인 맥락을 지
니고 있다. 미국 사회에서 그들은 분명히 주변부에 속한다. 그 집단의 구성원은 사
회에서 극히 소수였으며, 사회생활의 여러 측면에서 성공하지 못한 이들을 포함
했다. 나아가 이 집단의 포교 활동은 인원 증가에 계속 실패했다. 이 집단은 중앙
정치권력을 가지지 못했다. 이들은 종교라는 측면에서 표준적인 미국 교파에 맞
서 자신들을 규정했다.

50) 예를 들어 중요한 고행자 운동이 1260년경에 일어났는데, 이 연대는 Joachim of
Fiore가 말한 예언으로 잘못 알려진 종말 년도다(각주 40을 보라). 다른 고행자
운동처럼, 이 운동도 다른 문화가 개입되지 않은 채 중세 사회 내에서 일어난 것
이었다. 때로는 다른 계층의 구성원이 참여하기도 했지만, 이 운동은 대체로 가
난한 자와 극빈자로 구성되었다. 이제 막 일어나리라고 기대되는 대재앙의 심판
에서 종말론적 구원을 확실히 하고자, 이 집단은 천년왕국 프로그램의 일부로
서 집단 고행을 수행했다. Cohn은 고행 운동을 다음과 같이 묘사한다. "그 운동
은 1260년경 페루자의 은둔자가 시작했고 남쪽으로는 로마, 북쪽으로는 롬바르
드까지 퍼졌는데, 그 속도는 동시대인들에게 마치 양심의 가책이라는 급작스러
운 전염병이 퍼지는 것처럼 보였다.…남자, 젊은이, 소년들이 깃발과 불타는 초

계층 A(내생적이며 중심부). 도표 2의 계층 A는, 계층 B처럼 박탈 이론으로 설명하기 가장 힘든 천년왕국 집단 영역을 대변한다. 이 계층의 천년왕국 집단은 이국 문화와 비교하거나 그 문화 내 다른 집단과 비교할 때, 박탈당한 자들이 아니다. 여기 속한 천년왕국 집단은 내생적 영역에 속하며, 경제, 사회 계층, 혹은 정치권력의 측면에서 사회의 중심에 있다.

앞 장에서 논의한 19세기 어빙파 가톨릭 사도 교회는 영국 사회의 전체 엘리트를 포함하지는 않았지만, 그중에는 분명히 중류, 상류 계층 출신 회원이 있었다. 그 집단의 극소수만이 혜택을 받지 못한 자들이었다.[51] P. E. 쇼(P. E. Shaw)는 "가톨릭 사도 교회의 지도자는…다양성을…나타내지 않는다.…그들은 빈곤층이나 극빈층이 아니라, 오히려 상류층 혹은 중류층에 속한다.…모든 이는 교양이 있고 잘 교육받았으며, 대부분은 사회적으로 저명했다"라고 쓴다.[52] 아울러 앞에서 다뤘듯이, 가톨릭 사도 교회의 일부 지도자는 귀족 계층에 속해 있었고, 헨리 드러먼드와 스펜서 퍼시벌 같은 자들은 의회에서 활동한 자들이었다. 그들은 정권이나 문화에 적대적이지 않았고, 영국 사회의 중심부 제도권에서 활동했으며, 왕실에 대한 충성으로 유명했다.

앞서 언급했듯이, 그들은 중심부 지위를 누렸음에도 분명히 천년

를 들고, 마을에서 마을로 밤낮으로 행진했다. 그리고 그들이 마을에 도착할 때마다, 교회 앞에서 집단으로 정렬한 채, 계속해서 몇 시간 동안 자기 몸을 채찍질했다"(*Pursuit*, 128).

51) George Shepperson, "The Comparative Study of Millenarian Movements," in *Millennial Dreams*, 49; Graham Allan, "A Theory of Millennialism: The Irvingite Movement as an Illustration," *British Journal of Sociology* 25 (1974), 296을 보라.

52) P. E. Shaw, *The Catholic Apostolic Church Sometimes Called Irvingite: A Historical Study* (Morningside Heights, N.Y.: King's Crown, 1946), 237.

왕국적인 집단이었다. 정보 제공자이며 한때는 어빙파의 추종자였던 어떤 이는, 어빙파가 "우리 주님의 재림 교리를 계속 언급하면서…재림이 가까이 왔고 갑자기 올 것이며, 그때에는 무서운 심판이 있을 것이라고 계속 주장했기" 때문에 그 집단을 비판하기도 했다.[53]

천년왕국 집단의 세계관을 보여주는 관용어는 종종 지역적 차이로 인해 윤색되거나 그것이 발생한 집단의 문화나 지위를 반영한다.[54] 어빙파 집단의 한 가지 흥미로운 측면은 그들이 사용했던 천년왕국 세계관의 관용어가 사회 내에서 그들이 속했던 높은 지위를 반영한다고 볼 수 있다는 점이다. 예를 들어 어빙파의 초기 회원이었던 동커스터 지역의 로버트 박스터(Robert Baxter)의 예언은 변호사로서 사회의 중앙 제도에 대한 지지와 참여를 반영한다. 구체적으로 그의 언급은 왕정, 귀족, 영국국교회를 향한 지지를 반영한다.[55] 박스터의 예언 중 하나는 주교 제도를 거부하는 교단을 맹렬히 비난하는 것이었다. 박스터는 어빙에게 "그들 교회의 대중 조직에 나타나는, 하나님에 맞서는 모욕 행위와 사도직의 현시인 주교를 거부하는 행위"에 대해 분

---

53) Ibid., 46에서 재인용.
54) 지역적 차이에 의한 각색이 뚜렷한 천년왕국 세계관에 대한 논의나 묘사에 대해서는 Robert R. Wilson, "From Prophecy to Apocalyptic: Reflections on the Shape of Israelite Religion," *Semeia* 21 (1981): 86; Anthony F. C. Wallace, "Revitalization Movements," *American Anthropologist* 58 (1956): 268; Justus van der Kroef, "Messianic Movements in the Celebes, Sumatra, and Borneo," in *Millennial Dreams,* 81, 89; Mircea Eliade, "'Cargo Cults' and Cosmic Regeneration," in *Millennial Dreams*, 142; Barber, "Acculturation," 663 n. 4; Weinstein, "Civic Setting," 196; Overholt, *Channels*, 33 n. 14; B. Wilson, *Magic*, 214, 307 n. 110, 312을 보라.
55) Shaw, *Catholic Apostolic Church*, 38.

명히 언급했다.[56] 또 다른 예로, 어빙파 집단의 예전이 고교회파(High Church)인 성공회의 특징을 지니고 있음에 주목하라.[57] 어빙파가 향과 높은 제단을 사용한다는 점은 천년왕국 집단이 자신들만의 전통과 형태를 보존할 뿐만 아니라, 화려한 의식으로 격식 있는 분위기를 조성해 전통 제의를 철저히 수행하도록 강조하는 모습이 이 집단에 스며들어 있었음을 보여준다.

가장 흥미로운 내생적 천년왕국 집단은 자기가 속한 사회의 정치 권력을 쥔 자들이다. 앞에서도 언급했지만, 퓨젓사운드 만과 조지아 해협 주변에 사는 캐나다 원주민 부족인 코스트 살리쉬 사이에서 일어난 예언자 춤 운동은 천년왕국설에 대한 계층 A 유형의 사회 배경에 대한 증거를 제공한다.[58] 살리쉬족 사이에서 일어났던 예언자 춤이 내생적으로 나타난 천년왕국 운동이었다고 볼 강력한 논거가 있다. 웨인 서틀스(Wayne Suttles)의 연구는 멜빌 J. 헤르스코비츠(Melville J. Herskovits)가 간략히 제시했던 견해를 지지하는데, 서틀스는 다른 문화와의 접촉으로 인한 스트레스로부터 이 운동이 나왔다고 보는 주장이 사회 환경을 오해한 해석이라고 말한다.[59] 서틀스는 코스트의 고원

---

56) Ibid., 43에서 재인용.

57) Ibid., 241.

58) 2장 각주 112를 보라. 이 집단은 원래 북서부 지역에서 유래한 예언자 춤과 연관되어 있다(각주 12를 보라). 예언자 춤의 세계관은 죽은 자의 부활과 임박한 세계의 종말에 대한 믿음을 포함한다.

59) 1938년 Melville J. Herskovits는 토착 원주민의 현상이 교령 춤 운동의 원천이었다고 강조했다. 그의 주장은 교령 춤의 원인을 설명할 때 백인의 영향력을 강조했던 Philleo Nash와 같은 인류학자의 견해를 반박하는 것이다. 초기 인류학 논쟁에 대해서는 Wayne Suttles, "The Plateau Prophet Dance among the Coast Salish," *Southwestern Journal of Anthropology* 13 (1957): 391; David F. Aberle, "The Prophet Dance and Reactions to White Contact," *Southwestern*

예언자 춤이, 백인 사회와 접촉하기 시작한 1830년대보다 훨씬 이전에 등장했다고 주장한다.[60]

코스트 살리쉬 예언자 춤의 계층 영역은 코스트 살리쉬의 추장 직분이 지속적으로 천년왕국 제의와 연관되었다는 점에서 볼 때 내생적일 뿐만 아니라 중심부의 영역이어야 한다. 코스트 살리쉬 부족은 고도로 발달된 정치 구조를 지니지 않았다. 그럼에도 그들의 사회에는 정치적 권위를 쥐고 있는 자가 있었고 추장은 종종, 늘 그렇지는 않지만, 천년왕국 예언자 춤을 인도하는 위치에 있었다.[61] 클레요쿼트의 한 노인은 1840년대 초에 활발해진 천년왕국 집단에 추장이 포함되어 있었음을 다음과 같이 묘사한다. "추장은 그의 손에 독수리의 흰 꼬리를 쥐고, 그것을 흔드는 동작을 취했다.…이후 추장은 노래를 불렀다.…그들은 춤을 추었고, 노래를 두 번 반복하는 동안 누군가는 정신을 잃고 쓰러지기도 했다."[62] 1860년대 후반 루미(Lummi)족의 한 추장은 "변신하는" 신의 임박한 활동을 믿었던 첫 번째 인물로 알려져 있다. 데이비드 크로켓이란 이름으로 알려진 이 추장은 루미 부족 사이에서 예언자 춤 집단의 지도자가 되었고, 부족 대부분이 거기에 가담했다.[63]

사바타이 체비가 이끈 중세 메시아 운동[64]에 상류층이 참여한 것

Journal of Anthropology 15 (1959): 75; 2장의 각주 112를 보라.

60) Suttles, "Plateau Prophet Dance," 358. 또한 Suttles의 이 견해에 대한 후대의 고찰로는 Suttles, *Coast Salish Essays* (Seattle: University of Washington Press, 1987), 198을 보라.

61) Suttles, "Plateau Prophet Dance," 383.

62) Ibid., 374에서 재인용.

63) Ibid., 359.

64) 이 운동은 2장에서 다뤘다. Lawrence Fine, "Medieval Jewish Apocalyptic Literature," in *The Encyclopedia of Religion*, ed. M. Eliade (New York:

역시 계층 A 영역의 유형을 보여준다고 말할 수 있다. 콘이 서술한 많은 중세의 운동과 달리 사바타이 운동은 (비록 후대의 몇몇 저술가들이 논증하고자 했지만) 대중의 각성을 위해 군중 압박을 조장하는, 사회적으로 권리를 박탈당한 자들에 의해 일어난 움직임이 아니었다.[65] 또한 사바타이 운동은 어떤 사회 갈등이나 계층 갈등 혹은 중세 유대인 내부의 계급 투쟁의 분출로 부상한 것도 아니었다. 오히려 처음부터 이 운동은 부유한 상인과 지배 계층을 포함했다. 게르숌 숄렘은 다음과 같이 말한다.

> 더욱 놀라운 사실은 지배 계층 내 신자와 불신자의 실제 비율이다.…지배층 대부분이 신자의 진영에 있었고, 그중 많은 이가 담당했던 중요하고도 적극적인 역할에 대해서는 신뢰할 만한 모든 문건이 증명해준다.[66]

재산을 사바타이 체비에게 기증한 암스테르담의 백만장자들은 사회의 저명인사 중에서도 천년왕국 집단이 형성될 수 있음을 보여주는 실례다.

Macmillan, 1987), 1:344; Gershom Scholem, *Sabbatai Ṣevi: The Mystical Messiah* 1626-1676 (Princeton, N. J.: Princeton University Press, 1973)을 보라.

65) Scholem, *Sabbatai*, 392.

66) Ibid., 5.

예언과 묵시

지도자, 제사장, 천년왕국설

사회학적 증거는 천년왕국 집단을 이끈 촉매 인물이 사회 내에서 다양한 역할을 감당하는 사람들이었음을 보여주는데, 그중에는 제사장도 있다.[67] 소위 천년왕국 예언자가 실제 제사장이었던 경우는, 1826년 뉴질랜드에서 시작된 하우하우(Hau-hau) 천년왕국 운동의 지도자 테-우아(Te-Ua)와 같은 인물을 통해 찾아볼 수 있다. 테-우아는 영국이 뉴질랜드에서 쫓겨날 것이라고 선언했던 토착 마오리 제의의 제사장이었다. 테-우아는 자신의 천년왕국 세계관을 통해 죽은 자가 곧 다시 일어나리라 믿었을 뿐만 아니라, 영국이 쫓겨날 때 그 천년왕국이 도래할 것이라고 믿었다.[68] 하우하우 운동의 내용은 영국 식민주의자에 맞서는 거룩한 전쟁을 포함했다.

사회의 중앙 제의에서 벗어나 분파 운동을 이끈 테-우아와 같은 제사장이 천년왕국 집단의 예언자가 된 유형의 제사장 중 유일한 사례인 것은 아니다. 천년왕국적인 종교의 지도자는 사회 중심부의 제사장인 경우도 있다(앞서 언급한 멘디에타의 집단과 비교해보라). 이런 가능성을 보여주는 한 가지 예로는 추종자 집단에 미친 누에르 제사장

---

67) Max Weber는 제사장을 제의에 정기적으로 참여하는 전문가로 정의한다. 이 정의가 유용하지만, Weber가 제사장과는 다른 종교인, 이를테면 예언자를 엄격하게 구분했던 것은 거부해야 한다. (제사장을 존재론적으로 예언자와 다르게 보게 된 것은 Weber가 자신의 방법론상 이상적인 인물들을 제사장이나 예언자의 유형으로 간주했기 때문이다. 예를 들어 *The Sociology of Religion*, trans. E. Fischoff [Boston: Beacon, 1963; 1st German ed., 1922], 46을 보라.) R. Wilson은 다음과 같이 진술한다. "제사장들이 때때로 다른 종교 직능을 지녔으므로, 제사장과 다른 종교 전문가들을 엄격하게 구분할 수는 없다"(*Prophecy and Society*, 26-27).

68) Lanternari, *Religions of the Oppressed*, 253, 256을 보라.

그웩(Gwek)의 권위가 있다.[69]

1920년대 그웩은 백인 식민주의자들에 맞선 군사적 충돌 때 남수단의 라우 누에르(Lau Nuer)족 중 가장 큰 집단을 이끌었다. 그웩의 집단은 우리가 앞서 논의했던 사회 영역 계층의 C 유형에 속한 몇 가지 특징을 지니고 있다. 그웩의 집단은 그와 그의 추종자들이 식민지 행정부에 맞서 투쟁에 가담했다는 점에서 외생적이다. 동시에 그는 표범가죽 제사장(이 직분은 그웩이 속한 사회에서 가장 높은 제사장 직분으로, 제의 전문가들을 가리킨다)으로서 그가 속한 사회에서 중심부 지위를 누리고 있었다.[70] 누에르 제사장 조직의 주변부와는 거리가 먼 그웩의 가족과 그의 추종자들은 희생 제의가 실시됐던 라우 부족의 중앙 제의 장소인 뎅쿠르 피라미드를 건설하기도 했다. 그웩이 중심부 제사장이었을 뿐 아니라 태어날 때부터 누에르족의 지도자 계층 출신이었으므로, 추종자들이 그를 지지했던 것이다.

여타 누에르족 출신 족장들과 장로들은 그웩의 권위를 인정했고, 이를 통해 그웩은 자신의 부족뿐만 아니라 이웃 부족까지도 천년왕국과 유사한 군사적 운동에 가담하도록 이끌었다.[71] 그웩은 자신의 추종자들에게 백인의 침략이 도래할 것이라는 이전의 예언을 환기시켰다. 침략자 백인들이 누에르 경계선에 도착했을 무렵, 누에르인이 일어나 백인들을 영원히 몰아낼 것이며, 누에르 주권이 도래하게 될 것이라고 주장했다. 비슷한 맥락에서 그웩은, 전쟁이 가장 격렬할 동안 대적의 총탄이 그들을 관통할 수 없을 것이라고 자신의 추종자들을 안심

---

69) 그웩 집단을 묘사하는 요긴한 자료는 Overholt, *Prophecy in Cross-Cultural Perspective*, 215-30을 보라.

70) Ibid., 217을 보라.

71) Ibid., 225-26.

시켰다. 그는 적의 총탄이 누에르족을 상처 입히기는커녕 물처럼 땅 바닥으로 떨어질 것이라고 주장했다.[72]

그웩이 초자연적인 힘의 가호를 주장했던 것과 그의 카리스마적 인 권위, 그리고 군대를 이끌었다는 사실은, 그가 누에르족 사회에서 여러 가지 역할을 수행했음을 시사한다. 그가 군사 분쟁이 일어날 때 누에르족을 하나 되게 한 일은 제사장 역할 외에도 누에르의 또 다른 제도인 루익(ruic), 즉 "대변인"의 역할도 수행했음을 보여준다.[73] 아울러 총탄이 자신의 백성을 뚫을 수 없다는 영적인 힘을 주장했던 모습을 볼 때, 그웩을 예언자로도 간주해야 할 것이다. 위에서 언급한 사실과 행동으로 보아, 그웩이 제사장, 천년왕국 예언자이자 그 촉매, 그리고 대변인 역할을 겸했다는 결론을 내릴 수 있다. 우리의 논의로 되돌아오면, 그웩이 제사장과 천년왕국 예언자를 겸했으므로, 그는 천년왕국설의 촉매 인물이자 동시에 사회 중심부에서 제사장 역할도 수행하는 인물의 전형이라고 할 수 있다.

사회 중심부의 제사장직을 지닌 인물이 존재해 천년왕국설에 바탕을 둔 종교를 주도했던 경우를 입증하는 또 다른 사례로는 폴리네시아의 마마이아(Mamaia) 분파가 있다. 마마이아 집단의 천년왕국적인 특징은 앞으로 있을 백인의 추방과 새로운 시대의 등장에 대한 기

---

72) Ibid., 230. 군사적 천년왕국 집단의 특징적 신념으로서, 전쟁 기간 동안 초자연적 보호가 함께하리라는 사상에 대한 논의나 서술은 Peter Worsley, *The Trumpet Shall Sound: A Study of "Cargo" Cults in Melanesia*, 2d ed. (New York: Schocken, 1968), 141; Kenelm Burridge, *New Heaven, New Earth: A Study of Millenarian Activities* (New York: Schocken, 1969), 39, 79; B. Wilson, *Magic*, 303; Lanternari, *Religions of the Oppressed*, 254 n. 1, 255 n. 4; La Barre, *Ghost Dance*, 230, 308을 보라.

73) Overholt, *Prophecy in Cross-Cultural Perspective*, 217.

대, 죽은 자의 임박한 귀환과 같은 예언적 특징을 통해 찾아볼 수 있다. 이 분파의 사회적 영역은 계층 C로 가장 잘 묘사되는데, 이 운동은 기독교 선교에 맞서는 항쟁에 개입했다는 점에서 외생적인 영역에 해당한다. 동시에 폴리네시아의 여타 천년왕국 집단처럼, 마마이아 운동도 토착 왕족과 귀족 계층의 지지를 받았다.[74] 이 운동의 경우, 타하아(Tahaa)의 포마레(Pomare) 여왕과 타포아(Tapoa) 왕의 지지를 받았다. 원주민 제사장들은 왕실 곁에서 주도적인 역할을 감당했다. 사회 중앙 제의 제도에서 소외되기는커녕, 이 운동은 마래 타푸타푸아테아(Marae Taputapuatea)에 있는 오포아(Opoa)의 성소를 전통적인 예배 장소로 삼았다.

사회의 중심부 신이 아닌 다른 신을 섬기는 주변부 종교 분파의 경우와는 달리,[75] 원주민의 신인 오로(Oro)는 마마이아 천년왕국 운동의 중심부에 있던 원주민 제사장들의 숭배 대상이었다. 이 제사장들의 천년왕국 프로그램은 제의라는 틀 안에서, 사회 자체의 관행과 전통을 활성화하는 데 영향을 미쳤다. 비토리오 란테르나리는 마마이아 종교 분파의 토착민들이 "자신들의 전통이 지닌 힘을 통해 서구 선교사들의 가르침을 견뎌내며, 충분한 힘을 얻어 그들을 격파하기 위해"[76] 전통 제의를 소생시켰다고 언급한다.

---

74) 관련 논의는 Lanternari, *Religions of the Oppressed*, 236-55을 보라. 위에서 언급한 하우하우 운동 역시 헤파나이아(Hepanaia)와 같은 지역 족장의 지지를 받았다는 점에 주목하라.
75) 관련 논의는 Petersen, *Roles of Israel's Prophets*, 44를 보라.
76) Lanternari, *Religions of the Oppressed*, 243.

천년왕국설이 분파들에 미친 영향

소격(疏隔, estrangement)

한 사회에서 천년왕국설이 발생하면 분파 간 추가적인 소외를 동반하거나, 더 많은 연합과 협력을 초래하기도 한다. 전자의 가능성은 앞서 언급한 계층 D에서 발생할 수 있다.[77] 권리를 박탈당한 자와 권력을 가진 자 사이의 갈등이라는 영역은, 간혹 원목시 문학에서 찾아볼 수 있는 분파 논쟁의 기저를 이루는 것으로 종종 추정되는 유형의 틀이다. 그러나 비교 문화적인 증거는 이런 추정이 항상 옳은 것이 아님을 보여준다. 분파 간 소외가 천년왕국설과 연관될 때, 이는 오히려 둘 혹은 그 이상의 사회 중심부 권력 분파 간 투쟁에 연루된다. 두 중심부 혹은 두 엘리트 분파 간 분쟁이 천년왕국설과 연관된다는 것은, 1825–30년에 인도네시아에서 일어난 자바 전쟁의 사회적 배경을 통해 입증된다.[78]

---

77) 13세기 중세 유럽 플랑드르 지역에서 출현한 가짜 볼드윈(Pseudo-Baldwin)의 천년왕국 운동에서 한 예를 찾아볼 수 있다. 1224년 천년왕국 예언자를 자처하며 가짜 볼드윈이 출현했으나, 이 집단은 한편으로 억압받던 군중과 다른 한편으로 (십자군 전쟁 때 살해당했던 진짜 볼드윈의 딸이자) 백작 부인이었던 요안나(Joanna)의 추종자들로 양분되었다. 추종자 간 내전이 일어났는데, 한 무리는 그 이전에 대중에게 메시아로 여겨졌던 볼드윈 9세가 부활해 참 예언자가 나타났다고 믿었으며, 다른 한 무리는 볼드윈의 딸 요안나에게 충실했다. Cohn은 천년왕국 운동의 확산으로 계층 간 소외가 커져갔다는 데 주목한다. "부자는 새로운 주권을 의심쩍게 보는 경향이 있는 반면, 가난한 자는 그들 가운데 나타난 자가 실제 볼드윈이라고 확신했다.…[천년왕국 운동의 발흥과 더불어] 부유한 자는 모든 곳에서 고약한 대접을 받게 되었다. 가난한 민중은 자신들이 금과 은을 얻게 되리라고 말했다"(*Pursuit*, 92). 요약하면, 가짜 볼드윈 치하 천년왕국 집단은 사회 중심부에서 소외되고 권리를 박탈당한 분파였다.

78) 자바 전쟁에 관한 간략한 묘사는 Michael Adas, *Prophets of Rebellion:*

자바 전쟁은 자바 왕족의 일원이었던 디파나가라(Dipanagara) 왕자가 네덜란드 식민주의자들에 맞서 이끌었던 군사적 천년왕국 운동을 말한다. 디파나가라의 추종자들은 그를 라투 아딜(Ratu Adil), 즉 메시아라고 믿었다.[79] 이 집단의 세계관에 따르면, 라투 아딜은 세계의 종말 무렵, 거대한 악이 출현하는 때에 나타난다. 이 통치자는 어둠의 세력을 물리치고 천년왕국을 건설할 것이다.[80]

우리는 디파나가라의 집단과 네덜란드 간 군사 충돌을, 천년왕국설에 기반을 둔 이 집단이 출현했던 사회적 배경을 구성하는 주요 부분으로 간주해야 한다. 그러나 이 집단의 내력에는 자바인 내부의 기득권 다툼이 포함되어 있다. 이 섬나라 대부분을 다스렸던 왕족의 일원인 디파나가라는 자바의 종교 권력을 가지고 있었다. 그는 왕족과 왕궁 군대로 구성된 추종자들을 통솔했다. 궁중 내부의 정치적 사건들로 인해, 디파나가라의 집단은 성향상 훨씬 더 세속적이었던 그의 동생을 추종하는 이들과 갈등에 빠지게 되었다. 디파나가라는 네덜란드의 간섭으로 악화된 궁중에서 점차 참을 수 없는 상황을 맞이하게 되자, 결국 요그야카르타에서 반란을 일으켰다. 그는 자신의 집단을 군대로 확대시켰는데, 그 숫자는 수천에 이르게 되었다.[81] 그러므로 이 경우 천년왕국 집단의 사회학은 분파 간 소격을 부추기는 다툼을 포함하고, 그 두 분파는 사회적으로 왕족이며 중심부에 있던 자들이었음을 볼 수 있다.

Millenarian Protest Movements against the European Colonial Order (Chapel Hill: University of North Carolina Press, 1979), 3-11, 94-99을 보라.

79) 인도네시아의 메시아 신앙에 관한 논의는 van der Kroef, "Messianic Movement," 117-21을 보라.
80) Adas, *Prophets of Rebellion*, 97-99.
81) Ibid., 11.

예언과 묵시

연합

한편, 분파 간 갈등에 연루된 상황을 모든 천년왕국 집단의 경우로 일반화하려는 왜곡이 일어날 수 있다.[82] 그런 일반화와는 반대로, 과거에는 적대적이었던 분파나 집단들이 연합하는 데 천년왕국설이 동반될 가능성이 존재하기 때문이다.[83] 종종 재앙에 대한 응답으로 나타나는 이런 연합은 중심부 천년왕국 집단에 의해 기획되고(영역 A, B, C의 집단), 종종 중심부의 가치에 대한 집단적인 재강조를 수반한다.[84] 이런 유형의 상황에서, 중심부의 도덕성과 권위는 위협받는 것이 아니라 정당화된다.[85] 이런 대안적 유형의 사회적 패턴은 1920년대 수단의 라우 누에르족 사이에서 일어난 천년왕국 운동에 관한 앞선 논의에서 이미 살폈다. 누에르족의 직분인 루익 즉 "대변인" 역할을 감당함으로써, 그웩은 식민주의자에게 맞서 무력으로 충돌하기 위해 이전에 독립적이던 집단들을 연합시켰다. 그의 천년왕국 세계관은 부족을

---

82) "공동체"(Gemeinschaft)와 "사회"(Gesellschaft)를 구분했던 F. Tönis의 관점을 이용해, Otto Plöger가 초기 성서 묵시 문학의 사회적 토대를 서술했음을 1장에서 살펴보았다. Plöger는 묵시 문학의 기원을 지하 공동체와 사회 중심부 간 분파적 갈등에서 찾았다. Andrew D. H. Mayes, *The Old Testament in Sociological Perspective* (London: Marshall Pickering, 1989), 7-17을 보라.

83) 일부 인류학자는 어떻게 천년왕국설이 분리되거나 적대적인 집단들을 연합시키는지를 묘사한다. Worsley, *Trumpet*, 230; B. Wilson, *Magic*, 223-24; Lanternari, *Religions of the Oppressed*, 320-21을 보라.

84) 자연 재앙과 정치 재앙에 대한 일반적인 중심부 예언자들의 반응은 Petersen, *Roles of Israel's Prophets*, 64-65을 보라.

85) 계층 C 영역에서 분파들을 연합시키는 천년왕국설의 역할이 매우 중요하다는 Jean Chesneaux의 견해를 참조하라. Chesneaux에 따르면, 이런 유형의 영역에서 천년왕국 집단은 빈번하게 "국가적 연합"과 "국가적 특징"을 지닌다("Current Anthropology Book Review: The Religions of the Oppressed: A Study of Modern Messianic Cults by Vittorio Lanternari," *Current Anthropology* 6 [1965]: 449).

연합하게 하고, 인접 부족 간 연합을 위해 이상적인 상징을 제시했다.

중심부 천년왕국설의 집단을 연합하도록 하는 효과는 여타 문화, 특히 일부 북미 원주민 집단에서도 입증된다. 1690년 북미 남서 지역의 푸에블로(Pueblo)족 사이에서 일어난 천년왕국 군사 운동이 그 한 사례다.[86] 이 운동은 유럽에서 온 스페인인들과의 거대한 군사 접촉을 앞두고 자기가 속한 사회에서 천년왕국 집단을 이끈 토착 지도자를 포함하는 C 유형의 사회 영역에서 일어났다.

1690년, 포프(Popé)라는 이름의 테와(Tewa) 치료 주술사가 천년왕국의 촉매 인물로 푸에블로족 사이에 나타났다. 그는 죽은 자의 땅을 방문했다고 주장했다. 죽은 자들의 영과 소통한다는 자신의 주장을 기반으로, 포프는 천년왕국 집단의 혁명 계획을 지지했다. 포프의 천년왕국 세계관은 기적을 행하는 능력과 결합되어 식민주의자인 스페인 제사장들에게 맞서도록 푸에블로 족장들을 단결시켰다. 족장 개개인은 매듭으로 묶인 끈을 받았다. 족장들은 모든 매듭이 풀릴 때까지 매듭을 하루에 하나씩 풀었다. 그 결과, 그들은 푸에블로족을 하나로 묶어 봉기하게 만들었고, 스페인 제사장들과 군인들을 쫓아냈다. 1690년 푸에블로 봉기의 성공은 천년왕국의 촉매 인물인 포프의 개입을 통해서만 가능했다. 이는 그가 부족 간 협력을 이끌었기 때문이다.[87] 이런 협력은 천년왕국설의 발흥 이전에는 이 지역에서 생소한 것이었다.

18세기 미국에서 델라웨어 예언자로 불린 네올린(Neolin)과 관련된 천년왕국 세계관은 다양한 북미 원주민 집단을 통일시킨 또 다

---

86) 이 운동에 관한 논의는 La Barre, *Ghost Dance*, 205을 보라.
87) Ibid., 263을 보라.

예언과 묵시

른 구심점 역할을 했다. 네올린은 오타와(Ottawa)족의 지도자인 족장 폰티악(Pontiac)에게 중요한 영향을 미쳤다.[88] 폰티악은 치페와(Chippewa), 마이애미(Miami), 피안카쇼(Piankashaw), 웨아(Wea) 부족을 군사 동맹으로 묶은 네올린의 세계관에 의존했다. 1763년 폰티악은 디트로이트 근처로 족장들을 소집했고, 거기서 그들은 델라웨어의 예언자인 네올린의 천년왕국 사상을 기반으로 군사 전략을 수립했다.[89] 브라이언 R. 윌슨(Bryan R. Wilson)은 이렇게 말한다. "델라웨어 예언자의 종교적 응답은 분산된 민족의 일시적 초기 연합을 위해 필요한 사상적 근거로서 몇 가지 측면에서 가치가 있었다."[90] 폰티악이 군사적 투쟁에 패배하고 결국 암살당했을 때, 이 운동은 막을 내리게 되었다.

분파들을 통일시킨 천년왕국설의 마지막 북미 원주민의 사례는 19세기 초에 일어났다. 이 경우로는 서로 다른 여러 북미 원주민들을 통일시킨 텐스콰타와(Tenskwatawa)라 불렸던 쇼니(Shawnee)족의 천년왕국 예언자를 들 수 있다. 윌슨은 이 예언자가 오하이오의 백인 주지사에게 했던 말을 다음과 같이 인용한다.

이 지역에서는 다른 인디언 부족들이 지난 3년간 내가 세운 종교에 집중했소. 그 인디언들은 한때 다른 부족이었지만, **이제는 거의 하나가 되었소**. 그들은 모두 내가 그들에게 전달해준 바를 실행하기로 결심했는데,

---

88) B. Wilson, *Magic*, 228; Lanternari, *Religions of the Oppressed*, 131; Barber, "Acculturation," 663 n. 5을 보라.
89) La Barre, *Ghost Dance*, 208.
90) B. Wilson, *Magic*, 229.

이는 위대한 영이 나를 통해 직접 전해준 것이오.[91]

　텐스콰타와의 천년왕국 신념은 생명의 주인이 곧 도래할 것을 기대하면서도, 동시에 중심부의 토착 관습과 가치를 유지했다. 이 생명의 주인은 모든 백인을 말살하고 천년왕국을 여는 대재앙을 불러일으키는 존재로 여겨졌다. 텐스콰타와는 쇼니족의 중요한 군사 지도자인 그의 형제 테쿰세(Tecumseh)의 고문이 되었다. 테쿰세는 위대한 북미 원주민 연맹을 형성하고자 하는 자기 형제의 천년왕국 환상에서 영감을 얻었다. 이렇게 보면, 다시 한 번 천년왕국설은 단일 행동 계획을 통해 분파나 집단들을 통합하는 구심점을 형성한다는 점이 입증된다.[92] 결국 1811년 티페카누 전투의 패배로 텐스콰타와는 주요 북미 원주민의 신뢰를 잃게 되었다.

천년왕국 집단들의 경과

사회학적 증거는 권력을 가진 천년왕국 집단들이 정적인 독립체가 아님을 보여준다. 해당 집단이 속한 사회 환경의 변화와 같은 요인에 대한 대응이 일어나고, 시간이 지남에 따라 집단은 변화를 겪는다. 상황이 긴급해지게 되면, 천년왕국 집단은 처음과는 다른 목적을 추구하는 데로 나아갈 수도 있다. 또 다른 경우, 천년왕국 집단의 지도자는 새로운 역할을 강요당하거나, 추종자들이 심지어 그에게 맞서기도 한

---

91) Ibid., 233.
92) 그러므로 B. Wilson은 "텐스콰타와가 배우고 전파한 천년왕국 사상은 부족 연합을 위한 귀중한 자극제였다"라고 쓴다(ibid., 235).

다.[93] 천년왕국 집단에 관한 가장 흥미로운 사실 중 하나는, 지도자가 자기 집단과 더 큰 사회로부터 일정 기간 받은 피드백이, 그 집단이 천년왕국적인 정도에 영향을 끼친다는 점이다. 그뿐 아니라 다른 요소로 인해 시간이 흐르면서 천년왕국 집단의 구성은 변화된다.[94]

일상화

천년왕국 집단의 일상화는 집단의 세계관이 처음보다 세속화되어갈 때 일어난다. 집단의 프로그램이 변화되고 따라서 집단 행위는 더욱 일상적인 특징을 지니게 되어, 집단의 구성원이 오랫동안 혹은 막연한 기간 동안 이를 지속해야 하는 일이 일어난다. 그런 경우, 한때 주요 천년왕국 운동이었던 움직임이 사회 내 작은 분파로 축소된다.[95] 집단의 세계관이 이렇게 변하는 것은 묵시 사상에 대한 구성원의 기대와 현실이 반복해서 불일치할 때 나타나는 결과다.[96] 그러므로 교

---

93) R. Wilson, *Prophecy and Society*, 79-80. Wilson의 논의는 다음과 같은 Thrupp 의 진술을 연상시킨다. "어떤 특정한 성공 단계에서 [천년왕국] 운동은 그에게 맞지 않는 새로운 역할을 지도자에게 강요하려는 경향이 있다"("Millennial Dreams in Action: A Report," 23). 그러므로 어빙파 운동의 이력을 살펴보면, Edward Irving은 당시 점차 권위를 지니게 된 새로운 "사도들"의 요구에 따라 자신의 역할을 찾았다(Shaw, *Catholic Apostolic Church*, 51-59을 보라). 지도자의 독점적 지배가 도전을 받는 다른 경우에 대해서는 Burridge, *New Heaven*, 168; B. Wilson, *Magic*, 300을 보라. 예언이 불발로 끝난 후에 대중이 천년왕국 지도자로부터 등을 돌리는 현상은 van der Kroef, "Messianic Movements," 89; Lanternari, *Religions of the Oppressed*, 125; Overholt, *Prophecy in Cross-Cultural Perspective*, 303을 보라.

94) Roy Wallis, "Introduction," in *Millennialism and Charisma*, ed. R. Wallis (Belfast, Northern Ireland: Queen's University, 1982), 8을 보라.

95) Worsley, *Trumpet*, xlvii의 논의를 보라.

96) 그러나 대개 기대와 현실의 불일치는 한 집단이 열렬히 묵시의 실현을 기대하는 데 중요한 영향을 미치지 못한다는 데 주목하라. Worsley는 많은 경우 이것은 지

령 춤이 기대했던 천년왕국이 전혀 이루어지지 않았을 때, 그 메시지 속의 묵시적 요소는 경시되었다. 토머스 W. 오버홀트(Thomas W. Overholt)는 다음과 같이 말한다.

> 무니가 워보카 자신과 대화를 나눴다고 해서 우리가 워보카의 원래 메시지를 정확히 알 수 있다는 보장은 없다. 무니의 인터뷰는 1892년 초에 했던 것인데, 워보카의 가르침에 수정이 일어난 중요한 두 가지 사건이 발생한 이후였기 때문이다. 그 두 사건이란, 1891년 봄에 천년왕국이 도래하리라는 폭넓은 기대가 실패로 돌아간 일과, 운디드 니에서 정점으로 치달은 수족 사이에서 일어난 폭력이었다. 1892년경 워보카는 자신의 가르침을 수정한 것으로 보이는데, 모종의 자연 재해가 일어나 백인이 파멸할 것이라는 주장을 덜 제기하면서 윤리(이를테면 싸우지 말라, 백인과 협력하라 등)를 더욱 강조하는 방향으로 가르침을 선회했다.[97]

결국 노년에 이 유명한 천년왕국 교령 춤 예언자는 고루한 치료사에 불과한 존재로 살았다.[98]

엽적이든 국제적이든 모든 사건을 집단의 신앙에 대한 확증으로 해석할 수 있는 천년왕국 예언의 "스펀지 같은" 특성 때문이라고 주장한다(*Trumpet*, xix). 예를 들어 Lofland가 서술한 최후 심판 분파의 경우, 그 집단에 해로운 사건들은 마지막 때에 작용하는 악의 세력이 낳은 산물이라고 해석된다. 각주 49를 보라. 미국 청교도의 경우, 필립 왕의 전쟁과 같은 저해 요소들이 묵시적 기대감을 강화하는 역할을 했다. Bercovitch, *Puritan Origins*, 103 및 각주 30을 보라.

97) Overholt, *Prophecy in Cross-Cultural Perspective*, 124.
98) Overholt, *Channels*, 42, 38 n. 36.

　　　　　　　　　　　　　　　　　　　　　　　예언과 묵시

과격화

사건과 피드백에 대한 응답으로 구성원들의 묵시적 기대가 처음보다 과열될 때, 천년왕국 집단의 과격화가 일어나고, 실천 프로그램은 집단의 행동을 일상에서 일어나는 관례로부터 점점 더 분리시키는 방향으로 변해간다.[99] 과격화의 한 예는, 수족 사이에서 교령 춤이 퍼져갈 때 교령 춤의 세계관이 겪었던 변화 속에서 찾아볼 수 있다. 이 집단 내에서 임박한 종말에 대한 지각이 급격히 증가했다. 교령 춤의 수족 지도자인 쇼트 불은 천년왕국이 기대했던 것보다 훨씬 더 빨리 다가올 것이라고 선포했다.

더구나 교령 춤의 천년왕국 메시지는 여타 원주민 집단 사이에서 일어난 운동보다 백인에 대해 훨씬 더 많은 적대감을 보이기 시작했다.[100] 메시지가 더욱 과격해진 이유는 외생적 긴장감의 증대 때문이었던 것 같다. 쇼트 불에 따르면 "백인이 더 많이 간섭하기" 때문에, 천년왕국도 더 빨리 도래할 것이었다.[101] 수족 사이에서 발생한 천년왕국 집단은 백인 정부 관계자들과 점차 긴장 관계에 놓이게 되었다. 나아가 그들은 인디언 보호 구역과 그 근방에 사는 백인 거주민들로부터 점점 더 억압을 받았다. 그러므로 오버홀트가 주장하듯이, 아마도 역사적·문화적 상황에 따른 이유로 수족 사이에 전파된 교령 춤 교리

---

99) 다음 단락에서 나는 결국 권력자들에게 공격을 받게 된 천년왕국 집단조차 처음에는 그들과 함께 공동체를 시작한다는 점을 논증하고자 한다. 예컨대 호제아도르(Rodeador) 운동은 처음에는 가톨릭교회와 어떤 식으로도 단절을 원하지 않았다(René Ribeiro, "Brazilian Messianic Movements," in *Millennial Dreams*, 65-66을 보라). 사회 내 분파와 그 사회를 지배하는 제도 사이의 단절은 천년왕국 집단의 이력에서 상대적으로 후대에 일어나는 사건이다.

100) Overholt, *Prophecy in Cross-Cultural Perspective*, 133-34.

101) Overholt, *Channels*, 44 n. 58에서 재인용.

가 적대적으로 변하게 된 듯하다.[102]

천년왕국 집단의 과격화는 20세기 초반 네덜란드령(領) 뉴기니에서 일어난 천년왕국 운동의 이력을 통해서도 입증되는데, 이 운동은 만스르(Mansren) 신화와 연관된다.[103] 해당 천년왕국 운동의 초기 단계인 1908년경 이후, 이 지역에서는 백인들의 영향력이 증대했다. 이 천년왕국의 촉매 인물은 메시아 같은 인물인 한 마법사를 중심으로 하는 만스르 토착 신화를 묵시적 방식으로 해석하기 시작했다. 이들은 파푸아족이 백인처럼 되고, 백인이 정원의 잡초를 뽑는 일 같은 시시한 일을 하게 되는 전복된 사회를 기대했다.

시간이 지나감에 따라, 만스르 신화와 연관된 천년왕국 세계관은 점차 과격해져서 파푸아족은 전 우주의 극단적 변화를 기대할 정도에까지 이르렀다. 피터 워슬리는 다음과 같이 원주민의 변모된 기대감을 서술한다.

> 사회 질서가 전복될 뿐만 아니라, 심지어 자연 질서조차 전복된다. 얌, 고구마, 다른 덩이줄기가 과일 나무처럼 자라고, 코코넛과 다른 과일은 덩이줄기처럼 자란다. 바다 동물은 육지 동물처럼 되고, 육지 동물은 바다 동물처럼 된다.[104]

아마도 원주민의 세계관이 이처럼 과격해진 이유는 제2차 세계대전까지 수십 년간 원주민의 삶에 끊임없이 백인이 개입한 것과 상관이 있을 것이다. 원주민의 사회 제도까지 억압할 정도였으므로, 원주

---

102) Ibid., 49.
103) Worsley, *Trumpet*, 126-40의 묘사와 이 책 2장의 논의를 보라.
104) Worsley, *Trumpet*, 136.

예언과 묵시

민의 삶에 대한 백인의 침해는 파푸아족의 스트레스를 가중시켰다.

이 운동의 과격화 마지막 단계는 1939년 이후에 일어났다. 만스르의 귀환과 세계에 미칠 홍수의 시간은 원주민들의 기대감 속에 가속화되었다. 임박한 종말에 대한 기대가 고조된 결과, 이 운동의 천년왕국 프로그램은 점차 실제 행동으로 나타나게 되었다. 예컨대 그들은 다가올 홍수를 기대하며 많은 뗏목을 만들었다.[105] 만스르의 도래를 촉진하기 위해 수많은 춤과 함께 천년왕국 불침번이 세워졌다.[106] 이 천년왕국 집단의 과격화가 지속되면서, 이들은 점차 폭력적으로 변모해갔다.

일반적으로 과격화는 무기한 지속되지 않는다. 기대했던 천년왕국이 결국 도래하지 않을 때, 일반적으로 세 가지 결과가 뒤따라온다. 우선, 해당 집단 구성원들이 탈퇴할 때 그들은 환멸 속에서 소멸된다. 만약 집단이 존속한다고 해도, 아마도 소수의 인원만이 남은 채 앞서 언급한 일상화 유형을 겪게 될 것이다. 세 번째 대안은 한 집단의 열광이 반대자들에게 위협이 될 때 종종 일어나는데, 그 집단은 반대자들의 군사적 힘에 의해 몰락하게 된다.

---

105) 천년왕국 집단의 실질적인 계획의 일부로서 쉼터, 뗏목 혹은 창고가 빈번하게 지어졌다. 교차 문화적인 비교를 위해 B. Wilson, *Magic*, 316, 286; Lanternari, *Religions of the Oppressed*, 135, 139, 170, 215; Worsley, *Trumpet*, 102, 139을 보라.

106) 많은 천년왕국 집단의 계획 중 중요한 일부인 불침번에 대한 논의는 van der Kroef, "Messianic Movements," 112; Eliade, "Cargo Cults," 142; B. Wilson, *Magic*, 201, 212; Burridge, *New Heaven*, 23, 27; Lanternari, *Religions of the Oppressed*, 136 n. 4, 246을 보라.

집단 구성과 집단 방향성의 변화

몇몇 특정 사례를 보면 한 천년왕국 집단의 이력이 그 구성원의 변화를 겪거나, 집단이 속한 사회 내 다른 집단과 형성하는 연대가 바뀌는 모습을 볼 수 있다. 예를 들어 어떤 천년왕국 세계관이 사회 특권층으로부터 퍼져나가고, 일반 대중 집단이 이를 수용할 수 있다. 워슬리는 어떻게 상류층의 천년왕국 클럽 혹은 모임인 일종의 "동아리 제의"(coterie-cult)가 대중에게 채택되고, 활동적인 움직임으로 변모해갈 수 있는지를 서술했다.[107] 이 사례는 멜라네시아 적화 제의에서 찾아볼 수 있다. 이 집단들은 작은 분파로 시작했는데, 멜라네시아에서 상당한 사회적 지명도를 지닌 주요 인사들이 이들을 이끌었다. 원주민 대중이 주요 인사들의 세계관을 자신들의 필요와 요구를 구체화한 것으로 받아들일 때, 이것은 운동이 된다. 이런 방식으로 천년왕국설은 원주민 사이에서 서서히 수용되며 새로운 중심을 찾게 된다.[108]

천년왕국 집단이 과격해지거나 신입 회원이 유입될 때, 사회에서 권력을 가진 구성원은 집단을 떠날 수 있다. 집단의 구성과 그 방향성이 그런 식으로 변화하는 경우가 14세기 독일에서 개혁을 일으킨, 이른바 채찍질 고행단 사이에서 일어났다.[109] 이 집단의 내력에서 초기

---

107) Worsley, *Trumpet*, xl-xli. Worsley는 천년왕국 집단의 제도가 교양, 돈, 여유라는 수단을 지닌 자들 사이에서 발전해가는 것이 이치에 맞는다고 주장한다. Max Weber 자신은 카리스마를 지닌 천년왕국 예언자가 몇몇 경우 특권층과 연결된 인물로부터 기인할 수 있는, 일정한 정도의 지적 문화를 지녔음이 틀림없다고 주장한다. 관련 논의는 Cohn, *Pursuit*, 51을 보라.

108) Worsley, *Trumpet*, xli을 보라. 비록 천년왕국 집단 구성의 변화에 대한 Worsley의 묘사가 매우 유익하지만, 나는 적화 제의를 정치적으로 보는 그의 마르크스주의 관점을 받아들이지 않는다. Worsley에 대한 비판은 Michael Hill, *A Sociology of Religion* (New York: Basic Books, 1973), 211-16을 보라.

109) 이 집단에 대한 논의는 Cohn, *Pursuit*, 137을 보라.

단계에는 귀족과 부유한 시민이 구성원으로 포함되어 있었다. 그러나 시간이 지남에 따라, 이 집단은 더욱 과격해졌고, 일반 대중으로부터 새로운 구성원이 유입되자 집단 구성의 변화가 수반되었다. 특별히 이 경우, 채찍질 고행단이 메시아를 기대하는 대중 운동으로 변해가자, 귀족과 부유한 시민들은 떨어져나갔다. 그들의 권력과 부가 그 운동을 지속하는 데 방해가 되었을 것이다. 고행단에 계속 속한다는 것은 그들의 사회적 지위를 포기한다는 뜻이기 때문이었을 것이다.

다른 경우, 어떤 천년왕국 집단의 구성원들은 사회에서 쥐고 있었던 자신들의 권력을 실제로 버리기도 했다. 암스테르담의 백만장자 중 일부가 어떻게 메시아로 여겨진 사바타이 체비에게 자신의 전 재산을 주었는지는 앞서 언급된 바 있다. 같은 방식으로, 다수의 프란체스코회 영성주의자 역시 금욕주의 천년왕국 집단에 가담하기 위해 막대한 재산을 포기했다.[110] 이 경우 권리를 박달당한 집단과 재산을 기꺼이 포기한 상류층 출신 사이에 동맹을 형성하는 것이 가능하다.

천년왕국 집단의 구성원들은 재산뿐만 아니라 정치적 영향력과 지위도 포기했다. 앞서 언급한 대로 시간이 지나감에 따라, 멘디에타의 제사장 집단은 점차 펠리페 치하 스페인 왕정의 정책에 만족하지 못했다.[111] 사실상 멘디에타는 임박한 스페인 합스부르크 천년왕국에 대한 기대를 포기했다. 그는 펠리페의 통치를 고통의 시기 혹은 심지어 천년왕국이 등장하기 전까지 견뎌야 하는 묵시적 재앙으로 해석했다.[112] 그들의 세계관이 더욱 과격해지자, 멘디에타 집단의 구성원들은 궁정에서 행사하던 자문 역할을 스스로 포기했다. 1580년경 이후,

---

110) 각주 40을 보라.

111) 이 책 pp. 119-20의 논의를 보라.

112) Phelan, *Franciscans*, 108.

그들은 점차 자신들의 대적이 되어버린 세속적인 성직자와 궁정 관료들에 맞서는 다른 "친인디언" 정당과 연합하게 되었다. 1595년경 멘디에타 집단은 스스로 펠리페의 정책과 더욱 거리를 두었다. 그들은 그저 원주민이 착취당하는 것을 원치 않았던 탁발수도회 중도주의자들과 단절했고, 펠리페 왕이 토착 노동력을 이용하는 일을 전적으로 멈춰야 한다고 주장하는 탁발수도회 급진주의자들과 힘을 합쳤다.[113]

성서 텍스트 해석의 의의

박탈 이론에 대한 앞 장의 비판과 아울러, 이 장에서는 성서의 원묵시 집단 중 일부가 사회적·정치적 권력을 가질 수 있느냐는 질문이 타당함을 밝혔다. 다른 사회에도 박탈당하지 않았던 천년왕국 집단이 존재했음을 입증함으로써, 사회학적 증거는 성서의 원묵시 집단을 고려할 때, 그 구성원들을 사회의 주변부 혹은 소외된 자들로 추정할 수 없음을 보여준다. 만약 어떤 성서 텍스트가 이를 생성한 집단이 사회적으로 중심부였다는 점을 암시한다면, 성서학자라면 마땅히 해당 성서 본문의 증거를 기꺼이 따라야 한다.

대체로 천년왕국 집단이 중심부로 간주될 수 있는 네 가지 영역이 있는데, 각각 계층 A, B, C, E다. 이 영역 중 일부는 성서의 천년왕국 집단이 거기에 속한다고 분류하기에 명확한 범주는 아니다. 예컨대 계층 B 영역과 달리 페르시아 시대 이스라엘은 타민족 정복에 관련되지 않았다. 그렇다 하더라도, 뉴스페인에서 멘디에타 집단이 발흥한 B

---

113) Ibid., 102.

　　　　　　　　　　　　　　　　　　　예언과 묵시

의 상황은 여전히 흥미로운 경우라고 할 수 있다. 페르시아 시대 고대 이스라엘의 사독 계열 제사장들처럼, 멘디에타 집단은 다른 집단과 때때로 긴장 관계에 놓였던 성직자 지도부 내의 한 분파를 대변한다. 이 구체적인 사례는 사독 계열 제사장들의 천년왕국설을 설명하는 데 확실히 도움이 된다.

사회학적 증거는 제사장들이 천년왕국 집단의 지도부를 형성할 수 있을 뿐 아니라, 제의 기능이 천년왕국 집단 프로그램의 중요한 일부일 수 있음을 보여준다. 마마이아 천년왕국설에서 원주민 신을 섬기는 제사장들은 지도자 역할을 수행했고, 전통적인 제의 의식은 집단적인 실천 프로그램에서 중요한 일부를 형성했다. 사독 계열과 연관된 성서의 원묵시 텍스트는 이와 유사한 데이터에 근거를 두고 재검토되어야한다. 중심부 제사장들이 이 원묵시 텍스트들을 기록했고, 제의적·예전적인 그들의 관용어는 제사장 집단의 프로그램을 반영한다.

사회학적 자료 역시 일부 성서학자의 주장, 즉 적대적 분당의 사회학이 초기 성서 묵시 문학의 사회적 영역을 형성했다는 주장을 재검토할 필요가 있다고 암시한다. 관련 병행 자료는 다음과 같은 대안을 가능성으로 제시한다. 다시 말해 포로기 이후 천년왕국설이 중심부의 도덕성과 권위를 지지했을 수도 있고, 위기의 시기에 중앙 지도부를 중심으로 다양한 분파를 실제로 결집시켰을 수도 있다. 바로 이런 경우가 라우 누에르족, 1690년 푸에블로 혁명, 델라웨어 예언자 운동, 텐스콰타와를 둘러싼 천년왕국 운동에서 일어난 일이었다. 사실상 이런 가능성이 성서 원묵시 텍스트 일부의 사회적 배경을 가장 잘 설명할 수 있을지를 이제 검토하려고 한다. 그중에서도 집단 간 갈등이 아닌 협력을 증거로 제시하는 원묵시 텍스트들에 대한 주의 깊은 연구가 특히 흥미롭다.

또한 천년왕국 집단의 이력에 대한 논의도 성서 자료를 이해하는 데 도움이 될 것이다. 초기 성서 묵시 문학에 대한 양식 비평 및 편집 비평의 연구는 해당 텍스트 층에 긴장감을 조성하는 언어와 기대감으로 가득 찬 언어가 점차 증가하고 있음을 보여준다. 이러한 언어의 변화는 천년왕국 집단의 묵시적 기대감이 처음보다 더욱 강력해지고 있음을 반영하며, 그들의 프로그램이 점차 과격하게 변모했음을 보여준다. 몇몇 경우에 과격화 과정은 집단 구성이나 사회 내 분파 간 관계의 변화를 수반했을 것이다. 그러므로 처음에는 사회의 중심부 제도 속에서 구성원들의 역할에 불만이 없었던 포로기 이후 집단이 점차 구성원으로 하여금 자기 역할에서 벗어나라고 촉구하기 시작했던 것 같다. 그런 과정을 스가랴서에서 추적할 수 있는지는 5장에서 탐구하고자 한다.

4장

에스겔 38-39장

마곡 땅 곡에 대한 예언(겔 38-39장)은 아마도 성서 원묵시 문학 중 가장 초기 사례 가운데 하나일 것이다. 그러나 20세기 학자들은 이 단락의 중요성을 간과하는 경향이 있다. 부분적인 이유는 그들이 이 단락을 종종 에스겔과 그 학파의 진짜 메시지가 아니라고 보기 때문이다.[1] 20세기 초반 학자들은 에스겔 38-39장이 포로기에 기록되지 않았다고 주장했다. 그들은 에스겔이 우주적 재앙을 언급하지도 않았고, 대체로 포로기 이후 작품에서 찾아볼 수 있는 이미지를 사용하지도 않았을 것이라고 추정했다. 종말론과 회복 이후 미래에 대한 관심 때문에, 이 단락은 에스겔서 나머지와는 이질적인 텍스트로 여겨져 간과되었다. 예컨대 1929년에 후고 그레스만(Hugo Gressmann)은 포로기 예언자들이 포로기 자체를 어떤 미래의 사건이 아니라 이스라엘의 최종 재앙으로 보았으므로, 에스겔이 38-39장을 쓰지는 않았을 것이라고 주장했다.[2] 그레스만은 역사적으로 볼 때 곡 단락이 에스겔서의 포

---

1) Walther Zimmerli, *Ezekiel 2*, trans. J. D. Martin, Hermeneia (Philadelphia: Fortress, 1983), 302의 논의를 보라. 관련 연구사는 Daniel I. Block, "Gog and the Pouring Out of the Spirit," *VT* 37 (1987); 257을 보라. Robert North, "Prophecy to Apocalyptic via Zechariah," *VTSup* 22 (1972): 66-67의 에스겔에 대한 논의를 보라.

2) Hugo Gressmann, *Der Messias* (Göttingen: Vandenhoeck & Ruprecht, 1929), 124. 문제가 되는 추론에 대해서는 Paul Hanson에 대한 각주 6을 보라.

로기 예언보다는 요엘서의 메뚜기 예언(Heuschreckenweissagung)에 더 가깝다고 보았다.[3] 마찬가지로, 1943년 윌리엄 A. 어윈(William A. Irwin)은, 에스겔 38-39장에서 단 하나의 정형화된 구와 10개의 단어만을 포로기 예언자의 것으로 볼 수 있다고 주장했다.[4]

박탈 이론을 지지하는 현대 학자들은 곡 텍스트를 간과하거나, 이 텍스트에 대한 초기의 급진적 비판을 지지했다. 만약 그들이 에스겔 38-39장과 에스겔서 전체가 조화를 이루고 있다는 사실을 인식했더라면, 묵시 문학의 발전에 대한 박탈 이론식의 접근과 상충함을 깨달았을 것이다. 그래서 곡 텍스트는 묵시 사상의 부상에 관한 오토 플뢰거와 폴 핸슨의 연구에서 별다른 주목을 끌지 못했다.[5] 핸슨은 에스겔과 같은 중앙 제사장이 묵시적 세계관을 지녔을 리 없다는 가정하에, 38-39장이 에스겔과 묵시 사상에 대한 논의와는 무관하다고 주장한다. 오히려 그는 38-39장을 에스겔의 예언을 이해하고자 했던 포로기 이후 묵시 집단 계열의 작품으로 본다. 핸슨은 다음과 같이 말한다.

어떤 면에서, 이사야 56-66장이 이사야 40-55장을 해석하고자 하듯이, 에스겔 38-39장도 에스겔 1-37장 및 40-48장을 재해석하는 역할을 한다. 예언자들의 눈부신 약속이 왜 성취되지 않았는가? 그 땅에 남아 있는 악이 파괴와 심판을 더욱 초래하기 때문이다. 그 이후에야 마침내 회

---

3) Gressmann, *Der Messias*, 134.
4) William A. Irwin, *The Problem of Ezekiel* (Chicago: University of Chicago Press, 1943), 172ff.
5) B. Erling이 다음과 같이 언급했듯이, "겔 38-39장을 면밀히 조사한다면, 그것이 [Plöger와 Hanson이] 제시하는 묵시의 유대교적 기원과 부합할지 의문이다"(Erling, "Ezekiel 38-39 and the Origins of Jewish Apocalyptic," *Ex Orbe Religionum Studia Geo Widegren* [Leiden: E. J. Brill, 1972], 1:106).

예언과 묵시

복이 도래할 것이다.[6]

또 다른 학자들 역시 이 견해를 따라 에스겔 38-39장을 포로기 후 반 혹은 포로기 이후에 에스겔서 안에 추가된 것으로 본다. 루벤 아흐 로니는 곡 단락이 스가랴서가 기록된 이후에 에스겔서에 첨가됐고, 에스겔서의 나머지와 "매우 다른", "독립적인 단락"이라고 주장한다.[7] 아흐로니는 박탈 이론을 고수하면서, 곡 예언은 이스라엘의 쓰라린 감정을 표출하며, 포로기 이후의 좌절이나 정신적 외상을 경험하면서 나온 단락이라고 주장한다.[8]

마찬가지로, 조셉 블렌킨소프는 에스겔 38-39장을 후대 묵시주의 자가 성서를 인용하면서 그 모티프들을 끼워 맞춘 일종의 모자이크로 본다. 블렌킨소프는 "그렇다면 우리는 야웨의 날에 관한 예언(겔 39:8) 에서 영감을 받은 에스겔 시대보다 훨씬 이후에, 아울러 더 구체적으 로는 예레미야서와 다른 문헌에 등장하는, 북쪽에서 오는 대적에 대 한 예언(겔 38:17)이 언급된 시기보다 훨씬 이후에야 어떤 묵시 형태가 나타난다는 점을 알 수 있다"라고 진술한다.[9]

---

6) Paul D. Hanson, *The Dawn of Apocalyptic* (Philadelphia: Fortress, 1979), 234 n. 47. 이런 독법은 겔 38-39장의 파멸이 이스라엘의 대적에 대한 예언임을 간과 하고 있다. 본문이 말하는 심판은 이스라엘 자체의 악과는 전혀 관련이 없다. 더 최근의 저작 *The People Called: The Growth of Community in the Bible* (San Francisco: Abingdon, 1987), 37에서 Hanson은 겔 38-39장이 후기 묵시 집단에 의해 에스겔서의 담화에 덧붙여졌다는 기존 의견을 되풀이한다.

7) Reuben Ahroni, "The Gog Prophecy and the Book of Ezekiel," HAR 1 (1977): 2.

8) Ibid., 24.

9) Joseph Blenkinsopp, *A History of Prophecy in Israel* (Philadelphia: Westminster, 1983), 205. 다행히도 Blenkinsopp는 그의 주석(*Ezekiel*,

그러나 최근의 양식 비평은 에스겔서에 대한 초기의 급진적인 비판을 반박하면서, 에스겔 38-39장의 핵심이 에스겔 자신에게서 나왔다고 말한다. 이 핵심이 에스겔의 사독 계열 분파에서 확장되었다는 주장이다.[10] 만약 곡 예언이 포로가 된 사독 계열 제사장들의 산물로 확실히 입증될 수 있다면, 우리는 에스겔 38-39장에서 제사장 엘리트 집단에 의해 저술된 초기 묵시 문학의 예를 찾게 된다.

따라서 어떻게 에스겔 38-39장이 박탈 이론과 상충하는지를 입증하기 위해, 먼저 나는 곡 예언이 확실히 원묵시 문학임을 보여주고자 한다. 다음으로 이 단락의 저작권과 전체 에스겔서와의 부합성에 대한 질문을 제기할 텐데, 이는 이 단락이 에스겔서와 무관한 후대의 첨가물이 아니라 사독계의 산물이라는 점을 입증하기 위해서다. 이런 분석을 근거로 나는 이 본문의 이면에 있는, 박탈과는 무관한 천년왕국 집단의 사회적 배경에 관한 대안을 제시하려고 한다.

Interpretation [Louisville: John Knox, 1990], 179-91)에서 겔 38-39장에 대한 주의 깊은 독법을 제시한다.

10) Michael C. Astour는 곡 단락을 에스겔의 손에서 나온 것이 아니라고 볼 이유가 거의 없다고 진술한다. "기본 단락의 스타일과 이미지는 일반적으로 에스겔의 순수한 저작으로 받아들여지는 장들과 차이가 없다"("Ezekiel's Prophecy of Gog and the Cuthean Legend of Naram-Sin," *JBL* 95 [1976]: 567). 겔 38-39장 전부를 에스겔의 저작으로 볼 수 없다 하더라도, 현대 양식 비평가들은 적어도 이 장의 핵심을 에스겔의 것으로 본다(Zimmerli, *Ezekiel 2*, 304을 보라). 그러므로 Frank L. Hossfeld는 요즘에는 겔 38-39장에 대한 이전의 두 자료 가설이 이른바 핵심 요소(Kernelelement) 개념으로 대체되었는데, 이는 에스겔서 원래 텍스트가 에스겔 분파 내에서 복잡한 발전 과정(Wachstumsprozess)을 거쳐 확장되었음을 의미한다고 말한다(*Untersuchungen zu Komposition und Theologie des Ezechielbuches*, FB 20 [Würzburg: Echter, 1977], 403). 에스겔 학파를 곡 단락의 전수자로 보는 주장에 대해서는 Zimmerli, *Ezekiel 2*, 310을 보라.

에스겔 38-39장의 장르

묵시 문학은 나름의 정체성을 지니고 있는데(2장 참조), 특히 급진적이며, 이원론을 근거로 임박한 종말론이라는 특징을 드러낸다. 이들은 보통 기이한 이미지 및 결정주의나 수비학과 같은 부차적 특징을 수반한다.

급진적 종말론

에스겔 38-39장은 미래 세대를 여는 하나님의 급진적인 개입을 묘사한다. 이러한 종말론적 개입을 묘사할 때, 곡 단락은 전쟁 중에 나타나는 하나님의 전적 주권을 강조한다. 초인간적 수단을 통해 곡을 전멸하는 이는 바로 하나님이시다(겔 38:19-23).[11] 이스라엘인들은 전투의 일부가 아니다.[12] 이스라엘은 단지 전쟁터를 치우고 적의 시체를 매장하는 마무리 작전만을 수행할 뿐이다(겔 39:9-16). 하나님이 싸우는 묵시적 전투는 (비록 묘사된 안전한 새 질서는 현세대와 연속성을 지니지만) 현 질서를 끝장내버린다.[13] 곡의 패배는 이스라엘에게는 보장된 천년

---

11) 전투 후 무기를 소각하는 행동(겔 39:9-10)을 가리켜 승리와 약탈이 야웨의 것임을 암시하는 행동이라고 보는 Ronald M. Hals의 견해는 옳다(*Ezekiel*, FOTL 19 [Grand Rapids, Mich.: Eerdmans, 1989], 282). 거룩한 전쟁이라는 옛 패턴이 채택되는데, 이에 따르면 적의 모든 것은 "바쳐진 제물"로서 전쟁 이후에 불태워져야 한다.

12) Zimmerli, *Ezekiel 2*, 318을 보라. Astour가 언급했듯이, 이스라엘인들은 비록 단 한 번도 싸우지 못하더라도 부유해진다("Cuthean Legend," 567).

13) 이 견해는 이제까지 논의된 몇몇 천년왕국 집단의 세계관과 일치한다. 그러므로 북미 원주민의 승리 이후 도래할 세계에 대해 스모할라가 본 환상은 그들이 안전하게 거주할 땅이었다(참조. 겔 39:26). 사보나롤라가 꿈꿨던, 다가올 황금시대의 피렌체는 대단한 명성을 지녔지만(참조. 겔 39:13), 그것은 여전히 피렌체였다.

왕국의 시작(겔 39:7, 26)과 하나님의 영이 부어지면서 시작되는 새로운 삶(겔 39:29)을 나타낸다.

이러한 묵시적 종말론을 표현하기 위해, 에스겔 38-39장은 성전 (holy war) 전승에 나타나는 신적 용사(divine warrior)라는 고대 신화 모티프를 사용한다.[14] 이는 이스라엘 묵시 종교 발전의 초기 역사에 나타난 신적 용사 모티프의 과도한 사용과 일치한다.

성서의 원묵시 문학에서 야웨의 전쟁 모티프는 변형되었고, 따라서 역사적 승리는 묵시적인 최후 심판이 된다.[15] 따라서 에스겔 38-39 장은 폭우와 우박 이미지를 사용하는데, 이는 여호수아 10:10-11과 사무엘상 7:10-11과 같은 야웨의 전쟁(Jahwekriegserzählungen)을 다루는 옛이야기에서 차용된 용어들이다.[16] 자연의 개입과 더불어, 대적의 자멸(겔 38:21)은 성전의 또 다른 요소(삿 7:22; 삼상 14:20)[17]로 (원) 묵시 문학에서 종종 채택되곤 한다(예. 슥 14:13; 계 6:3-4;「제1에녹서」 100:1-2).[18]

---

14) 원묵시 문학에 등장하는 고대 근동의 용사 모티프가 지닌 중요성에 대해서는 Frank Moore Cross, *Canaanite Myth and Hebrew Epic* (Cambridge, Mass.: Harvard University Press, 1973), 343f.; Hanson, *Dawn*, 123f.; Patrick D. Miller, Jr., *The Divine Warrior in Early Israel* (Cambridge, Mass.: Harvard University Press, 1973)을 보라.

15) 예를 들어 사 13장은 야웨와 그의 천상 군대가 행하는 최후 파괴를 묘사하는 듯 하다(Miller, *Divine Warrior*, 136을 보라). 욜 4:9f.(참조. 특히 11b과 12b)는 다른 묵시적 요소와 더불어 천상 용사의 개입에 대해 언급한다(Miller, *Divine Warrior*, 137을 보라).

16) Hossfeld, *Untersuchungen*, 460의 논의를 보라.

17) Blenkinsopp, *Ezekiel*, 187.

18)「제1에녹서」100:1-2은 "형제들은 하나둘 죽음에 빠지게 되고, 그들의 피가 강물이 되어 흐를 때까지…새벽부터 해질 때까지 그들은 서로를 학살할 것이다"라고 기록한다.

마지막으로 살해당한 적의 기름과 피로 살찌고 취하는 이미지(겔 39:19-20)는 신적 용사 신화로부터 에스겔이 취한 것이다. 예컨대 우가리트 신화(CTA 3.2.1-14)에서 전사인 여신 아낫(Anat')은 "만족할 때까지"('d. tšb' [CTA 3.2.29]; 우가리트어 šb' = 히브리어 śb' [겔 39:19-20]) 스스로 유혈이 낭자한 살육에 뛰어든다. 이사야 34:5-7 역시 최후 심판의 일부로, 피로 배부르고 취한 야웨의 검을 묘사한다. 이사야 63:1-6을 보면, 하나님의 대적에 대한 묵시적 심판을 선포하는 단락에서도 피에 취하는 이미지가 나타난다. 비록 이 단락에서는 야웨 자신이 피에 취하지는 않더라도 말이다. 야웨가 취했다고 말하는 것에 대한 혐오감은 에스겔 39:17-20에서 더욱 심화되는데, 여기서 죽은 자의 피에 취하는 것은 야웨나 야웨의 검이 아니라 동물이다.[19] 취하게 하는 피와 최후 심판을 연결하는 다른 (원)묵시 텍스트는 요엘 4:13(개역개정 3:13)과 요한계시록 14:19-20, 19:15이다.

에스겔 38-39장 역시 급진적 종말론을 표현하고자 많은 열방이 예루살렘을 공격하는 신화 이미지를 사용한다. 스가랴 12:1-9, 14과 요한계시록 20:7-10과 같은 (원)묵시 문학 단락들은 연합군 왕들과 열방의 공격으로부터 구원하시는 야웨(시 2:1-5; 46; 48; 75편[시 65:7과 비교해보라])[20]의 이미지를 채택하고, 이를 종말 때의 심판으로 확대한

---

19) 우가리트 문헌을 보면, 신이 취하는 것에 대한 혐오가 나타나지 않는다. 그들은 "배부를 때까지 포도주를 마시고//취할 때까지 술을 마셔야만 한다." Marvin Pope, "Notes on the Rephaim Texts from Ugarit," *Essays on the Ancient Near East in Memory of Jacob Finkelstein*, Memoirs of the Connecticut Academy of Arts and Sciences, v. 19, ed. M. Ellis (Hamden, Conn.: Archon, 1977), 175을 보라.

20) 몇몇 시편 역시 열방을 정복하는 이스라엘 왕(예. 시 45:5과 110:1)과 하나님(예. 시 47:3과 110:5)에 대해 언급한다. Sigmund Mowinckel은 예루살렘에 대한 열방의 공격 및 그들의 궤멸과 멸망에 대한 시편의 묘사를 가리켜 "우리가 열

다.[21] 1923년에 로렌츠 뒤어(Lorenz Dürr)는 에스겔이 처음에는 이런 방식으로 열방의 쇄도(Völkersturm)라는 모티프를 사용했고, 이를 종말 시나리오에 포함시켰다고 주장한다.[22] 세계의 중심에 맞서는 공격 개념(겔 38:12)을 지닌 이 모티프를 사용한다는 점은, 에스겔 38-39장의 종말론이 결정적인 우주적 사건을 고대하고 있음을 나타낸다.[23]

에스겔의 종말론에서, 앞서 묘사한 곡 사건은 "말년"(אַחֲרִית הַשָּׁנִים, 겔 38:8)에 혹은 "끝 날"(אַחֲרִית הַיָּמִים, 겔 38:16)에 일어날 것이다. 여기서 에스겔은 옛 종말론(예. 민 24:14; 사 2:2; 렘 23:20)에서 유래한 관용 어구를 사용하는데,[24] 완전히 발달된 묵시 문학에서 종말론적 최후 행위에 대해 사용했던 전문 용어와 유사한 방식으로 이를 사용한다. 「다마스쿠스 규율서」(The Damascus Rule) 역시 이런 방식으로 이 용어를 사용한다. "사독의 아들들은…마지막 날에 서게 될 것이다"(CD 4:4; 6:11; 단 10:14; 1QSa 6:1도 보라).

이 용어의 포로기 이전 의미와는 대조적으로, 에스겔 38-39장은 다가오는 이 심판에 보편적 차원을 덧붙인다.[25] 이렇게 덧붙여진 보편

방의 전투에 관한 신화라고 부르는, [야웨의 즉위식] 절기를 위한 '제의적 신화'로 이해해야 한다"라고 주장한다(*The Psalms in Israel's Worship*, trans. D. R. ApThomas [New York: Abingdon, 1967], 1:152).

21) Lorenz Dürr, *Die Stellung des Propheten Ezechiel in der Israelitisch-Jüdischen Apokalyptik*, Alttestamentliche Abhandlungen 9:1, ed. J. Nikel (Münster: Aschendorffschen Verlagsbuchhandlung, 1923), 65를 보라.

22) Ibid., 65.

23) Zimmerli, *Ezekiel 2*, 311.

24) Dürr는 이 관용어가 분명히 포로기 이전에 사용되었다고 주장한다(*Die Stellung*, 100-2).

25) 에스겔은 관용구의 내용을 확대하여, 겔 38-39장에서 곡으로 대표되는 열방에 대한 심판을 지적한다(Dürr, *Die Stellung*, 103-4).

156   예언과 묵시

성이란 개념은 "끝 날"이란 관용구가 역사의 정점을 의미한다는 에스겔 38-39장의 관념과 결합된다.[26] 이 경우, 종말까지의 거리가 아니라 그 시대의 정점이 강조되고 있다는 데 주목하는 것이 중요하다. 에스겔은 멀고 추상적인 미래로 최후 심판을 미루지 않는다. 그는 이전에 이런 종류의 비현실성으로 인해 동포들의 비난을 받았다(겔 12:26-28). 에스겔 38:8이 보여주듯이, 여기서는 대조적으로 에스겔은 가까운 미래에 일어날, 회복 이후에 도래할 사건에 관심을 기울이고 있다.[27] 그러므로 이 단락은 회복이 에스겔의 초기 설교와 부합하도록 이제 먼저 일어나야 한다고 암시한다. 그럼에도 이 단락은 종말의 다음 단계를 단지 "한 발자국 동떨어진 사건"으로 둔다.[28]

앞서 언급한 에스겔 38-39장의 종말론적 특징은, 에스겔의 야웨의 날 개념(בַּיּוֹם הַהוּא, 겔 38:10, 14, 18, 19; 39:11, [22]; הוּא הַיּוֹם, 겔 39:8)이 이스라엘과 유다에 대해 포로기 이전 예언자들이 강조했던 심판보다는 원묵시적 종말 개념과 더 유사하다는 점을 보여준다.[29] 그러므

---

26) Brevard S. Childs는 "곡은 '말년/끝 날'(38:8, 16)에 나타나는데, 이는 역사적 측면에서 묘사된 사건이 지나가고, 묵시적 시대에 접어들게 된다는 것을 나타낸다. 본문의 전쟁은 새 시대가 오기 전 마지막 단계로 간주된다"라고 진술한다("The Enemy from the North and the Chaos Tradition," *JBL* 78 [1959]: 196). Horst Seebass는, 이 용어가 (이를테면) 단 2:28과 같이 전문 용어로 사용되도록 발전될 예비 단계가 바로 겔 38:16이라고 말한다. 단 2:28에서는 "미래의 결과가 일반적인 미래가 아니라, 의도된 미래"로 나타난다("אַחֲרִית," *TDOT* 1:207).

27) Hossfeld는 첫 번째 단계로서 가까운 미래에 일어날 회복이 아직 오고 있으므로, ("많은 날 후에"와 같은) 에스겔식의 시간 묘사 화법이 필요하다고 언급한다. 이어서 두 번째 단계는 곡의 출현이 차지하고 있다. Hossfeld, *Untersuchungen*, 441을 보라.

28) Zimmerli, *Ezekiel 2*, 307.

29) Dürr, *Die Stellung*, 86-89을 보라. 이는 구원 신탁이 포로기 이전 예언에 나타나지 않는다는 주장이 아니다. 그럼에도 겔 38-39장이 "야웨의 날"에 새로운 방향

로 에스겔 38-39장의 야웨의 날은 요엘서와 스가랴서에서 찾아볼 수 있는 것과 같은 구원론적·종말론적 드라마와 연관된다.[30] 이 예언자들의 원묵시 종말론에서 야웨의 날은 많은 열방의 공격을 포함하며 (슥 12:3-4; 14:1-7), 천년왕국 시대가 뒤따라 도래한다(욜 4:18[개역개정 3:18]).

이원론

에스겔 38-39장은 상충하는 두 도덕적 세력 사이의 투쟁 속에 갇힌 세상을 묘사하고 있다. 이런 도덕적 이원론을 표현하고자, 곡 단락은 신화적-현실적(mythic-realistic) 이미지를 사용해 역사적인 사항을 넘어선다.[31] 구체적으로, 포로기 이전 문헌이 "북쪽에서 온 대적"을 예견할 때 이는 초역사적 존재를 의미한다.[32] 북쪽에서 온 대적인 곡과 그의 연합군은 북쪽에서 온 가공할 만한 집단이며, 천상의 세력과 대조

성을 부과했으며, 이로써 "야웨의 날"을 포로기 이전에 유행했던, 이를테면 아모스 같은 예언자들이 저주했던 것과 같은 방식보다 훨씬 더 희망의 대상이 되게 했다는 Dürr의 주장은 다소 일리가 있다.

30) 포로기 이후 예언서에 언급된 "야웨의 날"에 대해서는 M. Sæbø, "םוֹי," *TDOT* 6:31 을 보라.

31) Erling, "Ezekiel 38-39," 107; Aelred Cody, *Ezekiel with and Excursus on Old Testament Priesthood* (Wilmington, Del.: Glazier, 1984), 183. "신화적-현실적" 개념은 John J. Collins, *Daniel with and Introduction to Apocalyptic Literature*, FOTL 20 (Grand Rapids, Mich.: Eerdmans, 1984), 6을 보라.

32) Childs, "Enemy," 187-98. 북쪽에서 온 대적을 다루는 순수한 예레미야서 단락은 렘 1:13-15; 4:5b-8, 11b-17a, 19-21; 5:15-17; 6:1-5, 22-26이다("Enemy," 190). Childs는 묵시 종말론에서 북쪽에서 온 대적이 초인적인 특성을 지니게 된다고 주장한다. "대적의 기능뿐만 아니라 대적의 본질적 특징에 나타나는 뚜렷한 변화는 겔 38-39장에 처음으로 나타난다"(ibid., 196).

를 이룬다(겔 38:4, 6, 9, 15, 22; 39:4, 11-12).[33] 요엘 2:25의 "큰 군대"라는
표현과 마찬가지로, "능한 군대"(חַיִל רַב, 겔 38:15; 비교. 38:4)는 묵시적인
무리다. 다니엘의 천년왕국 집단 역시 북쪽에서 온 "능한 군대"의 위
협을 받는다(단 11:13).[34]

또 다른 묵시적 용어와 특징이 에스겔 38-39장의 무리와 연관
된다. 에스겔은 곡의 압도적인 침입을 묘사하고자 어두운 모호성
(Undurchsichtigkeit)의 메타포인 "구름"(עָנָן, 겔 38:9, 16)이라는 용어를
사용한다.[35] 같은 방식으로 요엘 2:2은 묵시적인 대적의 군대를 묘사
한다.[36] 곡의 군대를 "소란스러운 무리"(הָמוֹן, 겔 39:11, 15-16)로 묘사하
는 것은 하나님께 반역하는 종말론적 세력을 묘사하는 방식의 일부
로서, 다른 묵시 문학에서도 찾아볼 수 있다. 쿰란 「전쟁 문서」는 "그
들[대적의 군대]은 악한 무리다.…그들의 허다한 무리는 모두…찾아
볼 수 없을 것이다"(1QM 15)라고 진술한다. 군마의 이미지(겔 38:4) 역
시 묵시적 무리 모티프를 구성하는 중요한 일부다(욜 2:4; 계 9:7; 비교.
1QM 6:8-16).

나아가 곡과 그가 거느린 무리의 엄청난 규모는 그 무리를 매장하

---

33) Dürr가 언급했듯이, 곡은 이스라엘에게 적대적인 세상의 권력을 의인화한 것이
다(Die Stellung, 94, 97). 사실상 Ahroni는 곡 예언의 중심 주제가 "하나님과 우
주적인 악의 세력의 화신인 곡 사이에 일어나는 최후의 갈등"이라고 언급한다
("Gog Prophecy," 16). (비록 겔 38-39장의 출처를 밝히는 데는 실패한 듯하지
만, Ahroni가 곡 예언을 묵시 문학으로 분류한 것은 적절하다["Gog Prophecy,"
15]을 보라).

34) H. Eising, "חַיִל," TDOT 4:352.

35) David Noel Freedman and B. E. Willoughby, "עָנָן," TWAT 6:272 (참조. 애 3:44).

36) 야웨의 날이 어둡고 암울하다는 개념(습 1:15)은 욜 2장과 겔 38-39장 둘 다의 배
경 중 일부인 듯하다.

고(겔 39:11-14)[37] 그들의 무기를 태우는 데(겔 39:9-10) 걸린 시간의 총량을 보면 분명히 드러난다.[38] 이사야 63:1-6의 에돔처럼, 에스겔의 곡 묘사에서 열방은 선한 세력에 맞서는 집단적인 악의 세력으로 취급된다. 브레바드 S. 차일즈(Brevard S. Childs)는 "곡은 귀환한 혼돈인 우주적 세력의 대표자가 되는데, 야웨는 마지막 때에 역사적으로는 묘사될 수 없는 세력을 멸절하실 것이다"라고 진술한다.[39]

에스겔 38-39장 역시 현시대와 다가오는 시대 사이의 이원론을 포함하고 있다. 이 텍스트는 태고(Urzeit)의 혼돈으로의 회귀를 묘사하는데, 이는 결국 현재의 창조가 끝난다는 것을 알리는 신호다. A. 바우만(A. Baumann)은 곡의 무리에 대한 용어 "하몬"(הָמוֹן)이 그 자체로 "모든 혼돈 상태를 대표하는 데 특히 적합"하다고 말한다.[40] 또한 이 용어는 쿰란「전쟁 문서」에서 혼돈 세력의 최후 공격을 묘사하는 데도 쓰인다.[41] 나아가 에스겔 38:20은 포로기 이후 나타난 원묵시 문학 단락 중 하나인 이사야 34:11과 같은 방식으로 창조의 반전을 묘사하

---

37) Pope는 "곡의 폭도"의 시체가 너무나 많아 "죽은 자"의 무리가 힌놈 골짜기(겔 39:11)를 메우게 되는데, 이 힌놈 골짜기는 "무리의 도시"(Crowd-Town, 겔 39:16)로 알려졌으며, 지옥과 같은 지하 세계 도시로 넘겨지는 자들을 위한 "종착지"라고 언급한다("Rephaim Texts," 174).

38) 무기를 태우는 데 걸린 7년을 보고, 대적의 엄청난 규모와 무시무시한 무기를 알 수 있다고 한 Gressmann의 글을 보라(*Der Messias*, 126). 또한 사 66:15-24의 원묵시 텍스트와 겔 39:9-16의 전투 결과에 대한 묘사를 비교해보라.

39) Childs, "Enemy," 196. 또한 Robert R. Wilson, "Ezekiel," *Harper Bible Commentary*, ed. J. Mays (San Francisco: Harper and Row, 1988), 692을 보라.

40) "הָמוֹן," *TDOT* 3:416. 이 단어의 원형은 사납게 파도치는 바다를 가리킬 뿐만 아니라 적대적인 열방의 맹렬함을 지칭할 때도 사용된다. 그러므로 겔 39:11, 15-16은 이 단어를 사용해 하나님께 맞서 반역하는 혼돈 세력을 표현한다.

41) "הָמָה," *TDOT* 3:417. 1QH 2:12, 16, 27; 3:13-16, 31-34을 보라. 1QH 3:32; 6:24은 הָמָה의 원형을 תְּהוֹם과 연관 짓는다.

는데, 이 본문들은 마지막 때를 태고로 묘사한다. 이사야 34장에서 야웨는 "에돔"을 태고의 혼돈(ובהו תהו)과 똑같은 상태로 만들어버린다. 마찬가지로, 소위 이사야서 묵시의 일부인 이사야 24:1, 20은 우주적 소란으로의 회귀를 묘사한다. 이런 혼돈 모티프와 특별히 무너져 내리는 산 개념은 완전히 발달된 묵시 문학에서 더욱 발전된다. 그러므로 「제1에녹서」는 "높은 산이 흔들릴 것이며, 그들은 넘어지고 붕괴되는"(1:3-9) 때가 최후 심판이라고 서술한다.

도래할 세상으로부터 이 세상을 이원론적으로 분리하는 이런 혼동으로의 묵시적 회귀를 표현하고자, 에스겔 38-39장 역시 "라아쉬"(רעש, 지진) 모티프(겔 38:19-20)를 사용한다. 차일즈는 종말과 연관된 혼동으로의 회귀에 관한 표현 중에서, 어떻게 "라아쉬"가 전문 용어로 발전했는지를 보여준다.[42] 포로기와 포로기 이후 작품에서는, (막 논의했던) "북쪽에서 온 대적" 전승과 "큰 지진" 모티프가 묵시적 종말론의 발전을 보여주는 일부분으로서 함께 결합된다.[43] 그러므로 요엘서는 회귀한 혼돈을 통해 일어나는 최후 심판을 언급하기 위해 두 번이나 동사 형태의 "라아쉬"(רעש)를 사용한다(욜 2:10; 4:16[개역개정 3:16]). 이 동사는 이사야 13:13, 24:18과 스가랴 14:4-5에서도 혼돈 모티프와 함께 사용된다.[44] 신약 시대에 이르면서, 지진 모티프는

---

42) Childs, "Enemy," 189. 이 주장은 겔 38-39장을 묵시 문학으로 보지 않는 Hals(*Ezekiel*, 284)로부터 분명히 벗어나게 하므로 중요하다. "묵시"와 "묵시 문학"을 분명하게 구분하는 한, Hals의 주장은 힘을 상당히 잃는다. 이 둘의 구분에 대해서는 John J. Collins, "Introduction: Towards the Morphology of a Genre," *Semeia* 14 (1979): 10 및 이 책 2장의 논의를 보라.

43) Childs, "Enemy," 197-98.

44) "신의 궁극적인 현현"의 일부인 사 13, 14장과 욜 3장의 지진 모티프에 대해서는 Günther Bornkamm, "σείω, σεισμός," *TDNT* 7:198을 보라.

새로운 시대를 위해 겪는 탄생의 고통을 묘사하는 기본 내용이 되었다(막 13:8; 마 24:7-8; 눅 21:11; 계 6:12-14; 11:13; 16:18, 20). 이 텍스트에서 그리스어 "세이스모스"(σεισμός, "지진")는 분명히 종말 시련의 일부분이다. 지진 모티프 역시 완전히 발달된 유대 묵시 문학에서 반복된다. 「모세 승천기」(*The Assumption of Moses*)는 "천상의 존재가 일어날 것이며…땅이 흔들릴 것이다"(10:3-7)라고 진술한다. 「제2에스드라서」 6:11-17은 현시대의 끝을 보여주는 징후를 다음과 같이 묘사한다. "땅의 기초가…흔들리고 진동할 것이다."

부차적 특징들

에스겔 38-39장 단락은 2장에서 언급한 몇 가지 부차적인 묵시 문학의 특징을 드러내고 있다. 예컨대 에스겔 38-39장은 묵시적 결정주의 개념을 담고 있다. 하나님은 우선 이스라엘에 맞서는 곡을 소환하신다(겔 38:4). 그리고 이것은 불가피성을 표현하는 용어들(이를테면 겔 39:8의 וְנִהְיָתָה, "그리고 그 일이 일어날 것이다")과 함께 사용되어, 곡을 자멸이 결정된 인질로 묘사한다.[45]

아울러 곡 단락은 미래 사건에 대한 청사진 혹은 시간표를 따라 진행됨으로써 묵시적 결정주의의 시초를 보여준다. 곡 단락의 놀라운 특징 중 하나는 이 단락이 현재를 넘어서서 두 단계를 고대하고 있다는 점이다. 첫 단계에서는 포로들이 모인다(겔 38:8, 12; 39:27, 28). 두

---

45) Astour, "Cuthean Legend," 568을 보라. Ralph W. Klein은 "이 기사가 처음부터 끝까지 분명히 밝히고 있듯이, 곡의 도래와 패망은 전부 야웨의 통제하에 있다" 라고 말한다(*Ezekiel: The Prophet and His Message* [Columbia: University of South Carolina Press, 1988], 163).

번째 단계에서는, 곡이 공격하고 패배한다.[46] 이로부터 발터 침멀리
(Walther Zimmerli)는 "첫 단계는 묵시로 향하는 여정으로 여겨지며,
그 목적은 미래 사건의 순서를 세우는 데 있다"라고 결론짓는다.[47]

사변적인 문학 장치와 수비학에 대한 묵시적 관심사를 보여주는
사례도 에스겔 38-39장에 나타난다. 예를 들어 묵시 문학에서 선호
하는 숫자 7은 곡 단락에서 여러 번 등장한다. 에스겔 39:9, 12, 14이
언급하는 시간과 에스겔 39:9이 말하는 7가지 종류의 무기를 살펴보
라.[48] 또한 마곡 왕 곡의 7부족(겔 38:2-6)에 주목하라. 수비학의 또 다
른 예로서 로널드 M. 할스(Ronald M. Hals)는 마곡이라는 이름이 "바
벨의 각 알파벳을 다음 알파벳으로 바꾼 뒤 역순을 취함으로써 바벨
이란 이름으로 알파벳 유희를 한 결과"[49]라고 주장한다.

또 다른 부차적인 묵시 모티프가 에스겔 38-39장에 나타난다. 예
컨대 이 단락은 에스겔 38:21에서 묵시적 검이라는 모티프를 사용
한다. 종말의 심판을 의미하는 이 단어 "검"(חֶרֶב) 역시 이사야 27:1,
34:5-6, 66:16, 스가랴 11:17, 13:7과 요한계시록 6:3-4과 같은 (원)묵

---

46) 각주 27을 보라.
47) Zimmerli, *Ezekiel 2*, 304. 또한 Dürr, *Die Stellung*, 90을 보라.
48) Ahroni, "Gog Prophecy," 17; John W. Wevers, *Ezekiel*, NCBC (Greenwood,
    S.C.: Attick, 1969), 292.
49) Hals, *Ezekiel*, 284. 일찍이 Louis Finkelstein(*The Pharisees: The Sociological
    Background of Their Faith* [Philadelphia: Jewish Publication Society,
    1938], 1:338)이 마곡(MGG)이 바벨(BBL)을 가리키는 암호라고 똑같이 제안했
    다는 점을 주목하라. Hals는 "그런 설득력 없는 사변적 장치가 실제로 채택되었
    다는 것은, 렘 51:41이 '아트바쉬'(athabsh)를 사용해 바벨의 암호명 세삭을 언급
    한다는 점을 통해 알려져 있다. '아트바쉬'는 알파벳 첫 글자를 마지막 글자로, 알
    파벳 두 번째 글자를 마지막에서 두 번째 글자로 바꾸는 것이다."(*Ezekiel*, 284).

시 텍스트에 나타난다.[50] 쿰란 「전쟁 문서」 역시 다음과 같이 이 묵시적 검을 언급한다. "어떤 한 사람에게 속하지 않은 검이 날아온다. 인간의 것이 아닌 검이 그를 삼켜버릴 것이다"(1QM 11:11-12). 유혈이 낭자한 징벌 모티프(겔 38:22) 역시 (원)묵시 텍스트(예. 사 34:1-4; 63:6; 욜 2:30; 계 8:7)에서는 일반적이다.[51] 마찬가지로, "불"(겔 38:22; 39:6)은 종종 묵시적 최후 심판을 묘사할 때 등장한다(예. 사 66:15-16; 욜 3:3[개역개정 2:30]; 슥 9:4; 12:6).[52] 마지막으로 에스겔 39:17-20은 묵시적 희생이라는 모티프를 담고 있다. 희생 제사 모티프는 하나님의 대적에 대한 묵시적 파멸을 묘사하기 위해(계 19:17-18과 비교해보라) 초기 예언(습 1:7) 때부터 채택되어 에스겔 38-39장과 이사야 34:5-8 둘 다에 나타난다.[53]

후대에 재사용된 곡 전승

에스겔 38-39장은 성서 묵시 문학의 초기 사례 중 하나다. 묵시 사상을 향한 에스겔서의 몇 가지 일반적 경향을 볼 때, 에스겔서가 그런 단락을 담고 있다는 점은 예상되는 바다.[54] 뒤어가 주장하듯이, 성서의 묵시 사상은 맨 처음 에스겔서에서 등장하고 곡 단락의 기원은 이런 발전의 일부분으로 보는 것이 가장 좋다. 뒤어는 예루살렘에서 열

---

50) O. Kaiser, "חֶרֶב" TDOT 5:160.

51) B. Kedar-Kopfstein, "דָּם" TDOT 3:249-50.

52) 사 34:9에서 에돔을 멸망시키시는 하나님을 묵시적으로 묘사할 때 "유황"(גָּפְרִית, 겔 38:22)이란 용어를 사용한다는 점도 언급할 수 있겠다.

53) B. Lang, "זֶבַח," TDOT 4:29.

54) Cross는 "우리는 에스겔서 신탁에서 고전적인 예언으로부터 원묵시 문학으로의 변형이 일어났음을 확인해볼 수 있다"라고 말한다(*Canaanite Myth*, 223 n. 15). 또한 Hanson, *Dawn*, 234을 보라.

예언과 묵시

방이 패망한다는 초기의 대중적 개념을 채택하고, 이를 종말 개념으로 투사한 이가 바로 에스겔이라고 보았다. 그러므로 뒤어는 에스겔이 완전히 발달된 묵시적 사고에서 찾아볼 수 있는 후대의 종말론 도식을 창안한 인물이라고 주장한다.[55] 이후에 곡 전승이 다시 사용된다는 점은 이를 확증한다.

비록 의존 여부를 판단하는 것은 늘 힘든 일이지만, 후대에 나타나는 이런 문학 장르를 몇몇 살펴보면, 그 이면에는 에스겔 38-39장이 있는 것처럼 보인다.[56] 그러므로 B. 얼링(B. Erling)은 에스겔 38-39장을 스가랴 14:1-5, 다니엘 11:40-45, 요한계시록 20:7-10 이면에 있는 "묵시 전승 발전의 초기 단계"라고 본다.[57] 에스겔 38-39장 역시 아마도 예루살렘에 대한 열방의 공격을 묘사하는 텍스트인 스가랴 12:1-9에 영향을 끼쳤을 것이다. 요엘서 역시 에스겔 38-39장을 사용한다. 뒤어는 종말에 북쪽에서 오는 엄청난 대적이라는 에스겔의 개념을 후대 종말론에서 어떻게 지속시켜나가는지를 보여주는 사례가 요엘서라고 본다. "북쪽에서 온 자들"(הַצְּפוֹנִי, 욜 2:20)과 야웨의 날(욜 3-4장[개역개정 2:28-3:21])에 대한 기대를 불러일으키기 위해 요엘은 파괴적인

---

55) Dürr, *Die Stellung*, 94.

56) Gressmann은 이 부분을 문제 삼는데, 그는 후대 묵시 문학에서 곡 예언의 흔적을 찾을 수 없다고 본다. 아울러 그는 곡 자료가 성서 이후 시대에 가서야 비로소 영향력을 행사할 수 있었다고 본다(*Der Messias*, 133).

57) Erling, "Ezekiel 38-39," 107. Dürr도 유사한 주장을 한다. *Die Stellung*, 99-100을 보라. 곡 전승을 사용하는 단 11:40-45에 대해서는 F. F. Bruce, "The Earlier Old Testament Interpretation," in *The Witness of Tradition, OTS* 17 (Leiden: E. J. Brill, 1972), 42을 보라. 계 20-22장의 이면에 있는 에스겔서의 종말 환상에 대해서는 Johan Lust, "The Order of the Final Events in Revelation and in Ezekiel," *L'Apocalypse Johannique et l'Apocalyptique dans le Nouveau Testament* (Leuven: Leuven University Press, 1980), 179-83을 보라.

메뚜기 떼 이미지를 취한다.[58] 게다가 에스겔 39:29은 하나님의 영을 부어주실 것이라는 요엘 3:1(개역개정 2:28)의 약속을 예비한다.[59] 곡 전승은 「제2에녹서」 56:5-8, 「제2에스드라서」 13:5-11과 쿰란 「전쟁 문서」 단락(예. 1QM 11)과 같은 성서 외 묵시 텍스트의 이면에도 있다.

에스겔 38-39장과 에스겔서 다른 부분의 관계

에스겔서를 전수하고 해석한 에스겔과 그의 학파는 이스라엘 사회 내 상류층인 제사장 계열에 속해 있었다. 에스겔 1:3이 에스겔을 제 사장으로 언급한 것은, 에스겔서 내에 제사장적 관심사(겔 4:14; 18:6; 20:12; 36:25, 43:7-9)가 많다는 점을 통해 확증된다. 에스겔은 제사장이 었을 뿐 아니라, 사독 계열 제사장이었다.[60] 포로기에 사독계는 대제 사장직을 통제했으며, 헤게모니는 아닐지라도 예루살렘 성전에서 중 앙 제사장들로서 권력을 쥐고 있었다. 그들의 지위는 솔로몬의 아비 아달 퇴출(왕상 2:26-27) 이래로 공고해졌다.[61] 기원전 597년 첫 번째

---

58) Dürr, *Die Stellung*, 99.

59) Zimmerli, *Ezekiel 2*, 321, 567을 보라.

60) Robert R. Wilson, *Prophecy and Society in Ancient Israel* (Philadelphia: Fortress, 1980), 282을 보라. 에스겔은 자신을 다가오는 시대의 대제사장으로 간 주했을지도 모른다. Jon D. Levenson, *Theology of the Program of Restoration of Ezekiel 40-48* (Missoula, Mont.: Scholars Press, 1976), 140의 논평을 보라.

61) 사독계와 예루살렘 제사장 직분의 정치학에 대해서는 Cross, *Canaanite Myth*, 208; Hanson, *Dawn*, 221; Ferdinand Deist, "Prior to the Dawn of Apocalyptic," in *The Exilic Period: Aspects of Apocalypticism*, OTWSA 25/26 (1982/1983): 13-38을 보라. 중앙제의 엘리트의 일원인 에스겔에 대해서는 Blenkinsopp, *History of Prophecy*, 206; Hanson, *Dawn*, 225를 보라.

바빌로니아 유수 당시 포로로 끌려왔던 점을 보아, 에스겔은 바로 중앙 사독계 집단의 일원이었던 것이 거의 확실하다. 에스겔이 사독계 제사장이었다는 주장은 에스겔서와 레위기 17-26장, 즉 성결법전(the Holiness Code, 이하 H문서)과 언어적으로 동조를 띤다는 데서 확증된다.[62] 내가 이후 제안하고자 하는 바처럼, H문서는 사독계에서 기원했다고 이해하는 것이 가장 좋다.

에스겔 학파 역시 사독계 안에 있었다.[63] 이 학파는 이스라엘의 거룩한 예배, 새로운 성전, 제사장직의 계층 질서를 중요시했다.[64] 블렌킨소프는 "에스겔서의 최종 형태가 에스겔에게 충성을 다하고, 제의와 밀접하게 연관을 맺으며, 에스겔 자신이 그랬듯이 제사장직에 대한 고대 전승을 물려받았던 어떤 학파의 소산이다"라고 진술한다.[65]

에스겔 38-39장을 검토해보면, 이 책이 사독계 제사장으로 구성된 에스겔 계열에서 유래했음은 의심할 여지가 없다. 목록 2가 보여주듯이, 수많은 어법과 관용구는 에스겔 38-39장과 에스겔서의 나머지 단락을 연결시켜준다.

목록 2는 두 가지 사항을 염두에 두고 읽어야 한다. 첫째, 이 목록은 인용된 병행 본문이 에스겔 자신의 손에서 나온 자료인지, 혹은 그를 계승한 자들에 의한 후대의 추가인지는 고려하지 않는다. 에스겔 38-39장이 사독계 자료라는 주장은 두 경우 모두에 유효하다.[66] 둘째,

---

62) Walther Zimmerli, *Ezekiel 1*, trans. R. E. Clements Hermeneia (Philadelphia: Fortress, 1979), 16, 46-52, 111.

63) "에스겔 학파"의 사상에 대한 개관은 Walther Zimmerli, "The Message of the Prophet Ezekiel," *Int* 23 (1969): 333; *Ezekiel 1*, 68-74을 보라.

64) Zimmerli, *Ezekiel 1*, 65.

65) Blenkinsopp, *History of Prophecy*, 195.

66) Gressmann과 같은 학자가 겔 38-39장 전체를 에스겔서보다 훨씬 후대에 나온

에스겔 38-39장과 부록 같은 단락인 에스겔 39:21-29의 관계가 특히 문제이므로, 곧 단락 안에 있는 이 부분에 특별히 나타나는 어법과 관용어는 여기에서 살펴보지 않을 것이다. 나는 에스겔 39:21-29을 이후에 다시 논의할 것이다.

목록 2. 에스겔 38-39장과 에스겔 전체의 연속성

1. בֶּן־אָדָם ("인자." 겔 38:2, 14; 39:1, 17). 에스겔을 부르는 이 호칭은 에스겔서 전체의 특징이다. 에스겔 2:1, 3, 6, 8, 3:1, 3, 4, 10, 17, 25, 4:1, 16, 5:1, 6:2, 7:2, 8:5, 6, 8, 12, 11:2, 4, 15, 12:2, 3, 9, 18, 22 등을 보라.

2. שִׂים פָּנֶיךָ אֶל־ ("…에게로 얼굴을 향하고." 겔 38:2). 적대적 성향을 표현하는 이 정형화된 문구는 에스겔서에서 반복적으로 사용되며, 그의 문체상 특징이다.[67] 에스겔 6:2, 13:17, 21:2(개역개정 20:46); 21:7(개역개정 21:2); 25:2, 28:21, 29:2, 35:2을 보라. 또한 에스겔 4:3, 7과도 비교하라.

3. מֶשֶׁךְ ("메섹." 겔 38:2, 3; 39:1). 이 용어는 히브리어 성서에서 오직 에스겔 27:13과 32:26에서만 지명으로 등장한다. 두 경우 모두 메섹은 여기처럼 두발과 함께 언급된다.

것이라고 보는 주장이 옳다고 할지라도, 제시된 증거는 여전히 이 자료가 사독계 제사장들에게서 나온 것임을 보여준다. Gressmann 자신도, 겔 38-39장의 시각이 에스겔의 제자(Jünger) 혹은 동료(Freunde)로부터 나왔을지도 모른다고 진술한다. 그는 "예언자의 옷을 입은 제사장이 더 많이 나타날 수 없었겠는가?"라는 질문을 던진다(*Der Messias*, 124).

67) Hals, *Ezekiel*, 361; Zimmerli, *Ezekiel 2*, 302을 보라. Klein은 에스겔이 그의 얼굴을 사람들에게 맞서 드는 것조차 이 단락 특유의 것은 아니라고 본다(겔 13:17과 29:2에도 이 표현이 나타난다. *Ezekiel*, 167 n. 7을 보라).

4. הִנָּבֵא(니팔 명령형, "예언하라." 겔 38:2, 14, 39:1). 이 어법은 에스겔서
에 자주 등장하지만(27회), 다른 곳에서는 오직 아모스 7:15에서
만 나타난다.

5. הִנְנִי אֵלֶיךָ(일대일 도전 공식.[68] 겔 38:3; 39:1). 침멀리가 말했듯이, "구
약성서에서 이 공식이 22회 등장하는데, 그중 2회가 나훔서에
서…6회가 예레미야서에서…나머지 14회는 에스겔서(5:8; 13:8,
20; 21:8; 26:3; 28:22; 29:3, 10; 30:22; 34:10; 35:3; 36:9; 38:3[곡 단락];
39:1[곡 단락])에서 찾아볼 수 있다."[69]

6. חָח("갈고리." 겔 38:4). 이 이미지는 에스겔 19:4, 9과 29:4의 이미
지와 공명한다.[70] 다른 데서 이 용어가 사용되는 유일한 경우는
열왕기하 19:28과 이사야 37:29인데, 이 두 경우에 갈고리는 에
스겔 29:4과 38:4 단락처럼 "턱"이 아니라 "코"를 꿰고 있다.

7. מִכְלוֹל("완전, 탁월." 겔 38:4). 히브리어 성서의 다른 곳에서 이 용어
가 나타나는 곳은 에스겔 23:12뿐이다.

8. קָהָל רָב("큰 무리." 겔 38:4, 겔 38:15과 비교하라). 유사한 어법이 에스
겔 26:7과 32:3에 나타난다.[71] 시편(시 22:6; 35:18; 40:10, 11)에서
나타나는 이 어법은 다른 의미(이스라엘의 "큰 회중")를 지닌다.

9. מָגֵן+צִנָּה("큰 방패"와 "작은 방패"를 함께 언급함. 겔 38:4; 겔 39:9과 비교
하라). 앞 항목 7처럼, 이 항목도 에스겔 23장(24절을 보라)과 공명
하는 것처럼 보인다. 비록 이 결합된 어구가 예레미야 46:3과 시

---

68) 도전 공식(Herausforderungsformel)에 대해서는, Hals, *Ezekiel*, 359을 보라.

69) Zimmerli, *Ezekiel 1*, 175.

70) Zimmerli, *Ezekiel 2*, 306.

71) 비록 겔 26장과 32장의 구절들이 Hossfeld가 주장하는 바처럼 부수적인 것이
라 할지라도, 이 구절들은 여전히 에스겔의 사독계 전수자에게서 유래한 것이다
(*Untersuchungen*, 437을 보라).

편 35:2에도 나타나기는 하지만 말이다.

10. מָגֵן+כּוֹבַע ("방패"와 "투구"를 함께 언급함. 겔 38:5). 히브리어 성서의 다른 곳에서 이 조합이 등장하는 곳은 에스겔 27:10밖에 없다 (비록 대하 26:14이 두 단어를 모두 포함하고 있긴 하지만 말이다).

11. אֲגַף ("군대." 겔 38:6, 9, 22; 39:4). 이 어법은 에스겔서 특유의 것이다(겔 12:14와 17:21).[72]

12. תּוֹגַרְמָה ("도갈마." 겔 38:6). 도갈마는 에스겔 27:14에서도 언급된다. 다른 데서 이 명사가 유일하게 등장하는 경우는 민족의 일람(창 10:3=대상 1:6) 안에서다.

13. הָכֵן וְהָכֵן (동사 כּוּן의 중복: "예비하고 스스로 예비하되." 겔 38:7). 침멀리는 이런 유형의 동사가 중복되는 현상이 "에스겔서가 선호하는 문체상 특징"[73]이라고 언급한다. 비슷한 중복 표현이 에스겔 14:6, 18:30, 20:4, 22:2에서 발견된다.

14. מְקֻבֶּצֶת (이스라엘을 다시 "모으는"[קָבַץ] 개념. 겔 38:8. 동사 형태는 39:27에도 나타난다. 39:28과 비교하라). 하나님이 이스라엘을 다시 모으실 것이라는 에스겔서 신학의 주요 주제는 분명히 에스겔 38-39장에서도 공유된다. 사실상 이러한 땅으로의 회복은 에스겔 28:25-26에서 찾아볼 수 있는 약속의 성취로 볼 수도 있다.[74] 또 다른 교차 본문은 에스겔 11:6-7, 20:34, 41, 34:13,

---

72) Zimmerli, *Ezekiel 2*, 302; Hossfeld, *Untersuchungen*, 439을 보라.

73) Zimmerli, *Ezekiel 2*, 286.

74) Erling은 에스겔서의 초기 병행 본문이 모두 "야웨가 그의 백성을 그들의 땅으로 되돌림으로써, 열방 앞에서 자신의 거룩함을 드러내시는 방식을 강조한다"라고 언급한다("Ezekiel 38-39," 110). 겔 38-39장의 새로운 요소는 하나님이 추가로, 최후로 권세를 보여주는 것이다. 에스겔서의 이스라엘을 모으는 개념에 대해서는, 이를테면 Klein, *Ezekiel*, 160을 보라.

36:24, 37:21이다.

מְאַסֵף(동사 원형 אָסַף와 마찬가지로, 다시 "모으는" 개념을 의미함. 겔 38:12). 에스겔 11:17이 이 사상을 표현하고자 같은 동사의 원형을 사용한다.

15. הָרֵי יִשְׂרָאֵל("이스라엘의 산들." 겔 38:8; 39:2, 4, 17). 에스겔 38-39장이 후대 삽입이라고 주장하는 아흐로니조차, 이 표현이 에스겔서의 독특한 어법을 대표한다고 본다.[75] 교차 본문은 에스겔 6:2-3, 19:9, 33:28, 34:13, 35:12, 36:1, 4, 8, 37:22이다.

16. חָרְבָּה("황무한 곳." 겔 38:8, 12). 비록 예레미야서에서도 일반적이지만(예. 렘 7:34; 22:5; 25:9), 이 용어는 에스겔서의 특징이다(겔 5:14; 13:4; 25:13; 26:20; 29:9, 10; 33:24, 27; 35:4; 36:4). 에스겔 38-39장에서 사용되는 이 단어는 특히 에스겔 5:14, 33:24, 27, 36:4에서 언급된 에스겔식의 교차 본문들과 분명히 공명한다(형용사 "황량한"[חָרֵב]이 등장하는 36:35, 38과 비교하라).

17. 동사 원형 יָשַׁב와 בֶּטַח가 함께 사용된다("평안히 살다." 겔 38:8, 11, 14; 39:26. 39:6과 비교하라). 이 어법은 에스겔서의 언어적 특징이다(겔 28:26; 34:25, 28. 34:27과 비교하라). 에스겔 38-39장의 어법은 에스겔서의 신학과 연속성을 지닌다. 침멀리가 말한대로, 에스겔 34-37장에 묘사된 회복 과정은 그 성취가 에스겔 38-39장에 전제되어 있다.[76]

18. כָּסָה+עָנָן(동사 "덮다"와 함께 사용된 "구름." 겔 38:9, 16). 이 본문들은 에스겔 30:18 및 32:7과 공명한다. (출 24:15 및 레 16:13과 같은 구

---

75) Ahroni, "Gog Prophecy," 6. 이 어법에 대한 상세 사항은 Ahroni의 각주 13을 보라. 아울러 Hossfeld, *Untersuchungen*, 463; Zimmerli, *Ezekiel 1*, 185을 보라.

76) Zimmerli, *Ezekiel 2*, 307.

절에서 볼 수 있는 이 결합은 다른 어법 순서를 나타낸다.)

19. בָּזַז+שָׁלַל("겁탈하다"와 함께 사용된 "노략하다." 겔 38:12, 13; 39:10). 이 본문들은 역시 두 동사를 모두 사용하고 있는 에스겔 29:19 과 공명한다(겔 26:12과 비교하라). 다른 데서 이 동사를 결합해 사용하는 유일한 경우는 이사야 10:6뿐이다.

20. שְׁבָא, דְּדָן, תַּרְשִׁישׁ("스바, 드단, 다시스". 겔 38:13). 본문의 이 조합은 에스겔 27장의 무역 대상 목록을 되울린다("스바"는 겔 27:22, 23, "드단"은 겔 27:15, 20[25:12도 보라], "다시스"는 겔 27:12에 나타난다).

21. קָהָל גָּדוֹל וְחַיִל רָב("큰 떼와 능한 군대". 겔 38:15[항목 8과도 비교하라]). 비슷한 어법이 에스겔 17:17에 나타난다(겔 37:10과 비교하라).

22. יָדַע+הַגּוֹיִם([수정된] 인지 공식에서 동사의 주어로 "열방"이 사용됨. 겔 38:16, 23; 39:[6], 7, 23. 39:21과 비교하라). 잘 알려진 대로 인지 공식(Erkenntnisformel)은 종종 주어 "이스라엘"과 함께 나타나고, 에스겔서에서 흔히 볼 수 있다(예. 겔 25:7).[77] 이 형태는 에스겔 39:22에 나타난다. 더욱 협소하게 정의된 에스겔 38-39장의 어법은 "열방이 알게 되리라"라는 개념을 전달하는데, 이는 에스겔서 전체와 몇 군데의 교차 구절을 지닌다. 에스겔 36:23, 36-38, 37:28(겔 21:10[개역개정 21:5]; 26:6; 29:6; 30:26과 비교하라)을 보라.

23. 주어가 "하나님"인 동사 קָדַשׁ (재귀동사형)+"눈앞에"(연계형= עֵינֵי) ("내[하나님]가 [그들의] 목전에서 내 거룩함을 나타내리라." 겔 38:16[니팔]; 겔 38:23[히트파엘]; 39:27[니팔]). 이 형식은 에스겔

---

77) 관련 논의는 Zimmerli, *Ezekiel 1*, 37-40을 보라.

예언과 묵시

20:41, 28:25, 36:23에도 나타난다(겔 28:22과 비교하라).

24. קִנְאָה+דָּבַר("투기로 말하다." 겔 38:19). 이 어법은 에스겔 5:13과 36:5, 6에도 나타난다.

25. אֵשׁ+עֶבְרָה("맹렬한 노." 겔 38:19). 이 조합은 에스겔식 표현이다(겔 21:36과 22:21, 31).

26. הָרַס("무너지다." 겔 38:20). 에스겔서는 다른 곳에서도 이 동사를 선호한다(겔 13:14; 16:39; 26:4; 30:4; 36:35-36).

27. שָׁפַט(니팔)+אֵת("~를 심판하다." 겔 38:22). 이 어법 역시 에스겔 17:20과 20:35-36에도 나타난다.

28. דֶם+דֶּבֶר("온역과 피." 겔 38:22). 이 조합은 에스겔 5:17과 공명한다.

29. גֶּשֶׁם שׁוֹטֵף("쏟아지는 폭우." 겔 38:22). 이 조합은 히브리어 성서 다른 곳에서 에스겔 13:11, 13에만 나타난다.

30. אֶלְגָּבִישׁ("우박덩이." 겔 38:22). 이것은 히브리어 성서에서 에스겔서 특유의 용어다(겔 13:11, 13).[78]

31. נָפַל(히필)+무기(겔 39:3). 에스겔 39:3의 이 언어는 바로와의 전쟁에 대한 에스겔 30:22의 묘사와 공명한다.[79]

32. 야생 동물에게 음식(אָכְלָה)을 주다(נָתַן) (겔 39:4; 겔 39:17-20과 비교하라). 프랭크 L. 호스펠트(Frank L. Hossfeld)는 에스겔 39:4b 이 에스겔 29:5 및 33:27의 "진짜 에스겔서 단락"과 밀접하게 연결되는 방식에 주목한다.[80] 에스겔 15:4, 6, 32:4, 5, 34:5, 8, 35:12과도 비교하라.

---

78) 겔 38-39장을 확실한 에스겔서 자료로 보지 않는 Ahroni조차 אַבְנֵי אֶלְגָּבִישׁ("우박") 가 에스겔서에서만 나타난다고 인정한다("Gog Prophecy," 7).

79) Zimmerli, *Ezekiel 2*, 308을 보라.

80) Hossfeld, *Untersuchungen*, 466.

33. צִפּוֹר כָּל־כָּנָף ("모든 종류의 새." 겔 39:4, 17). 비록 유사한 언어가 신명기 4:17에 나타나지만, 이 표현은 에스겔서의 관용어 중 하나다(겔 17:23).

34. אֲנִי דִבַּרְתִּי (신적 발화 결론 공식, "나[야웨]의 말이니라." 겔 39:5). 할스는 이 공식이 하나님의 말씀의 힘을 강조하며, 에스겔서에 빈번히 나타난다고 말한다(겔 5:13, 15, 17; 17:21, 24; 21:22[개역개정 21:17], 37[개역개정 21:32]; 22:14; 24:14; 26:14; 28:10; 30:12; 34:24; 36:36; 37:14).[81]. 침멀리 역시 이 공식을 에스겔서의 독특한 특징으로 본다.[82]

35. הָאִיִּים ("해안 지대." 겔 39:6). 이 용어는 에스겔 27:3, 6, 7, 35을 통해 익숙한 것이다.

36. שֵׁם קָדְשִׁי ("내 거룩한 이름"에 대한 관심. 겔 39:7, 25; 같은 관심사가 겔 38:16, 23; 39:27에서는 다른 용어로 표현된다[항목 23을 보라]). 에스겔서의 특징인 이 용어 역시 에스겔서의 다른 데서 찾아볼 수 있는 신학을 반영한다. 교차 본문은 에스겔 20:39, 36:20, 21, 22, 23, 43:7, 8이다.

37. וְלֹא־אַחֵל אֶת־שֵׁם (거룩한 이름을 더럽히는[חָלַל] 문제. 겔 39:7). 앞 항목과 밀접하게 연결된 이 어법은 하나님이 자신의 "이름"에 대한 관심을 표현하는 에스겔서 맥락 곳곳에서 나타난다. 이런 특징이 나타나는 에스겔서 내 교차 본문은 에스겔 20:39, 36:20, 21, 22, 23, 43:7이다. 나아가 하나님의 이름에 대한 관심사는 에스겔 20:9, 14, 22에 나타나는 열방의 견해에 대한 우려

---

81) Hals, *Ezekiel*, 360.
82) Zimmerli, *Ezekiel 1*, 26-27.

예언과 묵시

와 에스겔 20:44에 나타나는 이스라엘의 지식에 대한 관심에
반영된다.[83]

38. מָהַר(피엘형, "깨끗이 하다, 정결하게 하다." 겔 39:12, 14, 16). 이 용
어는 에스겔서가 선호하는 용어 중 하나다(겔 36:25, 33; 37:23;
43:26).

39. כָּבֵד (니팔형, "영광이 나타나리라." 겔 39:13). 이 어법은 에스겔
28:22에도 나타난다.

40. נְשִׂיאֵי הָאָרֶץ("세상 왕들." 겔 39:18). 침멀리는 이 부분이 에스겔
26:16의 נְשִׂיאֵי הַיָּם("바다의 왕들")이란 표현과 언어상 공명한다고
말한다.[84]

41. שָׂבְעָה("배부르다." 겔 39:19). 이 여성 명사 형태는 히브리어 성서
의 다른 곳에서 단 6회 나타나는데, 그중 2번이 에스겔서에서
나타난다(겔 16:28, 49).

42. שֻׁלְחָנִי(야웨를 선행사로 하는 "내 상." 겔 39:20). 이 표현이 히브리어
성서의 다른 곳에서 나타나는 경우는 에스겔 44:16뿐이다.

논의

에스겔 38-39장은 분명히 에스겔 계열 제사장 전승의 주류에 속해 있
다. 에스겔 38-39장의 관용어, 문체, 신학은 에스겔서의 여느 부분에
나타나는 것과 일치한다. 그러므로 전체적으로 제시되는 바가 철저하
게 에스겔적인 특징을 지니고 있다는 뒤어의 평가는 옳다.[85] 침멀리는

---

83) 곡 텍스트가 하나님의 거룩한 이름을 더럽힌 역사를 반영한다(겔 36:20-23)고 주
장하는 Zimmerli의 논의도 보라(*Ezekiel 2*, 315).
84) Ibid., 309.
85) Dürr, *Die Stellung*, 65.

다음과 같이 말한다.

고양된 산문체, 즉 39:5에서 "내가 말하였음이니라"(כִּי אֲנִי דִבַּרְתִּי)라는 결론 공식을 써서 강조하는 부분(23:34; 26:5; 28:10을 보라)에서 에스겔식 언어가 반영된다[항목 34와 비교하라]. 그러나 야웨의 희생 제사 잔치 이미지에 대한 광범위한 발전 역시…이를 더욱 간결하게 언급하는 스바냐 1:7 본문과 비교해보면 [초기 예언자들에게서 찾아볼 수 있는 에스겔적인 특징의 발전과] 긴밀하게 연결되어 있다.[86]

에스겔의 어휘와 언어를 반영하는 것 외에도, 곡 단락은 또한 에스겔서의 다른 구체적 단락과 병행을 이룬다. 예컨대 에스겔 38-39장은 에스겔 28:20-26의 시돈 심판 신탁과 밀접한 관계를 맺고 있다(목록 2의 항목 2, 5, 14, 17, 23, 29를 보라). 또한 각각의 요소에서 곡 단락은 에스겔 32장의 이집트에 대한 탄식을 연상시킨다(항목 8, 18, 32를 보라).[87] 이 애가에서 지하 세계에 거주하는 메섹과 두발의 굴욕에 대한 언급(겔 36:26-27)은 에스겔 38-39장과 밀접하게 연결된다(항목 3을 보라). 또한 에스겔 29장에 묘사된 이집트 및 곡에 내릴 심판을 비교해보라(항목 2, 5, 6, 22, 32를 보라).[88] 에스겔 38:13과 에스겔 27장의 무역 목록

---

86) Zimmerli, *Ezekiel 2*, 302.
87) 겔 38-39장과 32:17-32의 상호 관계성에 대해서는 Marco Nobile, "Beziehung zwischen Ez 32, 17-32 und der Gog-Perikope (Ez 38-39) im Lichte der Endredktion," in *Ezekiel and His Book*, ed. J. Lust (Leuven, Belgium: Leuven University Press, 1986), 255-59을 보라. Nobile은 두 단락 모두 장례 모티프와 "7"이라는 요소를 특징으로 공유한다고 말한다("Beziehung," 256).
88) Nobile, "Beziehung," 257 n. 12. 곡 단락의 열방 신탁은 겔 38-29장을 25-32장의 연속이자 절정으로 만드는 데 일조한다.

사이에는 또 다른 연결 고리가 있다(항목 20을 보라).

에스겔 38-39장과 에스겔서의 나머지 부분 사이에는 많은 연결 고리가 존재하지만, 곡 단락이 에스겔 학파에 속한다는 것을 확실히 하고자, 에스겔서의 전반적인 맥락과 메시지에서 이 단락의 위치를 언급하는 게 좋을 것이다.

에스겔서의 앞 장들은 악행과 곤란한 상황이 역전될 미래를 묘사하면서 이스라엘의 회복을 다루고 있다. 그러나 에스겔서의 이 장들에는 중요한 역전이 결여되어 있다. 에스겔 38-39장 이전에는, 이스라엘의 대적들이 최종적으로 정리되지 않았고, 하나님의 거룩함도 아직 정당성이 입증되지 않았다. 다시 말해 회복을 예언하는 앞 장들은 기원전 586년의 이스라엘 패망에 대한 어떤 역전도 묘사하지 않는다. 이 역전은 곡 예언을 통해 제시된다.[89] 곡 텍스트는 하나님의 능력이 부족해서 예루살렘이 멸망하고 포로기가 온 것이 아님을 보여준다. 하나님은 종말에 곡에서 그들을 물리치실 것처럼, 586년에도 힘을 모았던 모든 세상 권력을 물리치실 수 있었을 것이다.

그러므로 곡에 대한 38-39장의 묘사는 예루살렘을 무너뜨린 예루살렘의 옛 연인이자 대적을 묘사하기 위해 에스겔서의 다른 곳에서 사용된 용어를 활용한다. 그것은 "화려하게 옷을 차려입고", "큰 방패와 작은 방패"와 같은 어법이다(항목 7과 9를 보라). 이제 이 대적들은 차례대로 곡에서 패망할 것이다. 이는 이스라엘의 회복과 연관된 최후의 역전이다. 이 패망이 에스겔 38-39장에서는 에스겔서 앞부분에서 이스라엘에 대해 사용된 표현을 연상시키는 심판 언어로 묘사된다. 예를 들어 곡 단락은 에스겔 5장(항목 5, 16, 24, 28, 34)과 에스겔 13

---

89) Hals, *Ezekiel*, 288; Klein, *Ezekiel*, 166을 보라.

장(항목 2, 5, 26, 29, 30)에서 이스라엘에 적대적이었던 예언에 대한 반전을 담고 있다. 그러므로 곡 단락은 하나님의 진정한 힘을 보여줌으로써, 하나님의 땅을 성공적으로 침략했던 때에 대한 반전 이야기로서 에스겔서의 회복 메시지 안에 중요한 자리를 차지한다.

에스겔과 에스겔 학파가 회복 시대의 시작 이후 일어날 종말론적 전쟁을 묘사하지 않았다는 반대 견해는 지지받을 수 없다.[90] 천년왕국 집단은 대개 이전의 세속적인 전투와는 달리 최후의 종말론적 전쟁으로 천년왕국이 시작된다고 믿는다(2장과 3장을 보라).[91] 곡 예언이 기록될 때 천년왕국적이었던 에스겔 집단은 외견상 유사한 믿음을 보였다.[92]

이 집단은 최후의 종말론적 전투에 대한 (새로운) 믿음이 에스겔의 초기 예언과 조화를 이룬다고 보았다. 곡 예언은 그 백성이 회복되며 (항목 14) 안전하게 살게 되리라는(항목 17) 에스겔의 이전 예언과 연결되어 있다. 에스겔 38-39장은 특히 흩어진 이스라엘을 다시 모으리

---

90) 그런 반대는 이 장의 서론 부분에서 논의된 몇몇 비평가의 목소리다. 예를 들어 Ahroni는 "그러므로 곡 예언의 주요 관심사인 회복 이후, 하나님의 우월성에 대한 재확증의 필요뿐만 아니라 적대감의 재개는 에스겔서의 미래 청사진에서 논리적인 자리를 잡을 수 없고, 분명히 에스겔의 의도 및 정신과 조화를 이루지 못하며, 히브리어 성서에 묘사된 것과 같은 회복에 대한 전체 그림에 어울리지 않는다(각주. 참조. Pfeiffer [1948, pp. 562f.]; Eichrodt [1970, p. 519])"라고 진술한다("Gog Prophecy," 10).

91) 신약의 요한계시록은 천년왕국과 연관된 두 개의 곡 전투를 묘사한다. 하나는 시작이고, 다른 하나는 절정이다(계 19:11-21; 20:7-9).

92) 그러므로 "곡 예언의 전체 요점은 이스라엘이 그 사건 속에서 운명으로부터 구원을 얻게 되리라는 것이다. [겔 38-39장은] 상충되는 것이 아니라, 오히려 미래 이스라엘의 안전과 불가침 모티프를 강화한다"("Cuthean Legend," 567)라는 Astour의 언급은 교차 문화적인 증거로부터 지지를 얻는다. 아울러 Erling, "Ezekiel 38-39," 107; Klein, *Ezekiel*, 158-59을 보라.

라는 에스겔 36:16-18의 약속과 밀접하게 연결된다(항목 14, 16, 22, 23, 34, 36, 37, 38을 보라). 또한 그것은 에스겔 20:33-44의 약속과 연결되어 있다(항목 14, 23, 36, 37). 이 연결 고리를 염두에 둘 때, 최후의 침략과 곡의 전복에 대한 기록은 다가오는 이스라엘 백성의 회복과 불가침성에 대한 초기 에스겔의 예고를 되풀이함으로써 강조해준다.

에스겔 38-39장에 미친 중앙 제사장들의 손길에 대한 증거

에스겔 38-39장이 에스겔서 나머지 부분을 반영한다는 사실은, 이 텍스트를 조사하게 되면 에스겔서 전체에서 발견되는 제의 기반 용어 및 제사장계 언어와 신학을 풍성히 발견할 수 있다는 의미일 것이다. 사실 이 단락은 실제로 제사장 계열 문서임을 암시하는 구체적인 언어를 담고 있다.

첫째, 에스겔 38-39장이 H문서와 연결된다는 것은 이 단락이 당시 사회의 중심이었던 제사장들에 의해 저술되었음을 증명한다.[93] H는 포로기 동안 사독계에게는 친숙한 규율이었다.[94] 에스겔 38-39

---

93) H문서와 에스겔서 전체의 관계성에 대한 광범위한 문제에 대해서는 Zimmerli, *Ezekiel 1*, 46-52의 상세한 논의를 보라. Zimmerli는 "에스겔서가 H문서의 상세 자료에서 영향을 받았거나, 이미 H를 전제하고 있다는 점을 부인할 수 없다"라고 결론짓는다(*Ezekiel 1*, 52). 또한 Peter R. Ackroyd, *Exile and Restoration*, OTL (Philadelphia: Westminster, 1968), 88; Miller Burrows, *The Literary Relations of Ezekiel* (Philadelphia: Jewish Publication Society, 1925), 28-36; Keith W. Carley, *Ezekiel among the Prophets*, SBT, 2d Series, 31 (Naperville, Ill.: Allenson, 1974), 62-65을 보라.

94) H가 포로기에 사독계로부터 유래했다는 견해에 대해서는 Hanson, *Dawn*, 225를 보라. 최근에 Jacob Milgrom과 Israel Knohl은 P와 H가 각각 다른 제사장 분

장은 이 자료와 여러 연결 고리를 지니고 있다. 사실상 에스겔서에서 야웨를 "거룩한"(ﬡﬣﬧ, 레 19:2; 20:26, 21:8을 보라) 자로 묘사하는 곳은 바로 에스겔 39:7이다.[95] 에스겔 38:16, 23, 39:27에서 찾아볼 수 있는, 하나님이 "거룩함을 나타내리라"(목록 2, 항목 23)라는 밀접하게 연결된 사상 역시 H(레 21:8; 22:32)와 연결 고리를 갖고 있다.[96] 에스겔 38:23과 39:27의 "열방의 눈앞에"라는 어법 역시 H에 속하는 레위기 26:45에서 찾아볼 수 있다. 이런 맥락에서 에스겔 38-39장과 H가 모두 하나님의 "거룩한 이름"에 대한 관심사를 보여주고 있다는 데 주목하라(목록 2, 항목 36). 이 어법은 에스겔 39:7, 25과 레위기 20:3, 22:2, 32 모두에서 찾아볼 수 있다(레 18:21; 19:12; 21:6과 비교).

곡 텍스트와 H 사이에는 몇 가지 다른 연결 고리도 있다. 예를 들어 동사 원형 ﬢ﬘ﬧ와 부사 ﬧﬞﬗ﬘ﬗ의 결합("평안히 살다", 목록 2, 항목 17. 겔 38:8, 11, 14; 39:26을 보라)은 신명기 12:10과 사사기 18:7과 같은 곳에서도 나타나지만, 여기서는 H(레 25:18, 19; 26:5)를 반영한다. 마찬가

파로부터 유래했고, H의 원래 전수자는 히스기야 시대 예루살렘 성전의 제사장 당국자 중에서 나왔다고 강력하게 주장한다. Jacob Milgrom, *Leviticus 1-16*, AB 3 (Garden City, N. Y.: Doubleday, 1991), 13-35을 보라. 불행히도, P의 아론 계열 배경과, 이와 대조적인 H의 사독 계열 배경의 개요를 서술해주는 본격적인 사회학 연구는 아직 나타나지 않고 있다. 현재로서는 H의 저작 문제에 대한 논의는 S. Dean McBride, Jr., "Biblical Literature in its Historical Context: The Old Testament," in *Harper's Bible Commentary*, ed. J. Mays (San Francisco: Harper and Row, 1988), 20-21; Zimmerli, *Ezekiel 1*, 52; Keith W. Carley, *The Book of the Prophet Ezekiel*, CBC (Cambridge, England: Cambridge University Press, 1974), 260; Roland de Vaux, *Ancient Israel* (New York: McGraw-Hill, 1961), 2:376을 보라.

95) Zimmerli, *Ezekiel 1*, 48.

96) 관련 논의는 Avi Hurvitz, *A Linguistic Study of the Relationship Between the Priestly Source and the Book of Ezekiel* (Paris: Gabalda, 1982), 40을 보라.

지로, 에스겔 39:26의 מַחֲרִיד וְאֵין("두렵게 할 자가 없으리라")도 레위기 26:6을 연상시킨다. 나아가 "검"에 대한 에스겔 38:21의 언급은 레위기 26:36-37의 묘사를 연상시킨다. (바빌로니아 유수를 초래한 에스겔 39:23의 "검"은 다른 경우로, 레위기 26:25의 묘사인 듯하다.) 마지막으로 "불결"(טֻמְאָה)에 대한 에스겔 39:24의 언급은 레위기 18:19와 22:3, 5의 언어를 반영한다.

에스겔 38-39장은 많은 열방의 공격에 대항하는 예루살렘 성채라는 모티프를 사용하는데, 이 역시 중앙 제사장들의 신학을 암시한다.[97] 이는 예루살렘 제의가 지닌 궁정 신학적인 요소로서 에스겔이 포로기에 전하였던 것이며, 에스겔 38-39장은 몇 군데에서 이를 드러낸다.[98] 첫째, 세상의 "중심"(טַבּוּר)인 이스라엘에 대한 에스겔 38:12의 언급은 에스겔 38-39장과 이런 형태의 중심 이데올로기를 연결한다.[99] 시온 신학 역시 하나님이 이 중심에 속하시고, 이를 보호하신다고 진술한다. 이사야 14:25의 "나의 산"(הָרַי)처럼, "이스라엘의 산"(목록 2, 항목 15를 보라)은 이 사상을 암시하므로 중요하다.[100]

둘째, 열방의 쇄도(vülkersturm) 모티프의 일부로서, 열방은 하나님의 산을 공격하고 혼란을 야기하지만 결국 짓밟힌다.[101] 소위 시온 시편은 다가오는 혼동과 그 여파에 대한 묘사를 담고 있는데, 에스

---

97) 예루살렘 전승에 관한 논의는 Gerhard von Rad, *Old Testament Theology*, trans. D. Stalker (New York: Harper and Row, 1965), 2:157을 보라.

98) Levenson, *Restoration*, 14-15. 사독계와 왕정 신학의 연결에 관해서는 Deist, "Prior to the Dawn," 24을 보라.

99) Levenson, *Restoration*, 16; Zimmerli, *Ezekiel 2*, 311; Hossfeld, *Untersuchungen*, 446을 보라.

100) Zimmerli, *Ezekiel 1*, 185을 보라.

101) Hossfeld, *Untersuchungen*, 470을 보라.

겔 38-39장도 이 장면을 취하고 있다. 예를 들어 에스겔 38:19과 시편 46:4 모두 지진(שׁעַר)과 관련된 언어를 사용한다. 나아가 전쟁의 여파에 대한 에스겔의 묘사(겔 39:9)는 시편 46:8-10을 떠올리게 한다.[102] 그러므로 에스겔서는 분명히 예루살렘 중심 신학을 반영한다. 예루살렘 중심 신학은, 하나님께서 시온에 있는 하나님의 전을 보호하시리라는 예루살렘의 왕들과 제사장들의 믿음을 가리킨다. 따라서 에스겔 38-39장이 땅의 중심에서 신의 산(Götterberg)에 맞서는 열방의 공격을 묘사한다고 본 그레스만의 관찰은 옳다.[103]

그러나 에스겔 38-39장은 예루살렘 중심 신학을 단순히 반복하는 것이 아니라, 이를 다시 현실화한다. 바빌로니아 포로 생활로, 예루살렘 신학에는 심각한 의문이 제기되었다.[104] 기원전 586년 예루살렘 패망으로 인한 실망이 에스겔 33:10과 37:11과 같은 단락에서 백성의 슬픈 감정 속에 반영되어 있다.[105] 에스겔의 탁월함은 예루살렘 신학과 연결해서 열방의 쇄도 모티프를 선택하고, 그것을 새로운 예루살렘에 맞서는 종말론적 사건으로 투사한 점이다. 에스겔은 열방이 하나님의 도성을 다시 공격할 테지만, 이번에는 그들이 실제로 파괴될 것이라고 말한다.[106] 에스겔은 중심부 제사장일 뿐만 아니라 천년왕

---

102) Zimmerli, *Ezekiel 2*, 300; Hossfeld, *Untersuchungen*, 471을 보라. 시 46:9은 평화 상태가 아니라 끔찍한 전쟁 후 장면을 그리고 있다.

103) Gressmann, *Der Messias*, 127.

104) Ralph W. Klein은 "성전은 불타버리고, 원래 이방인이 들어올 수조차 없는 성소를 대적이 휩쓸어버렸다.…최악은 성전의 파괴로 인해 하나님을 회의하게 되었다는 점이다. 야웨보다 더 세거나 우월한 신이 있거나, 어떤 이유로 야웨가 자신의 백성과 처소를 버렸다"라고 진술한다(*Israel in Exile*, OBT [Philadelphia: Fortress, 1979], 3).

105) Dürr, *Die Stellung*, 93을 보라.

106) Ibid.

예언과 묵시

국의 촉매였으므로, 그가 이런 오래된 희망을 원묵시 문학에 담긴 종말에 대한 일반적인 묘사로 조정해줄 적임자가 된 것은 자연스러운 일이었다(사 66:6-16; 슥 12:1-9; 욜 3-4장, 사 24-27장).

곡 단락이 땅의 제의적 정결에 대해 관심을 둔다는 점이야말로 이 단락이 제사장 문서임을 가장 강력하게 보여준다. 정결에 대한 염려는 시체 매장을 묘사하는 에스겔 39:11-16에서 분명히 찾아볼 수 있는데, 이 단락은 땅의 정결에 대한 반복되는 관심을 반영한다(טהר의 피엘형. 겔 39:12, 14, 16; 목록 2, 항목 38을 보라). H는 레위기 18:25, 28에서 부정적 표현(טמא)을 써서 같은 관심사를 보인다. 또한 레위기 17:15, 22:4, 7과 같이 시체의 부정하게 하는 효과와 관련된 의식적인 (ceremonial) 정결(טהר)에 대한 단락도 같은 관심사를 보여준다. 요약하면 로버트 R. 윌슨의 말대로, "그 땅의 정결은 에스겔이 그 일원이었던 사독계 제사장들에게는 중요한 주제였다. 에스겔은 곡과 곡의 무리의 시체가 예루살렘을 더럽혀 이를 제의에 부적합한 장소로 만들어버리기를 원하지 않았다."[107]

이 정결을 성취하는 수단에 대한 관심은 제사장의 사고방식을 강하게 암시하는 엄밀성과 기술적 관심사를 통해 수행된다. 그러므로 그레스만은 여기서 예언자를 괴롭혔던 것이 너무 많은 사람이 이유 없이 죽은 것이 아니라, 어느 한 사람의 뼈라도 매장되지 않았을 가능성이라는 한스 슈미트(Hans Schmidt)의 냉소적인 언급을 인용한다.[108] 이런 가능성을 예방하고자 "상시 [구분될] 사람들"(אנשי תמיד)이 그 땅을 정결케 하고자 "성스러운 업을 위해 구분된다(בדל)"(겔 39:14).[109]

---

107) R. Wilson, "Ezekiel," 692.

108) Gressmann, *Der Messias*, 124.

109) 제사장적 기원을 드러내는 이런 어법에 대해서는 Zimmerli, *Ezekiel 2*, 318과

종합: 묵시 단락인 에스겔 38 - 39장의 사회학

에스겔과 그의 제자들은 예루살렘에서 중심부 위치에 있다가 적의 땅으로 끌려갔고, 포로가 된 이스라엘의 지도자 집단이 되었다. 사실상 에스겔 이후의 학파는 포로 후기 사독계 지도층의 프로그램을 위한 신학적 기초를 제공했다.[110] 핸슨의 말처럼, "포로기에 [사독계는] 공동체에 대한 자신들의 통치력을 갱신한 것 같고, 성전 제의의⋯회복을 위한 계획을 실행하기 시작했다.⋯이와 같은 사독계의 이상은 회복 프로그램으로 변모되었다.⋯에스겔에 의해서 말이다.⋯사독계의 성전 신학은 [에스겔의] 사고에 깊은 영향을 미쳤다."[111] 이 제사장 에스겔과 그의 사독계 학파가 에스겔 38-39장을 썼다는 것을 자료들이 보여준다. 그러므로 박탈 이론의 주장과는 반대로, 사회 중심부에서 있던 자들이 원묵시 문학을 기록했다. 현대 주석가들은 "실질적인 제사장"인 에스겔이 묵시적 세계관을 가질 리 없다는 추측하에, 에스겔 38-39장을 너무나 빨리 제외시켜버렸다.[112] 반대로 제사장으로서 에

Hossfeld, *Untersuchungen*, 474을 보라.

110) 포로기 이후 사독계의 성전 프로그램이 에스겔서에 기초를 두고 있다는 주장에 대해서는 Hanson, *Dawn*, 240-45; "Zechariah, Book of," *IDBSup*, 982-83을 보라. 아울러 David L. Petersen, *Haggai and Zechariah 1-8*, OTL (London: SCM, 1984), 116-19을 보라. (겔 40:46b와 48:11과 같은 데서 드러나듯이) 사독계가 에스겔서를 계속 전수하고 해석하는 데 관심을 두었다는 점은 이런 주장을 지지한다.

111) Hanson, *Dawn*, 225. Hanson은 "후대 성직자 정치의 목적과 기본적으로 부합하는 메시지"가 에스겔을 예언자로 간주할 수 있는 부분에서조차 찾아볼 수 있다고 주장한다(ibid., 233).

112) Ibid., 234-36. 3장의 어빙파 신도에 관한 논의에서 우리는, 천년왕국 집단이 실상 실용주의를 지향하는 구조와 일에 관심을 지니고 있음을 보았다. 그들이 예전, 향, 제단에 관심을 보이기는 했지만, 어빙파는 분명히 천년왕국적인 경향을

스겔의 관심사는 실제로 묵시 양식 및 묵시 사상과 양립 가능하다는 점이 입증되었다.[113] 사독계 제사장들이 유다에 실제로 재건된 성전에 만족했을 때조차, 그들은 자기들이 포로기에 그랬던 것과 마찬가지로, 묵시적 사고방식을 지니고 있었음을 이제부터 입증하고자 한다. 3장에서 설명했듯이, 사독계 집단과 연관된 문서 가운데 나타나는 원묵시 텍스트가 중앙 제사장들이 이끈 천년왕국 집단의 작품이라는 가정은 에스겔 38-39장의 자료와 부합한다. 에스겔은 천년왕국설의 촉매 역할도 했던 중앙 제사장이었다.[114]

이제 적어도 에스겔 38-39장의 첫 편집 단계 이면에 있는 천년왕국 집단의 사회 환경에 대해서는 더 구체화할 수 있을 것이다. 3장에서는 천년왕국 집단을 중심부 혹은 권력자들로 간주할 수 있는, 가능

그 특징으로 한다. 마찬가지로, 3장의 논의는 제사장들이 천년왕국의 촉매 인물일 가능성이 없다는 Hanson의 추측에 대해 의문을 제기했다. Hanson의 예언자/제사장 이분법은 그의 다음과 같은 진술에서 드러난다. "환상의 형태로 주어지기는 하지만, 제사장으로서 에스겔의 관심사는…매우 가시적이다"(ibid., 238). "비록 포로기 이후 환상 전승에 관한 연구가 제2이사야서와 함께 시작한다고 해도, 성직자 정치 전승의 역사는…에스겔서와 함께 시작된다"(ibid., 226).

113) J. J. Burden은 에스겔의 언어가 제사장 신학을 선호하지만, 동시에 묵시 사상적인 경향이 있다는 유사한 견해를 밝혔다(Burden, "Esegiël, Priester en Profeet," *Theologia Evangelica* 18/1 [1985], 14-21). 불행히도, "바빌로니아 유수의 사회학적 배경은…두 집단, 즉 성직자 계층(제사장)과 환상가인 예언자 집단의 지배를 받았다"라는 지나치게 깔끔한 이분법적 견해에 대해, Burden의 관찰은 회의를 제기하지는 못했다(ibid., 14). 우리는 Burden을 넘어서서, 에스겔 집단도 "환상가"였던 중앙 제사장 계열로 간주해야 한다.

114) 에스겔은 포로지에서 알려진 지도자였을 것이다. 하지만 동시대인들은 그를 따르지 않았다. 사실상 에스겔은 결국 자신이 포로지의 대중을 회개하도록 이끌 수 없으리라는 결론을 내렸다(따라서 겔 36:22은 이스라엘을 위해 행동하지 **않**는 하나님을 강조한다). 영국 어빙파의 상황도 다소 비슷하다. 비록 그들이 사회의 상류층에서 왔지만, 사회의 다수는 그들의 견해를 받아들이지 않았다.

한 4가지 시나리오를 서술했다(A, B, C, E 계층). 에스겔 38-39장을 기록한 집단의 활동 영역은 그중 계층 C에 제일 가깝다. 천년왕국 집단은 사회에서 중앙부지만, 그 사회는 다른 문화의 지배를 받고 있다. 에스겔 38-39장에서, 그 지배는 계속되는 바빌로니아 유수뿐만 아니라 열방의 모욕으로 나타났다.[115]

바빌로니아라는 외생적 영역은 에스겔 39:25-29에 암시된 포로기 말의 관점을 통해 지지되는데, 이 본문은 곡 전승사의 마지막 단계 중 일부일 것이다.[116] 에스겔 39:25은 미래 시제(עַתָּה+미완료형 동사)를 사용하여 그리 멀지 않아 이루어질 완성된 회복을 내다본다.[117] 그러므로 곡 단락의 초기 핵심 부분은 아마도 바빌로니아에서 에스겔의 사역이 끝날 무렵에 나온 것 같다. 그것은 아마도 고레스 초기에 기록됐을 것이다(기원전 555년경).[118] 이런 사회적 맥락이 에스겔과 제사장계

---

115) 겔 38-39장의 계층 C와 스모할라가 이끈 북미 원주민 천년왕국 집단 계층 C를 비교해보면 흥미롭다(이 책 3장 및 Vittorio Lanternari, *The Religions of the Oppressed*, trans. L. Sergio [New York: Knopf, 1963], 127-29을 보라). 북미 원주민 부족이 땅을 빼앗겼듯이(Lanternari, *The Religions of the Oppressed*, 127), 이스라엘도 자신의 땅에서 강제로 추방당했다(겔 38:8; 39:27). 스모할라는 북미 원주민들이 자신의 토착 종교를 저버려 최고의 신을 슬프게 했으므로 부족에 곤경이 미쳤다고 말했다(Lanternari, *Religions of the Oppressed*, 128). 마찬가지로, 이스라엘도 하나님을 저버린 탓에 패배를 당했다고 비난받았다(겔 39:23-24). 스모할라 집단과 에스겔 집단 모두 강한 종교적 연대가 있었고, 땅을 갈망했다(겔 38:8; 참조. 겔 28:26; 34:25, 27-28; Lanternari, *Religions of the Oppressed*, 129). 마지막으로 두 집단은 모두 자신을 위협하는 대적의 군대에 맞서 최후의 묵시적 승리를 기대했다(겔 39:4; Lanternari, *Religions of the Oppressed*, 127).

116) 뒤따르는 논의를 보라.

117) 이 책 p. 200을 보라.

118) Zimmerli는 곡 신탁이 본래 고레스의 바빌로니아 정복 이전에 있었다고 본다. 그는 이 시기에 메섹과 두발 주변의 나라가 아직 페르시아에 부속되지 않았고,

엘리트들에게 고통 혹은 억압의 상황이라고 볼 증거는 에스겔서에 나타나지 않는다.[119] 실제로 많은 포로민이 회복의 일환으로 이스라엘로 돌아가지 않았다는 사실은, 바빌로니아에서의 삶이 그다지 나쁘지 않았음을 암시한다.[120] 이런 결론은 에스겔서에 반(反)바빌로니아 신탁이 없다는 사실을 보면 입증된다. 에스겔 38-39장은 바빌로니아의 정복을 뒤집지만, 그것이 구체적으로 바빌로니아에 대한 하나님의 승리를 통해 그렇게 되는 것은 아니다.[121]

영역 C에 있었던 에스겔 천년왕국 집단의 현실적인 프로그램은 소극적인 것이었다.[122] 앞서 언급했듯이, 곡 단락에서는 이스라엘 백성이 묵시적 전투에서 적극적인 역할을 하지 않는다. 그들은 단순히 소탕 작전에만 관여한다. 이런 문학적 묘사는 에스겔과 그의 집단이

독립적인 위협 세력이었을 가능성이 있다고 본다(*Ezekiel 2*, 303). Klein 역시 기원전 539년 이후에는 북쪽에서 큰 전쟁이 일어날 것이라고 두려워할 이유가 없었다고 본다(*Ezekiel*, 157). 비슷한 견해는 Hals, *Ezekiel*, 284을 보라.

119) Hanson, *Dawn*, 226 n. 39를 보라.

120) 렘 29:5-6은 포로민이 바빌로니아 사회에 동화되었음을 암시한다. 그렇게 동화되었다는 사실은 후대의 「무라슈」(*Murashu*) 문서를 통해 입증되는데, 이 문서는 포로지에 사는 유대인에 대한 어떤 차별이나 제한도 암시하지 않는다(Michael Coogan, "Life in the Diaspora: Jews at Nippur in the Fifth Century B.C.," *BA* 37/1 [1974]:10, 12). 포로민의 재정적 번영에 대한 언급은 스 1:6; 2:68-69을 보라. 포로민의 상황에 대한 추가 논의는 Klein, *Israel in Exile*, 3; Ackroyd, *Exile*, 32; John Bright, *A History of Israel*, 3d ed. (Philadelphia: Westminster, 1981), 362-63; J. Maxwell Miller and John H. Hayes, *A History of Ancient Israel and Judah* (Philadelphia: Westminster, 1986), 432-35을 보라

121) 이 책 pp. 176-77을 보라. 바빌로니아에 대한 적대적 태도는 렘 50장; 사 13-14장; 다니엘서와 같은 텍스트에는 나타나지만 에스겔서에는 나타나지 않으며 제한된 범위에서만 나타날 뿐이다. 관련 논의는 Ackroyd, *Exile*, 37, 222을 보라.

122) 이 책 2장 천년왕국 집단의 활동 프로그램에 대한 논의를 보라.

종말에 소극적인 역할을 하리라는 것을 암시한다. 그들은 하나님이 자신의 이름을 위해 회복을 가져오리라고 기대한다. 그렇게 하기 위해 하나님은 곡을 이스라엘과 대적하게 하고 그를 거기서 물리치실 것이다. 그때에 하나님은 이스라엘 가운데 자신의 거룩한 이름을 알리실 것이다(겔 39:7). 에스겔 집단과 이스라엘 전체는 기본적으로 역사의 마지막 때에 단지 구경꾼으로 참여할 뿐이다.

과격화와 일상화의 증거

지금까지 에스겔 38-39장에 대한 검토는 기본적으로 공시적이었다. 그러나 에스겔 38-39장에 대한 통시적 분석은 지금껏 논의된 주장을 추가로 지지해줄 뿐만 아니라, 포로기 말까지 곡 자료를 전수해온 에스겔 천년왕국 집단의 역사에 대해서도 많은 것을 밝혀준다. 천년왕국 집단은 과격화 과정을 거쳤던 것 같고, 일상화 중 한 양상이 뒤따른 듯하다.

과격화

에스겔 38-39장을 양식 비평으로 분석해보면, 에스겔 38:17-23 단락이 에스겔 천년왕국 집단을 이해하는 데 특별히 중요하다는 것을 알 수 있다. 메시지 전달 공식(כֹּה־אָמַר אֲדֹנָי יְהוִה, "나 주 여호와가 말하노라")으로 시작하는 에스겔 38:17-23 단락은 18-23절과는 다소 별개로 나타난다.[123] 이 단락은 연결 공식(וְהָיָה בַּיּוֹם הַהוּא, "그날에")과 이상한 위치에

---

123) 겔 38:17은 이 단락의 후대 첨가일 수도 있다. Gressmann, *Die Messias*, 126;

놓인 예언 발화 공식(נְאֻם אֲדֹנָי יְהוִה, "주 여호와의 말씀이니라")으로 18절에서 시작한다. 그리고 이 단락은 23절의 인지 공식(וְיָדְעוּ כִּי־אֲנִי יְהוָה, "내가 여호와인 줄을 그들이 알리라")으로 끝맺는다. (비록 이 공식도 더 큰 단위인 겔 38:1-23의 결론이지만 말이다.) 에스겔 39:1은 예언자를 "인자"로 새롭게 호칭하고, 예언을 새로운 방향으로 전개하며, 새로운 메시지 전달 공식(כֹּה אָמַר אֲדֹנָי יְהוִה)을 지닌 새 단락으로 시작된다. 그러므로 에스겔 38:18-23을 에스겔 38-39장 안에서 논리적인 단위로 분리할 수 있다. 이 단락은 아마도 추가로 더 세분해서는 안 될 것이다. 19절의 맹세 공식은 개별 단락을 표시하는 것이 아니고, 21절의 예언 발화 공식(נְאֻם אֲדֹנָי יְהוִה)도 곡에 대한 직접적인 심판으로 일어날 우주적 사건들에 대한 묘사를 단지 한 단락 내에서 논리적으로 구분해줄 뿐이다.

에스겔 38:18-23은 38-39장의 하부 단락으로서 개별성을 띠기는 하지만, 곡 단락의 나머지와 모순되지 않는다. 분명히 이 단락은 묵시적 모티프와 주제를 담고 있는 에스겔 38-39장의 유일한 부분이 아니다. 묵시 어법은 에스겔 38-39장 전체에 나타난다.[124]

사회학적 증거 역시 이 단락이 주변 자료와 어울리지 않는다는 주장을 뒷받침해주지 않는다. 호스펠트는 이 단락에 묘사된 우주적 사건으로 인해 이스라엘이 파괴될 것이며, 곡에 닥친 심판(Gerichtsschläge)이 이스라엘과 다른 증인들에게 불리하게 작용할 것이라는 사상을 이 단락의 저자가 간과하고 있다고 주장하지만,[125] 나

Zimmerli, *Ezekiel 2*, 312을 보라.

124) 예를 들어 "말년에"(אַחֲרִית הַשָּׁנִים)와 "끝 날에"(אַחֲרִית הַיָּמִים)에 대한 언급은 겔 38:8과 38:16에서 찾아볼 수 있다. 또한 묵시적 무리(apocalyptic horde) 모티프는 겔 38:1-16과 39:9-16에서, 묵시적 희생 제사 모티프는 겔 39:17-20에서 찾아볼 수 있다.

125) Hossfeld, *Untersuchugen*, 461. 비슷한 반대 주장은 Zimmerli, *Ezekiel 2*, 314;

는 그 주장에 동의하지 않는다. 파이우트족 천년왕국 사상의 촉매 인물이었던 워드지워브는 임박한 거대한 지진으로 모든 백인이 파멸하지만, 북미 원주민은 남을 것이라고 상상했다(3장을 보라). 「제1에녹서」 1:1-9은 다가오는 산사태를 묘사하지만, 1:8에서 "[하나님이] 선택받은 자를 보호하실 것이다"라고 주장한다.[126] 이와 같은 비교 문화적 증거는 묵시적 세계관이 다가올 하나님의 승리가 지닌 상충하는 이상—현세대의 파괴와, 뒤이어 나타날 미래의 평화 시대에 선택받은 자들이 누릴 즐거움—을 통합할 수 있음을 보여준다.

에스겔 38:18-23이 곡 단락 전체 안에서 잘 연결되기는 하지만, 이 단락은 곡 전승사 **안에서** 통시적 발전을 잘 보여준다. 이 단락은 18절의 도입부 "그날에"(וְהָיָה בַּיּוֹם הַהוּא)로 인해 후대에 확장된 추가라는 특징을 지니는데, 이 어법은 종종 종말론적 자료를 보충해 덧붙이고자 할 때 채택된다(예컨대 욜 4:18[개역개정 3:18]과 슥 14:6을 보라). 나아가 곡은 이제 제3자로 언급된다. 마지막으로 이 구절은 주변 자료로부터 통시적으로 구분될 정도로까지 드러나는 경향이 있다.[127] 전체적으로 이 단락은 우주의 해체와 곡의 파괴라는 일관성 있는 그림에서 곡 예언의 가장 급진적인 언어와 이미지 중 일부를 담고 있다. 이 급진적인 언어는 아마도 에스겔 집단의 과격화와 부합할 것이다.

에스겔 38:18-23은 에스겔 천년왕국 집단의 과격화를 반영하지만, 에스겔의 제자들은 여전히 중앙 제사장의 특징을 지니고 있다. 에스겔 38-39장 전체처럼, 이 단락도 에스겔서의 나머지 부분과 연관되는 관용어와 주제를 담고 있다. 목록 2의 항목 11, 22, 23, 24, 25, 26,

---

Klein, *Ezekiel*, 161; Carley, *The Prophet Ezekiel*, 260을 보라.

126) 히 12:27도 보라.

127) Hossfeld, *Untersuchugen*, 418.

27, 28, 9, 30을 보기 바란다(그리고 36과 비교해보라). 이런 연결 고리는 에스겔 38:18-23이 에스겔서를 기록하고 전수했던 사독 계열과 같은, 지속했던 사독 계열 집단의 산물임을 확증한다.

에스겔 38:18-23이 39:11-16과 연관된다는 점은, 급진적인 내용으로 확장된 이 본문이 중앙 제사장의 산물이라는 주장을 강화한다.[128] 문학적으로 에스겔 39:11-16은 에스겔 39:1-5에 이어지는 부록이다.[129] 이 구절은 곡의 무리를 매장하는 일에 대한 제사장적 관심사를 서술하는데, 아마도 곡 단락에 에스겔 38:18-23을 덧붙인 것과 같은 개작의 일부일 것이다.

에스겔 38:18-23과 39:11은 모두 "그날에"(וְהָיָה בַיּוֹם הַהוּא)로 시작한다. 두 단락 모두 3인칭으로 곡을 언급하지만, 곡 단락의 나머지 부분은 그렇지 않다.[130] 또한 에스겔 38:18-23처럼, 39:11-16은 그 자체로 곡 단락에서 볼 수 있는 묵시적 모티프를 과격화한다. 예를 들어 곡을 매장하는 데 7개월이 걸린다는 진술(겔 39:12)은 곡의 무리 모티프를 과격화한 것이다. 그러므로 두 단락은 모두 곡 단락을 막대한 분량

---

128) Hossfeld의 양식 비평적 분석은 겔 38:18-23과 39:11-12(14-16)을 곡 단락의 동일한 세 번째 개작(=다섯 번째 편집층)의 일부로 본다. Hossfeld는 이런 추가를, P와 H와 같이 확연하게 제사장계 문학을 지향하는 것으로 본다 (*Untersuchungen*, 507, 527).

129) 겔 39:5은 이 장의 첫 단락을 신적 발화 결론 공식(כִּי אֲנִי דִבַּרְתִּי, "이는 내가 말하였음이라", 목록 2 항목 34를 보라)과 예언 발화 공식(נְאֻם אֲדֹנָי יְהוִה, "나 주 여호와의 말이니라")으로 끝맺는다. 이 구절에 이어 1-5절을 확장하는 일련의 구절이 따라온다. 이 일련의 구절 중 11-16절은 어원학적 원인론(11절), 예언 발화 공식으로 끝을 맺는 곡과 그의 무리를 매장하는 장면 묘사(12-13절), 뼈를 매장해야 할 특별한 경우를 다루는 또 다른 단락(14-16절)을 포함하는 복합 단위로 나타난다.

130) Hossfeld, *Untersuchugen*, 418, 432, 507을 보라.

으로 강화한다. 마지막으로, 호스펠트가 언급했듯이 에스겔 28:20-23
의 후대 시돈 신탁이 두 단락 모두에서 언급된다(겔 38:22 ↔ 겔 28:23;
39:13 ↔ 28:22a).[131]

앞서 논의했듯이, 땅의 정결에 대해 관심을 보이는 에스겔 39:11-
16은 명백하게 제사장의 전문적인 관심사를 드러낸다.[132] 이 단락은
사독계의 관심사에 대해 철저하게 진지하다. 이런 사실을 고려할 때,
호스펠트는 이 단계의 곡 전승사를 에스겔서의 앞 단락보다는 에스겔
40-48장의 제사장 규율에 더욱 가까운 것으로 본다.[133] 에스겔 집단
의 천년왕국설이 점점 더 열광적이 되어갈수록, 제사장과 관련된 일
에 대한 그들의 관심도 깊어졌다. 에스겔 집단의 경험 속에서 묵시적
과격화는 중앙 제사장들의 관심사에 대한 점증하는 강조와 연결된다.

에스겔 38:18-23, 39:11-16은 이스라엘로의 실제 귀환이 가능해
졌던 포로기 말 불확실성의 시기에 추가되었을 것이다.[134] 이 시기(기
원전 539-520년경)에 에스겔 집단은 자기들이 처한 사회적 정황이 무르
익어 자신들의 종말론적 희망을 과격화할 때가 되었다고 생각했다. 한
편으로 고레스 2세(559-530년)의 정책은 회복에 대한 이들의 희망을
가시화했다. 세스바살의 지휘 아래 1차 귀환이 기원전 538년경 실제
로 일어났다. 반면에 그 당시 상황은 극도로 모호했고, 긴장이 많았다.
하나님의 능력이 모든 열방에 확실히 드러나게 되리라는 에스겔 집단
의 희망은 인간이 이룬 회복을 통해서 성취되리라 여겨지지 않았다.[135]

---

131) Ibid., 507.
132) 이 책 pp. 182-83을 보라.
133) Hossfeld, *Untersuchugen*, 502, 507.
134) 아니면, Hals는 기원전 520년경이 겔 38-39장 전체가 기록된 연대일 것이라고
    제안한다(Hals, *Ezekiel*, 284).
135) 에스겔 자신은 인간이 이룬 회복을 통해 열방에게 하나님의 주권에 대해 충분히

귀환이 시작됐을 때조차, 이스라엘의 성전과 도성이 여전히 폐허 상태였다는 사실(사 64:10-11; 63:18)은 스트레스를 주는 추가 요인이었다.[136] 새로운 성전을 건축할 수 있겠지만, 하나님의 개입이 없다면 사독계는 에스겔 40-48장의 환상에 묘사된 구조에 훨씬 덜 만족했을 것이다. 한 집단이 기본적인 기대감을 형성하게 되는 사회적 상황은, 구성원의 세계가 급속도로 변해갈 때 종종 묵시적 과격화로 가득 차게 된다.

　도움이 될 만한 사회학적 유사 사례로는, 11세기 유럽의 사회적·경제적 지평의 확장과 동시에 부상했던 천년왕국설을 들 수 있다. 노먼 콘이 이를 잘 묘사해주는데, 중세 유럽에서 천년왕국 집단이 부상하게 된 원인은 이전 시기의 박탈이 아니었다. 콘이 언급하듯이, "만약 빈곤, 곤경, 종종 억압에 따른 의존성 그 자체로 천년왕국 집단이 형성됐다면…천년왕국설은 중세 유럽의 농민 계층 사이에서 강하게 전파됐을 것이다."[137] 오히려 천년왕국 집단은 뒤따라 일어났던 확장의 시기에 나타났다. 천년왕국 집단은 사람들이 이전에 꿈꾸지 못했던 부(富)의 가능성을 보게 됐을 때 등장했다.[138]

　강한 인상을 남길 수 있을지를 의심하며 살았던 것 같다. 어쨌든 Erling이 진술했듯이, "사실상 열방이 포로기 이후 예루살렘 공동체의 포로 중 일부가 귀환했던 사건에 놀라며 야웨께 영광을 돌리게 되었다는 증거는 거의 없다"("Ezekiel 38-39," 110). 마찬가지로, Theodore Olson은 "열방은 말할 것도 없고, 에스겔서 환상의 12지파조차 예루살렘 주변과 성전으로 다 모이지는 않았다"라고 진술한다(*Millennialism, Utopianism, and Progress* [Toronto: University of Toronto Press, 1982], 37).

136) 예를 들어 Bright, *History of Israel*, 364; Olson, *Millennialism, Utopianism*, 3장: "The Crisis of Return"을 보라.

137) Norman Cohn, *The Pursuit of the Millennium* (new York: Oxford, 1970), 55.

138) Ibid., 58.

콘이 묘사하는 경험의 유형은 문제시되는 집단이 권력의 중심부에 가깝거나, 그 내부에 있어야 한다. 심지어 앤드류 D. H. 메이스는 보상이나 권력에 어느 정도 가깝고, 따라서 "가능성을 보게 되는" 집단 사이에서 일반적인 묵시적 세계관이 가장 흔하게 나타날 가능성에 주목한다.[139] 나는 에스겔 38-39장이 이런 유형의 환경 속에서 과격화되었다고 본다. 에스겔 집단은 페르시아에 의해 회복된 이스라엘 사회를 다스릴 권위를 부여받았으며, 포로기 이후 사회를 책임진 자들이었다.[140] 디아스포라의 상류층 중 일부로서 회복 계획을 실행

---

139) Andres D. H. Mayes, *The Old Testament in Sociological Perspective* (London: Marshall Pickering, 1989), 17.

140) 앞선 각주 110에 언급했듯이, 몇몇 학자는 사독계가 회복 공동체를 지배했다고 추론한다. 레위계 제사장 집단이 지배 세력이 아니었다는 것은 그들이 스 2장의 귀환자 목록에 소수만 등장하는 점으로 미루어 분명하다(아울러 스 8:15도 보라). 관련 논의는 Hanson, *Dawn*, 225-27을 보라. 또한 Yehezkel Kaufmann, *The Religion of Israel*, trans. M. Greenberg (Chicago: University of Chicago Press, 1960), 190-91의 흥미로운 논의를 보라. 적은 숫자의 레위인과는 대조적으로, 스 2:36-39은 엘르아살과 이다말과 관련된 대규모의 귀환자 목록을 싣고 있다. 여기에서 제사장 집단 넷 중 셋은 대상 24장에서 이다말계와 엘르아살계로 언급된다. 예외로, 대상 24:9의 바스훌은 말기야의 아들 중 하부 집단인 듯하다(David J. Clines, *Ezra, Nehemiah, Esther*, NCBC [Grand Rapids, Mich.: Eerdmans, 1984], 54를 보라). De Vaux는 이 네 집단이 모두 자신을 사독계라고 주장했을 것이라고 본다(*Ancient Israel*, 2:388). 그러나 여다야 집단의 정체가 사독계일 가능성은 매우 크다. 스 2:36은 대제사장과 그의 형제들이 이 씨족 집단에 속했다고 말한다. De Vaux의 말대로 다른 세 집단이 자신을 사독계라고 주장한 것이 옳든 그르든, 그들을 지배했던 자들이 사독계라는 점은 분명하다. 이것은 예수아/여호수아(스 2:2, 36; 3:2)가 대제사장이었다는 기록(슥 3:1-10; 6:11; 학 1:1)을 통해 나타난다. 여호수아는 포로기 이전 마지막 사독계 대제사장이었던 스라야의 후손인 여호사닥의 자손이었다(왕하 25:18; 대상 6:8-15). 관련 논의는 de Vaux, *Ancient Israel*, 2:375-76, 388을 보라. (각주 110이 제안하듯이) 겔 44:9-16; 40:46b; 48:11과 같은 텍스트는 사독계가 자신들의 제사장권을 귀환 후에도 계속 유지하고자 했음을 보여준다. Julius

---

하면서, 이들은 자신들의 꿈이 실현될 가능성을 보았다.[141] 그러나 이런 중요한 지위 때문에 그들은 긴장과 내적 부조화를 겪었고, 결국 천년왕국 신념의 과격화를 경험하게 되었다. 페르시아 시대가 시작됐을 때, 에스겔 집단은 에스겔 34-37장의 약속이 이뤄지지 않을까 두려워하면서도 그 성취를 틀림없이 꿈꿨을 것이다.[142] 그러므로 긴장이 증가하고 집단의 두려움이 커질수록, 앞서 천년왕국 집단의 내력에 대해 묘사했듯이(3장을 보라) 과격화를 겪게 되었다.

이 사독계 천년왕국 집단의 사회적 영역은 이들이 마침내 유다로 귀환했을 때, 더는 외생적일 수 없었다. 페르시아 치하에서 이들은 바빌로니아 포로기와 같은 방식으로 외부와 접촉하는 상황에 놓인 것이 아니었다. 그럼에도 한 집단이 적대 세력과 갈등이 있을 것이라고 해서, 꼭 그들과 접촉할 필요는 없다. 유다로의 귀환 이후에도 에스겔의 천년왕국 집단은 여전히 곡의 부상을 믿었다. 이는 마치 미국의 20세기 내생적 천년왕국 집단이 러시아나 리비아와 같은 나라가 곧 종말의 대적이 되리라고 보는 것과 매우 비슷하다.[143]

Wellhausen(*Prolegomena to the History of Ancient Israel* [Gloucester, Mass.: Peter Smith, 1973; 1st German ed., 1878], 122-27)의 주장과 달리, 친사독계 가치를 담은 이 텍스트들은 아론계 체제를 더욱 포용하는 P보다 뒤에 나온 것이 틀림없다.

141) Blenkinsopp는 "제의와 하나님의 현존이라는 핵심 주제에 대한 에스겔 학파의 집중과 여기에 부속된 토지 보유권(특히 겔 11:14-21), 성스러운 옛 율법에 대한 친숙함, 디아스포라 유대교와 사독계 제사장직을 지지하는 논쟁(예. 겔 40:46; 43:19; 44:15-31; 48:11)과 같은 여타 문제들은 활발하게 유다로의 귀환을 준비했던, 아마도 바빌로니아 디아스포라의 제사장 엘리트들을 우리가 대하고 있음을 보여준다"라고 진술한다(*History of Prophecy*, 197). 이런 역사적 시기에서 유래한 곡 단락의 후기 층위에 대해서는 Zimmerli, *Ezekiel 2*, 310을 보라.

142) 이런 유형의 시나리오는 R. Wilson, "Ezekiel," 692-93에 제안된다.

143) 겔 38-39장에 기초를 둔 1차 자료의 예로는 John F. Walvoord, "Russia: King

일상화

3장에서 언급했듯이, 천년왕국 집단은 그들의 세계관이 처음보다 더욱 일상화되고, 집단적 활동이 무기한 생존할 수 있을 정도로 유연해질 때 관례화된다. 에스겔 39:21-29의 요약이 일종의 부록으로 추가된 점은 에스겔 천년왕국 집단의 이런 일상화를 보여주는 문학적 증거다.

양식 비평의 측면에서 볼 때, 이 부록은 에스겔 39:20과 39:29에 나타나는 두 번의 예언 발화 공식(נְאֻם אֲדֹנָי יְהוִה, "주 여호와의 말씀이니라")으로 인해 논리적 단위로 간주될 수 있다. 이 단락은 메시지 전달 공식(כֹּה-אָמַר אֲדֹנָי יְהוִה, "나 주 여호와가 말하노라")과 심판에서 약속으로의 전환을 표시하는 전환어 "그러므로"(לָכֵן)가 나타나는 에스겔 39:25을 기준으로 다시 나뉘는데, 이를 통해 심판에서 약속으로의 전환이 일어난다.

앞에서 다뤘던 과격화와 마찬가지로, 이 단락은 곡 전승과 연속하는 부분으로 간주해야 한다. 다음의 자료(목록 3)는 에스겔 39:21-29, 38-39장, 그리고 에스겔서 전체의 연속성을 보여준다.

목록 3. 에스겔 39:21-29, 38-39장, 그리고 에스겔서 전체의 관계

1. מִשְׁפָּט(모든 열방이 하나님의 "심판"을 보게 되리라는 사상. 겔 39:21). "심판"은 에스겔 38-39장에 묘사된 곡의 심판을 다시 언급하는 언어다. 부록인 에스겔 39:21-29은 이 장들의 반전 주제를 이어간다(겔 5:8의 반전이 이루어진다).

2. יָד(하나님의 능한 "손" 이미지. 겔 39:21). 에스겔 38-39장에서 묘사

---

of the North," *Fundamentalist Journal* 3/1 (1984): 34-38; Ed Hindson, "Libya: A Part of Ezekiel's Prophecy," *Fundamentalist Journal* 5/6 (1986): 57-58이 있다.

예언과 묵시

한 바대로, 하나님의 손이 대적인 곡과 열방 위에 놓이게 된다. 이 본문에서 사용된 하나님의 손이라는 이미지는 인식을 수반하는데(22-23절), 이는 에스겔서 전체의 특징이다(겔 6:14; 25:7, 16-17; 35:3-4을 보라). 심판에 사용된 하나님의 손에 대해서는 에스겔 13:9, 14:9, 13, 16:27, 25:13을 보라. 회복에 사용된 하나님의 강하신 손에 대해서는 에스겔 20:33-34을 보라.

3. הָלְאָה("그날 이후." 겔 39:22). 이 부사 역시 에스겔 43:27에서 사용된다.

4. 인지 공식(겔 39:22, 23, 28). 이 공식은 부록과 에스겔 38-39장(겔 38:16, 23; 39:7; 비교. 39:13)과 에스겔서 전체(목록 2, 항목 22, 특히 36:23)를 연결한다.

5. מַעַל("범죄하다." 겔 39:23, 26). H를 연상시키는(레 26:40) 이 어법은 에스겔이 선호하는 어휘 중 하나다. 에스겔 14:13, 15:18, 17:20, 18:24, 20:27을 보라.

6. אַסְתִּר פָּנַי("내 얼굴을 가리다." 겔 39:23, 24, 29). 이 표현은 에스겔 7:22 "내 얼굴을 그들에게서 돌이키리니(סָבַב)"를 연상시킨다. 이 단락의 큰 주제는 이스라엘의 죄 때문에 유수가 일어났다는 것으로, 이는 에스겔서의 나머지에도 기본이 되는 사상이다.[144]

7. וָאֶתְּנֵם בְּיַד צָרֵיהֶם("내가 그들을 그 대적의 손에 붙였다." 겔 39:23). 이 표현과 에스겔 16:39, 23:28, 30:10, 12, 31:11을 비교하라.

8. חֶרֶב+בְּ+נָפַל("다 칼에 엎드러지게 했다." 겔 39:23). 이 표현은 에스겔 23:25을 연상시킨다(겔 6:1-3과 비교). 여기서 다시 부록인 에스겔 39:21-29의 어법이 에스겔 38-39장에 묘사된 이스라엘 운명의

---

144) Wevers, *Ezekiel*, 294의 언급을 보라.

역전 개념을 되풀이하는 기능을 한다(겔 32:26도 보라).

9. טֻמְאָה("더러움." 겔 39:24). H를 반영하는(레 18:19; 22:3, 5) 이 단어는, 에스겔이 선호하는 용어 중 하나다. 에스겔 22:15, 24:11, 13, 36:17, 25, 29을 보라.

10. שבות+שוב("사로잡힌 자를 돌아오게 하다." 겔 39:25). 이 어법 역시 에스겔 16:53과 29:14에서 찾아볼 수 있다.

11. כָּל־בֵּית יִשְׂרָאֵל("이스라엘 온 족속." 겔 39:25). 이 어법은 에스겔서에 종종 나타난다. 에스겔 3:7, 5:4, 11:15, 12:10, 20:40, 36:10, 37:11, 16, 45:6을 보라. "이스라엘 족속"(בֵּית יִשְׂרָאֵל)이라는 표현 자체는 에스겔서에서 더욱 일반적이다(겔 3:1; 4:3; 6:11; 8:6; 10:19 등). 다시 연합한 남북 왕국으로 구성될, 회복된 "온 족속"은 에스겔 37:21-22에서 찾아볼 수 있다.

12. שֵׁם קָדְשִׁי("내 거룩한 이름." 겔 39:25). 이 어법은 부록과 에스겔 38-39장, 그리고 에스겔서 전체를 연결하는 고리다.[145] 목록 2, 항목 36을 보라.

13. כְּלִמָּה("부끄러움, 수치." 겔 39:26). 이스라엘이 그들의 수치를 담당해야 된다는 하나님의 요구는 에스겔 16:52, 54, 63, 44:13을 보라. 열방의 모욕이라는 주제는 에스겔 34:29과 36:6, 7을 보라.

14. בטח+ישב("평안히 거하다." 겔 39:26). 이 어법은 부록과 에스겔 38-39장, 그리고 에스겔서 전체를 연결하는 고리다. 목록 2, 항목 17을 보라. 그러나 이제 곡을 물리친 후에는 진정 "[그들을] 두렵게 하는 자가 없다"라는 점에 주목하라.

15. וְאֵין מַחֲרִיד("[그들을] 두렵게 할 자가 없다." 겔 39:26). H와 공유(레

---

145) Block, "Gog," 262을 보라.

26:6)하는 이 어법은 분명히 에스겔 34:28을 연상시킨다.

16. שׁוּב(이스라엘의 회복에 대한 언급인 "돌아오게 하다." 겔 39:27). 이 어법은 이스라엘의 회복을 언급하기 위해 폴렐(Polel) 형태도 사용하는 에스겔 38:8을 연상시킨다. (겔 38:4과 39:2에서 곡에 대한 언급으로 폴렐 형태를 사용하는 것과도 비교하라.)

17. קָבַץ(하나님은 그들의 대적의 땅으로부터 그들을 "모으실" 것이다. 겔 39:27). 이 어법은 부록과 에스겔 38-39장, 그리고 에스겔서 전체를 연결하는 고리다. 목록 2, 항목 14를 보라.

18. "하나님"을 주어로 하는 קָדֵשׁ(재귀 형태) + "~의 눈앞에"(עֵינֵי) ("열국 목전에서 그들로 인하여 나의 거룩함을 나타내리라." 겔 39:27). 이 어법은 부록과 에스겔 38-39장, 그리고 에스겔서 전체를 연결하는 고리다. 목록 2, 항목 23을 보라.

19. שָׁפַכְתִּי אֶת-רוּחִי("내가 내 영을 부으리라." 겔 39:29). 이 어법은 에스겔서 앞부분에서 찾아볼 수 있는 사상(겔 11:19; 36:26-27; 37:14)의 발전을 나타낸다.

논의

목록 3의 자료는 부록인 에스겔 39:21-29이 곡 단락을 알고 있었음을 보여준다.[146] 목록 3의 항목 1, 4, 8, 12, 14, 16, 17, 18은 에스겔 39:21-29이 에스겔 38-39장의 선행 단락을 전제하고 있음을 보여준다. 그러나 이 단락 역시 더 큰 단위인 선행 장들에 대한 적절한 결론을 형성함으로써, 크게 한 걸음 물러서고 있다. 그러므로 에스겔 39:21-29은 에스겔 38-39장과 에스겔서의 나머지 선행 장 모두의 결론 단락으로

---

146) Zimmerli, *Ezekiel 2*, 321을 보라.

서 한두 단계를 거치면서 덧붙여졌다. 이런 편집 단계는 원묵시적인 편집보다 뒤에 일어났으며, 에스겔서의 마지막 층위 중 하나를 구성하는 듯하다.[147]

이 결론 단락이 덧붙여질 때 에스겔 학파의 관점은, 에스겔 38-39장 텍스트층에 나타나는 초기 관점과 다르다. 이것은 우리를 포로기라는 "실시간", 즉 여전히 회복 직전에 있다고 느끼는 자들의 일상으로 되돌아가게 한다. 대니얼 I. 블록(Daniel I. Block)이 언급했듯이, 에스겔 39:23의 연대기적 관점은 포로기 이스라엘로 관심을 되돌리고 있다.[148]

이제 우리는 관심을 곡의 출현(겔 39:25) 이전 단계에 집중한다. 블록은 "'이제'(עַתָּה)라는 표현이 예언자를 다시 현재로 돌아오게 한다"라고 말한다.[149] 그 결과, 곡과의 갈등이 나타날 미래 단계, 즉 2차 갈등이 더욱 먼 미래에 있는 것으로 강조된다. 2장에서 다뤘듯이, 사회학적 증거는 천년왕국 집단들이 임박한 종말에 집중하는 경향이 있음을 보여준다. 그러므로 현재에 다시 집중하는 것은 저자가 자신의 묵시적 열망을 어느 정도 상실했다는 문학적 증거다. 그런 열망을 대체하는 것은 에스겔의 전반적인 예언자적 메시지 안에 곡 신탁을 두고자 하는 에스겔 집단의 관심사다.[150] 심지어 다시 제도화된, 이 세상

---

147) 이 단락이 곡 단락 전승사의 마지막 단계를 나타낼 수도 있다. Zimmerli와 Hossfeld는 모두 이 단락을 곡 자료의 최종 편집이 낳은 산물로 본다(Zimmerli, *Ezekiel 2*, 324; Hossfeld, *Untersuchungen*, 508). 이 결과에 대한 흥미로운 본문 비평적 논의는 Johan Lust, "The Final Text and Textual Criticism. Ez 39,28," *Ezekiel and His Book*, ed. J. Lust (Leuven, Belgium: Leuven University Press, 1986), 48-54 및 Hurvitz, *Linguistic Study*, 25을 보라.

148) Block, "Gog," 261.

149) Ibid., 265.

150) Zimmerli는 겔 39:23-29을 덧붙인 자들에 대해 이렇게 말한다. "곡 사건은 야

에서의 언약 관계로부터 기인하는 삶을 강조하는 듯하기까지 하다(겔 39:28-29).[151]

결론 단락인 에스겔 39:21-29의 사회적 배경은 문학적 배경이었다. 에스겔 학파의 구성원들은 에스겔서를 논리 정연하게 만들고자 편집에 몰두했다. 에스겔의 문학적·신학적 사상, 특히 34장, 36장, 37장에 의존함으로써, 편집자들은 에스겔서의 선행 장들을 요약했을 뿐만 아니라 에스겔 38-39장을 에스겔서 전체와 더 나은 수준으로 통합하고자 곡 단락에 부록을 덧붙였다.

웨가 자신의 백성을 다루는 역사 속에서 어떤 새로운 강조점을 의미하지 않았다.…[곡 단락]은 이스라엘의 구원이라는 위대한 선포 안에 완전히 녹아들어 있다"(*Ezekiel 2*, 321). Hossfeld는 겔 39:23-29이 에스겔서, 특히 겔 33장 이후의 맥락에서 그때까지 확장됐던 곡에 대한 선포를 통합하려 한다고 주장한다(*Untersuchungen*, 508).

151) Block은 이런 언약 관계 개념을 강조한다. Block에게는 영을 붓는 것이 언약의 기호이자 인장이다(Block, "Gog," 266-68).

5장

스가랴 1-8장

스가랴서는 에스겔 시대 이후 사독계의 천년왕국설을 이해하기 위한 주요 자료다. 이 책의 전승사는 사독계 중 적어도 한 집단 내 포로기 이후 묵시 사상의 발전상을 추적하는 정보를 얻기 위한 잠재적 광맥이다. 그러나 불행히도 스가랴 1-8장과 9-14장을 구분 짓는 비평가들의 통찰은 어떤 경우에는 지나치게 급진적이어서 스가랴서 전승사의 흐름을 이해할 수 없게 만들 정도다. 이 책에 대한 현대적인 연구는 스가랴서의 두 부분이 상반된 이데올로기를 보인다는 율리우스 벨하우젠(Julius Wellhausen)의 주장에 뿌리를 두고 있다.

한편으로 벨하우젠은 스가랴 1-8장이 유다의 회복이라는 세속적임무에 초점을 맞추고 있다고 본다. "[스가랴 1-8장은] 성전의 회복과, 아마도 스룹바벨을 다윗의 보좌로 승격시키는 것을 목적으로 하는 것 같다."[1] 이런 해석을 고려할 때, 스가랴를 순수한 천년왕국적인 인물로 간주할 수는 없다. 그의 주된 관심사가 포로기 이후 신정 정치의 창출이라는 세속적인 것이었기 때문이다. 벨하우젠에 따르면, 스가랴 1-8장의 편집은 훨씬 덜 종말론적인 관심사를 보여준다. 그에 따르면, 스가랴 1-8장은 현상 유지를 원하는 제사장 공동체를 반영하고

---

1) Julius Wellhausen, "Zechariah, Book of," in *Encyclopedia Biblica*, ed. T. Cheyne (New York: Macmillan, 1903), 4:5394.

있다. 예컨대 벨하우젠은 텍스트의 초점을 대제사장에게 맞춤으로써, 편집을 통해 스가랴 6장에 나타난 스룹바벨의 원래 즉위를 숨긴다고 주장한다.[2] 스가랴 1-8장의 전수자들은 원문서를 쓴 예언자의 바람, 즉 미래에 도래할 메시아에 대한 희망을 제사장이 다스리는 현재 신정 정치로 대체함으로써 일종의 실현된 종말론을 받아들였다.[3]

다른 한편으로 벨하우젠은 스가랴 9-14장을 1-8장과는 전적으로 다른 것으로 다룬다. 그는 스가랴 9-14장을 기원전 2세기 후반의 것으로 보고, 해당 텍스트가 유대인을 통치하던 자들 및 제사장들과 맞서고 있다고 주장한다.[4] 벨하우젠 이래로 많은 학자는 스가랴 9-14장과 1-8장이 무관하며, 서로 상반된 관점을 보인다고 주장해왔다.[5]

오토 플뢰거와 폴 핸슨의 스가랴서 연구는 이런 견해를 거의 극단으로 밀고 나갔다.[6] 핸슨은 스가랴 1-8장이 사독계 성직자들의 정

---

2) Julius Wellhausen, *Die Kleinen Propheten übersetzt und erklärt*, 3d ed. (Berlin: Georg Reimer, 1898), 185.

3) 그 결과, 현대 학자들은 종종 학개서와 스가랴서가 실현된 종말론의 틀 안에서 작동하고 있다고 본다. 예를 들어 W. J. Dumbrell, "Kingship and Temple in the Post-Exilic Period," *The Reformed Theological Review* 37 (1978): 33; Christian Jeremias, *Die Nachtgesichte des Sacharja* (Göttingen: Vandenhoeck & Ruprecht, 1977), 223을 보라. 아울러 Adam S. van der Woude, "Serubbael und die messianischen Erwartungen des Propheten Sacharja," *ZAW* 100 Suppl. (1988): 139에 인용된 참고 문헌도 보라.

4) Wellhausen은 "목자들은 대제사장들이며 유대인을 다스리는 지도자(ethnarch)들이다.…자신들의 기원을 사독으로 보든, 도비야로 보든 상관없이, 이들은 모두 쓸모없는 자들이었다"라고 말한다("Zechariah," 4: 5395).

5) 예를 들어 J. Alberto Soggin, *Introduction to the Old Testament*, OTL, trans. J. Bowden (Philadelphia: Westminster, 1976), 347을 보라.

6) Otto Plöger, *Theocracy and Eschatology*, trans. S. Rudman (Richmond, Va.: John Knox, 1968), 78-96; Paul Hanson, *The Dawn of Apocalyptic* (Philadelphia: Fortress, 1979), 209-401.

예언과 묵시

치 프로그램을 지지하며 대변하고 있다고 주장한다.[7] 반대로 스가랴 9-14장은 성직자 정치와 그들이 주도했던 성전 제의에 반대하던 반체제 집단의 산물이다.[8] 스가랴 1-8장의 전승사는 성직자 정치와 비종말론적인 방향으로 진행되는 반면, 스가랴 9-14장은 정반대의 전승을 대변하면서 점차 묵시 문학적 방향으로 진행하게 된다. 만약 핸슨이 옳다면 어떻게 스가랴서의 두 부분이 한데 묶이게 되었는지를 이해하기란 대단히 어려울 것이다.[9]

이와 반대로, 나는 스가랴 1-8장과 9-14장이 단일 전승사에 속하는 단계들을 나타내며, 이들의 전수자가 천년왕국설을 신봉하던 중앙 제사장 집단임을 주장하고자 한다. 권력을 가진 천년왕국 집단의 존재 가능성을 수용한다면, 스가랴 1-8장의 편집과 다양하고 새롭게 구성된 스가랴 9-14장을 살펴봄으로써 제사장들이자 천년왕국 집단이

---

7) Hanson, *Dawn*, 227, 243, 247, 261.

8) Hanson은 슥 9-14장을 성직자 정치 프로그램과 사독계 주도 세력에 반대하던 계열의 산물이라고 본다("Zechariah, Book of," *IDBSup*, 983). Hanson, *Dawn*, 283, 323도 보라. 아울러 Hanson, *The People Called: The Growth of Community in the Bible* (San Francisco: Harper & Row, 1986), 252의 도표를 보라.

9) Hanson의 주장, 즉 슥 9-11장; 12-14장; 말라기서가 "신탁"(מַשָּׂא)이라는 제목의 독립된 소책자로 후대에 소예언서에 첨부됐다고 보는 견해는 수긍할 수 없다 (*Dawn*, 292, 400; "In Defiance of Death: Zechariah's Symbolic Universe," in *Love & Death in the Ancient Near East*, Marvin Pope *Festschrift*, ed. J. Marks and R. Good [Guilford, Conn.: Four Quarters, 1987], 173). מַשָּׂא이론에 대한 비평은 Brevard S. Childs, *Introduction to the Old Testament as Scripture* (Philadelphia: Fortress, 1979), 491-92; Jullie O'Brien, *Priest and Levite in Malachi*, SBLDS 121 (Atlanta: Scholars Press, 1990), 51-52을 보라. 슥 9-14장을 1-8장의 연속으로 보는 견해는 각주 10과 다음에 나오는 "스가랴서 묵시 전승의 연속성" 단락을 보라.

였던 스가랴 전승 집단의 운동을 이해할 수 있다.[10]

묵시 문학으로서의 스가랴 1-8장

핸슨은 스가랴 1-8장을 묵시 문학이 아니라고 주장한다. 원묵시 문학적인 특징이 나타나는데도 말이다. 그러나 중요한 것은 핸슨의 견해가 텍스트 자체의 증거에 직접적으로 근거를 둔 것이 아니라, 오히려 중심부 제사장 집단은 묵시 문학을 창출할 수 없다는 해석의 원리에

---

10) 제시된 슥 1-8장의 편집 단계에 대한 이해가 옳다면, 스가랴서 전승은 천년왕국에 대한 계속된 기대, 즉 슥 9-14장 이면에 뚜렷이 나타나는 묵시 세계관과 연속하는 기대를 포함한다고 볼 수 있다. 전승은 슥 1-8장에서 시작해, 이 장들에 편집적 추가를 거친 뒤, 슥 9-14장으로 이어진다고 추정할 수 있다. 이런 연속성은 이를테면 Rex Mason, "The Relation of Zech 9-14 to Proto-Zechariah," *ZAW* 88 (1976): 227-39에서 제시된다. 아울러 Rex Mason, *The Books of Haggai, Zechariah, and Malachi*, CBC (Cambridge, England: Cambridge University Press, 1977), 11, 79, 81; Carroll Stuhlmueller, C. P., *Rebuilding with Hope: A Commentary on the Books of Haggai and Zechariah*, International Theological Commentary (Grand Rapids, Mich.: Eerdmans, 1988), 47, 117을 보라. 이런 가능성의 관점에서 볼 때, 슥 1-8장과 9-14장의 연결 고리를 새롭게 볼 필요가 있다. 지금으로서는, 슥 1-8장과 9-14장의 문체상 유사성과 연속성을 나타내는 요소의 목록에 대해서는 Mason, *Zechariah*, 78-79; Ronald W. Pierce, "Literary Connectors and a Haggai/Zechariah/malachi Corpus," *JETS* 27 (1984): 281-89; Stuhlmueller, *Rebuilding*, 114; Childs, *Introduction*, 482-83; Joyce G. Baldwin, *Haggai, Zechariah, Malachi* (London: Tyndale, 1972), 68-69; Roland Kenneth Harrison, *Introduction to the Old Testament* (Grand Rapids, Mich.: Eerdmans, 1969), 953-54을 보라. 이상의 참고 문헌에 인용된 많은 연결 고리에 근거하여 슥 9-14장은 1-8장을 생성했던 전승과의 연속선상에서 나온 것이라는 강력한 주장을 제시할 수 있다.

근거를 두고 있다는 점이다.[11] 로버트 R. 윌슨은 다음과 같이 말한다.

> 핸슨은 스가랴 1-8장이 묵시 문학적 특징을 보인다고 인정하지만, 이를 사독계 개혁 프로그램을 지지하는 일련의 환상(vision)이라고 분석하려 하므로 어려움을 겪는다. 그러므로 그는 스가랴 1-8장에 등장하는 환상들이 묵시적 모티프를 담고 있지만, 묵시적 종말론을 반영하지는 않는다는 식의 억지 주장을 하게 된다.…이런 구분을 통해 논지를 지탱하기란 쉽지 않다.[12]

핸슨의 주장과는 달리, 관련 연구가 진행되면서 스가랴 1-8장을 원묵시 문학으로 볼 몇 가지 중요한 논증이 형성되었다. 하인리히 에발트(Heinrich Ewald, 1841)와 루돌프 스멘트(Rudolf Smend, 1884)와 같은 19세기 비평가들은 스가랴 1-8장과 완전히 발달된 묵시 문학 간의 유사성을 밝혀냈다.[13] 이후 1901년에 에른스트 젤린(Ernst Sellin)은 묵

---

11) Hanson은 묵시 집단의 사회적 지위를 "통치 권력에 비해 힘이 없고 권력이 박탈된 자들"로 정의한다(예. *Dawn*, 251, 참조. 283). 그렇다면 이런 정의로 인해 그는 묵시 형식과 모티프가 "성직자 정치 전승"(즉 사독계 제사장의 문학) 내에서 발견된다면, 이것은 "진정한" 묵시, 즉 한 집단이 지닌 신앙의 내용을 대변하는 의미 있는 것이 될 수 없다고 주장해야만 한다(*Dawn*, 252, 256, 259). 오히려 그들은 단순히 "매우 실용적인 프로그램의 수행자"일 뿐이다(*Dawn*, 232, 235). 2장에서 다뤘듯이, 사회학적 증거는 이런 논리를 지지하지 않고, 실제로는 의문을 던진다. Hanson의 추론은 천년왕국 집단이 박탈된 자들이라고 선험적으로 정의할 때만 유효한데, 이는 2장에서 내가 비판했던 견해다.

12) Robert R. Wilson, "From Prophecy to Apocalyptic: Reflections on the Shape of Israelite Religion," *Semeia* 21 (1981): 83.

13) Heinrich Ewald, *Die Propheten des alten Bundes* (Göttingen: Vandenhoeck & Ruprecht, 1841), 3:138. Rudolf Smend, "Anmerkungen au Jes. 24-27," *ZAW* 4 (1884): 199.

시 사상의 근원을 스가랴서로 보고, 스가랴서의 환상을 묵시 사상이
"탄생한 시간"(die Geburtsstunde)으로 삼았다.[14]

더욱 최근 들어 여러 학자는 스가랴서의 환상이 후대에 완전히 발
달된 묵시의 전조임을 강조한다.[15] 1971년 웁살라에서 로버트 노스
(Robert North)와 사무엘 암슬러(Samuel Amsler) 모두는 스가랴 1-8
장이 원묵시 문학이라고 주장했다.[16] 1973년에 하르트무트 게제
(Hartmut Gese)는 스가랴 1-8장이 우리에게 알려진 가장 오래된 "묵시"
라고 주장했다.[17]

게제와 같은 학자들은 스가랴 1-8장이 묵시 문학이라고 강력하게
주장한다.[18] 급진적 종말론과 이원론, 그리고 묵시 문학의 몇몇 여타

---

14) Ernst Sellin, *Studien zur Entstehungsgeschichte der jüdischen Gemeinde
nach dem babylonischen Exil* (Leipzig: A. Deichert, 1901), 2:90. 관련 해
석사는 Hartmut Gese, "Anfang und Ende der Apokalyptik, dargestellt am
Sacharjabuch," *ZTK* 70 (1973): 24; Samuel Amsler, "Zacharie et l'origine de
l'apocalyptique," VTSup 22 (1972): 228을 보라.

15) Klaus Seybold, *Bilder zum Tempelbau: Die Visionen des Propheten
Sacharja*, SB 70 (Stuttgart: Verlag Katholisches Bibelwerk, 1974), 104-5;
John J. Collins, "The Jewish Apocalypses," *Semeia* 14 (1979): 29f를 보라.

16) Robert North, "Prophecy to Apocalyptic via Zechariah," VTSup 22 (1972):
47-41; Samuel Amsler, "L'origine de l'apocalyptique." Hans P. Müller 역시
같은 견해를 제시했다. 그의 "Mantische Weisheit und Apokalyptik," VTSup
22 (1972): 268-93을 보라.

17) Gese, "Anfang und Ende."

18) Gese에 반대하는 Hanson의 논지는 *Dawn*, 230 n. 44을 보라. Gese의 반론에 대
한 Hanson의 재반박은 다음과 같이 제시될 수 있다. 첫째, Hanson은 Gese가 (2
장에 소개된) Wittgenstein의 "가족 유사성" 개념을 사용하는 데 반대한다. 둘째,
Hanson은 자신의 "상황적" 방법론을 근거로 Gese를 비판하는데, 이 방법론은 포
로기 이후의 사회를 몹시 단순한 양극 체제로 추정한다. 그러나 포로기 이후 묵시
텍스트 이면의 사회 상황은 이분법적 용어로 정확하게 묘사될 수 없다(예를 들어
Dawn, 217, 342, 366, 373, 399, 400에서처럼). Hanson의 방법론은 제사장계와

특징이 이 단락에서 분명히 나타난다. 스가야 1-8장은 완전히 발달된 후대의 묵시 문학과 명백한 가족 유사성을 지니고 있다.

급진적 종말론

스가랴의 첫 번째 환상은 하나님의 구원 사역이 인간의 역사를 통해 오지 않으리라는 점을 분명히 한다(슥 1:11). 오히려 마지막 구원은 초월자가 역사에 개입함으로써 일어난다(슥 1:13-16).[19] 이런 관점은 열방이 그들의 종에게 노략질당하도록 내어주시는 하나님의 손을 묘사하는 스가랴 2:13(개역개정 2:9)을 통해 강화된다.

　스가랴 2:1-4(개역개정 1:18-21)의 네 개의 뿔과 네 명의 대장장이 환상은 이런 하나님의 다가오는 개입을 더욱 자세히 묘사한다. 뿔이라는 신화적이고도 현실적인 이미지는 이스라엘에 맞서 완전히 전투대형으로 정렬한("4"라는 숫자를 사용한 데 유의하라) 세계 권력으로 파악할 수 있다(단 7:7-8, 24; 8:3, 5-9; 계 13:1; 17:12-13처럼 말이다). 대장장이는 대적을 멸망시키기 위해 야웨가 위임한 거룩한 전쟁의 대리인이다. 스가랴는 동사 "위협하다"(חָרַד)와 "내던지다"(יָרָה)를 사용하여, 2:4(개역개정 1:21)에 언급된 이 대리인들에 의해 열방에 임할 묵시적 파멸을 생생하게 그리고 있다. 스가랴의 두 번째 환상은 완전히 발달된 몇몇 묵시 문학에 묘사된 잔혹한 세부 장면은 없지만, 분명히 묵시적인 마지막 전쟁을 묘사하고 있다.

　예언자계를 대립 관계로 구분했던 Wellhausen식의 오래된 체계인 단선적 진화사관으로 회귀하는 위험이 있다. Hanson의 마지막 주장과는 반대로, 슥 1-8장과 9-14장의 유기적 연관성은 위의 각주 10에 언급된 바와 같은 증거를 볼 때 분명하다. 이런 연관성은 앞으로도 옹호될 것이다.

19) Gese, "Anfang und Ende," 27.

스가랴의 여덟 번째 환상인 네 개의 병거 환상(6:1-8)은 마지막 때 일어날 하나님의 열방 심판, 특별히 무시무시한 "북쪽에서 온 대적"에 대한 심판에 강력하게 집중한다. 에스겔 38-39장에서 에스겔 집단은 북쪽에서 오는 예상된 대적을, 우주적 악의 구현인 가공스러운 악마 집단으로 탈바꿈한다(겔 38:4, 6, 9, 15, 22; 39:4, 11-12; 욜 2:20 및 단 11:13과 비교하라). 이제 스가랴서에서, 북쪽에서 오는 이들은 하나님의 형형색색의 병거가 일으키는 거룩한 전쟁에 휘말린다.[20] 묵시적 심판과 파멸의 대리인으로 말 이미지를 사용하는 것(슥 1:8-11, 15도 보라)은 후대 묵시 문학(이를테면 슥 10:3; 1QM 6:8-16; 계 6장)에서 중요하다는 점에 주목하라. 스가랴서 본문에서 하나님의 군대는 "북쪽 땅"으로 가고, "하나님의 רוּחַ를 달랜다." 여기서 רוּחַ는 "진노" 혹은 "화"를 지칭하고(삿 8:3; 잠 25:28; 29:11; 욥 15:13; 전 10:4. 슥 6:8의 영역본 TEV와 NASB도 보라), 따라서 스가랴 6:8의 "내 영을 쉬게 하였느니라"(הֵנִיחוּ אֶת־רוּחִי)는 에스겔서의 "내 노가 다한즉"(וַהֲנִחֹתִי חֲמָתִי)이라는 표현과 같다(겔 5:13; 겔 24:13과 비교하라).

묵시적인 하나님의 진노는 다른 구절에서 더욱 분명히 드러난다. 스가랴의 첫 번째 환상에서부터 하나님은 안일한 열방을 향해 크게 분노하신다(슥 1:15). 이런 극단적 분노는 스가랴 8:2-3에서도 드러난다. "내가 시온을 위하여 크게 질투하며 그를 위하여 크게 분노함으로 질투하노라. 여호와가 이같이 말하노라. 내가 시온에 돌아와 예루살렘 가운데에 거하리니…" 이 두 구절은 미래에 하나님이 예루살렘과 시온에 맞서는 세상의 대적을 진노로 파멸시키시고 예루살렘에 거하실 것을 암시한다.

---

20) Hanson, "Defiance of Death," 177을 보라.

다가오는 하나님의 분노에 찬 개입에 대한 스가랴서의 기대는 우주적 차원을 지니고 있다. 다가오는 심판 이면에 계신 하나님은 "모든 땅의 주"(אֲדוֹן כָּל־הָאָרֶץ, 슥 6:5; 4:14)이시다. 하나님의 응시와 통치는 온 세상을 덮으신다(슥 1:11; 4:10). 그러므로 계획된 신적 개입의 영역은 그에 걸맞게 우주적이다. 두 번째 환상에 나타난 네 개의 끔찍스러운 뿔은 온 땅 구석구석이 다가오는 전복의 대상임을 보여준다. 악의 우주 정복이 가까이 다가온다.[21]

급진적 종말에 대한 스가랴서의 논의는 스가랴가 역사에 희망을 두지 않았음을 분명히 보여준다. 그가 보기에 역사 과정은 나아갈 곳이 없고, 아무것도 이룰 수 없다(슥 1:11). 악한 침략자의 제거(슥 5:3-4), 이스라엘의 모든 대적의 전멸(슥 2:4[개역개정 1:21]), 성읍 가운데 임하리라 예견된 하나님의 불타오르는 육체적 현현(슥 2:9[개역개정 2:5]), 야웨에게로 돌아오는 많은 열방(슥 2:15[개역개정 2:11])은 모두 역사를 초월해 일어나는 하나님의 직접적·묵시적 개입 없이는 전혀 이해할 수 없다.[22] 이런 개입이 임박할지라도, 여전히 미래의 희망이 있다.[23] 스가랴의 환상에서 밤의 끝에 떠오르는 태양을 고려하면, 새로운 시대의 여명이 밝아오고 있음을 알 수 있다.

---

21) Gese, "Anfang und Ende," 27을 보라.
22) Hanson의 주장과는 반대로, 스가랴 집단은 자기들의 천년왕국 집단적인 환상이 "6세기라는 역사적 실재 내에서"(*Dawn*, 258) 이루어질 것이라고는 거의 기대할 수 없었다. 텍스트는 분명 그 집단이 "단호하게 현재 질서 안에서"(ibid., 273-74)라는 관점에 만족하지 않았음을 보여준다.
23) 스가랴 환상의 내용은 "약속"으로 남아 있다. Seybold, *Bilder zum Tempelbau*, 63, 102을 보라.

이원론

현시대와 다가오는 시대 사이의 분명한 이원론은 스가랴서의 급진적 종말론과 연관되어 있다. 이 이원론은 스가랴서에 나타난 다가오는 천년왕국 시대에 관한 몇 가지 일별을 통해 분명히 드러난다.[24] 스가랴 8:1-8은 천년왕국에서는 예루살렘의 장로들과 어린이들의 즐거운 유희가 오래 지속할 것이라고 묘사한다. 땅의 비옥함, 풍부한 비, 농산물의 풍부함이 스가랴 8:12에 묘사되고 있다.

스가랴는 현시대와 다른 천년왕국 시대를 묘사하고자 예루살렘으로 열방이 순례하는 모티프(사 2:2-3; 미 4:2)도 채택한다. 스가랴 8:22-23은 "많은 백성과 강대한 나라들이 예루살렘으로 와서 만군의 여호와를 찾고 여호와께 은혜를 구하리라.…그날에는 방언이 다른 열국 백성 열 명이 유다 사람 하나의 옷자락을 잡을 것이라. 곧 잡고 말하기를, '하나님이 너희와 함께하심을 들었나니 우리가 너희와 함께 가려 하노라' 하리라 하시니라"라고 말한다. 스가랴 6:15은 천년왕국 성전 건축을 돕고자 "먼데 사람이" 오고 있다고 묘사한다.

존재론적 이원론도 스가랴 1-8장에서 나타난다. 스가랴의 사상을 이해하기 위해서는 두 차원의 존재를 생각해볼 필요가 있다. 게르하르트 폰 라트(Gerhard von Rad)는 다음과 같이 말한다. "천상 세계를 지상 세계로부터 구분하는 명쾌한 방식이 중요하다. 천상 세계에는 종말론적 구원 질서와 직무가 이미 존재한다.…천상에 있는 마지막 대상들을 새삼 원형적 존재로 강조하는 것은 뭔가 낯선 일이다."[25]

---

24) 우주적 갱신과 황금시대 도래에 관한 비슷한 견해는 이 책 2장의 비교 문화 사례에 관한 논의에서도 제시되었다. 1890년 교령 춤 이면의 세계관이 특히 그렇다.

25) Gerhard von Rad, *Old Testament Theology*, trans. D. Stalker (New York: Harper & Row, 1965), 2:288.

스가랴는 자기가 본 환상의 많은 부분에서 지상의 존재에 영향을 미치는 천상 차원의 활동을 그리고 있다. 실제로 천상의 실체들은 지상에서 곧 일어날 일을 계획한다. 그러므로 "하늘의 네 바람"이 세상에 곧 들이닥치고(슥 6:1-5), 학의 날개 같은 날개가 있는 여인이 곧 땅과 하늘 사이의 무인 지대에서 활동할 것이다(슥 5:5-11). 그들은 스가랴 1:8의 신화적·실제적 장소인 "텅빈"/"우주적 깊음"과 스가랴 6:1의 "구리 산"을 통해 이 세상에 접근한다. (여기서 신화적 언급에 관해서는, 창 2:10-14; 「길가메시 서사시」 XI.194-96; *CTA* 4.4.20-24; *ANET*, 683-85을 보라.)

도덕적 이원론도 스가랴 1-8장에 나타난다. 스가랴 3:1-2에 등장하는 "사탄"은 이를 보여주는 첫 번째 특징으로 현대 독자의 이목을 끈다. 그리고 실상 이 용어가 완전히 발달된 묵시 문학의 대마왕을 의미하지는 않지만, 스가랴 3장에는 사탄의 역할에 대한 적대감이 나타난다. 구약의 다른 사탄(시 109:6; 욥 1-2장)과 달리, 이 사탄은 하나님의 실제 대적이며, 그래서 현장에서 꾸짖음을 받고 물러나게 된다. 스가랴 1-8장의 다른 구절은 좀 더 분명하게 하나님께 대적하는 세력인 악의 존재를 묘사한다. 앞서 언급한 대로, 스가랴 2:1-4(개역개정 1:18-21)은 "대장장이" 대 "뿔"이라는 이원론적 그림 속에 선과 악을 대치시킨다. 뿔의 모습은 무리를 이룬 전체 악의 세력을 보여준다.[26]

---

26) 슥 3:1-2에 언급된 사탄 형상의 적대적 본성에 대해서는 예컨대 NEB의 번역 및 Richard J. Coggins, *Haggai, Zechariah, Malachi*, Old Testament Guides (Sheffield: JSOT Press, 1987), 45를 보라. Peggy L. Day는 최근에 구약의 "사탄"이란 용어가 지시하는 대상의 다양성을 주장했다. 그러나 Day가 하나님의 대적으로 여겨지는 사탄의 독립된 인격 개념을 조로아스터교에서 차용한 것으로 보는 견해는 과장된 것이다(*An Adversary in Heaven: śāṭān in the Hebrew Bible*, HSM 43 [Atlanta: Scholars Press, 1988], 63). 슥 2:1-4의 뿔에 대해서는 Gese, "Anfang und Ende," 27을 보라. Gese는 "뿔"을 자연의 근본적인 무기(die schöpfungsmässige Urwaffe)로 묘사한다. 그러므로 옛 문화의 신화와 후기 전

더욱 의미심장한 것은 악을 얼굴과 존재를 지닌 인격체로 보는 스가랴의 이해 방식이다. 스가랴 5:5-11에서 악의 여성 이미지는 신화적·실제적 이미지다. 스가랴는 그 여성이 바로 "악"(הָרִשְׁעָה) 그 자체라는 말을 듣는다. 이 부분에서 스가랴의 묵시적 세계관은 후대 천년왕국 촉매자들이 "바빌로니아의 창기"라고 부르는 자를 상상하고 있다(계 17장 참조).[27]

스가랴의 세계관으로 보자면, 오직 두 진영밖에 없다. 하나님의 성읍 예루살렘에서 하나님 편에 선 자들과 음녀 바빌로니아의 반-성전(anti-temple)에서 악을 숭배하는 자들이다. 두 진영 사이의 투쟁은 "던지다"(שָׁלַךְ) 동사를 두 번 사용하는 스가랴 5:8을 볼 때 분명하다. 스가랴의 청중은 이 투쟁에서 편을 선택해야 한다. 천년왕국의 촉매자로서 스가랴는 청중에게 바빌로니아에서 도피하라고 권고하고, 그들에게 실존적으로 응답하라고 격려한다(슥 2:10[개역개정 2:6]).[28]

부차적 특징

스가랴 1-8장의 가장 분명한 형식상 특징 중 하나는 환상의 패턴화다. 스가랴의 환상은 천년왕국 촉매자의 실제 경험을 환기시킨다. 비록 밤에 일어나지만, 스가랴의 환상은 스가랴의 질문과 스가랴 4:1의 각성이 보여주는 바처럼 꿈이 아니다. 환상을 해석하는 초자연적인 중재자는 묵시 문학에서 빈번하게 등장하는 부차적인 인물이다(예. 단 7:16; 8:16).[29] 그러므로 천사 같은 매개자가 스가랴 환상의 중심이

승 속에서 뿔은 세계 권력(Weltmacht)을 상징한다.

27) Gese, "Anfang und Ende," 31을 보라.
28) Ibid., 37.
29) 물론 천사 같은 중재자가 예언서 텍스트에도 등장한다(예. 겔 8장).

된다는 것은 의미심장하다(슥 1:9; 2:2[개역개정 1:19]; 2:7[개역개정 2:3]; 4:1, 4; 5:5, 10; 6:4). 해석자로서 천사의 중재는 스가랴 1:9, 2:4(개역개정 1:21), 4:5, 11, 13, 5:6, 6:5에 분명히 나타난다.

스가랴 1-8장은 묵시 문학의 여타 부수적인 특징도 보여준다. 사탄(슥 3:1-2), 학의 날개를 한 여인(슥 5:9), 형형색색의 말(슥 1:8; 6:2-3)을 포함해 몇몇 초인간적 실체를 묘사하고 있다. 수비학 역시 얼핏 드러난다. 숫자 7은 특히 두드러진다. 환상은 본래 7개였던 것 같다(슥 3장에 대한 이후 논의를 보라). "7"은 스가랴 3:9; 4:2, 10의 환상에서 반복해서 등장한다. 또한 모든 역사의 예정(predetermination)과 기대되는 사건의 확정성이라는 개념도 보인다. 환상은 천상의 차원에서 일어나는 사건들을 묘사하는데, 이들은 지상의 사건이 일어나는 데 필요한 병행 사건이 된다. 조이스 G. 볼드윈(Joyce G. Baldwin)은 "하나님이 이미 천상에서 자신의 목적을 이루셨고 남은 일이 같은 형태로 땅에서도 반복되리라는 확신이 묵시 사상을 지배한다"라고 기록한다.[30]

메시아 사상은 스가랴 1-8장에 있는 묵시 문학의 가장 중요한 부차적 특징이다.[31] 스가랴는 자신이 본 일련의 환상 중심에 이원적인 정치 체제를 도입하는 데 역점을 두고 있다(슥 4:12-14). 그러므로 처음부터 스가랴의 환상은 미래의 메시아적 다윗 왕조와 대제사장의 도래라는 희망을 강조한다.[32] 나아가 스가랴는 메시아가 나타나 이원 정

---

30) Baldwin, *Zechariah*, 72. 결정론 사상은 인지 공식(recognition formula)을 사용하는 슥 2:13(개역개정 2:9); 2:15(개역개정 2:11); 4:9과 6:15을 통해 강조되는 듯하다.

31) 스가랴의 메시아 사상에 대해서는 R. North, "Prophecy to Apocalyptic," 50을 보라.

32) van der Woude, "Serubbabel," 156을 보라. 쿰란 문서를 포함해 일부 후대 묵시 문학도 제사장과 다윗계 메시아를 둘 다 고대하고 있다는 점에 유의하라. 예컨대

치 체제를 수립하리라는 자신의 희망이 이미 실현되었다고 보지 않았다. 오히려 구체적인 개인을 언급하지 않음으로써, 스가랴는 다가오는 천년왕국에 나타날 대제사장과 군주를 고대했다(슥 4:14).

스가랴와 학개의 중요한 차이점은, 학개가 당대 인물인 스룹바벨에게 메시아의 지위를 분명히 부여했다는 점이다(학 2:20-23).[33] 대조적으로, 스가랴가 한때 스룹바벨을 메시아로서 희망을 갖고 바라보았다고 할지라도(초기에 이 환상에 덧붙여진 슥 4:6-10a을 보라),[34] 이 예언자에게 스룹바벨은 메시아 후보에 불과했다. 스가랴 전승은 곧 그 희망을 "순, 가지"(צֶמַח)라고 불리는 미래의 다윗계 후손에게로 돌렸다.[35]

1QS 9:11; 1QSb 2:12-14; 「레위 유언서」(*Testament of Levi*) 18을 보라.

33) 스룹바벨은 명목상 세습 지도자였다. 여호야긴의 손자(대상 3:17-19; 스 3:2)인 스룹바벨은 왕족이었으며, 다윗계였다. 학자들은 종종 학개와 스가랴가 둘 다 스룹바벨을 메시아로 여겼다고 추정한다(예. Hanson, *Dawn*, 255, 261, 279. 아래 각주 35의 참고 문헌을 보라). 계획된 양두 체제에서, 스가랴가 스룹바벨을 공적 정치 부분의 제1대표로 지지했던 것은 사실이다. 페르시아가 임명한 유다 총독(פֶּחַת יְהוּדָה, 학 1:1; 2:2)으로서, 스룹바벨은 스가랴가 사역을 시작했던 때에 다윗계 대표였다고 보는 것이 논리적이다. 그러나 천년왕국 집단이 스룹바벨을 메시아로 확정했다는 결정적인 증거는 전혀 없다.

34) 등잔대 환상에 추가된 스룹바벨에 관한 진술(슥 4:6-10a)은 스가랴가 한때 그를 메시아 후보로 보았음을 알려준다(다음 단락의 논의를 보라). 그러나 슥 4장의 원래 형태는 아마도 스룹바벨을 가리키지 않았던 것 같다. van der Woude, "Serubbabel," 155, 156을 보라.

35) Wilhelm Rudolph가 스가랴서에서 스룹바벨과 "가지"가 분명히 동일시되지는 않는다고 본 것은 옳다. Wilhelm Rudolph, *Haggai—Sacharja 1-8—Sacharja 9-14—Maleachi*, KAT 13/4 (Gütersloh: Gütersloher Werlagshaus Gerd Mohn, 1976), 100, 108, 130f를 보라. 또한 예를 들어 Gunther Wanke, "Prophecy and Psalms in the Persian Period," in *The Cambridge History of Judaism*, ed. W. D. Davies and L. Finkelstein (Cambridge, England: Cambridge University Press, 1984), 1:182-83; Walter Schmithals, *The Apocalyptic Movement: Introduction and Interpretation*, trans. John E. Steely (Nashville: Abingdon, 1975), 173; Bernhard W. Anderson,

초기 예언에서 이 용어(렘 23:5; 33:15; 사 4:2; [11:1]과 비교)는 땅 위에서 정의를 구현할, 다가올 이상적인 다윗계 후손을 강조하는 데 쓰였다. 스가랴가 이 용어를 사용한 것은 아마도 이런 예언에 대한 에스겔의 언급(겔 17:22-24)에 기초를 둔 것 같다. 그러므로 에스겔의 다가올 "연한 잔가지" 개념은 스가랴 3:8과 6:12에 예언된 그 "가지"다. 탈굼은 정확하게 이 가지를 메시아로 보았다.[36]

위에서 요약한 가족 유사성을 기초로, 스가랴 1-8장의 개략적인 장르는 원묵시 문학으로 볼 수 있다. 하지만 게제가 스가랴 1-8장을 묵시라고 본 것이 옳은지는 논란의 여지가 있다. 해당 텍스트는 동일한 천년왕국 세계관을 비교 인류학적으로 관찰할 수 있음을 분명하게 입증한다. 사무엘 암슬러는 다음과 같은 질문을 던진다.

> 이러한 우주적 관점, 지상 세력의 파괴로 인한 세계의 변혁에 관한 주장, 신실하지 못한 구성원의 심판을 통해 일어나는 사람들의 정화에 관한 묘사, 문학적 형식 자체를 언급하는 것이 아니라 위로하고 위안을 주고자 하는 의도(דְּבָרִים טוֹבִים דְּבָרִים נִחֻמִים, 1:13), 난해한 환상, 일곱 장면의 연속, 이 모든 것은 2세기 무렵에 성행했던 묵시 문학의 징표가 아닌가?[37]

Understanding the Old Testament (Englewood Cliffs, N.J.: Prentice-Hall, 1986), 518-19을 보라.

36) 탈굼 슥 3:8과 6:12을 보라(Alexander Sperber, ed., *The Bible in Aramaic* [Leiden: Brill, 1962], 3:481, 485). 유용한 주석으로는 Kevin J. Cathcart and Robert P. Gordan, translators, *The Targum of the Minor Prophets*, The Aramaic Bible vol. 14 (Wilminton, Del.: Michael Glazier, 1989), 192, 198을 보라.

37) Amsler, "L'origine de l'apocalyptique," 228.

스가랴 묵시 전승의 연속성

앞서 언급한 대로, 벨하우젠 이래로 학자들은 스가랴 전승의 종말론이 점차 어떤 원래의 메시아 희망을 대체한 제사장 신정 정치에 만족했다고 간주하는 경향이 있다. 그러므로 핸슨은 신정 정치 전승에 나타난 초기 단계 메시아 사상의 종결을 스가랴 1-8장에 대한 수정 속에서 추적하고자 한다.[38] 확대되고 해석된 환상은 목적이 성취된, 제도화된 현실과 동일시된다.[39] 마찬가지로, 렉스 메이슨(Rex Mason)은 "제사장직의 역할을 고취하고 스룹바벨의 역할을 제한하고자 하는 무리 사이에서 그 전승이 전수되어 내려왔다"라고 진술한다.[40]

나는 스가랴 전승의 진행이 묵시적·메시아적 특징을 포기하기보다 묵시 계열에서 지속되었음을 논증하고자 한다. 스가랴 전승은 환상이 어떤 계획에 따른 실질적인 공동체의 통제를 위해 주어진 것이 아니라 미래를 위해 주어졌음을 보여주기 위해 편집되었다. 실제로 스가랴 1-8장의 편집뿐만 아니라 스가랴 9-14장의 구성은 미래에 나타날 다윗계 후손인 메시아에 계속해서 초점을 맞춘다.

스가랴 1-8장의 메시아 관련 편집

다윗계 메시아에 우호적인 초기의 편집 형태는 스가랴의 금 등잔대에 관한 다섯 번째 환상에 나타난다. 스가랴 4:6-10a의 단순 삽입 여부

---

38) Hanson, *Dawn*, 257, 264, 268; "Zechariah," 982-83.
39) Hanson, "Zechariah," 983. Hanson은 "스가랴의 묵시는 재편집되었고, 신정 정치와 사독계 지도자를 위한 선전으로서 새로운 기능이 부여되었다"라고 기록한다 ("Apocalypticism," *IDBSup*, 32).
40) Mason, *Zechariah*, 28.

와는 무관하게, 이 구절들은 스가랴 4장의 일부가 초기에 개작됐음을 분명하게 보여준다.[41] 이 편집된 부분은 스룹바벨을 강조하는데, 따라서 스가랴 집단이 천년왕국적인 이원 제도를 기대했을 때 그 한편은 다윗계 후손을 향해 열려 있었음을 알 수 있다. 메시아에 대한 이 희망이 제사장의 통치 역할을 경시하는 위험을 무릅쓰면서까지 주장되고 있다는 데 특히 유의하라.

이 초기 편집이 일어났던 시대에 천년왕국설에 근거한 낙관주의는 스룹바벨을 메시아로 희망했던 것 같다. 그러므로 6절은 후에 스가랴 12:10에서 강조된 에스겔식의 묵시적 모티프(겔 39:29)인 하나님의 영(רוח, 문자적으로는 "나의 영")의 부음에 대해 말하고 있다. 그리고 7절은 스가랴 14:4(그리고 겔 38:20)에서 발견되는 묵시적 모티프인 산의 붕괴에 관한 언어를 연상시킨다.[42] 그러므로 스가랴 4장의 개작은 스룹바벨이 여전히 스가랴 집단의 눈에 메시아 후보로 보였던 그때에 다섯 번째 환상에 대한 종말론적 해석을 확실히 하고자 한 것이다.

스가랴 6:9-15의 환상에는 일종의 부록이 덧붙여져 있는데, 이 역시 스가랴 1-8장의 편집 양상 가운데 하나다. 또한 대관식이라는 예언적인 기호 행위를 묘사하는 이 부록 단락은 스가랴 1-8장의 현재 형태에 메시아와 관련된 취지를 담는다. 비록 이 부분의 텍스트 형성 역사는 복잡할지라도, 이 텍스트는 벨하우젠 이래로 종종 채택된 주장, 다시 말해 대관식이 원래는 스룹바벨의 것이었지만 여호수아로 바뀌었다는 제안을 지지하지 않는다(11절).[43] 또한 현재의 텍스트

---

41) Wellhausen(*Die Kleinen Propheten*, 182-83) 이래, 거의 모든 비평학자는 슥 4장의 문학적 통일성을 주장해왔다. NEB와 NAB의 주석과 재배열된 텍스트를 보라.

42) Childs, *Introduction*, 478을 보라.

43) 각주 2에서 언급한 대로, Wellhausen, *Die Kleinen Propheten*, 185를 보라. 실

는 여호수아나 어떤 미래의 제사장 직분을 맡은 자와 12-13절의 가지를 동일시하는 것으로 볼 수 없다.[44] 오히려 스가랴 6장의 부록은 천년왕국 집단의 특징인 제사장과 왕의 직무의 분리를 주장한다(슥 4:14과 3:8에서처럼 말이다). 그러므로 스가랴는 "왕관들"(עֲטָרוֹת)이라는 복수명사를 쓰는데, 이는 스룹바벨이나 여호수아의 단순한 대관식이 쟁점이 아님을 보여준다.[45] NJPS는 11절의 의미를 다음과 같이 포착한

___

제로 NAB는 슥 6:11b의 텍스트를 "여호수아"에서 "스룹바벨"로 수정했다. 또한 JB, 각주 i와 NEB 각주 g도 보라. 이 견해를 지지하는 주석가들은 다음과 같다. Mitchell, *Zechariah*, 185-86; D. Winton Thomas, "The Book of Zechariah, Chapters 1-8, Introduction and Exegesis," *IB* 6:1080; Karl Elliger, *Das Buch der zwölf Kleinen Propheten*, ATD 25/2 (Göttingen: Vandenhoeck & Ruprecht, 1959), 2:128f; Samuel Amsler, *Aggée, Zacharie, Malachie,* CAT 11c (Paris: Delachaux & Niestlé, 1981), 108f; Erling Hammershaimb, "The Change in Prophecy during the Exile," in *Some Aspects of Old Testament Prophecy from Isaiah to Malachi* (Copenhagen: Rosenkilde og Bagger, 1966), 106. 이 주제에 관한 탁월한 비평은 van der Woude, "Serubbabel," 138-56을 보라.

44) 이것은 13절에서 "그[가지]는 제사장일 것이다/이리라"로 번역하는 KJV, NIV, NASB의 의도처럼 보인다. Baldwin은 슥 6:9-15이 미래에 있을 제사장과 왕의 직무의 메시아적 통합을 암시한다고 해석한다. "구약성서 어디에서도 다가오는 다윗계 왕이 제사장도 될 것이라고 분명히 언급한 적이 없다"(*Zechariah*, 137).

45) RSV, NIV, TEV, NASB는 슥 6:11의 "왕관들"을 단수형 "왕관"으로 수정하는데, 이는 LXX[LC]와 시리아어 성서의 지지를 받는다. 그러나 이런 독법은 맥락상 맞지 않고(아래를 참조), MT의 복수형이 더욱 원래 본문으로 선호된다. MT는 대부분 LXX와 탈굼 본문의 지지를 받는다(많은 학자의 진술과 달리, 탈굼의 원자료[*Vorlage*]는 "왕관들"을 보존하고, 이는 복수형을 최상급[*pluralis excellentiae*, "커다란 왕관"]으로 취급한 것이다. Cathcart, *Targum*, 198, n. 9를 보라). 14절의 וְהָעֲטֶרֶת는 논리적으로 이 왕관들 중 하나만을 언급하고, 따라서 단수형 "왕관"으로 모음 부호가 붙어야 한다(ὁ δὲ στέφανος). 이는 MT에서 뒤따라오는 동사의 시제를 통해 제시되며, LXX 역시 이를 지지한다. Carol and Eric Meyers는 14절의 단수형 명사가 LXX[LC]와 시리아어 판본의 11절에 혼동을 초래했던 것 같다고 주장한다. *Haggai, Zechariah 1-8*, AB 25B (Garden City, N.Y.: Doubleday,

다. "은과 금을 받아 면류관[들]을 만들어 [그중 하나는] 여호사닥의 아들 대제사장 여호수아의 머리에 씌우고." 다른 하나의 왕관은 성전에 머물면서(14절), 그 가지의 도래를 기다리고 있다. 이런 해석은 "그 둘"(שְׁנֵיהֶם, 미래의 제사장과 다윗의 후손) 사이를 구분하는 스가랴 6:13의 어휘로 말미암아 성사된다. 텍스트는 스룹바벨이나 여호수아와 같은 당대의 인물을 높이기보다는 미래의 다윗계 후손인 그 가지의 도래를 고대하고 있다.

만약 (개작된?) 스가랴 6장의 부록이 스가랴 전승의 후대 층위를 대변한다면, 이는 이 전승이 실현된 종말론에 만족하지 않았음을 보여주는 것이다. 결과적으로 다윗 왕조의 몰락으로 정체된 제사장 집단이 회복된 공동체의 주도권을 획득하게 되었다는 벨하우젠의 추론을 더는 지지할 수 없다.[46] 지금까지 이 단락에서 점증하는 제사장 권력이나 편향적인 친제사장 편집을 감지했던 것은 오독이었다.[47] 이 텍스트는 성직자 정치의 기득권 수용을 논증하는 것이 아니라, 다가오는 메시아의 통치를 지향하고 있다.[48]

1987), 349을 보라.

46) Hanson은 이런 추론을 계속 수용한다(*People Called*, 265-66). 그러나 5장 마지막 부분의 논의를 보라.

47) 그러므로 Hanson은 슥 6:9-14에서 텍스트의 "혼란"이 제사장계를 선호하여 다윗계 후손을 강등하려는 의도를 보인다고 주장하는데(*Dawn*, 264, 268), 이는 옳지 않다. Hanson은 "이러한 텍스트 변형은 원래 사독계에 의해 행해진 이원 체제가 후대 제사장계 성직자 정치로 변형되었음을 보여주는 증거다"라고 언급한다("Zechariah," 983). 이런 견해는 널리 유포됐다. 예를 들어 "대제사장 여호수아를 더 강조하고자 하는 누군가가 그 단락을 바꿨다"라는 Lawrence A. Sinclair의 진술과 같은 주장을 보라("Redaction of Zechariah 1-8," *BR* 20[1975]: 42).

48) Childs, *Introduction*, 478; van der Woude, "Serubbabel," 151을 보라. 그렇다면 12절에 언급된 성전은 천년왕국 성전이다(참조. 학 2:9; 겔 37:26; 40-48장). 이와 관련해, 스가랴서에서 더 자주 세속 성전을 언급하는 데 사용된(슥 1:16; 3:7;

스가랴의 네 번째 환상 전체, 즉 대제사장 여호수아의 정결에 관한 텍스트인 스가랴 3장은 스가랴서 내 다른 환상의 독특한 형식상 특징이 결여된 것으로 보아, 후대에 일련의 환상에 첨가된 것 같다.[49] 미래에 올 메시아에 대한 기대가 후대의 추가 편집에서 강력하게 지속된다는 점은 의미심장하며, 이 전승의 핵심은 정결이다.

메시아 사상은 스가랴 3장에 6-10절을 삽입함으로써 강조됐다.[50] 8절에서 여호수아와 그의 제사장 동료들은 약속에 귀를 기울이라는 요청을 받는다. 이 동료들은 "예표를 받은 자들"(אַנְשֵׁי מוֹפֵת)이다. 아담 S. 반 데 부데(Adam S. van der Woude)는 이 예표가 스가랴 6:14에 언급된 다윗의 왕관이며, 이 왕관은 메시아가 오기까지 성전 안에 있어야 한다고 주장하는데, 이는 타당한 견해다.[51] "내가 내 종 가지를 데려오리라"라는 하나님의 약속은 명백히 메시아에 대한 암시다. 다윗계 등장에 대한 예표와 함께 메시아에 대한 하나님의 암시는 메시아적 · 종말론적 관점과 3장에 나오는 땅의 정결을 향한 중앙 제사장계의 관심을 연결하고 있다(4, 9절). 그러므로 편집된 형태 내에서 스가랴 3장은

4:9; 7:3) 용어인 "집"(בַּיִת)과 대조를 이루는 "성전"(הֵיכָל)이라는 단어가 슥 6:12에 사용됐다는 데 유의하라.

49) 그러므로 전형적 표현인 "내가 눈을 들어보니"(וָאֶשָּׂא עֵינַי וָאֵרֶא)와 "내게 말하는 천사"(הַמַּלְאָךְ הַדֹּבֵר בִּי) 같은 표현이 모두 결여되어 있다. 스가랴는 그가 무엇을 보는지를 묻지 않을 뿐 아니라, 실제로 언급조차 하지 않는다. 관련 논의는 Gese, "Anfang und Ende," 25; Mason, Zechariah, 50; van der Would, "Serubbabel," 146; Amsler, "L'origine de l'apocalyptique," 227; Stuhlmueller, Rebuilding, 77; Seybold, Bilder zum Tempelbau, 16-17을 보라.

50) Amsler, "L'origine de l'apocalyptique," 237을 보라.

51) Adam S. van der Woude, "Zion as Primeval Stone in Zechariah 3 and 4," in Text and Context: Old Testament and Semitic Studies for F. C. Fensham, ed. W. Claassen (Sheffield: JSOT Press, 1988), 244; "Serubbabel," 150, 153.

여호수아와 그의 동료들을 제한적으로 지지할 뿐이다. 스가랴가 계속 품고 있던 다윗계 후손의 미래 통치에 대한 희망은 포로기 이후 유다 사회 속에서 확대되던 제사장의 역할을 향한 집단적 열망을 누그러뜨린다. 스가랴 집단은 대제사장직을 분명히 승인하지만, 이 제사장직은 묵시적 비전을 잃지 않아야 한다.[52]

스가랴 9-14장

스가랴 9-14장의 정교한 묵시적 특징과 모티프를 모두 상세히 열거하는 것은 이 논의의 범위를 넘는 일이다.[53] 그 대신 스가랴 1-8장의 편집에서부터 계속 이어진 강조점인 메시아 사상이라는 한 가지 특징에 집중하는 것이 가장 좋을 듯하다. 스가랴 전승이 9-14장에서 미래의 다윗 후손을 메시아로 간주해 초점을 맞추는 방식에 대한 논의는 스가랴 전승사를 이해하는 데 매우 도움이 된다.[54]

---

52) Childs, *Introduction*, 479을 보라. Carol and Eric Meyers는 슥 3장의 부록이 미래의 왕 이미지를 사용해 회복된 성전의 비정상적인 상태, 즉 왕이 없는 상태를 해소하려 한다고 결론짓는데, 이는 적절한 지적이다. 메시아 희망을 보존하는 것은 스가랴 집단의 핵심이다. 부록을 삽입하여 "전체적으로 3장에 제시된 견해는 4장에서 묘사되는 이원 체제와 완벽하게 어울린다. 스룹바벨은 삽입된 신탁에 다시 조심스럽게 포함되고, 6장의 극적인 대관식 장면과 더불어 미래의 다윗계 후손을 위한 두 번째 왕관을 남겨두었다"(Meyers and Meyers, *Zechariah 1-8*, 227, 참조. 203).

53) 슥 1-8장의 묵시적 종말론 패턴은 9-14장에서 다시 등장하지만, 확장되고 더 정교한 형태로 나타난다. Childs, *Introduction*, 483을 보라.

54) 다가오는 다윗계 메시아에 대한 슥 9-14장의 기대는 현재의 공적 지도자들을 "적(anti)메시아"로 보는 묘사와 대조를 이룬다는 점이 가장 눈에 띈다. 그러므로 과거와 현재의 통치자에 대한 스가랴 집단의 비판(슥 10:2-3; 11:4f.)은 다가오는 악한 통치자에 대한 예견(슥 11:16-17; 13:7-9)을 포함하는 데까지 확장된다. 이 기대에 대한 논의는 이후에 다시 진행될 것이다. 적메시아 사상은 신약성서가 말하는 마지막 때의 "적그리스도"(ἀντίχριστος)에 관한 배경을 나타내는 중요한 부분

첫 번째로 검토할 텍스트인 스가랴 9:9-10은 스가랴에서 가장 잘 알려진 메시아 관련 구절 중 하나다. 스가랴 9:1-8은 하나님께서 다윗 제국을 회복하실 것을 묘사함으로써 메시아가 도래할 무대를 마련한다. 그리고 스가랴 9:9은 2:14(개역개정 2:10)에 나타나는 환희에 찬 제의적 외침을 되울리면서 미래에 도래할 왕의 예루살렘 입성을 묘사한다. 마지막으로 10절은 이 왕이 여는 우주적 평화의 천년왕국 시대를 묘사한다. 마지막 때에 하나님은 모든 전쟁 기구를 부수고(כרת), 조화와 평화(שלום)를 이루신다. 이 구절의 묘사는 도래할 왕의 우주적 통치를 묘사하기 위해 제왕 시편의 제의 언어를 사용한다(시 72:8; 89:26).[55] 다가올 하나님의 우주적 통치에 대한 믿음은 스가랴 1-8장이 기대하는 핵심이며, 여기서 강력하게 다시 강조되고 있다.

스가랴 9-14장의 메시아 사상을 보여주는 두 번째 증거는 10장에서 발견되는데, 이 장은 메시아로부터 오는 천년왕국의 지복을 묘사한다. 그중 스가랴 10:4은 3중의 메시아 호칭을 담고 있는 듯하다.[56] 이 구절에 따르면 "모퉁잇돌", "말뚝", "싸우는 활"은 유다에서 나올 것이다. 이 호칭에 대한 탈굼의 메시아적 해석은 아마도 정확한 듯하다. 이 해석은 "모퉁잇돌"을 "왕"으로, "말뚝"을 "기름부음 받은 자"로 바꾸어 표현한다.[57] 특히 "모퉁이 [돌]"(פנה)이라는 용어는 다른 곳에서

임이 분명하다(예. 요일 2:18; 참조. 계 13:1-10).

55) Magen Sæbø, "Vom Grossreich zum Weltreich: Erwägungen zu Pss. lxxii 8, lxxxix 26, Sach ix 10b," *VT* (1978): 83–91을 보라.

56) William Neil, "Zechariah, Book of," in *IDB* 4:946; Mason, "Relation," 236; *Zechariah*, 100을 보라.

57) 슥 10:4의 탈굼은 "그들로부터 그들의 왕이 나올 것이며, 그들로부터 그들의 기름부음 받은 자가 나올 것이니라"로 번역한다. Sperber, *Bible*, 3:491; Cathcart, *Targum*, 209 n. 21을 보라.

는 통치자를 상징하는 용어로 사용된다(삿 20:2; 삼상 14:38; 사 19:13; 시 118:22).

스가랴 집단은 12장에서 의도적으로 11:15-17과 13:7-9의 적-메시아에 대한 묘사의 대조를 통해, 미래의 다윗 가문을 긍정적인 메시아 상으로 그리고 있다. 12:8은 다윗계가 통치하는 천년왕국을 그리는데, 그곳에서 다윗 가문은 예루살렘 거주민이 보기에는 하나님과 같다(כֵּאלֹהִים...לִפְנֵיהֶם). 이 구절은 마지막 때에 나타날 다윗계 통치자를 고대하고 있는 것처럼 보이는데, 그는 타락한 현재의 총독과는 달리 하나님의 뜻에 따라 완벽하게 다스릴 것이다.[58] 이런 기대는 10절이 다윗 가문을 하나님의 영의 부으심을 받은 특별한 대상이라고 강조함으로써 옹호되고 있다. 그러므로 스가랴 12장은 다윗계 후손에 대해 우호적이며 그를 메시아로 여기는 스가랴 전승의 강조점을 이어간다. 실제로 다윗계와 제사장 가문 둘 다 스가랴서의 전수자에게는 지속적으로 중요했으며, 이 점은 이들에 대한 스가랴 12:12-13의 언급을 통해 드러난다.

스가랴 13장은 메시아에 관해 더욱 분명하게 언급한다. 1절은 천년왕국 때 나타날 정화와 다윗 가문의 정결을 묘사한다. 스가랴 12장에서처럼, 이 구절은 포로기 이후 유다 공공 정부의 현 타락을 직면하면서 다윗계 후손에 대한 긍정적인 기대를 보여준다. 천년왕국이 도래할 때 죄와 부정은 씻겨나갈 것이며, "다윗"은 정결함으로 통치할 것이다.

지금까지의 분석은 스가랴 1-8장과 9-14장이 상반된 두 전승, 즉 실현된 종말론을 지지하는 전자와 묵시적 종말론을 지지하는 후자를

---

58) Mason, *Zechariah*, 117을 보라.

대변한다는 견해를 지지하지 않는다. 오히려 증거 자료는 스가랴 전승이 단일하며 처음부터 메시아 사상과 관련되었음을 보여준다.[59] 만약 실상 스가랴 집단이 처음부터 천년왕국설에 근거했다면, 이 집단이 속한 사회 안에서 그들의 위치가 어디인가 하는 질문이 제기된다. 나는 스가랴 천년왕국 집단을 포로기 이후 유다 공동체 내에 있었던 제사장 권력 집단으로 보는 것이 가장 적합하다고 제안한다.

중앙 제사장 집단의 산물인 스가랴서

스가랴서가 포로기 이후 유다 사회의 중앙 권력 집단을 대변한다는 점을 입증하는 다양한 자료가 있다. 에스라 6:13-15을 보면, 스가랴는 유다 장로들의 지지를 받은 것이 분명하다. 스가랴의 글 행간에서도 이를 읽어낼 수 있다.[60] 그러나 스가랴는 단순히 권력을 가진 자들의 지지를 받은 것이 아니라 그 자신이 회복 공동체 내 제사장 기득권층의 일원이었다. 게제가 언급했듯이, 묵시 문학은 맨 처음에는 관료인 어떤 인물에게서 나온 것이 분명하다.[61]

---

59) 위의 논의를 기초로, 슥 9-14장에서 다윗계에 대한 관심이 줄어들었다고 여기는 저자들(예. Dumbrell, "Kingship and Temple," 40)에게 주의를 기울여야 한다.

60) 슥 1-8장에는 이전의 예언을 암시하는 듯한 기록이 많은데, 이는 그가 관료들의 지지를 받았음을 보여주는 듯하다. 짐작하건대 성전 도서관 자료에 대한 자유로운 접근—요엘서에 관한 논의에서 다시 다루게 될 현상—은 지도층 관료들의 지지를 얻지 못한 자에게는 허락되지 않은 것이다.

61) Gese, "Anfang und Ende," 40.

스가랴의 중앙 제사장 직무

많은 학자는 포로기 이후가 제의적 예언을 매우 강조한 시대였다고 주장한다.[62] 역대기와 요엘서는 포로기 이후 유다 사회에서 제의 예언자의 중요성이, 포로기 이전의 전임자들이 누렸던(예. 왕하 23:2의 증언) 중요성을 넘어섰다고 암시한다(대상 25:1, 4-8; 욜 1:13-14).[63] 학개처럼 스가랴도 제사장들과 긴밀한 관계를 맺고 있던 포로기 이후의 새로운 성전 예언자 집단에 속해 있었다.[64] R. R. 윌슨이 주목한 대로, 스가랴는 분명히 성전 제의 집단에서 활동했다.[65]

스가랴 7:1-7의 기사는 제의 예언자인 스가랴의 직무를 입증한다. 당시 벧엘사레셀(בֵּית־אֵל־שַׂר־אֶצֶר, 저자인 쿡은 히브리어 네 단어를 한 단어로 취급해 벧엘사레셀이라는 인물로 간주하지만, 대부분의 성서 역본은 두 단어씩 각각 묶어 "벧엘 사람들이 사레셀을 [보냈다]"로 번역한다―편집자 주)은 대표단을 보내 금식에 대해 성전 관료들에게 묻는다. 스가랴에게서 온 답변(4-7절)은 성전에서 제사장과 예언자가 친밀히 연합하고 있었음을 보여준다.[66] 스가랴는 성전에서 자신의 신탁을 전달하기까지 했던 것

---

62) 포로기 이후 예언에 대한 제사장계의 관심에 관한 논의와 참고 문헌은 Thomas W. Overholt, *Channels of Prophecy: The Social Dynamics of Prophetic Activity* (Minneapolis: Fortress, 1989), 152, 156을 보라.

63) 포로기 이후의 성전에 관한 문헌과 논의는 요엘서에 관한 다음 장의 논의와 Joseph Blenkinsopp, *A History of Prophecy in Israel* (Philadelphia: Westminster, 1983), 232, 251-55을 보라.

64) Stuhlmueller, *Rebuilding,*, 151; Neil, "Zechariah," 944; Hammershaimb, "Change in Prophecy," 102을 보라.

65) Robert R. Wilson, *Prophecy and Society in Ancient Israel* (Philadelphia: Fortress, 1980), 289.

66) Blenkinsopp, *History of Prophecy*, 232의 논의를 보라.

같다.[67]

스가랴는 성전 제사장들과 뜻을 같이했을 뿐만 아니라, 그 자신이
제사장이었다.[68] 스가랴는 바빌로니아 포로지에서 유다로 귀환한 제
사장 가문의 일원을 책임졌던 제사장 잇도의 손자였다(슥 1:1; 스 5:1;
6:14).[69] 느헤미야 12:4, 16은 스가랴가 결국 제사장 잇도 가문의 우두
머리로서 직무를 수행했음을 보여준다.[70]

스가랴 1-8장의 중앙 제사장 관련 용례와 이데올로기

스가랴 1-8장에서 제사장적 배경을 확증해주는 관용구를 찾는 일은
이전 장에서 다룬 에스겔 38-39장의 경우보다 다소 더 복잡하다. 학
자들은 포로기 이후 문학 활동과 편집을 책임졌던 집단을 파악하는
데 있어, 특징적 언어 사용과 관련된 방법론적 문제들을 점차 인식하
고 있다. 예를 들어 신명기의 언어는 포로기 이전에는 특정 소수 집
단의 특징이었지만, 페르시아 시대에는 다수의 집단이 신명기 사가
(Deuteronomist)의 관용구와 주제를 취했다.[71] 또 다른 방법론상의 문

---

67) Ibid., 248을 보라.
68) 제사장의 예언자 역할은 "사자"(מַלְאָךְ)라는 용어를 제사장 직무에 적용하는 말 2:7
   에서 입증된다. O'Brien, *Priest and Levite*, 147을 보라.
69) 스 5:1과 6:14에서 "손자"라는 의미로 사용된 בֵּן이 왜 많은 주석가를 괴롭혔는지
   는 불분명하다. 다른 곳에서 사용된 이 용례는 창 29:5 ↔ 24:15, 19; 31:28, 43; 룻
   4:17 및 왕하 9:20 ↔ 왕하 9:14을 보라.
70) R. Wilson, *Prophecy and Society*, 288; Wanke, "Prophecy and Psalms,"
   1:162-88; Franz Joseph Stendebach, *Prophetie und Tempel: Die Bücher
   Haggai-Sacharja-Maleachi-Joel* (Stuttgart: Verlag Katholisches Bibelwerk,
   1977), 22; Wellhausen, "Zechariah," 5390을 보라.
71) 포로기 이후의 예언 언어와 그 유형 간 혼합의 문제에 대해서는 R. Wilson,
   Prophecy and Society, 289, 292, 295, 306을 보라. Wilson은 적절한 예언 활동
   에 대한 에브라임과 유다의 견해조차 포로기 이후 초반에 합쳐졌다고 언급한다.

제는 상호텍스트성과 관련된 주제를 포함하는데, 이는 포로기 이후 텍스트에서 점차 대두된다. 스가랴 1-8장과 9-14장은 권위 있는 예언 자료의 기록에 의존한다. 이 기록물의 언어와 모티프가 스가랴 집단의 표현 양식에 영향을 끼치지 못했다고 상상하기란 어렵다. 스가랴 1-8장 텍스트에 전승들의 혼합이 분명히 나타나기는 하지만, 이 묵시 작품의 기원은 여전히 확정될 수 있다. 이 텍스트는 중앙 제사장 집단의 소산이다.

신명기 사가의 신학은 포로기가 나타난 데 대한 몇 가지 적절한 설명 중 하나를 담고 있으므로, 왜 포로기 이전 시대에는 신명기 사가의 생각에 반대했던 집단조차 이 신학 및 이와 연관된 용어를 채택했는지를 이해할 수 있다(참조. 슥 7:11-14). Wilson은 다음과 같이 말한다. "주변부 예언자의 지지를 받은 에브라임의 견해는 [586년의] 재앙에 대한 적절한 설명을 제시했다. 야웨는 신의 계약을 파기한 민족을 벌하셨다.…우리는 포로기 동안 신명기적 견해가 점차 대중적 지지를 얻게 되었다고 추측한다.…그 [결과] 포로기에 일어난 신명기와 예루살렘 전승의 혼합은 포로기 이후의 예언 문학과 역대기 저작에 반영되었다. 이 시기 예언자들의 신학적 견해는 포로기 이전과는 구분되는 관점들의 혼합물이다"(*Prophecy and Society*, 305-6). 신명기 사가의 신학이 슥 1-8장에 미친 영향의 중요한 예로는 회개를 요청하는 슥 1:3이 있다(신명기 사가의 가르침을 요약한 슥 1:1-6에 대해서는 Blenkinsopp, *History of Prophecy*, 235을 보라). 야웨는 그 백성이 그에게로 "돌아오면"(שׁוּב) 돌아오실 것이다. 이 점에서 스가랴는 회복의 선결 조건을 회개로 보는 신명기 사가/예레미야의 사상과 가깝다(신 30:1-10; 렘 31:19). 에스겔은 이 견해를 포기했다(겔 36장). 에스겔에게, 하나님의 이름은 단지 수동적 도구인 이스라엘과 더불어 회복될 것이다(겔 36:22). 그러므로 사 44:22("너는 내게로 돌아오라. 내가 너를 구속하였음이니라")의 언어와 비슷한 언어를 사용하여 야웨와 관계를 재수립하려는 점에서, 스가랴의 "귀환" 어휘는 신명기/예레미야서와 에스겔서 사이의 중간 지대를 대변하는 듯하다. Meyers and Meyers는 "[예컨대 슥 1:3의 변화와 같이] 하나님과 그분의 공동체의 관계에서 나타나는 변화의 상호성이라는 본질은 온전한 화해를 위한 잠재력을 형성하는 것이다.… 예언자 스가랴가 취한 견해는 종종 이스라엘과 하나님의 관계 재수립을 위한[신 30:1-10; 겔 36:24-31 외의] 다른 가능성을 제시하는데, 이는 학개의 촉구로 그의 세대가 이미 성전 프로젝트를 중심으로 하는 귀환의 새로운 정신을 보여주기 시작했기 때문이다"라고 말한다(*Zechariah 1-8*, 99).

스가랴 1-8장의 형식과 구조 원칙 자체는 중앙 제의와 권력의 분위기를 풍긴다. 환상에 대한 강조는 예루살렘 왕정 신학과 연결된 유대교 예언 집단의 특징이고,[72] 스가랴서는 이런 강조점으로 가득하다 (슥 1:8; 2:1[개역개정 1:18]; 2:5[개역개정 2:1]; 3:1; 4:1, 2; 5:1, 5, 9; 6:1). 이외에도 중앙 제의의 수행은 스가랴 환상의 상징주의라는 바로 그 특징을 형성하는 요소들을 제공한다. 이 증거는 "성전의 성스럽고 건축학적인 구조"[73]와 조화를 이루는 스가랴 환상의 구조에 대한 클라우스 제이볼드(Klaus Seybold)의 탁월한 묘사를 통해 분명하게 제시된다. 제이볼드는 환상의 장면, 공간 구조, 움직임의 출처를 추적한다. 이들은 성스러운 구역과 제단(슥 2:1-2[개역개정 1:18-19]), 등잔대(슥 4장), 제의적 현현(슥 2:9[개역개정 2:5]), 제의적 저주(슥 5:1-4), 성스러운 사법 절차(슥 3장) 같은 요소들과 엮여 있다. 스가랴는 성전 제의의 의례와 예배로부터 자신의 표현을 차용했음이 틀림없다.[74]

형식뿐만 아니라 담겨진 내용을 보더라도 스가랴 1-8장은 중앙 제사장들의 산물이다. 이 부분에서는 택함 받은 예루살렘 신학에 대한 스가랴의 강력한 지지가 중요하다. 메이슨이 말하듯, "스가랴는 예루살렘을 하나님이 자신을 위해 선택한 도시로 보는 시온과 성전 전승에 젖어 있었다."[75] 예루살렘 성전에 초점을 맞춘다는 사실은 스가

---

72) R. Wilson, *Prophecy and Society*, 289.
73) Seybold, *Bilder zum Tempelbau*, 36.
74) Ibid., 44, 참조. 76-77, 99. Seybold는 성전 상징주의와 시온 전승에 관한 자신의 책 8장에서, 스가랴서 일련의 환상이 성스러운 건물/성전 건축에 관한 고대 근동의 관습에서 연유한다고 말한다(ibid., 80, 참조. 100). 스가랴의 환상과 메소포타미아 성전 개혁 예식의 밀접한 관련성은 Baruch Halpern, "The Ritual Background of Zechariah's Temple Song," *CBQ* 40 (1978): 167-90을 보라.
75) Mason, *Zechariah*, 28. 또한 Stuhlmueller, *Rebuilding*, 49을 보라.

랴 1:15-17에 이미 분명히 드러난다. 17절은 예루살렘에 대한 하나님의 "선택"(בָּחַר)을 강조한다. 그러므로 스가랴가 본 일련의 환상 가운데 첫 번째 것은 그의 환상 전체가 시온을 중심으로 한다는 점을 분명히 보여준다.

사실상 스가랴 환상의 여러 지점에서 시온 신학이 뚜렷이 드러난다. 측량줄을 잡은 사람에 대한 세 번째 환상(슥 2:5-17[개역개정 2:1-13])은 시온의 확실한 회복과 축복을 나타낸다. 14절(개역개정 10절)은 예루살렘 가운데 하나님의 "거하심"(שָׁכֵן)을 약속한다. 하나님이 예루살렘을 선택하셨다는 사실은 16절(개역개정 12절)에 다시 분명히 드러난다. 스가랴 3:2이 그렇듯이, 동사 원형 "선택하다"(בָּחַר)는 여기서 현저히 눈에 띈다.

하나님이 시온을 선택하셨다는 것은 그분이 그곳에 지어진 성전에 거하시리라는 것을 의미한다. 이런 묵시적 사건의 준비로서 환상은 세속 성전이 현재 지어지고 있다고 선포하는데(슥 4:9), 이는 천년 왕국 성전의 한 유형이다(슥 6:12-13). 아마도 건축 프로젝트에 대한 서술은 시온을 묘사하기 위해 우주적 산(Urhügel) 신화에 의존하는 듯한데, 이는 왕궁과 제사장 계열 집단에 잘 알려진 방식이었다(시온산을 "성전이 놓인 받침대"로 언급하는 슥 4:7을 보라).[76]

실제로 환상 자체가 언급되는 곳 외에도, 시온 신학은 예루살렘에 대한 스가랴 8:2-3의 영광스러운 묘사에서도 분명히 나타난다. "만군의 여호와가 이같이 말하노라. 내가 시온을 위하여 크게 질투하며 그

---

76) van der Woude, "Primeval Stone," 237-248; Meyers and Meyers, *Zechariah 1-8*, 228, 244-46을 보라. Seybold는 스가랴 성전과, 슥 6:1-8에 언급된 네 바람의 중심에 있는 병거가 등장하는 장소 사이의 신화적 연관성을 지적한다(*Bilder zum Tempelbau*, 81).

를 위하여 크게 분노함으로 질투하노라. 여호와가 이같이 말하노라. 내가 시온에 돌아와 예루살렘 가운데에 거하리니…" 여기서 우주적 산 모티프는 친(親)시온 이미지를 강화한다. "…예루살렘은 진리의 성읍이라 일컫겠고, 만군의 여호와의 산은 성산이라 일컫게 되리라."

정결에 관한 스가랴 1-8장의 관심 역시 이 텍스트가 중앙 제사장들과 관련됨을 나타낸다. 천년왕국에서는 시온이 "성산"(슥 8:3)으로 알려지며, 유다는 "거룩한 땅"(אַדְמַת הַקֹּדֶשׁ, 슥 2:16[개역개정 2:12])이 될 것이라고 스가랴는 말한다. 땅의 정결에 관한 이러한 관심사는 날아다니는 두루마리에 관한 여섯 번째 환상과 에바 속 여인에 관한 일곱 번째 환상의 핵심이다. 이 환상들은 유다 땅 전체가 거룩하고 정결해야 한다는 스가랴의 강조점을 보여준다. 스가랴 5:1-4의 날아다니는 두루마리 환상은 그 땅에서 죄인이 "끊어질"(נקה의 니팔형) 때가 다가오고 있다고 묘사한다. 스가랴 5:5-11의 에바 속 여인에 관한 환상은 심지어 악 자체를 제거하는 데까지 나아간다. 이렇듯 깨끗함/정결에 대한 스가랴서의 관심은 에스겔서에서 발견되는 사독계의 관심사와 비교해볼 만하다.

스가랴 정체(政體)의 제사장적 강조

처음부터 스가랴는 사독계의 탁월성과 최고 권력에 대한 관여를 강조한다.[77] 스가랴의 사회적 위치에 대한 분명한 단서인 이 주장은, 스가랴

---

77) 구체적으로 사독계의 탁월성은 예수아/여호수아에 대한 스가랴의 집중으로부터 추론할 수 있다. 여호수아는 포로기 이후 초대 제사장이자 지도자(스 2:2, 36; 3:2)이며, 바빌로니아에서 온 대제사장(학 1:1; 슥 3:1; 6:11)이었음을 기억해야 한다. 여호사닥의 아들(슥 6:11)이며, 스라야의 손자인 여호수아는 기원전 587년 예루살렘 붕괴 이전의 마지막 사독계 제사장 가문 출신이었다(왕하 25:18; 대상 6:8-15). 관련 논의와 참고 문헌은 이 책 4장, 각주 140을 보라. 여호수아는 성전에 대

4장의 금 등잔대 환상을 통해 가장 잘 예시된다. 등잔대 환상의 중심성은 이 환상의 수사 장치(5, 13절)나 일련의 스가랴 환상 가운데 이 환상이 중심을 차지한다는 점을 통해서도 강조된다. 이 환상은 특별한 깨움(עור)을 수반하는데, 게제에 따르면 이는 더욱 깊은 깨달음을 가능케 하는, 환상가의 의식 확장을 암시한다.[78]

앞서 논의한 대로, 스가랴 환상에 비친 정치 체제는 이원제다. 4장의 환상에서 제의 등잔대를 지탱하는 두 감람나무는 두 명의 공동체 지도자, 즉 대제사장과 다윗계 후손임이 틀림없다. 두 인물의 이름이 언급되지 않았기에, 이들은 이상적 직분을 대변한다. 스가랴는 천년왕국 시대에는 두 명의 중앙 행정 통치자가 있을 것이라고 본다. 흘러내리는 기름에 대한 12절의 언급은 두 지도자가 성전과 새로운 제의 공동체를 지탱할 것을 암시한다.

두 지도자가 지탱하는 제의 등잔대는 하나님의 임재를 상징한다. 그 싹은 온 땅을 두루 돌아보는 야웨의 눈을 가리킨다. 다가오는 시대에 하나님의 영광은 성전으로부터 흘러나와 세상으로 들어온다(10b절). 그러므로 이 환상은 두 명의 지도자와 에스겔이 본 하나님의 본질, 즉 가득한 눈(겔 1:18; 10:12)을 연결해준다.[79] 여기서 제사장과 다윗계 "기름부음 받은 자손"은 놀라운 하나님의 임재 자체와 상호 관련성을 맺고 있다고 묘사된다.

하나님과 연결된 대제사장에 관한 환상은 사독계의 권위와 중요성을 분명하게 강조한다. 아울러 스가랴 집단이 유다 공동체에 대한 어떤 사독계 소수 집단의 지배를 지지했다는 증거는 없다. 오히려 환

한 사독계 통치를 재건하고자 했던 사독계 우두머리였음이 분명하다.

78) Gese, "Anfang und Ende," 28.

79) Ibid., 29을 보라.

상은 대제사장과 다윗계 후손의 평등한 관계에 대한 스가랴의 이상화된 희망을 보여준다.[80] 스가랴 집단은 미래의 다윗계 후손, 즉 다가오는 가지에 대해 강조함으로써 그들의 동료인 제사장 집단이 주도권을 쥐려는 요구에 반대한다. 앞서 주장했듯이, 6-10절의 명백한 편집은 이원제 안에서 다윗계가 절반을 차지하는 게 중요하다는 원래 환상의 주장을 강력하게 되새기는 역할을 한다.

스가랴 전승의 지속

스가랴 1-8장이 예루살렘 제사장 지도층 집단 내에서 전수되고 (여전히 메시아적으로) 해석됐다는 강한 흔적이 있다.[81] 여기서 핵심은 대제사장 여호수아에 관한 네 번째 환상(슥 3장)에 편집을 통해 추가된 내용인데, 이 환상은 전승의 지속을 통해 시온 신학과 제사장직에 대한 초점을 가장 잘 보여준다. 일련의 스가랴 환상 안에 3장이 후대에 첨가되었다는 것은, 중심부 제사장들에 대한 관심이 이 집단의 역사에서 곧 포기된 관점이 아니라 계속 강조된 핵심이었음을 암시한다.[82] 스가랴 3:2은 예루살렘에 대한 하나님의 선택이라는 시온 신학을 계속 강조하며, 3:3-5은 시온 내에서 대제사장의 중요성을 강조한다. 나아가 여호수아에게 주어진 아름다운 옷(מַחֲלָצוֹת, 4절)은 스가랴 전승의 전수자들이 사독계의 (조율된) 지도력을 지지했음을 암시한다. 심지어 스가랴 3:7은 여호수아가 천상 회의에 접근할 수 있다고 말한다.[83]

---

80) David L. Peterson은 어떻게 "이중성"이 "조화를 이루면서도 예고의 방식"으로 일을 수행해나가는지를 보여준다(*Haggai and Zechariah 1-8*, OTL [London: SCM, 1984], 232).

81) Mason, *Zechariah*, 10을 보라.

82) 앞의 각주 49를 보라.

83) 7절이 편집이라면, 지속된 스가랴 천년왕국 집단의 정치 체제는 성전에 대한 사

또한 이 환상은 대제사장이 제의적으로 정결해야 한다는 중앙 제사장적 관심과 분명히 관련이 있다(슥 3:4, 9, 겔 36:25; 출 29:4-6; 레 16:4과 비교하라). 여호수아의 더러운 옷은 제거되고 아름다운 옷으로 대체된다. 이 부분의 어휘는 에스겔 4:9-17을 연상시킨다. 포로기를 예시하는 행위를 수행하라는 명령을 받았을 때, 에스겔은 배설물과의 접촉으로 더렵혀지지(מִטַּמְאָה) 않게 해달라고 간청하는데, 이 배설물은 여호수아에게 노출된 바로 그 종류의 것이다(겔 4:12과 슥 3:3은 모두 같은 동사 원형 צוֹא["불결한"]를 사용한다). 그러므로 여호수아의 더러움이 제거될 때(슥 3:4), 하나님은 사독계가 배설물처럼 여겼던, 포로기 상황(겔 4:13)으로 인해 야기된 제의적 불결을 역전시키신다. 여호수아는 또한 정결한 관(הַצָּנִיף הַטָּהוֹר, 슥 3:5)을 받았다. 나아가 여기서 동사 원형 טָהֵר("씻어내다, 정화하다")가 사용되어 에스겔에게서 준수된 의례적 정결에 대한 사독계의 관심을 반영한다(목록 2의 항목 38을 보라). 스가랴가 보기에 미래의 제사장 의례와 희생 제의(מִשְׁמַרְתִּי, 7절)는 하나님이 공식적으로 대제사장에게 제의적 정결을 선사하셨기에 유효하다.

스가랴서 전수자의 특징인 중앙 제사장의 언어와 모티프는 스가랴 9-14장에서도 뚜렷하다. 그러므로 이 장들은 공동체에 제의적 정결이

독계의 권위를 여전히 지지했다는 추가 증거다. 슥 6:13의 편집은 이런 제사장의 권위를 메시아 시대로까지 확장시켰다. 이때는 "그의 보좌에 제사장이 있을 것이다"(וְהָיָה כֹהֵן עַל-כִּסְאוֹ). 제사장에게 보좌가 주어진다는 이런 성직자 정치 이미지는 이례적인데, 70인역에서는 그것이 다소 완화되었다("제사장은 그의 [즉 다윗계 메시아의] 우편에 있으리라"[καὶ ἔσται ὁ ἱερεὺς ἐκ δεξιῶν αὐτοῦ]). Brian A. Mastin은 70인역의 이 부분이 다른 원자료를 지닌 것이 아니라, 왕하 2:19의 묘사에 영향을 받은 것 같다고 주장한다. Mastin은 "솔로몬이 그의 보좌에 앉을 때 밧세바의 כִּסֵּא ['보좌']가 솔로몬의 우편에 위치했던 것과 마찬가지로, 대제사장은 군주의 '오른편'에 위치한다"라고 말한다("A Note on Zechariah 6:13," VT 26 [1976]: 115).

필요하다고 계속 강조한다. 예컨대 스가랴 9:7은 마지막 때에 블레셋이 유다로 합병되기 전에 블레셋이 제의적으로 정결해야만 한다고 말한다.[84] 예루살렘 사람들도 정결하게 될 것이다. 스가랴 13:1은 천년왕국 시대에 예루살렘 거주민의 정결을 묘사할 때, 에스겔 36:17, 25의 언어를 사용한다. 이 구절은 하나님이 마지막 때 샘에서 구원이 뿜어져 나오는 성읍을 정결케 하시기를 고대하고 있다. 여기서 에스겔이 월경 용어 נִדָּה("부정")를 사용한다는 데 주의하라(겔 7:19-20; 18:6; 22:10; 36:17. H문서는 레 18:19; 20:21을 보라). 스가랴의 천년왕국 샘은 이런 사독계의 관심사를 온전하게 다룬다. 스가랴 13:2은 그 땅으로부터 "더러운 귀신[영]"(רוּחַ הַטֻּמְאָה)의 제거를 묘사한다. 천년왕국에서 하나님은 부정의 초자연적인 원인조차 제거하실 것이다.[85]

하나님의 시온 선택과 성전에 대한 중앙 제사장 집단의 관심은 스가랴 1-8장에서처럼 9-14장에서도 분명하다(슥 9:8, 12[이 본문은 예루살렘을 "요새"(בִּצָּרוֹן)로 언급한다]; 12:3, 8; 13:1; 14:10, 16).[86] 스가랴 12장이 에스겔 38-39장에 나오는 이방인의 쇄도 모티프를 많이 사용하는 것은 시온 전승에 대한 의존을 특히 분명하게 보여준다.[87] 스가랴 12:1-9은 예루살렘을 마지막 때에 있을 세계적 전쟁의 중심에 둔다. 많은 열방이 예루살렘과 맞서기 위해 모여 아마겟돈 같은 전투를 벌

---

84) Neil, "Zechariah," 947을 보라.
85) 슥 13장의 중앙 제사장적 특징이 너무나 분명하여, Plöger는 여기서 신정 정치 지도자들의 프로그램을 발견한다(*Theocracy*, 87).
86) Stuhlmueller, *Rebuilding*, 142-45; Mason, "Relation," 227-31을 보라.
87) 이 책 4장의 "곡 전승의 후대 재사용"의 논의를 보라. David L. Peterson은, 슥 12:1-9에는 "하나님이 거하시는 난공불락의 성읍 모티프에서 시온 전승이 나타난다"라고 언급한다("Zechariah," *Harper's Bible Commentary*, ed. J. Mays [San Francisco: harper and Row, 1988], 751).

이지만(3절), 용사이신 야웨로 인해 혹독하게 패배한다. 적군의 패배에 대한 묘사는 묵시 문학에 자주 등장하는(겔 38:21-22과 비교해보라) 초자연적 혼동과 공포라는 거룩한 전쟁 모티프를 사용한다(4절). 그러므로 여기서 예루살렘은 난공불락의 영원한 성읍으로 등장한다.

시온 신학이 사용하는 이방인의 쇄도 모티프는 스가랴 14장에서 다소 다른 방식으로 다시 채택되고 정교해진다. 에스겔 38:21에서처럼 5절의 "나의 산"(הר)의 용례에 주목하라. 실제로 스가랴 14장은 미래의 시온을 묘사하기 위해 몇 군데서 우주적 산/하나님의 산(Götterberg) 모티프를 사용한다. 그러므로 8절은 세상 모든 물의 근원인 우주적 산이라는 개념(창 2:10-14)에 의존한다. 관련 모티프인 성전에서 흘러나오는 끊이지 않는 샘(비교. 슥 13:1)은 왕정 제의에 보존되어 있고(시 46:4; 36:9; 65:10-14), 에스겔의 사독계 집단이 강조하는 바다(겔 47:1-12).[88] 10절은 천년왕국 시대에 이스라엘 지형에 물리적 변화가 일어날 것을 묘사하는데, 그중에는 예루살렘이 말 그대로 세계의 중심축(axis mundi)으로 상승하는 모습도 포함된다. 그 결과, 시온의 물리적 무게감이 우주적 산의 정체성과 상응하게 될 것이다.

스가랴서에서 가장 묵시적인 장으로 여겨지는 스가랴 14장[89]은

---

88) Hanson, *Dawn*, 377-78; van der Woude, "Primeval Stone," 244-45; Stuhlmueller, *Rebuilding*, 150을 보라.

89) Hanson, *Dawn*, 369; Patrick D. Miller, Jr., *The Divine Warrior in Early Israel* (Cambridge, Mass.: Harvard University Press, 1973), 140을 보라. 이 장은 용사 하나님의 우주적 투쟁(2-3절), 산이 쪼개지고 천년왕국 시대가 뒤따름(4절), 계속되는 낮(7절), 생명수의 흐름(8절)과 같은 묵시적 요소를 포함한다. Peterson은 이 장의 묵시적 묘사를 다음과 같이 요약한다. "환상적인 변화가 자연 세계에 [일어날 것이다]. 이 세대에 대한 인간의 경험이 폐기될 때 급진적인 새 시대가 올 것이다. 더는 추위가 아닌, 짐작하건대 기분 좋은 따뜻함, 더는 밤이 아닌, 계속되는 빛…에덴 같은 생명수(참조. 욜 4:18[개역개정 3:18])가 아마도 경이로운 풍요로

이 책 전체에서 다른 어떤 장보다 더욱 중앙 제사장적 관심사를 내비친다. 분명히 묵시 텍스트지만, 스가랴 14장은 장막절 제의 기념행사가 중요하다는 H문서의 관점(레 23:34-43)을 공유한다. 모든 열방이 장막절을 기념하기 위해 예루살렘 성전으로 와야 한다는 스가랴 14:16-19의 강력한 주장은, 해당 본문이 예루살렘 성전 제의의 구심점 역할에 강력하게 집중하고 있음을 나타낸다(비교. 슥 8:22).[90]

초막절에 대한 스가랴 14:20-21의 제의 규정은 제의적 정결에 관한 제사장들의 관심사를 분명하게 드러낸다(비교. 슥 8:3). 우리가 살펴보고 있는 제사장계 천년왕국 집단에 합법적인 제의란 정결 없이는, 특히 다가오는 시대에 일어날 수 없는 일이다. 그러나 여기서 정결에 대한 관심사는 성전 복합체 안에서 행해지는 제사장의 제단 임무에 한정되는 성격이 아니다. 성전의 거룩함은 희생 동물이 요리되는 성전 뜰로 나아가고, 이를 넘어 예루살렘의 나머지 지역까지 뻗어나간다. 정결에 대한 스가랴서 전수자의 계속된 관심은, 여기서 예루살렘과 유다에 속한 모든 것, 마구(馬具)에 매는 방울에 이르기까지 확대된다.

월터 해럴슨(Walter Harrelson)은 장막절에 거행되는 야웨의 대관식을 포로기 이전의 것으로 한정하고자 하지만, 이 주제는 아마도 스

이끌 것이다"("Zechariah," 751).

90) 슥 14장에서는 예루살렘에서 드리는 장막절이 전 세계적으로 중요한데, 이는 다른 시기에, 다른 집단에게는 미약했던 장막절의 역할과는 대조를 이룬다. 그러므로 모든 **이스라엘** 남자가 장막절에 여호와께 보여야 한다는 출 23:17의 초기 명령은 중앙화된 기념행사를 명시하지 않는다. 실상 제의 중앙화 이후에조차 예루살렘을 향한 연중 순례가 모든 시기에 강조된 것은 아니었다. 느 8:16-17 및 George W. MacRae의 관찰, 즉 후대에 "수장절을 예루살렘에서 기념해야 하느냐는 문제를 두고, 예수는 명백히 자유로운 선택을 허용했다(참조. 요 7:2-10)"라는 점을 참조하라("The Meaning and Evolution of the Feast of Tabernacle," *CBQ* 22 [1960]: 269).

가랴 집단에 의해 포로기 이후 중앙 제의에서 직접 차용된 것으로 보인다.[91] 스가랴 집단이 이 의식을 수행했다는 것은 여러 텍스트를 통해 입증된다. 에스라 3:2-4은 성전이 지어지기도 전에 사독계를 포함한 귀환자들에 의해 장막절이 기념되었다고 알려준다. 뒤이어 5절은 그 후 장막절이 계속 준수되었다고 암시한다. 스가랴 14장보다 앞서는 느헤미야 8:13-18 역시 포로기 이후에 장막절이 중요했다고 강조한다.[92] 나아가 장막절이 포로기 이후에 준수된 것은 기념행사에서 채택된 야웨의 즉위식 시편이 후대의 것이라는 데서 입증된다. 그 한 가지 예가 시편 96편인데, 이 시편은 제2이사야서에 의존할 뿐 아니라 다른 시편들을 상당히 차용하고 있다.[93]

장막절 의식은 이방인의 쇄도 모티프를 강조하므로, 스가랴 14장이 야웨의 묵시적 최후 승리 이후에 이 절기의 연중 기념행사를 논한 것은 자연스럽다.[94] 연관된 모티프인 비와 다산 이미지(신 16:15; 시

---

91) 처음에 Walter Harrelson은 스가랴 집단의 저자들이 실제 제의 절차에 영향을 받았다고 보았다. 그러나 이후에 그는 포로기 이후의 제의를 왕위 등극 주제로 보지 않음으로써, 이전 주장을 철회한 것처럼 보인다("The Celebration of the Feast of Booths According to Zech xiv 16-21," *Religions in Antiquity*, Goodenough *Festschrift*, ed. J. Neusner [Leiden: Brill, 1968], 91 n.2).

92) 17절은 그 절기가 여호수아 시대 이후 지켜지지 않았음을 의미하는 것이 아니다. 이를테면 왕상 8:65을 보라. 여기서 쟁점은 "적절한" 준수의 결여임이 틀림없다. 예컨대 실제로 **모든 곳에서** "천막"에 머물지는 않았거나, "전체 회중"을 포함하지는 않았던 문제 같은 것들 말이다.

93) Sigmund Movinckel은 즉위식 유형(Gattung)이 포로기 이전의 장막절과 관련된다고 보지만, 실제로는 몇몇 즉위식 시편이 포로기 이후에 나왔음을 인정한다. 그의 *The Psalms in Israel's Worship*, trans. D. Ap-Thomas (Nashville: Abingdon, 1967), 117-18을 보라.

94) W. J. Dumbrell, "Some Observations on the Political Origins of Israel's Eschatology," *The Reformed Theological Review* 36 (1977): 37을 보라.

65:9-13)[95]는 스가랴 14:17-19에서 유다가 대망했던 천년왕국의 번성 (학 1:10; 슥 8:12; 10:1)이라는 측면으로 쉽사리 해석되었다. 그러므로 장막절 제의와 그 모티프가 스가랴 천년왕국 집단의 묵시적 기대와 표현 방식을 논리적으로 형성했던 것이다. 종말론적인 야웨의 왕권 및 장막절과 같은 제의적 절기는 스가랴 14:16에서 적절하게 연결된다.[96] 중앙 제의에 대한 강조는 스가랴서 전승사의 맨 뒷부분에서도 발견된다.

스가랴 1-8장의 회복과 에스겔서 비교

그러므로 지금까지의 논의는 스가랴 천년왕국 집단이 제사장 관료들로 구성되었다고 강력하게 주장한다. 그러나 **제사장**이라는 호칭은 **환상가**라는 호칭만큼이나 페르시아 시대의 이 집단을 적절하게 규명하지 못한다. 서로 다른 제사장 집단들이 포로기 이후에 존재했으며, 사회학적 임무의 일환은 스가랴 집단이 이 집단 중 어디와 가장 잘 부합하는지를 찾는 것이다. 이를 위해 다른 성서 텍스트의 관용구과 관점을 스가랴서의 그것과 비교하고, 가능한 연결점을 찾아내는 작업이 필요하다.

스가랴서가 사독계와 에스겔식의 언어와 사상을 되울리는 몇몇 지점은 이미 언급했다. 이러한 언어적·주제적 반향을 보면, 스가랴 집단을 에스겔 계열의 제사장파에 가깝다고 보는 것이 가장 적절할 것이다.

---

95) Mowinckel, *Psalms*, 1:119; MacRae, "Feast of Tabernacle," 269.

96) Mowinckel, *Psalms*, 1:119을 보라.

실제로 조사해보면, 스가랴의 환상은 에스겔과 그 전수자들의 저작물과 매우 일치한다는 점이 드러난다.[97] 실제 의존성은 스가랴가 에스겔에서 차용한 용어에서 찾아볼 수 있다. 예컨대 스가랴가 하나님을 크게 "질투"(קִנְאָה, 슥 1:14; 8:2)하는 분으로 묘사한 것은 에스겔의 예언을 떠올리게 하고(겔 5:13; 23:25; 36:5-6; 38:19; 비교. 39:25), 스가랴가 유다의 과거 "흩어짐"을 묘사하고자 동사 "흩다"(זָרָה)를 사용한 것 역시 그러하다(슥 2:2, 4[개역개정 1:19, 21]; 겔 5:10, 12; 12:14; 20:23; 22:15. 비교. 레 26:33의 H문서).

에스겔의 영향은 두 문학에 나타난 공유된 사상, 모티프, 심지어 문학적·구조적 특징을 보더라도 분명하다. 스가랴는 에스겔로부터 하나님의 영과 우주의 네 바람의 연합을 택한다(슥 6:4-8; 겔 37:9-10). 스가랴 5:1-4의 날아다니는 두루마리는 저주의 역할을 하는데, 이는 애가와 애곡과 재앙의 말을 담고 있는 (또한 양면에 기록된) 에스겔 2:9-10의 두루마리를 연상시킨다. 악과 부정을 의인화하는 스가랴 5:8은 "인자야! 이스라엘 족속이 그들의 고국 땅에 거주할 때에…그 행위가 월경 중에 있는 여인의 부정함과 같았느니라"(겔 36:17)와 같은 에스겔의 직유에 의존하고 있다.[98] 마지막으로, 스가랴는 에스겔의 광범위한 환상가적 강조점에 분명히 영향을 받았다. 스가랴의 환상처럼, 에스겔의 환상은 성전 상징주의로 가득 차 있고, 시온 신학을 자세히 설명해준다.[99]

---

97) 사 40-55장의 영향 역시 종종 파악되지만, 이는 단지 산발적으로만 제시된다. Seybold, *Bilder zum Tempelbau*, 84; Petersen, *Zechariah 1-8*, 122을 보라.

98) 또한 에스겔의 간음한 여인(겔 16장)에 관한 비유와 불신실함을 묘사하는 비유(겔 23장)를 보라.

99) Seybold, *Bilder zum Tempelbau*, 85을 보라.

나아가 에스겔서와 스가랴 1-8장 재건 프로그램의 반향[100]은 스가랴 집단이 에스겔 집단의 저작물에 의존했음을 보여준다. 예컨대 스가랴 1-8장과 에스겔은 모두 시온과 성전으로 돌아오는 하나님의 영광을 묘사하기 위해 비슷한 언어를 사용한다. 하나님께서 예루살렘과 하나님의 집으로 돌아오실 것이라는 하나님의 약속(슥 1:6)은 야웨의 영광이 귀환할 것이라는 에스겔의 환상(겔 43:1-5)을 성취한 것이다.[101] 스가랴 2:9(개역개정 2:5)과 2:12(개역개정 2:8)은 에스겔의 용어 "야웨의 영광"(כְּבוֹד יְהוָה, 겔 1:28; 11:23; 43:4; 44:4)에 의존한다. 나아가 에스겔처럼 스가랴 2:14(개역개정 2:10)과 8:3도 미래에 이스라엘과 함께 거하시는 하나님을 묘사하고자 동사 원형 "거주하다"(שָׁכַן)를 사용한다(겔 37:24-27; 43:7-9을 보라).[102] 하나님이 돌아오시도록 준비하는 시온의 모습에 대한 스가랴서의 묘사(슥 2:5-6[개역개정 2:1-2])조차도 에스겔 40:3에 언급된 측량자의 측량줄을 활용한다.

---

100) 히브리어 성서가 겔 40-48장과 슥 1-8장에 나타난 사독계 성전 재건 프로그램의 증거 자료를 보존하고 있다는 몇 가지 표지가 있다. Hammershaimb는 포로민들이 "제의의 부활로 야기된 문제를 집중적으로 생각했고…자신의 조국을 위한 포로민들의 개혁 프로그램으로서…완벽한 계획을 작성했"라고 주장한다("Change in Prophecy," 103; R. Wilson, "From Prophecy to Apocalypse," 87을 보라). Hanson은 스가랴의 환상이 "스가랴의 활동에서 사독계 성전 프로그램의 예언적 승인 역할을 했으며", 이 프로그램은 에스겔이라는 그들의 "수호 성인"에 의해 수행된 것이었고, 상당히 많은 자료는 이 견해가 크게 틀리지 않았음을 입증한다고 주장한다(Hanson, "Zechariah," 982; *Dawn*, 233, 245 [또한 n. 53]; *People Called*, 256-57을 보라). Stendebach는 "성전 재건에 대한 관심으로, 학개와 마찬가지로, 스가랴는 새로운 성전과 새로운 백성의 창조에 집중하는, 미래를 향한 원대한 프로그램을 자신의 책 40-48장에 펼쳐놓았던 에스겔의 순수한 후계자(Nachfolger)임을 스스로 입증한다"라고 말한다(*Prophetie und Tempel*, 23).

101) Mason, *Zechariah*, 38; Baldwin, *Zechariah*, 100을 보라.

102) Hanson, *Dawn*, 249, n. 56; Seybold, *Zechariah*, 100을 보라.

회복될 예루살렘에는 다윗계의 회복이 포함되리라는 에스겔의 강조점 역시 스가랴서에 큰 영향을 미쳤다.[103] 다윗계 후손에 대한 에스겔의 관심은 에스겔 34:20-24과 37:24-28에서 가장 분명하게 나타난다. 스가랴 3:8처럼, 에스겔서에서 하나님은 도래하는 다윗계 후손을 "내 종"(겔 34:24; 37:24)으로 묘사한다. 에스겔 40-48장이 다윗계 후손을 훨씬 덜 강조하기는 하지만, 그렇다고 그를 부정적으로 평가한다는 뜻은 아니다. 이 점에서는 스가랴와 대조적이다. 에스겔 40-48장조차도 군주에게 특별한 약속을 여전히 부여하고 있다. 군주는 특별한 땅을 할애받고(겔 48:21; 비교. 45:7-8), (비록 상징적이긴 하지만) 성전의 동문 구조물 안에 위치한 방들을 사용할 수 있는 특권을 추가로 얻는다.[104]

---

103) 다윗계 후손에 대한 에스겔의 견해는 다소 복잡하다. 첫째, 에스겔은 "왕"(מֶלֶךְ)이라는 칭호를 사용하기보다, 한 목자를 "군주"(נָשִׂיא)로 서술한다(예. 겔 34:23-24). Walther Zimmerli의 경우는 에스겔이 여기에서 순수하게 고대 이스라엘의 칭호를 사용하고 있다고 주장한다(*Ezekiel* 2, Hermeneia, trans. J. D. Martin [Philadelphia: Fortress, 1983], 218). 그렇다 하더라도 군주는 왕이다(겔 12:10; 37:22, 24-25). 둘째, 다윗계 후손이라는 인물에 대한 묘사는 겔 34:23과 37:25의 초기 언급과 40-48장의 후기 언급 사이에서 다소 바뀐다. 초기 텍스트는 다윗계 후손의 귀환을 구원 시대의 도래로 그리는데, 이는 스가랴서 텍스트의 묘사와 비슷하다. 대조적으로 겔 40-48장은 가까운 미래를 위한 구체적 임무라는 측면에서 다윗계 후손을 검토한다. 왕을 경시하는 경향은 여기서 분명히 드러나며, 군주의 권력에 제한을 두는 모습이 나타난다(겔 46:16f.).

104) 겔 40-48장은 스가랴보다 훨씬 강력하게 제사장과 다윗계의 특권을 구분한다. 에스겔의 군주를 "제사장과 군주가 혼합된 형태"라고 한 Petersen의 언급은 잘못된 것이다(*Zechariah 1-8*, 118). 겔 43:8은 성전이 더는 궁전 시설의 하부 요소가 되면 안 된다고 규정한다(왕상 7:2-12과 왕하 11장을 대조하라. 아울러 John W. Wevers, *Ezekiel*, NCBC [Greenwood, S.C.: Attic, 1969], 216; Zimmerli, *Ezekiel 2*, 552을 보라). 왕정 시대에 왕은 심지어 제단에서 집례도 했지만(왕하 16:12f.), 에스겔의 경우, 왕은 다른 평신도처럼 이러한 제사장 관할 구역에서 제외된다(Moshe Greenberg, "The Design and Themes of

에스겔서와 스가랴서는 밀접하게 연결되어 있지만, 그들의 견해가 같은 것은 아니다.[105] 스가랴 1-8장은 때때로 에스겔에서 상당히 벗어나 있고, 에스겔이 예측하지 않았던 문제들과 마주하려 한다. 그러므로 에스겔의 환상은 이스라엘의 회복 이후의 배교에 대비하지 않지만(참조. 겔 43:7), 스가랴는 날아다니는 두루마리 환상에서 포로기 이후의 무질서라는 문제를 다루고 있다. 스가랴 집단의 프로그램은 아직 완벽하지 못한 사회라는 실체를 다뤄야 했음을 의미한다(슥 5:1-4). 나아가 에스겔의 예루살렘에 성벽이 있는 것과는 반대로(겔 48:30-35은 "세 문"을 언급), 스가랴의 예루살렘에는 성벽이 없는데(슥 2:5-9[개역개정 2:1-5]), 이는 종말을 염두에 둘 때 당장 성벽을 짓는 것이 비실용적이라고 본 결과일 것이다.

또한 스가랴의 세 번째 환상인 성벽 없는 예루살렘은 거룩함에 대한 스가랴와 에스겔의 이해 방식에 중요한 변화가 있었다는 데 우리의 주의를 환기시킨다. 스가랴 2:9(개역개정 2:5)은 야웨의 예루살렘 편재를 묘사하므로, 에스겔의 경우(겔 43:7)와는 달리 성전이 야웨의 임재 장소로 강조되지 않는다.[106] 야웨의 임재 장소에 관한 이러한 차이

Ezekiel's Program of Restoration," *Int* 38 [1984]: 206; Dumbrell, "Kingship and Temple," 35-37을 보라). 그러므로 겔 46장은 군주가 안뜰에 들어갈 수 없으며, 제사에 참여할 수 없다고 규정한다. 제의 영역에서 "군주"(נָשִׂיא)는 단지 공동체의 대표에 불과하다. 따라서 그는 희생제 음식을 먹기 위해 성소의 폐쇄된 바깥 동문에 앉아 있을 뿐이다(겔 44:1-3).

105) 그러므로 Peterson은 회복에 대한 에스겔과 스가랴의 대조적인 견해를 8개 항목으로 찾아낸 뒤, "스가랴는 겔 40-48장에 제시된 회복 개념의 대안 혹은 수정을 제시한다"라고 주장한다(*Zechariah 1-8*, 119, 참조. 116f. 또한 그의 "Zechariah's Visions: A Theological Perspective," *VT* 34 [1984]: 195-206도 보라). 여기에서 주어진 예는 Peterson의 논의에서 나온 것이다.

106) 스가랴의 견해에 관련하여 Peterson은 "이 복된 도시를 통해 야웨의 거룩함에

는 거룩함의 차등과 비차등 사이의 대조와 관련된다. 에스겔의 환상은 거룩함의 분리와 차등이라는 주제를 강조한다(겔 42:20; 44:23을 보라).[107] 에스겔 43:12은 이 주제를 요약해준다.[108] 스가랴 전승은 여전히 거룩함을 강조하면서 차등에 대한 강조에서 벗어난다. 그러므로 마지막으로 발전된 스가랴 전승은 예루살렘의 모든 것이 성화된다고 본다. 예루살렘과 유다의 말방울과 모든 솥이 야웨 앞에서 거룩하다(슥 14:20-21).[109] 그러므로 에스겔서뿐만 아니라 스가랴서에서 중앙성전은 예루살렘의 신성함을 확증한다. 그러나 에스겔 40-48장이 예상한 것과는 다른 방식으로, 스가랴는 성전의 신성함을 외부로 확장한다.

에스겔과 스가랴의 정체 사이의 가장 흥미로운 차이는 에스겔이 "대제사장"에 대해 논의하지 않는다는 점이다.[110] 반대로 스가랴는 대제사장의 지위가 분명히 실재한다고 보고 있다(슥 3:1; 4:14; 6:11). 이 직위는 스가랴의 행정 및 종교 연합체 지도층의 절반을 구성한다.[111]

다가갈 수 있다. 이것은 성벽 주변과 성벽 자체에, 그리고 도시 내에도 기록된다(슥 2:9[개역개정 2:5])"라고 말한다(Petersen, *Zechariah 1-8*, 171).

107) Greenberg, "Ezekiel's Program," 203을 보라.

108) Ronald M. Hals, *Ezekiel*, FOTL 19 (Grand Rapids, Mich.: Eerdmans, 1989), 306; Greenberg, "Ezekiel's Program," 192를 보라.

109) 겔 46:21-24은 성전 뜰 안의 부엌 안에서 사람들이 레위인에게 자신들의 희생 제물을 삶게 하는 모습을 묘사하는 반면, 슥 14:20-21은 이 직무를 담당하는 레위인을 언급하지 않는다. 분명 스가랴 전승은 사독계의 거룩함 개념을 표현하는 데 있어 겔 40-48장과는 다른 형식을 지니고 있다.

110) Petersen, "Zechariah's Visions," 205을 보라. Greenberg는 에스겔의 생략이 "우연"인지 "폐지"인지를 판단하기란 어렵다고 본다("Ezekiel's Program," 208). 세 번째 가능성은 대제사장 지위가 에스겔 시대 이후에야 부각되었다고 보는 것이다(Petersen, *Zechariah 1-8*, 189를 보라).

111) Peterson은 "[스가랴] 환상은…대제사장이 중요한 지도력을 지녀야 한다는 주장

연관된 차이는 에스겔 40-48장에 나타나는 사독계와 레위인의 강력한 구분이 스가랴서에는 나타나지 않는다는 점이다. 어떤 제사장 집단도 보조 집단으로 배정되지 않는다.

요약하면, 앞서 진행된 논의는 스가랴 집단이 에스겔서에 특히 의존하고 있음을 보여준다. 하지만 그들의 견해는 몇 가지 측면에서 다르다. 스가랴 1-8장이 에스겔의 프로그램을 지지한다는 (반면에 슥 9-14장은 이를 격렬하게 반대한다는) 핸슨의 견해와는 달리, 상황은 간단하지 않다. 스가랴서는 에스겔서의 언어와 프로그램에 의존하지만, 에스겔서와는 다르다. 스가랴 문학의 이면에는 에스겔의 회복 체제와 더불어 일하고자 하는 집단이 있지만, 이들은 여전히 에스겔의 견해 중 일부에 관해서는 독립성을 유지하고자 한다.

아울러 에스겔서는 포로 귀환이라는 힘든 현실의 문제를 직면하기 이전에 취했던 형식을 통해 사독계의 회복 프로그램을 보존하는 것처럼 보인다. 그렇다면 강조점이 다르다는 점 외에도 스가랴서는 더 많은 부분에서 에스겔과 차이를 보일 것이다. 또한 스가랴 집단은 당면한 문제 앞에서 자신들의 시대를 위해 에스겔을 해석한다. 스가랴는 포로기 이후라는 현실 앞에서 에스겔서가 제시했던 회복 계획의 수정판을 제시한다.[112]

마지막으로, 에스겔과 스가랴가 서로 다르다고 해서 스가랴 집단이 에스겔 집단에 맞서는 다른 비사독계 제사장 집단에 속한다는 뜻은 아니다. 스가랴서는 다른 제사장 집단의 텍스트(예. 제2이사야)보다 에스겔과 훨씬 강력한 연결점을 지니고 있다. 단지 스가랴 집단과 에

을 분명히 하고 있고, 이 부분에서 겔 40-48장과 대조를 이룬다"라고 언급한다 (*Zechariah 1-8*, 118).

112) Petersen, "Zechariah's Visions," 202을 보라.

스겔 집단이 동일하지 않을 뿐이다. 오히려 사독계 제사장 집단은 다소 다른 견해를 지닌 몇 개의 하부 집단을 포함하고 있었음이 틀림없다. 에스겔 40-48장에 나타난 거룩함과 분리주의적인 강조점은 더욱 큰 사독계 제사장 집단 내 강경파의 논지를 대변하는 것 같다.

종합: 스가랴 집단의 사회학

스가랴서 연구는 묵시적 종말론이 박탈당한 예언자 무리 사이에서 점차 일어났다고 보는 플뢰거와 핸슨의 주장을 확증해주지 않는다. 오히려 스가랴 1-8장은 포로 귀환 초기에 권력을 가지고 있던 제사장들 사이에서 일어났던 천년왕국 세계관 및 메시아 사상을 입증해준다. 게제가 진술했듯이 "스가랴는 제사장계의 상류층(Priesteraristokratie)에 속했으며, 성전 건축을 지지했다."[113] 따라서 묵시적 세계관이 주변부 현상일 필요가 없다고 결론지어야 한다. 스가랴 1-8장의 경우, 묵시 문학은 신학적으로나 사회적으로 중심부 집단의 산물이다. 제사장계 엘리트 집단이 반대파의 견해를 반박하는 비종말론적인 신학을 지녔다고 보는 플뢰거의 논지는 유지될 수 없다.[114] 실상 막스 베버와 에

---

113) Gese, "Anfang und Ende," 40. 스가랴의 메시지는 "[하나님] 왕국의 수립이 임박했다는 데서 절정을 이루지만, 상당히 많은 주석가가 곤란해할 정도로 이 메시지는 예루살렘 성전 재건과 밀접하게 연결되어 있다"라는 von Rad의 진술을 참조하라(*Theology*, 2:281, 참조. 2:285). 또한 Coggins, *Zechariah*, 55, 58을 보라.

114) Plöger, *Theocracy*, 89, 93-94, 111. 또한 이 지점에서 스가랴서를 종말론적인 관심사와 제도적 관심사를 중재하고자 나온 절충안으로 보는 Robert G. Hamerton-Kelly의 논지에 주목하라("The Temple and the Origins of Jewish Apocalyptic," *VT* 20 [1970]: 1-15). 비록 Hamerton-Kelly의 분석이 Plöger와 Hanson의 분석보다 스가랴서의 자료를 더 잘 설명하기는 하지만, 그는 여전히

른스트 트뢸취에게서 연유한 전체적인 일반론, 즉 귀족과 제사장은 "현 체제의 보존에 몰두하는 자"이며, "종말론 사상은 최소한으로 보존된다"라는 주장은 스가랴서의 증거 자료와 부합하지 않는다.[115]

포로기 이후 사회의 중심이었던 제사장 계열에 스가랴 집단이 연결되어 있기는 했지만, 그들이 동질 집단인 것은 아니었다. 그러므로 이스라엘의 회복에 관한 사독계의 관점을 대변했던 주요 집단으로 알려진 스가랴 집단과 에스겔 집단은 유사점과 차이점이 둘 다 발견된다. 이런 차이는 에스겔의 언어와 관점이 독특했음을 보여준다. 모든 사독계가 그를 완벽하게 복사하거나 흉내 낸 것이 아니므로, 우리는 사독계와 같은 큰 제사장 집단이 동질성을 유지했을 것이라고 기대해서는 안 된다.

스가랴 공동체가 에스겔 집단과 부분적으로 다른 견해를 보였다는 점에서, 공유된 담론과 연관된 사독계 제사장 집단에는 하부 집단이나 계열이 존재했음을 알 수 있다. 일부 강경파와 달리, 스가랴 하부 집단은 예루살렘 안에 거룩함의 차등이 있다고 주장하거나 사독계의 성전 제사장직 독점을 강조하지 않았다. 그들은 다른 사독계 성전 제사장들과 밀접하게 연관되어 있었지만, 독립된 소규모 집단이었으며, 야웨의 집 다른 제사장들과 구별이 가능했다. 그러므로 스가랴 7:1-7에서 뻰엘사레셀이 보낸 대표단은 성전 제사장들과 예언자들에 대해 묻지만(3절), 스가랴의 대답은 그 땅의 백성뿐만 아니라 다른 제사장

"신정론자와 종말론자 사이의 신학적 교착 상태"라는 이분법을 유지하고 있다 ("Temple," 14). 우리는 이를 넘어서야 하고, 신정론자도 묵시 세계관을 지닐 수 있다는 점을 수용해야 한다.

115) Hanson은 이런 일반론을 수용한다(*Dawn*, 214-15, 247). 그래서 그는 성직자 집단이 사실상 종말론에 무관심했다고 주장한다(*Dawn*, 284).

들까지도 언급한다(5절).

스가랴 1-8장 천년왕국 집단의 프로그램

스가랴 1-8장 이면의 실질적인 프로그램은 핸슨이 수용한 플뢰거의 분석과 부합하지 않는다.[116] 이런 접근은 천년왕국 집단의 프로그램이 사회의 법과 제의에 대해 적대적이라고 추정한다. 대조적으로 사회학적 자료는 이런 추정을 약화시키고, 메시아 사상에 근거한 스가랴 집단이 성전 재건축, 중앙 제의의 회복, 사회의 중심 법전을 준수하는 공동체 구성이라는 현실적인 프로그램을 어떻게 채택하게 되었는지를 설명하는 데 도움이 된다.[117]

---

116) Plöger의 주장에 따라, 포로기 이후 사회는 신앙을 적절하게 표현할 길이 없는 제의 영역으로 "제한하기" 시작했음을 기억하라(*Theocracy*, 35-46). 이 상황은 종말론적 공동체/비밀 결사체의 형성을 포함하는 반작용을 초래했다(ibid., 46-48). Plöger는 스가랴 전승을 이 시나리오의 배경에 기대어 이해한다. 그러므로 그는 슥 13:8-9의 정결해진 남은 자들이 "종말론적으로 사고하고 소망했던 자들이었으며…그들은…공식적인 제의의 방식으로 정결을 시행해야 한다고 믿었던…이들과는 대조적이었다"라고 주장한다(ibid., 89). 슥 12-14장의 이면에서 Plöger가 발견한 사회적 배경은 이렇다. "제의 중심 공동체는 만약 그들이 승인된 제의나 의례에 의존한다면, 역사적 시련에 동요되지 않고 살아남을 수 있다고 믿었다. [반면에] 종말론적 집단은 예루살렘을 향한 심판이 가해지기 시작했다고 선언했다"(ibid., 107).

117) 2장과 3장에서는 중앙 제의 제사장과 성소에 집중하는, 사회학적으로 유사한 천년왕국 집단의 프로그램들을 다뤘다. 그런 집단 중 하나인 폴리네시아의 마마이아 천년왕국 집단은 해당 사회의 중앙 성소에 기초를 두고 있다. 토착 제사장은 천년왕국적인 중앙 제의의 주연이다. Vittorio Lanternari, *The Religions of the Oppressed*, trans. L. Sergio (New York: Knopf, 1963), 240을 보라. 그웰분뎅이 이끄는 누에르 천년왕국 집단 역시 그 사회의 중앙 성소인 뎅쿠르 피라미드에 기반을 두고 있다. Thomas W. Overholt, *Prophecy in Cross-Cultural Perspective: A Sourcebook for Biblical Researchers* (Atlanta: Scholars Press, 1986), 219, 226을 보라. 마지막으로, 슥 1-8장이 사독계와 그들의 중앙

그런 증거 자료의 구체적 예는 (2장과 3장에서 논의된) 15세기 피렌체를 위한 사보나롤라의 천년왕국 프로그램이다. 사보나롤라는 피렌체 사회 중심부의 사제였지만, 피렌체에 영적 통치가 도래하리라는 묵시적 견해를 가졌던 천년왕국설의 촉매 인물이었다.[118] 메디치 정권이 몰락한 뒤 그는 임박한 천년왕국에서 피렌체가 중심 역할을 하도록 공공 계획을 수행하기 위해 공화국의 정치가이자 법률가인 자신의 지위를 이용했다. 예루살렘의 스가랴처럼, 사보나롤라는 새로운 시대로 안내할 하나님이 선택한 도시 피렌체에서 어떻게 새로운 종말론적 질서를 세워나가야 할지를 피렌체인들에게 보여주는 것을 자신의 역할로 삼았다.[119] 새로운 시대를 위한 그의 체계는 묵시적 세계관에 바탕을 두었지만, 동시에 중앙 제의에 집중되었다. 피렌체를 위한 사보나롤라의 공공 계획처럼, 실질적인 스가랴의 프로그램도 성전과 도시 재건에 집중되었다.

스가랴의 천년왕국 시행 프로그램은 단지 중앙 제의에만 집중된 것이 아니라, 민족주의적인 왕정주의자의 그것과도 같았다. 게다가 특정 유사점을 살펴보면, 스가랴 천년왕국 집단의 친다윗계 성향 이면에 있는 사회학을 밝혀낼 수 있다. 예컨대 스가랴 집단의 제사장들처럼, 초기 미국의 천년왕국 성직자들도 "제2의 바빌로니아"에서 이민 온 총독을 지지했다. 코튼 매더(Cotton Mather)의 천년왕국설은 매사

성소에 기반을 둔 회복 프로그램을 지지했듯이, 「레위의 유언서」(*Testament of Levi*) 2-7장은 하스몬 왕가의 제사장직을 합법화한 것처럼 보인다(Hanson, "Apocalyptic Genre," *IDBSup.*, 28을 보라).

118) Donald Weinstein, *Savonarola and Florence: Prophecy and Patriotism in the Renaissance* (New Jersey: Princeton University Press, 1970), 110, 146, 168을 보라.

119) Ibid., 142, 168.

추세츠만 식민지의 첫 번째 총독이었던 존 윈스럽(John Winthrop)을 메시아이자 "작은 그리스도"로 보았다.[120] 윈스럽은 매사추세츠만 신정 체제를 "기적의 시대"로 이끌고자 했고, 매더는 그 시대가 밝아오고 있다고 선언했다. 마치 스룹바벨처럼, 윈스럽은 신정 정치를 통한 천년왕국설에 사로잡혀 있었다. 1629년에 총독은 정착민들의 과업이 "하나님의 일처럼 보인다"라고 썼다.[121]

핸슨은 스가랴 1-8장 이면의 집단과 달리 "진정한" 천년왕국 집단은 역사와 정치의 실제 사건을 진지하게 보지 않는다고 추측한다. 그는 현존하는 질서에 대한 "소명감"이 결여된 천년왕국 집단은 현존 구조에 무관심하다고 본다.[122] 나는 이에 동의하지 않는다. 천년왕국 집단은 실행 프로그램을 지니고 있고, 이 프로그램은 종말을 준비하라는 분명한 소명을 부여한다. 그 실행 프로그램이 수동적인 일부 천년왕국 집단도 존재하지만, 그들은 결코 당대의 사건과 구조에 무관심하지 않았다. 우리는 천년왕국 집단의 소명이 성전, 제의 기구, 그리고 의례를 만들거나 재건하는 일을 포함하고 있다는 점을 2장과 3장에서 살펴보았다. 또한 천년왕국 집단의 프로그램은 종종 윤리적 행동을 강조한다.

---

120) Sacvan Bercovitch, *The Puritan Origins of the American Self* (New Haven: Yale Press, 1975), 58.

121) Ibid., 61에서 인용. 53, 55, 63도 보라. 다른 천년왕국 집단 역시 메시아에 대한 기대로 총독이나 왕을 대했다. 그러므로 스페인 프란체스코회의 천년왕국설은 메시아가 미래에 스페인의 왕으로 올 것이라고 믿었다. 그 결과 프란체스코회는 자신들의 천년왕국에 대한 왕정 통치를 대비하여 스페인의 합스부르크 제국주의를 지지했다. John L. Phelan, *The Millennial Kingdom of the Franciscans in the New World*, 2d ed. (Berkeley and Losa Angels: University of California Press, 1970), 16, 53, 106, 108을 보라.

122) 예를 들어 Hanson, *Dawn*, 232, 281, 286.

스가랴의 메시아 집단 프로그램은 천년왕국을 가져올 인간의 무력과 권력 사용을 수동적으로 거부한다(슥 4:6; 6:7-8).[123] 그러나 이런 실제적인 프로그램은 적극적으로 정화된 예배와 회개의 실천을 포함하는 윤리적 행위를 강조한다.[124] 스가랴 집단은 재건과 정화라는 인간의 일이 극적으로 실제적인 역사적 결과를 맺게 될, 다가오는 하나님의 개입을 위한 준비라고 믿었다.[125]

계층 영역과 역사적 배경

스가랴 천년왕국 집단의 광범위한 사회적 환경은 A 영역에 속한다. 스가랴 집단은 내생적 환경 안에서 중심 권력을 가지고 있었다. 그들의 환경은 페르시아 제국이 그 집단을 위협하기보다 유다 공동체를 상대적으로 평화로운 존재로 인정했다는 점에서 내생적이다. 비록 "관용"이란 용어는 과장이지만,[126] 페르시아의 세습 체제는 피지배 계층의 문화와 사회 패턴을 보장했다.[127] 페르시아인은 이 체제하에서 유다를 종교적으로 반대하거나 곤란하게 하지 않았다.[128]

페르시아인은 스가랴의 성전 재건 프로젝트와 그의 집단이 힘을

---

123) Mason, *Zechariah*, 55을 보라.
124) Blenkinsopp, *History of Prophecy*, 245을 보라.
125) Gese가 언급했듯이, 묵시와 역사의 단절이라는 의혹은 오직 저 너머에서 오는 "침투"(Einbruch)로만 성취되는 구원 전반에 달려 있다("Anfang und Ende," 37).
126) Amélie Kuhrt, "The Cyrus Cylinder and Achaemenid Imperial Policy," *JSOT* 25 (1983): 94의 논의를 보라.
127) Meyers and Meyers, *Zechariah 1-8*, xxxii을 보라.
128) Wellhausen, "Zechariah," 5392; Gese, "Anfang und Ende," 21; Baldwin, *Zechariah,* 17; Stuhlmueller, *Rebuilding*, 50; Peter R. Ackroyd, *Exile and Restoration*, 17, OTL (Philadelphia: Westminster, 1968), 165을 보라.

행사했던 중앙 제의를 실제로 지지해줬다.[129] 다리오는 그 프로젝트를 방해하는 행위를 금지했고, 물질적인 도움을 제공했다(스 5:6-6:15). 또한 스가랴 집단과 페르시아인은 회복 공동체의 정치 형태에 있어 다윗계 후손의 중요성을 지지하는 데도 협력했다(스 1:8을 보라).[130] 핸슨은 페르시아인과 사독계 사이에 대단히 많은 협력이 있었다고 본다. 다음과 같은 추측의 근거는 없지만, 핸슨은 사독계가 자기 자신과 "타협했다"라고 보았다.[131]

페르시아인과의 "긴장 관계 속 접촉"이 스가랴 천년왕국 집단의 형성을 설명할 수 없는 것만큼이나 정치적 "위기" 역시 이를 설명할 수 없다.[132] 스가랴 1-8장의 묵시적 세계관은 522년과 520년 사

---

129) 페르시아의 피식민지 제의 지지는 우드야호레스네(Udjahorresne) 비문을 통해 입증된다. 이집트의 최고 의사였던 우드야호레스네는 캄비세스(Cambyses, 기원전 533-522년)를 위한 네이트(Neith) 성전을 다시 성결하게 했다. J. Maxwell Miller and John H. Hayes, *A History of Ancient Israel and Judah* (Philadelphia: Westminster, 1986), 450; Meyers and Meyers, *Zechariah 1-8*, xxxii을 보라. 다리오 치하 페르시아의 이집트 제의에 대한 지속적인 관심은 후대의 민중 연대기(Demotic Chronicle)를 통해 입증된다. Geo Widengren, "The Persian Period," in *Israelite and Judaean History*, ed. John H. Hayes and J. Maxwell Miller (Philadelphia: Westminster, 1977), 515을 보라.

130) 그러므로 Hammershaimb는 스룹바벨의 총독 지위(학 1:1)가 페르시아 왕의 임명에 근거를 두었을 텐데, 이 임명은 그가 여호야긴의 후손이라는 사실에도 불구하고 이루어진 것이었다는 데 주목한다("Change in Prophecy," 101).

131) Hanson, *Dawn*, 219, 226, 262; Meyers and Meyers, *Zechariah 1-8*, 223을 보라.

132) 사회학 용어에 대해서는 2장과 3장의 상대적 박탈에 관한 논의를 보라. 앞 두 단락의 논의를 기초로, 예컨대 스가랴 집단의 상황은 알렉산드로스 대왕의 정복 이후에 일어난 외생적 개입과 비교해볼 때, 적어도 상대적으로 내생적인 것처럼 보인다. (스가랴 집단이 계층 A 영역의 천년왕국 집단일 가능성을 고려하면, 슥 9-14장을 외부 문화와 접촉한 분파의 산물로 보기 위해 이를 알렉산드로스 때에 쓰인 것으로 보는 학자들의 가설은 불필요해진다.)

이 페르시아 제국을 강타한 정치적 소동의 충격에서 기인한 것이 아니다.[133] 피터 R. 아크로이드와 사무엘 암슬러 같은 학자들은 스가랴 1-8장에는 초기 자료가 잘 보존되어 있지만, 스가랴 1:7에 주어진 스가랴 환상의 역사적 배경(기원전 519년 2월 15일경)[134]이 거의 정확하다는 데 주목한다. 만약 그렇다면, 스가랴 원묵시 모음집의 연대는 다리오가 520년에 질서를 회복한 이후일 것이다.[135] 이러한 역사적 배경은 "온 땅이 평안하고 조용하더이다"(כָל־הָאָרֶץ יֹשֶׁבֶת וְשֹׁקָטֶת)라는 스가랴 1:11의 진술과 일치한다.[136] 그러므로 스가랴의 묵시적 세계관의 기원은

---

133) 잘 알려진 논문에서 Leroy Waterman은 스가랴의 예언이 원래 페르시아의 위기로 고취된 메시아 음모를 대변한다고 주장했다. 스룹바벨을 위해 왕관을 만들었지만, 페르시아인이 도착한 뒤 스룹바벨, 스가랴, 학개를 무대에서 제거했다는 것이다. Leroy Waterman, "The Camouflaged Purge of Three Messianic Conspirators," *JNES* 13 (1954): 73-78을 보라. 아울러 Hanson, "Zechariah," 983 and *Dawn*, 244f.도 보라. 2장에서 다뤘듯이, Weston La Barre 같은 사회학자들은 모든 천년왕국 집단을 위기 상황에 출현한 분파로 보았음을 기억해야 한다. La Barre, "Materials for a History of Studies of Crisis Cults: A Bibliographic Essay," *Current Anthropology* 12 (1971): 11을 보라.

134) Meyers and Meyers, *Zechariah 1-8*, xlvi, 108을 보라.

135) Peter R. Ackroyd, "Two Old Testament Historical Problems of the Early Persian Period," *JNES* 17 (1958): 13-27; Samuel Amsler, "L'origine de l'apocalyptique," 230. 또한 Neil, "Zechariah," 944을 보라. Seybold는 "스가랴의 환상을 보면, 그들은 무엇보다도 보편적 평화(Weltfriedensreiches)라는 이미 강화되고 전능하고 편재한 페르시아의 통치 문제에 집중적으로 관심을 기울였다"라고 말한다(*Bilder zum Tempelbau*, 95). 페르시아의 질서 회복은 스룹바벨의 "숙청"과 연결되면 안 된다는 주장이 있었다. 스룹바벨의 몰락에 관한 Wellhausen의 논지는 불필요한 가설이다.

136) 여기서 이 용어가 위기 이후의 평온을 암시한다는 것을 보여준 Amsler의 단어 연구를 보라("L'origine de l'apocalyptique," 230, n. 3). 불행히도 그는 여전히 스가랴의 원묵시 문학이 일종의 박탈로 인해 생겨난 것이라고 주장한다. 세계 대변혁은 스가랴 집단이 기대했던 구원을 허용하지 않았다("L'origine de l'apocalyptique," 230-31). 다른 유사 논증의 경우처럼, 이런 견해는 해석의 여

위기와 박탈의 시기가 아니라, 520년 이후 평화의 시기임이 틀림없다.

스가랴 전수자와 사회적 변화

스가랴 1-8장을 묵시 문학으로 보는 게제의 논의는 중요한 고찰을 제시한다. 그 고찰이란, 이 장들이 종말의 고통(Wehen)과 후대 묵시록의 특징인 최후의 전쟁에 관한 묘사를 담고 있지 않다는 점이다. 스가랴 1-8장에서 구시대와 신시대 사이에 선 인간은 마지막 때의 군사적 위기에 휩쓸리지 않고 기본적으로 침착하다.[137] 대조적으로 스가랴 9-14장에서 우리는 훨씬 "비극적인" 후대 묵시 문학의 특징인 메시아적 비통함, 정화, 전쟁을 본다.[138] 사회학적 증거는 낙관적 세계관으로부터 비극적인 묵시 문학적 세계관으로 급진적으로 변해가는 스가랴 전승을 설명하는 데 도움이 된다.

지가 넓은 박탈이라는 주제를 지나치게 과장한다. 2장의 논의를 보라.

137) Gese, "Anfang und Ende," 41을 보라.
138) **비관주의**라는 용어를 사용한다고 해서 천년왕국 집단이 다가오는 왕국과 그 안에 자신들이 참여하기를 더는 고대하지 않았다는 것이 아니다. 오히려 그 용어는 고대하던 시대를 여는 우주 대재앙을 강조하는 것이다. Klaus Koch, *The discovery of Apocalyptic* (Naperville, Ill.: Allenson, 1972), 29을 보라. 슥 9-11장에서 이미 하나님의 다가오는 개입은 전쟁에 휘말린 이스라엘을 포함하여 과격한 것으로 묘사된다(슥 9:11-17; 10:5. Gese, "Anfang und Ende," 42을 보라). 그러나 분위기 변화는 소위 제3스가랴로 불리는 슥 12-14장에서 특히 눈에 띈다(Mason, *Zechariah*, 122, 134과 Gese, "Anfang und Ende," 43을 보라). 이 장들은 전체 공동체가 갱신이 필요한 상태라고 본다(슥 13:1-2). 그러므로 남은 자 신학은 스가랴 집단의 자체 공동체 대부분이 뿌리 뽑힐 때 소환된다(슥 13:8-9). 실제로 시온 신학 자체가 수정되어, 예루살렘은 사실상 하나님이 개입하시기 전에 사로잡히게 될 것이다(슥 14:2).

16세기 헤로니모 데 멘디에타를 둘러싼 스페인 프란체스코회가 겪은 변화는 스가랴 집단의 경로를 상당히 밝혀준다. 3장에서 언급했듯이, 멘디에타의 천년왕국 집단은 원래 권력을 가지고 있었다(지배적이며 중심부인, 계층 B 영역에 속했다). 존 L. 펠란의 명명법을 따른다면, 스가랴 집단과 마찬가지로, 초기 멘디에타 집단은 "혁명적 천년왕국설 신봉자들"이라기보다는 "묵시적 엘리트주의자들"의 특징을 지녔다.[139] 학개와 스가랴가 자기 사회의 왕실 우두머리를 메시아로 본 것처럼, 처음에 멘디에타는 스페인 왕을 메시아로 생각했다.[140] 1580년 이전 묵시적 낙관주의 시대에, 멘디에타는 스페인의 합스부르크 가문이 다스리는, 다가올 천년왕국의 우주적 왕정을 꿈꿨다(비교. 슥 2:15-17[개역개정 2:11-13]).

그러나 멘디에타의 초기 낙관주의는 그 집단의 전체 역사의 경로가 지닌 특징이 아니다. 멘디에타의 묵시적 세계관은 그와 기존 지지자들의 관계가 변함에 따라 변했다. 카를 5세의 통치는 멘디에타에게는 황금시대였지만, 그는 점차 펠리페 2세 치하 스페인의 정책에 만족하지 못하게 되었다. 그가 보기에, 역사와 기존 정책의 종말에 관한 신의 계획은 더는 낙관적이 될 수 없었다.

멘디에타가 기존 지지자들에게 점차 불만을 갖게 되었듯이, 스가랴서 전체를 검토해보면 논쟁적인 전승의 흐름이 드러난다.[141] 실망스럽게도 예루살렘 성전의 완공에 맞춰 도래하지 못한 천년왕국은 점

---

139) Phelan, *Franciscans*, 74.

140) Ibid., 11.

141) 3권의 마지막 소예언서를 통해, 회복된 공동체의 도덕성에 대한 점증하는 관심을 추적한 Ronald W. Pierce의 논의와 비교해보라("A Thematic Development of the Haggai/Zechariah/Malachi Corpus," *JETS* 27 [1984]: 401-11).

중했던 도덕적 실패를 감지하면서 그 탓으로 돌려졌던 것 같다. 스가랴 9-14장이 기록된 무렵, 유다 백성과 총독에 대한 스가랴 집단의 불만은 매우 비관적인 견해를 띠게 되었다.

시작부터 스가랴 집단은 야웨의 무리가 학살될 운명을 맞이할 가능성에 관심을 가졌다. 이미 스가랴 1-8장의 환상에서, 스가랴 집단은 백성과 지도자의 실패에 관심을 가졌다. 스가랴 5:1-4의 날아다니는 두루마리 환상은 공동체 내 죄인들에 대한 하나님의 다가오는 심판을 상징한다. 스가랴의 산문 설교는 이 언약에 충실하지 못한 것에 대한 관심사를 이어간다. 현 세대의 조상들은 죄인으로 묘사되고, 그런 불순종이 계속될 위험이 있다(슥 1:4-6; 7:11-14).

실상 스가랴 집단의 사역 이전에는 윤리적 혼란이 있었다(슥 8:10). 그러므로 스가랴 집단은 당대의 예루살렘 공동체를 향한 윤리적 권고가 필요하다고 여겼고, 성전 재건을 준비하기 위해 회개를 공표했다(슥 1:1f.).[142] 이러한 윤리적 탄원은 성전이 재건되고 있는 동안에도 계속되고(슥 7:8-10; 8:16-17), 스가랴 1-8장 텍스트의 가장 후대 층위는 언약을 충실히 이행할 책임을 계속하라고 명령한다(슥 3:7; 6:15). 그러므로 로널드 W. 피어스(Ronald W. Pierce)는 스가랴 1-8장의 끝부분에 오면, 독자들이 회복된 남은 자 공동체의 특성을 비관적으로 보게

---

142) Rex Mason은 다음과 같은 언급을 통해, 이러한 제2성전기 설교가 제의 공동체의 통치와 메시아 대한 기대를 둘 다 지지했다고 말한다. "만약 이런 설교자들이 종말에 대한 지속적인 기대를 신정 정치 공동체의 계속되는 삶에 대한 목회적 관심과 결합할 수 있었다면, 포로기 이후 유대교의 '신정론'과 '종말론'은 두 개의 구분된, 실제로는 상반된 견해라고 주장하는 자들의 견해에 더욱 의문을 제기하게 될 것이다"("Some Echoes of the Preaching in the Second Temple? Tradition Elements in Zechariah 1-8," ZAW 96 [1984]: 234).

된다고 주장한다.[143]

게다가 스가랴 1-8장은 공적 지도자에 대한 에스겔의 비판주의(겔 22:27; 34:1-10; 45:8-9; 46:18)에서 한 걸음 더 나아가는데, 이는 스가랴 9-14장에 나오는 백성의 "목자/지도자"를 향한 공격의 전조가 된다. 스가랴 7:2에서 그 땅의 백성을 대신하여 성전 관료들에게 대표단을 보낸 벧엘사레셀은 공적인, 혹은 공동체의 지도자였음이 틀림없다.[144] 스가랴 7:5-6에 기록된 그에 대한 논쟁적인 답변은 이미 성전이 완공되기 전에 스가랴 집단이 백성 및 그들의 총독들과 씨름하고 있었음을 알려준다.[145] 이런 논쟁에 대한 언급은 스가랴 9-14장에서, 특히 목자들을 향한 스가랴 10:1-3, 11:4-17, 13:7-9의 공격에서 확대된다.

스가랴 1-8장의 편집

멘디에타의 묵시적 세계관은 스페인 정부에 대한 그의 불만이 커져감에 따라 1580-90년대에 더욱 비관적인 양상을 띠었다. 이와 관련된 사회학적 요소 중 스페인의 강요된 임금 노동에 대한 멘디에타의 저항이 있었다.[146] 멘디에타의 친토착민 정당이 보기에 스페인 정부의 탐욕이 분명해질수록, 멘디에타는 더욱 최후 심판을 외치는 예언자가 되어갔다. 아마도 비슷한 사회적 정황이 스가랴의 천년왕국 집단에게 영향을 미쳤고, 편집을 통해 스가랴 1-8장의 환상과 신탁을 수정하게 되었을 것이다.

---

143) Ronald W. Pierce, "Thematic Development," 407.
144) Neil, "Zechariah," 944; Mason, *Zechariah*, 66을 보라.
145) 스가랴 텍스트에 함축된 한 가지 내용은, 성전을 책임지는 사독계가 (사 58:3-7에 나타나는 종류와 같은) 하나님을 화나게 하는 종교 예식과 절기를 항상 지지하지는 않았다는 점이다.
146) Phelan, *Franciscans*, 104f.를 보라.

학자들은 스가랴 1-8장이 대체로 스가랴 공동체에 의해 편집되었으며, 이들이 자기 집단의 경험에 비추어 환상을 갱신했다는 주장을 제기해왔다. 스가랴 집단은 자신들이 속한 사회의 악행, 공공 지도자, 심지어 그들의 동료이자 권력을 쥔 사독계에 대한 부정적인 반작용으로 이런 식의 편집을 수행한 듯하다.[147] 이 집단은 점차 현재 사회 구조의 실패에 직면하면서 미래 다윗계 후손의 통치를 향한 자신들의 기대를 드러냈다. 도래할 다윗계 후손은 현재의 공공 지도자들의 실수를 반복하지 않을 것이다. 그가 와서 정의에 대한 스가랴 집단의 이상을 실현할 것이다. 스가랴 집단의 이상인 이원 정부 체제를 굳게 세움으로써 말이다. 사실상 이 집단이 보기에 동료 제사장 지도자들의 행위가 문제가 된다면, 다가오는 다윗계 후손에 대한 그들의 강조 역시 제사장의 직권 남용에 맞서 훈계하면서도, 다가오는 다윗계 후손을 위한 자리를 지켜냄으로써(슥 3:8), 성직자 정치의 야욕을 누그러뜨리고자 하는 것이었는지도 모른다(슥 3:7).[148]

스가랴 9-14장의 신문학과 집단 동향의 변화

멘디에타의 집단(또한 디파나가라의 자바인 집단)처럼, 스가랴 집단은 권

---

147) 사독계와의 마찰 가능성에 대해서는 Petersen, *Zechariah 1-8*, 125을 보라.

148) 동료 종교 지도자들이 스스로 타협했다고 결국 믿게 되었다고 할지라도, 스가랴 집단은 원칙상 성전의 권위를 결코 반대하지 않았다. (이런 구분에 대해서는 Blenkinsopp, "Third Isaiah," in *History of Prophecy*, 251을 보라). 그러므로 슥 9-14장이 기록될 무렵, 그럼에도 그들의 동료 사독들은 사실상 스가랴 집단에 거부당해 마땅하다는 것이 느 13:29-30과 말 2:1-9 같은 텍스트를 통해 암시된다. O'Brien, *Priest and Levite*, 124을 보라. 또한 만약 말라기서가 스가랴 전수자들의 성향과 부합해 학개-스가랴-말라기 전집으로 수용되었다면, 제사장들에 대한 말라기의 공격은 스가랴 집단을 반대하는 것이 아니라는 Mason의 흥미로운 제안에 주목하라(Mason, *Zechariah*, 11, 139).

력을 쥔 다른 구성원들과 정치적·종교적으로 반드시 일치하지는 않았지만, 당분간 기존 세력의 구성원으로 남아 있었던 것 같다. 심지어 스가랴 9장은 스가랴 집단의 구성원들이 자신들의 기존 지위를 포기하기 시작했음을 암시하는 강력한 반증을 보이지도 않는다. 오히려 스가랴 1-8장의 낙관주의가 여전히 존재한다. 구원은 국가 전체를 향해 다가온다.[149] 스가랴 9장까지 스가랴 집단의 구성과 궤적은 아직 크게 변하지 않았다.

그러나 이 집단의 상황과 계층 영역의 변화는 이스라엘의 "목자들"을 공격하는 스가랴 텍스트를 통해 암시된다. 그런 변화를 이해하려면, 이 목자들의 정체성을 밝히는 복잡한 작업을 수행해야 한다.

스가랴 9-14장의 목자들은 아마도 종교 지도자가 아닌, 공공 지도자였던 것 같다.[150] 고대 근동 문헌과 히브리어 성서에서 목자는 대개 왕이나 통치자를 상징한다.[151] 그러므로 탈굼은 자연스럽게 목자를

---

149) Hanson, *Dawn*, 324.

150) 여기서 슥 9-14장의 악한 목자를 성직자 정치 지도자로 간주한 Plöger와 Hanson의 문제가 드러난다. Plöger는 신정 정치라는 유다의 정치 틀을 생각할 때, 슥 13:7-9이 공격하는 목자는 대제사장이라고 생각할 수밖에 없다고 말한다. "이러한 신정 정치의 세속적 정점이 야웨 자신에 의해 뒤집어진다"(*Theocracy*, 88). Hanson은 슥 11:4-17; 13:7-9이 환상가들과 정치권을 쥔 성직자들 사이의 투쟁에서 기인했으며, 성전 제의 지도자들에 대한 공격을 나타낸다고 본다(*Dawn*, 342, 345f.). Paul L. Redditt의 견해 역시 비판을 받아야 한다. 그는 슥 9-14장을 기록한 집단이 반제사장적이며, 악한 목자는 제사장을 포함한다고 주장한다("Israel's Shepherds: Hope and Pessimism in Zechariah 9-14," *CBQ* 51 [1989]: 632, 638). 이 주장을 지지하는 자료는 거의 없다.

151) 고대 근동 문헌과 히브리어 성서에서 구체적인 왕의 호칭으로 사용된 "목자"(רֹעֶה)에 대해서는 Lester V. Meyer, "An Allegory Concerning the Monarchy: Zech 11:4-17; 13:7-9," in *Scripture in History and Theology: Essays in Honor of J. Coert Rylaarsdam*, ed. A. Merrill and T. Overholt (Pittsburgh: Pickwick, 1977), 228을 보라. 중요한 참고 자료는 민 27:15-23;

제사장이 아닌 왕으로 받아들인다(탈굼 슥 10:2, 3; 11:3; 13:7을 보라). 나아가 차일즈가 언급한 것처럼, 스가랴의 목자 알레고리는 왕이 "목자"로 언급되는 에스겔 34장에 상당한 빚을 지고 있다.[152]

페르시아 시대 유다를 책임지던 자들은 공공 지도자들이 아니라, 통치 주도권을 쥐는 자리까지 올라간 제사장들이었다는 주장은 이제 과장된 것으로 밝혀졌다.[153] 느헤미야 3:7과 5:15은 여러 명의 총독이 스룹바벨 통치 기간 이후에 오랫동안 귀환 공동체를 통치했음을 암시한다.[154] 느헤미야 5:15에서 느헤미야는 "나보다 먼저 있었던 총독들은 백성에게서 양식과 포도주와…빼앗았고, 또한 그들의 종자들도 백성을 압제하였으나…"라고 언급한다. "총독"(פֶּחָה)에 대한 말라기 1:8의 언급은 그런 공적 지도자가 기원전 520-400년 무렵에 여전히 권력을 쥐고 있었음을 암시한다. 나만 아비가드(Nahman Avigad)가 출간한 유다

삼하 5:2; 렘 23:4-5; 겔 34:23-24; 37:24; 미 5:-13; 시 78:70-72; *ANET*, 164, 443을 포함한다.

152) Childs, *Introduction*, 481.

153) 이 견해는 원래 Wellhausen의 것인데, 그는 포로기 이후가 제사장 통치 집단이 마침내 구축된 시기라고 주장한다(앞의 각주 3도 보라). 슥 6:9-15에서 왕좌에 오른 스룹바벨이 텍스트에서 사라지고, 그 결과 대제사장이 부상하게 되었다고 보는 Wellhausen 주장의 이면에는 점차 커져가는 포로기 이후 제사장계의 주도권에 대한 그의 가설이 있다는 데 주목하라(각주 2와 43을 보라). 그러므로 Hammershaimb는 비록 왕관이 스룹바벨의 머리에 씌워졌지만, "페르시아 왕이 개입해 [스룹바벨을] 제거했으므로, 대제사장이 유대 민족의 지도자가 되었다고 추측해볼 수 있다"라고 주장한다("Change in Prophecy," 106). 이것이 바로 Hanson의 주장이다. 그는 "[스룹바벨을 둘러싼] 야심찬 민족주의적 주장에 대한 페르시아의 개입"을 묘사한다(*Dawn*, 247). 계속해서 그는 "스룹바벨의 몰락으로 대제사장의 권력과 특권이 확장되었으며, 사독계가 포로기 이후 유다 공동체를 이끌게 되었다"라고 진술한다(*Dawn*, 258, 참조. 262).

154) Widengren, "The Persian Period," 522; van der Woude, "Erwartungen,"139, n. 2, 148 및 O'Brien, *Priest and Levite*, 118의 참고 문헌을 보라.

인장과 동전으로 인해, 페르시아 시대에 유다가 성직자 정치로 운영되었다는 발상은 반박당하고, 성서 자료는 지지를 받게 되었다.[155]

목자를 향한 스가랴 집단의 공격은 이스라엘의 종교 지도자가 아닌, 시민 지도자에 대한 논쟁을 대변하는 것이라는 결론을 내릴 수 있다. 목자에 대한 적대감에서 나온 공격(슥 11:16-17; 13:7)[156]은 그 집단의 이후 궤적을 통해 드러나는 비관주의의 일부로 해석하는 편이 가장 낫다. 이런 비관주의는 분명 당대의 공공 기득권층에 대한 심리적 포기를 포함했다. 그리고 이에 상응해 아마도 스가랴 집단의 위상과 구성에도 변화가 수반됐을 수 있다. 종교 기득권층으로부터의 소외에 대해서는 직접적인 증거가 거의 없다. 그렇다고 하더라도, 일부 사독계 기득권층 지지자들과의 긴장은 추정해볼 수 있을 것이다.[157]

---

155) Nahman Avigad, *Bullae and Seals from a Post-Exilic Judean Archive*, *Qedem* 4 (Jerusalem: Hebrew University Institute of Archaeology, 1976). 인장과 항아리 손잡이를 통해 알려진 스룹바벨과 느헤미야 사이의 유다 총독은 엘나단, 여호에제르, 아흐자이(현지 유다인)다. Miller and Hayes, *History*, 460f. Peter R. Ackroyd, "Archaeology, Politics and Religion: The Persian Period," *Iliff Review* 39/2 (1982): 11-12; Sean E. McEvenue, "The Political Structure in Judah from Cyrus to Nehemiah," *CBQ* 43 (1981): 361; Meyers and Meyers, *Zechariah 1-8*, xl, 12-14, 370; Widengren, "The Persian Period," 502, 510을 보라. Eric Meyers는 적어도 이 총독 중 하나는 다윗 집안과 결혼했을 것이라고 주장한다("The Shelomith Seal and Aspects of the Judean Restoration: Some Additional Reconsiderations," ErIsr 17 [1985]: 33-38).

156) 렘 23:1-8과 비교해봐야 한다. 예레미야는 유다의 목자 지배자를 공격하지만(1-3절), 또한 다가오는 의로운 다윗계 후손인 "가지"를 고대한다(3-6절). 그러나 예레미야와 달리, 스가랴 집단의 공격을 받은 총독은 아마도 비다윗계 후손이었던 것 같다.

157) 점점 더 우울한 묵시 세계관을 띠게 된 멘디에타 집단의 변화와 비교해보라. 1595년경 멘디에타의 세계관은 묵시적 종말 분위기에 젖어 있었다. 멘디에타의 경우, 최후 종말의 시련에 대해 더욱 강조하는 과정에서 온건한 탁발승 집단과 단절하고, 과격한 탁발승 집단과 연합하게 되는 중요한 사회학적 변화를 겪었다.

결국 멘디에타는 행동 방식상 스페인 당국과 더는 함께할 수 없었다.[158] 그는 펠리페 2세의 통치를 묵시적 대재앙으로 보고, 왕권에 협조하는 탁발승 집단에서 완전히 분리되었다. 스가랴 집단에 엄청난 고난의 시기가 다가오고(슥 13:8-9), 예루살렘의 절반이 사라질 것이라고 비관적으로 예상할 무렵(슥 14:2), 그 구성원 역시 비다윗계의 공적 통치 세력과 이들에게 협조했던 제사장들로부터 분리되어갔다. 만약 그렇다면, 공적 지도층에서의 소외를 고려할 때 그들을 D 영역으로 분류하는 것이 가장 어울린다. 그러나 비록 그런 경우라 할지라도, 스가랴 집단은 분명히 제의와 성전에 반대하지는 않았다.[159] 앞선 논의는 스가랴 집단이 과격화되면서 제의와 성전에 대한 관심이 더욱 깊어졌음을 보여주는데, 스가랴 14장은 제의와 의식에 관한 이와 같은 집중의 절정을 보여준다. 이들은 결코 중앙 제의에 대한 관심을 상실

Phelan, *Franciscans*, 102을 보라. 스가랴의 추종자들은 연합에 있어 이와 유사한 변화를 거쳤다. 그런 점에서 스가랴 집단이 다른 제사장 집단, 예컨대 몇몇 이사야 전수자들을 포함시켰는지는 논쟁을 일으키는 질문이다. Petersen은 "이사야 집단 내 예언 전승을 기록한 이들, 예언자 스가랴, 그리고 스가랴의 환상과 신탁을 보존했던 자들 사이에 공유된 담론"에 관한 증거를 찾는다(*Zechariah 1-8*, 122). 그럼에도 이 집단들 사이에는 분명한 관점의 차이가 존재하므로, 결국 이들이 연합했다는 주장은 성립할 수 없다. 이사야 집단이 다가오는 다윗계 후손에 대한 스가랴 집단의 강조를 수용했는지는 특히 불분명하다(Stuhlmueller, *Rebuilding*, 8을 보라). 사 40-55장과 56-66장은 다윗 왕정의 몰락에 애통해하지 않으며, 스가랴서에서 찾아볼 수 있는 메시아에 대한 기대도 표현하지 않는다(Blenkinsopp, *History of Prophecy*, 245을 보라).

158) Phelan, *Franciscans*, 102.

159) 기득권층에 대한 반체제 인사들이 떨어져 나갔을 가능성에 대해서는 R. Wilson, *Prophecy and Society*, 83을 보라. 사회적으로 자생적인 갈등을 일으키지만, 양편 모두 전통에 호소하는 경우를 포함하는 천년왕국설에 관한 논의는 이 책 3장과 Weston La Barre, *The Ghost Dance: Origins of Religion* (Garden City, N. Y.: Doubleday, 1970), 278을 보라.

하지 않았으며, 아마도 그들 집단의 역사 내내 성전에서의 활동을 지속 할 수 있었던 것 같다.[160]

---

160) 목자에 대한 슥 9-14장의 공격이 회복된 공동체의 공공 지도층에 집중된 것이었다면, 성전 담당 집단으로부터의 소외에 대한 직접적인 증거를 여기서 발견할 수는 없다(Blenkinsopp, *History of Prophecy*, 263을 보라). 사독계가 당대 공공 지도층의 타락을 가져온 궁극적 원인이라는 간접적인 주장 역시 지지받을 수 없다(예. Hanson, *Dawn*, 347, 351, 393; 참조. Mason, *Zechariah*, 109). 그런 간접적인 주장 중 하나로, Hanson은 슥 11:13, 예언자가 성전 안으로 은을 던지는 행동을 "성직자 정치 지도자들에 대한 믿을 수 없을 정도로 가혹한 고발"로 해석한다(*Dawn*, 347). 그러나 이 행동을 제사장 관료와 총독이 결탁한 것으로 파악할 필요는 없다. 이 시기의 성전은 후대에도 그랬던 것처럼 개인의 물건을 맡아주는 은행의 기능을 했으므로(「마카베오2서」 3:6-40, 특히 10-11, 15절), 예언자는 단순히 적은 액수의 돈을 맡겼던 것일 수 있다. 그게 아니라면, 하나님의 명예를 손상시킨 자들이 바로 유다 백성임을 나타내고자, 예언자가 성전에서 속전을 드린 것일 수도 있다. 그러므로 Robert C. Dentan은 "백성과 그들의 외국인 통치자들로부터 부당한 대우를 받은 것은 스가랴 자신이 아니라 하나님이시므로, 예언자는 성전 금고에 예금을 상징적으로 보관한다"라고 말한다("The Book of Zechariah, Chapters 9-14, Introduction and Exegesis," in *IB* 6:1105). 또 다른 간접 논증으로 Hanson은 Redditt을 따라, 슥 9-14장의 어떤 텍스트(예. 12:2)에 나타나듯이 유다와 예루살렘을 구분하는 데 의존한다. Hanson은 슥 12:2, 7에 우호적으로 언급된 "유다"를 자신이 명명한 환상가 집단과 동일시하며, 반면에 예루살렘은 성직자 정치인들을 나타낸다고 주장한다(*Dawn*, 361, 363). (마찬가지로, Redditt은 슥 9-14장 이면의 집단이 "유다의 도시와 마을에서 상대적으로 억압받던 사람들을 대변하는 것처럼 보인다"라고 주장한다["Shepherds," 640]). 이런 주장에는 중요한 허점이 있다. 예컨대 슥 12:8-9은 높임 받을 대상이 유다의 한 부족이 아니라 예루살렘임을 지적하면서, 예루살렘의 편을 드는데, 이 단락이 "성직자 집단의 관점에서 기록한 후대 편집자의 손에서 나온 것 같다"라는 Hanson의 주장은 분명히 본인에게 유리한 주장일 뿐이다(*Dawn*, 365). "유다의 부족들"에 관한 주장은 슥 14장의 경우와도 잘 맞지 않는다. 만약 슥 14:14을 유다가 예루살렘"에서" 싸운다고 해석하지 않고 예루살렘에 "맞서서" 싸운다고 해석한다면, 슥 14:15은 유다가 멸망하리라는 것을 암시하게 된다. 이것이 유다의 부족으로 자신의 정체성을 파악하는 어떤 집단에 대한 예언일 리는 없다.

6장

요엘서

요엘서는 기원전 515년 성전이 완공된 지 한참 후, 유다 사독계 제사장 집단 내에서 다시 일어난 천년왕국 운동을 보여주는 중요한 증인이다. 야웨의 날의 전조로 보이는 가뭄과 메뚜기는 포로기 이후 사회의 제사장 집단 중심부에 묵시적 공포를 조성했다.[1] 묵시적 파멸의 공포에 대해 요엘과 그의 집단이 보인 응답은 제의 담당자들과 직무 담당자들에게 적합했다. 불행히도 대부분의 주석가는 페르시아 시대 예루살렘에서 권력을 쥐고 있던 천년왕국 집단에 대한 요엘의 증언이 지닌 중요성을 간과해왔다. 부분적인 이유는 아마도 많은 비평적 분석이 요엘서를 두 단락, 즉 "역사"(욜 1-2장[개역개정 1:1-2:27]) 단락과 "묵시"(욜 3-4장[개역개정 2:28-3:21]) 단락으로 구분하기 때문일 것이

---

1) 포로기 이후로 보는 이유는 욜 4:1, 17(개역개정 3:1, 17)의 예루살렘 몰락과 포로 생활에 대한 개연성 있는 언급 때문이다. 예컨대 왕에 대한 언급이 없고 초기에 쓰인 예언서(예. 사 13장; 겔 38-39장; 욥 7장)에 의존한다. 요엘서의 어휘도 일반적으로 학자들이 포로기 이후 연대를 지지하는 이유다. 이를테면 욜 1:6의 "이빨"(מְתַלְּעוֹת), 1:17의 "곡창"(מַמְּגֻרוֹת), 1:18의 동사원형 "탄식하다"(אנח)와 니팔형 "혼동하다"(בוך), 2:8의 "병기"(שֶׁלַח), 2:13의 "은혜로우시며 자비로우시며"(חַנּוּן וְרַחוּם) 구문, 2:20의 "끝"(סוֹף, קֵץ의 후대 동의어) 등이 있다. 또한 가동 중인 중앙 제의에 대한 요엘서의 묘사(예. 욜 1:14; 2:17)는 기원전 515년 이후 시기를 나타낸다. 더 구체적으로 후기 페르시아 연대를 상정할 수도 있는데, 이는 욜 2:11의 말 3:2 인용 가능성과 예루살렘 성벽에 관한 욜 2:7-9의 언급(기원전 433년 이후) 가능성과 같은 증거로 인해 제시될 수 있다.

다.[2] 이런 구분은 요엘 1-2장의 제의 행위들이 임박한 야웨의 날에 직면한 중앙 제사장들의 천년왕국 집단 프로그램으로서 지닌 의미를 모호하게 만든다. 요엘서의 의미를 모호하게 할 뿐만 아니라 오토 플뢰거와 같은 학자들은 요엘서의 묵시 단락을, 권력을 가진 성전 제사장들에게 반대하는 것처럼 보이는 주변부 집단의 작품으로 본다.

요엘서의 통일성에 최초로 문제를 제기했던 사람은 1872년 모리스 번스(Maurice Vernes)였다. 이런 질문은 1896년 J. W. 로스슈타인 (J. W. Rothstein)에 의해 확대되고, 1911년 율리우스 A. 베버(Julius A. Bewer)는 정교한 분석을 통해 야웨의 날을 후대 "묵시주의자"의 언급으로 보게 된다.[3]

그러나 1911년 요엘서의 통일성에 대한 베른하르트 둠(Bernhard Duhm)의 질문은 이 텍스트에 대한 많은 후대 연구의 기초를 놓게 된다.[4] 둠에 따르면, 요엘서는 야웨의 날에 사로잡힌 마카비파의 회당 설교자에 의해 구성되었다. 묵시 사상에 기반을 둔 저자는 앞부분의 역사 자료를 자신의 종말론 저술인 요엘 3-4장(개역개정 2:28-3:21)에

---

2) 요엘서의 장절 구분에 관해 명확히 해두는 것이 좋겠다. 마소라 텍스트(MT)의 요엘 4장은 대부분의 번역 성서에서는 3장이다. 다른 차이점은 MT의 욜 3:1-5이 일반 역본에서는 2:28-32이라는 점이다.

3) Maurice Vernes, *Le peuple d'Israël et ses espérances relatives à son avenir depuis les origines jusqu'à l'époque persane* (*Ve siécle avant J.C.*) (Paris: Sandoz et Fishbacher, 1872); *Einleitung in die Literatur des Alten Testaments*, a German version of S. R. Driver's *An Introduction to the Literature of the Old Testament* (Edinburgh: T. & T. Clark, 1894), translated and annotated by J. W. Rothstein of Halle in 1896; Julius A. Bewer, *A Critical and Exegetical Commentary on Obadiah and Joel*, ICC (New York: Scribner's, 1911).

4) Bernhard Duhm, "Anmerkungen zu den Zwölf Propheten: X. Buch Joel," *ZAW* 31 (1911): 184-88.

병합했다. 둠은 요엘 1:1-2:17의 대부분을 포함해 초기 자료를 원예언자 요엘의 작품으로 본다. 그러나 원래의 시(詩)에 있는 야웨의 날에 대한 언급은 둠이 보기에는 묵시적 삽입(욜 1:15; 2:1b, 2a, 11b)이었다. 많은 학자는 둠이 주장한 두 단계 구성을 받아들인다.[5]

오토 플뢰거는 요엘서가 종말론적-묵시적 관점에서 윤색되고 확대된 역사적 메시지를 대변한다고 보는 둠의 견해에 동의한다.[6] 그러나 플뢰거는 요엘서의 발전 단계를 훨씬 복잡한 양상으로 재구성하는데, 이를 이해하려면 실현된 종말론이란 주제에 관한 포로기 이후의 분파적 갈등을 상정하는 그의 시나리오를 고려해야 한다. 플뢰거는 요엘의 메시지가 2:1b, 2과 2:11의 종말론적 성찰로 인해 초기에 윤색되었다고 주장한다. 그에 따르면, 불행히도 "이전에 종말론적으로 이해된 야웨의 날에 대한 진술들"은 "후대에 채택되어" 비종말론적인 제의 형태로 바뀌게 되었다.[7] 플뢰거가 상정했던 종말론적 분파는, 이런 요엘의 신권 정치적인 의식의 사용에 맞서서 3장과 4장(개역개정 2:28-3:21)을 1장과 2장에 덧붙였다. 플뢰거에 따르면, 요엘 3장과 4장을 1장과 2장에 덧붙인 자들은 여전히 "옛 예언자의 말씀"을 존중했던 무

---

5) Duhm의 논지를 수용하는 사람 중에는 Ernst Sellin, *Das Zwölfprophetenbuch*, KAT 12/1 (Leipzig: A. Deichert, 1922); Theodore H. Robinson and Friedrich Horst, *Die Zwölf Kleinen Propheten*, HAT 1/14 (Tübingen: J. C. B. Mohr, 1938); Johannes Lindblom, *Prophecy in Ancient Israel* (Philadelphia: Fortress, 1962)이 있다. 또한 다음 단락에서 논의되는 저작들도 보라.

6) Otto Plöger, *Theocracy and Eschatology*, trans. S. Rudman (Richmond, Va.: John Knox, 1968), 97-106.

7) *Theocracy*, 100. Plöger는 비록 요엘의 야웨의 날 사상이 한때는 종말론적으로 이해되었지만 "제의에 기초를 둔 포로기 이후 공동체 내에서, 이 사상은 단지 현재의 고통을 설명할 뿐이었다. 현재의 고통은 인내할 수 있고, 제의 준수라는 승인된 방법을 통해 극복될 수 있었다"(ibid., 102)라고 주장한다.

리에 속하는 자들이었다. 신권 정치주의자들과는 달리 그들은 여전히 요엘의 예언적 메시지가 지닌 종말론적 의미를 믿었다.[8] 요엘 3장(개역개정 2:28-32)이 덧붙여지기 전에, 4장(개역개정 3장)의 중요 부분이 요엘 1장과 2장에 덧붙여졌다고 보는 플뢰거의 견해는 그의 재구성이 지닌 독특한 측면인데, 3장이 세 번째 단계에서 덧붙여져서 종말론적인 구원을 주변부에 속한, 반신권 정치주의자로 이루어진 작은 집단에 한정하고자 했다는 것이 그의 주장이다.[9]

한스 발터 볼프는 자신의 영향력 있는 주석을 통해 요엘의 종말론 이면에 있는, 신권 정치에 반대하는 비밀 집단이라는 플뢰거의 사회학적 견해를 수용했다.[10] 볼프는 요엘서를 예전 단락과 묵시 단락이 모두 포함된 통일체로 보지만, 흥미롭게도 요엘서를 4세기 중앙 세력에 반대했던 종말론 분파의 산물로 본다. 또한 요엘서가 성전 기반 용어를 사용하고 있음에도, 볼프는 요엘서를 반성직자 정치 분파의 산물로 여긴다. "문학적 저항"이라는 사회적 기능을 지닌 요엘서는 "완고하며 종교적으로 자기 확신에 차 있는 신권 정치 제의 공동체 내에 부흥을 일으켜야 하는 과제에 관심을 두었다."[11] 이 부흥은 미래에 야웨의 통치가 시온에 도래할 것이므로, 이러한 하나님의 목적이 현재

---

8) Ibid., 100.

9) Plöger는 욜 3장의 후대 삽입을 통해, 4장의 희망을 "종말론적 신앙으로부터 자신의 삶을 끌어내고, 하나님의 영이 부어져 종말론적 특징을 지니는"(ibid., 106, 103-4도 보라) 이스라엘로 제한한다고 주장한다.

10) 따라서 Hans Walter Wolff는 요엘이 "완전히 새로운 야웨의 행위를 여전히 고대하고 있던 '종말론 집단'의 회원"에 속해 있다고 주장하고자 Plöger를 인용한다 (*A Commentary on the Books of the Prophets Joel and Amos*, Hermeneia [Philadelphia: Fortress, 19778], 12).

11) Wolff, *Joel*, 10. Wolff는 "신정 국가를 구성했던 예루살렘 제의 공동체에 맞서 극도의 비난이 은근한 형태로 서술된다"라고 쓴다(ibid., 36, 참조. 49, 85).

예언과 묵시

제의로는 실현되지 않는다는 점을 강조한다.[12]

고스타 W. 알스트룀(Gosta W. Ahlström)의 요엘서 해석은 볼프와 다소 유사하다. 볼프처럼 알스트룀도 요엘서의 통일성을 상정하면서, 요엘이 기득권 제도를 비판하고 부흥을 위해 일했다고 주장한다. 요엘은 "바른" 제의를 위해 일했고, 백성이 다른 신들을 숭배하는 행위로부터 돌아서게 했다.[13] 그러나 볼프와 달리, 알스트룀은 요엘이 성전 구조 안에서 활동했다고 본다.

모든 학자가 요엘서를 통일체로 읽을 수 있다고 보는 알스트룀과 볼프에 동의하는 것은 아니다. 둠을 따라 조셉 블렌킨소프는 종말론적으로 요엘서를 다시 읽어야 한다고 주장하면서, 메뚜기 재앙을 역사의 정점을 알리는 것으로 재해석한다.[14] 그의 견해에 따르면, 요엘서의 역사적 재앙 시대 훨씬 이후에 후대 저자는 이 재앙들을 "야웨의 날에 일어날 마지막 심판에 대한 예변법(豫變法)적인 상징"으로 변형시켰다.[15] 블렌킨소프는 "요엘 2:28-3:2(MT 3:1-4:21)은 후대 층위에 속하며, 아마도 1:15, 2:1b-2a, 11b 역시 그럴 것이라고 보는 관점이 널리 수용되고 있다"라고 말한다.[16] 블렌킨소프는 요엘서의 후대 층위를 추가했던 집단의 정체성에 대해 플뢰거와 볼프의 견해에 동의한다. 그는 종말론 신앙에 매달렸던 "연합체나 비밀 분파로부터 이런 종

---

12) Ibid., 82, 84.
13) Gosta W. Ahlström, *Joel and the Temple Cult of Jerusalem* (Leiden: Brill, 1971), 25-27.
14) Joseph Blenkinsopp, *A History of Probecy in Israel* (Philadelphia: Westminster, 1983), 253.
15) Ibid., 258.
16) Ibid., 278 n. 66.

류의 작품이 유래했다"라고 볼 가능성이 있다고 본다.[17]

블렌킨소프처럼, 폴 핸슨도 요엘서 이면에 포로기 이후의 반체제 집단이 있다고 본다.[18] 실제로 핸슨은 이 집단이 사독계의 성직자 정치를 비판하고, 그들 사회의 중앙 제도를 부정하다고 보았다고 단언한다. 이 점에서 그는 블렌킨소프보다 훨씬 더 확신에 차 있다.

마지막 단계로서 요엘서에 대한 폴 L. 레딧(Paul L. Redditt)의 소논문을 살펴보자. 그는 플뢰거, 알스트룀, 볼프가 요엘과 예루살렘 제의 분파 사이에 있었다고 본 긴장의 역사를 추적하고자 했다.[19] 주변부 예언과 중심부 예언이라는 I. M. 루이스(I. M. Lewis)의 범주에 기대어, 레딧은 중앙 분파에서 멀리 떨어져 나오게 된 원예언자를 추적한다. 요엘의 전수자들은 예루살렘의 제사장들에 대해 비판적인, 사회의 주변부 무리 중에 자리 잡고 있었다. 예컨대 레딧에 따르면, 요엘이 "예루살렘의 제사장들을 공격한 것은 이들이 상번제를 중단했기 때문이었다. 그 결과 제사장들은 요엘 주변에 모인 공동체를…포로기 이후 유다 종교 사회의 주변부로 밀어냈다. 이 주변부 집단은 분파가 되었고, 이들은 야웨의 날과 연관된 어떤 재앙을 견디어내는 새로운 날을 마음속에 그리고 있었다."[20]

나는 중앙 제의에 반대했던 어떤 집단이 요엘서의 묵시 텍스트를

---

17) Ibid., 263. Blenkinsopp는 "최후 심판의 결과는 야웨의 이름을 부르는 자(욜 3:5[개역개정 2:32]) 혹은 다른 말로 하면 저자의 종말론 신앙을 공유하는 자가 참된 이스라엘임을 드러내고자 한다"라고 쓴다(Ibid., 258.)

18) Paul D. Hanson, *The People Called: The Growth of Community in the Bible* (San Francisco: Harper and Row, 1986), 252, 312-14. 여기서 Hanson의 분석은 Plöger의 견해에 매우 의존하고 있다.

19) Paul L. Redditt, "The Book of Joel and Peripheral Prophecy," *CBQ* 48 (1986), 225-40.

20) Ibid., 225.

기록했다는 생각에 도전하고자 한다. 요엘서의 묵시 텍스트는 분명 포로기 이후 사회의 친(親)성전 제사장계 중심부 집단에서 나왔다. 이 것은 기근과 메뚜기 폐해로 촉진된 묵시적 세계관이 이미 요엘 2:1-11 이면에 드러난다는 점에서 분명하다. 그러므로 요엘 1-2장에 그려 지는 제의 절차와 성전 의식은 어렴풋이 나타나기 시작했던 묵시적 위협에 대한 성전 당국의 의식적 반응임이 틀림없다. 요엘 2:1-11이 근접 문맥 및 요엘 3장과 4장(개역개정 2:28-3:21)과 구조적으로, 그리 고 주제상 연결되어 있음을 고려한다면, 요엘서 전체는 성전 담당자 들이 저술한 묵시 텍스트이자 하나의 통일체임을 알 수 있다.

요엘 2:1-11과 3-4장의 장르

요엘서, 특히 요엘 2:1-11과 3-4장(개역개정 2:28-3:21)은 원묵시 문학 의 특징이 되는 요소들을 보여주고 있다. 실상 이 책의 주요 관심사는 야웨의 날을 결정적인 묵시적 사건으로 제시하는 것이다.[21] 요엘은 조

---

21) 요엘서는 급진적이고 임박한 종말론, 이원론을 보여줄 뿐 아니라 결정론, 암호의 사용, 불과 피 같은 관념의 강조와 같이 묵시 장르의 여타 특징도 보여준다. 이를 종합하면, 이런 요소들은 요엘서와 묵시 문학의 가족 유사성을 인식하게 한다. 요 엘서가 원묵시 문학을 담고 있다는 이런 주장은 상당수 학자의 견해에 문제를 제 기하게 된다. 예컨대 Siegfried Bergler는 요엘서가 아직 "묵시"(Apokalyptiker) 가 아니라고 주장한다. 그는 이 책이 단계별 계산과 종말 드라마의 계시를 담 지 않고 있음을 알고 있다. 더구나 Bergler는 요엘서가 유형론 범주를 채택하고 현재와 미래 사이의 연속성을 그리고 있으므로, 단지 역사의 내적 진보를 묘사 할 뿐이라고 본다. 그의 책 *Joel als Schriftinterpret*, Beiträge zur Erforschung des Alten Testaments und des Antiken Judentums 16 (Frankfurt am Main: Verlag Peter Lang, 1988), 347을 보라. Ahlström 역시 요엘의 이상적 미래는 여

심스럽게 야웨의 날(יום יהוה)이라는 묵시적 표상을 발전시킨다(욜 1:15; 2:1, 11; 3:4[개역개정 2:31], 4:14[개역개정 3:14]. 비교. 4:1, 8[개역개정 3:1, 18]).[22] 아무것도 이날과 비교할 수 없다고 말함으로써(욜 2:2), 그는 이 날이 급진적인 궁극성을 띤다고 본다. 볼프에 따르면, 이는 완전히 발달된 묵시 텍스트에 등장하는 관점이기도 하다. 아울러 볼프는 요엘이 "현상을 질서 짓고 비교하는 사변적 성향을 초월해 묵시 사상이 발전시켰던, 비길 데 없는 바들을 결정하는 데 열정적인 관심을 드러냈다"라고 논평한다.[23] 쿰란 문서 역시 비길 데 없는 야웨의 날을 묘사한다. 1QM 18에 따르면, 하나님이 벨리알의 큰 무리에 맞서 승리하실 때, 제사장들은 하나님을 송축하면서 "[당신이 행하신 일은] 놀랍습니다! 이런 유는 예로부터 없었습니다"라고 말한다.

요엘은 임박한 종말론적인 날을 궁극적으로 결정된 양상으로 보았다. 말라기 3:23(개역개정 4:5)에서처럼 그날은 "크고"(גדול) "두려운"(נורא) 날이다(욜 2:11; 3:4[개역개정 2:31]). 동시에 요엘이라는 천년왕국 촉매 인물과 그의 집단에 야웨의 날이란 주제는 모호함으로 가

전히 이 세계의 연속체 속에 있다고 주장한다(*Temple Cult*, 90-91, 96). 다른 학자들은 이 문제에 대해 결정을 내리지 못하고 있다. Willem S. Prinsloo는 "종말론과 묵시에 대한 각자의 정의에 따라, 이 단락(3:1-5[개역개정 2:28-3:2])을 종말론이나 묵시로 분류할 수 있다"라고 진술한다(*The Theology of the Book of Joel* [New York: Walter de Gruyter, 1985], 86).

22) 예언서의 야웨의 날에 대한 논의는 Yair Hoffmann, "The Day of the Lord as a Concept and a Term in the Prophetic Literature," *ZAW* 93 (1981): 37-50을 보라. 또한 욜 4:18(개역개정 3:18)의 "그날에"(ביום ההוא)가 야웨의 날 전승과 연관되어 있음을 주목하라. 예컨대 겔 38:10, 18; 39:11과 비교하라. Mange Sæbø, "יום," *TDOT* 6:31을 보라. 욜 3:2(개역개정 2:29)과 4:1(개역개정 3:1) 역시 "그날들에"(בימים)라는 어구를 통해 야웨의 날을 언급한다.

23) Wolff, *Joel*, 45.

득 차 있다. 요엘은 그날이 유다에 결정적인 파멸이나 구원을 초래할 수 있다고 믿었다(욜 2:14).[24] 그러므로 요엘 1-2장(개역개정 1:1-2:27)은 묵시에 따른 파괴가 일어날 가능성에 대한 두려움을 표한다. 요엘 3-4장(개역개정 2:28-3:21)은 묵시에 따른 구원을 소망한다. "야웨의 날을 양방향으로 발전시킴으로써, 요엘은 예언적 종말론과 묵시적 종말론의 경계면에 서 있다"[25]라는 볼프의 언급은 옳다. 그러나 야웨의 날을 파괴적 양상으로 본 1-2장을 단순히 예언적이라고 본다면, 볼프의 진술은 오해의 소지를 남기게 된다. 유다에 닥칠 파괴의 가능성에 대한 요엘의 서술(욜 2:1-11)은 분명하게 묵시 사상과 용어를 사용하면서 발전되고 있다.

급진적 종말론

요엘서의 야웨의 날은 원묵시 문학의 특징인 급진적 종말론을 보여준다. 요엘서의 두 부분 모두에서 요엘의 종말론 시나리오는 같은 사건에 집중한다. 묵시를 따라 예루살렘에 대한 열방의 공격이 일어나 세계의 질서가 전복되고, 고통과 고뇌가 초래된다. 요엘 2:1-11은 파멸을, 요엘 3-4장(개역개정 2:28-3:21)은 구원을 묘사하지만, 둘 다 에스겔 38-39장에서 유래된 이방인의 쇄도 모티프를 똑같이 전제한다. 발터 침멀리는 다음과 같이 진술한다.

요엘서는…분명히 에스겔 38장 이하를 매우 구체적으로 사용한다. 이 예언자에게 메뚜기와 기근 재앙은 야웨의 날이 가까웠다는 징조였다. 우주

---

24) 그러므로 Prinsloo는 요엘서의 현 재앙이 축복이나 심판으로 변할 수 있다고 말한다(*Theology*, 60).
25) Wolff, *Joel*, 12.

적 특징(2:10)을 지닌 이날은 회고적인 2:20에서 "북쪽 사람들"(הַצְּפוֹנִי)이라 불리는 대적이 침략하는 날로 묘사된다. "야웨의 날"과 "북쪽 사람들"은 여기서 완벽하게 연결되고 있다.[26]

나아가 요엘 3-4장(개역개정 2:28-3:21)은 2:1-11의 위협을, 에스겔 38-39장과 스가랴 12:1-9, 14:1-5이 그리고 있는 연합한 세상의 왕들과 열방의 공격으로 구체화한다. 에스겔 38-39장과 스가랴 9-14장은 제왕시(예. 시 2편; 110편)의 신화적 장면들로부터 이런 이방인의 쇄도 모티프를 차용하고,[27] 이를 확장해 종말 때의 심판을 묘사한다. 요엘서는 이 전승의 추가 표현을 대변한다.

묵시를 따라 종말 때 일어날 군대에 대한 두려움 때문에, 그리고 그 군대가 현실 구조를 바꿀 우주적 징조를 초래하기에, 백성과 땅은 그 군대가 다가옴을 보며 고통으로 몸부림친다.[28] 사실 혼돈이라는

---

26) Walther Zimmerli, *Ezekiel 2*, Hermeneia, trans. J. D. Martin (Philadelphia: Fortress, 1983), 321.

27) Arvid S. Kapelrud는 요엘서를 이른 시기의 작품으로 보기 때문에, 요엘서가 겔 38-39장에 의존한다는 것을 부인하면서, 열방의 회합에게 패배가 미칠 것이라는 요엘의 견해는 고대 제의 전승에 직접 의존하고 있다고 주장한다. "요엘 4:12[개역개정 3:12]의 기록에서 발견되는 심판은 왕의 즉위식 축제 때 집행됐던, 대적에 대한 심판에 그 원형이 있다"(*Joel Studies* [Uppsala: Lundequistska Bokhandeln, 1948], 160).

28) 야웨의 날에 대한 요엘의 첫 번째 서술은 욜 2:1-11에 나타나는데, 이 본문은 다가오는 파괴 앞에서 그 땅과 백성이 모두 "떨고 있는"(רָגַז) 모습을 묘사한다(1, 10절). 다른 원묵시 텍스트는 하나님의 도래 앞에 떨고 있는 열방(사 64:1)과 악에 대한 최후의 우주적 처벌 때에 하늘과 땅의 진동(사 13:13)을 묘사하기 위해 같은 동사를 사용한다. 욜 2:6은 "몸부림치다"(חיל)라는 동사를 사용해 묵시에 따른 고통의 장면을 이어나간다. 다른 원묵시 텍스트에서도 같은 어법을 찾아볼 수 있다. 사 13:8은 야웨의 날에 백성이 "해산이 임박한 여자 같이 고통하며"라고 진술한다. 이 어법도 렘 4:31과 슥 9:5에서 찾아볼 수 있다.

군대의 바로 그 속성은 세상의 실제 전복을 의미한다. 그러므로 요엘 2:10과 4:15(개역개정 3:15)은 모두 태양과 달이 어두워지기 시작하며, 별이 그 밝음을 잃게 되리라고 말한다(욜 3:4[개역개정 2:31]을 보라). 이런 장면은 다른 (원)묵시 텍스트와 병행을 이룬다. 이사야 13:10, 예레미야 4:23, 스가랴 14:6, 마가복음 13:24, 요한계시록 6:12과 8:12을 참조하라. 이 구절들은 모두 종말 때에 태양과 달이 어두워지는 모습을 그리고 있다. 마찬가지로, 밝음을 잃어버리는 별이라는 개념도 종말에 대한 (원)묵시 묘사에서 되풀이된다. 이사야 13:10과 34:4, 다니엘 8:10, 마가복음 13:25은 모두 종말 때에 일월성신이 희미해지거나 파괴되는 모습을 묘사한다. 예컨대 이사야 13:10은 그때에 "하늘의 별들과 별 무리가 그 빛을 내지 아니하며"라고 말한다.

비록 열방의 공격이라는 모티프가 요엘서의 중심은 아니지만, 이 책의 두 부분은 모두 하나님이야말로 종말의 급격한 세계 변화를 일으키는 실제 힘임을 분명히 밝히고 있다. 요엘 1-2장(개역개정 1:1-2:27)은 묵시적 군대를 통해 행동하시고, 이들을 하나님의 대리인으로 사용하시는 온전한 주권자이신 하나님을 서술한다.[29] 대조적으로 요엘 3-4장(개역개정 2:28-3:21)은 하나님의 급진적 간섭을 묘사하기 위해 성전(聖戰) 전승에 나타나는 용사이신 야웨 모티프에 의존한다. 상

---

29) 그러므로 욜 2:11은 다가오는 묵시적 군대가 하나님의 권위하에 있음을 분명히 밝힌다. 상응하는 견해를 욜 4장(개역개정 3장)에서 찾아볼 수 있는데, 대조적으로 이 군대의 공격에 대해 최후 심판을 수행하시는 야웨의 주권을 강조한다. 욜 4:9(개역개정 3:9; 참조. 겔 38:7)에서 군대를 존재하게 하시는 이가 바로 야웨다. 그 후 겔 38:8, 16-17과 슥 14:2에서처럼, 야웨는 이들에게 예루살렘을 공격하라고 지시한다(욜 4:2[개역개정 3:2]). 이후에 겔 38:22에서처럼, 하나님은 그 군대를 심판하기 위해 좌정하신다(욜 4:12[개역개정 3:12]). 최후 심판의 결과, 마침내 야웨가 하나님이심이 분명해진다(욜 4:17[개역개정 3:17]; 참조. 겔 38:23; 39:28).

황은 역전되고, 주권자이신 용사는 적군을 진멸한다. 그러므로 요엘 4:11(개역개정 3:11)에서, 공격하는 적군과 싸우기 위해 하나님은 그의 용사들(הִנְחַת יְהוָה גִּבּוֹרֶיךָ)과 함께 오실 것을 요청받는다.[30]

요엘 4:13(개역개정 3:13)은 성전 모티프를 계속 사용한다. 여기서 용사의 군대는 진멸 심판을 수행하라는 명령을 받는다. 이 구절은 이사야 63:1-6의 용사이신 하나님에 대한 원묵시적 묘사와 분명한 병행을 이룬다. 두 텍스트 모두에서 묵시적 심판은 "포도주 틀"(גַּת, 욜 4:13[개역개정 3:13]; 사 63:2) 이미지로 표현된다. 두 묘사 모두에서 민족들을 짓밟는다는 개념을 찾아볼 수 있다(욜 4:13[개역개정 3:13]과 사 63:6; 비교. 슥 10:5). 유혈이 낭자한 그 땅의 "추수" 이미지는 요한계시록 14:14-21(참조. 계 19:15)과 같이 완전히 발달된 묵시 문학의 묘사에서 다시 나타난다.

마지막으로, 골짜기에서 일어나는 신의 종말론적 심판에 대한 요엘의 묘사(욜 4:14b[개역개정 3:14b]는 "판결 골짜기에 여호와의 날이 가까움이로다"[כִּי קָרוֹב יוֹם יְהוָה בְּעֵמֶק הֶחָרוּץ]라고 말한다) 역시 여호수아 10:12-13과 우가리트 문헌 같은 곳에 등장하는 용사로서의 신이라는 신화적 이미지에 의존한다. 그러므로 알스트룀은 두 도시 사이의 "골짜기에서"(b'mq) 벌어진 용사 아낫의 학살을 비교한다(CTA 3.2.1-41).[31]

요엘의 묵시적 종말론은 하나님의 결정적인 최후 개입을 우주적 심판으로 묘사한다. 국제적이며 심지어 우주적인 규모의 종말론적 위기는 이에 대한 반응이 점차 고조되는 모습을 담은 요엘 2:1-11을 볼 때 분명하다. 요엘 2:10을 주석하면서, 빌렘 S. 프린슬루(Willem S. Prinsloo)

---

30) Patrick D. Miller, Jr., *The Divine Warrior in Early Israel* (Cambridge, Mass.: Harvard University Press, 1973), 137; Kapelrud, *Joel Studies*, 162-63을 보라.
31) Ahlström, *Temple Cult*, 76.

는 "'그들 앞에서'(לִפְנָיו)의 '그들'은 '강력한 군대'(עַם עָצוּם, 2절)를 지칭한다. 따라서 10a과 10b은 그 단락의 절정 구조로 인해 확장된 우주적 반응을 묘사한다. 처음에 우리는 2:1b에서 지역적인, **국가적** 반응을 본다. 이는 **국제적** 반응(2:6)으로 이어지고, 마침내 '강력한 군대'(עַם עָצוּם)에 대한 **우주적** 반응(2:10ab)으로 이어진다"라고 진술한다.[32]

요엘 3장과 4장(개역개정 2:28-3:21)은 유다에 구원을 약속하고 있지만, 1-2장(개역개정 1:1-2:27)처럼 이 장에서도 우주적 심판이 훨씬 더 많이 예견되고 있다. 에스겔 38-39장이 곡으로 대표되는 전 세계에 대한 심판을 그리고 있듯이, 요엘 4장(개역개정 3장)은 "모든 열방"(כָּל־הַגּוֹיִם, 욜 4:2, 11[개역개정 3:2, 11])에 대한 우주적 심판을 묘사한다. 이스라엘의 전통적인 대적을 상징하는 이집트와 에돔의 최후 패망에 대한 요엘 4:19(개역개정 3:19)의 묘사는 최후 심판의 대상이 보편적임을 암시한다.[33]

요약하면, 요엘서의 두 부분은 모두 폐허와 공포를 초래할 최후 심판으로 끝나는 역사를 그리고 있다. 두 단락 모두(욜 2:3; 4:19[개역개정 3:19])에서, 요엘은 예레미야 4:27에서 철저한 멸망의 표상으로 채용된 명사 "폐허"(שְׁמָמָה)를 사용함으로써, 역사의 종말에 있을 심판을 묘사한다.[34]

---

32) Prinsloo, *Theology*, 44.

33) 에돔 역시 원묵시 텍스트인 사 34:10에서 모든 열방을 나타낸다(참조. 말 1:3).

34) 욜 3:3(개역개정 2:30) 역시 철저하게 파괴적인 심판을 묘사한다. 여기서 "연기"(עָשָׁן)기둥에 대한 묘사는 우주적 종말로 인한 파괴 이후 영원히 피어오를 연기에 대한 사 34:10의 묘사를 연상시킨다.

이원론

자연 세계와 초월 세계 사이의 이원론은 지상 영역으로 침투해오는 거대한 피안 세력의 침략에 관한 요엘의 환상 안에서 표현된다. (역사 내적으로) 현세의 메뚜기 위기를 연상시키지만, 요엘 2:1-11의 신화적-현실적 이미지는 역사의 일상적 현실을 초월하며, 「길가메시 서사시」에서 찾아볼 수 있는 일종의 환상적 존재를 묘사한다.[35] 이 존재들은 이 땅 밖의 존재 영역에서 온 다른 세력을 대변한다. 그러므로 요한계시록 9:1-11의 저자는 이 이미지를 가공할 지옥의 영들로 해석한다.

> …그가 무저갱을 여니 그 구멍에서 큰 화덕의 연기 같은 연기가 올라오매 해와 공기가 그 구멍의 연기로 말미암아 어두워지며[비교. 욜 2:10], 또 황충이 연기 가운데로부터 땅 위에 나오매…그날에는 사람들이 죽기를 구하여도 죽지 못하고, 죽고 싶으나 죽음이 그들을 피하리로다[비교. 욜 2:6]. 황충들의 모양은 전쟁을 위하여 준비한 말들 같고[비교. 욜 2:4]…철 호심경 같은 호심경이 있고, 그 날개들의 소리는 병거와 많은 말들이 전쟁터로 달려 들어가는 소리 같으며[비교. 욜 2:5].

요엘 2:1-11과 요한계시록 9:11 모두에서, 하나님은 그 땅에 맞서는 비참한 파괴의 군대를 인도하신다(욜 2:11; 계 9:1, 4-5). 이 군대가 하나님의 명령하에 있다는 점은 분명하다. 요엘은 이사야 13:4-6에 의존하는데, 여기서 하나님은 자신의 분노를 드러낼 도구로서 공격을 위해 부지불식간에 묵시적 군대(מִלְחָמָה צָבָא)를 소집하신다.

---

35) Hugo Gressmann, *Der Messias* (Göttingen: Vandenhoeck & Ruprecht, 1929), 137-38의 논의를 보라.

앞서 언급한 대로, 다가오는 초역사적 공격에 대한 요엘의 묘사는 종말에 닥칠 무시무시한 북쪽의 무리라는 당대 통용되던 개념에 상당히 의존하고 있다(겔 38:4, 6, 9, 15, 22; 39:4, 11-12). 요엘은 그 무리를 "많고 강한 백성"(עַם רַב וְעָצוּם)이라고 부르는데, 이는 에스겔 38:15의 "능한 군대"(חַיִל רָב)와 다니엘 11:25의 "심히 크고 강한 군대"(נָּדוֹל וְעָצוּם עַד־מְאֹד חַיִל)라는 후대의 언급을 연상시킨다. 말은 묵시적 무리를 묘사할 때 반복되는 특징이며,[36] 따라서 요엘 2:4의 묵시적 대적을 말로 묘사하는 것은 곡을 연상시키는데, 곡의 말과 기병은 에스겔 38:4, 15에서 묘사된다(슥 12:4의 공격하는 열방의 말과도 비교해보라). 마지막으로, 요엘이 어떻게 종말의 군대가 어둠의 힘을 지니게 되리라는 묵시적 기대를 채택하는지 주목하라. 아모스 5:20과 스바냐 1:15은 야웨의 날을 어둡고 암울한 날로 보며, 이 관념은 에스겔 38-39장과 요엘 2:2에 수용된다(비교. 욜 4:4[개역개정 2:31]). 에스겔 38:9, 15과 요엘 2:2은 모두 묵시적 대적의 도래를 묘사하고자, 땅을 뒤덮는 어두운 구름(עָנָן)이라는 은유를 사용한다.[37]

어둠의 세력인 묵시적 무리라는 이미지는 요엘 4장(개역개정 3장)에서 도덕적 이원론으로 전개된다. 여기서 요엘 2:1-11의 갈등은 이원론적으로 적대 관계인 선과 악의 세력 사이에 벌어지는 우주적 투쟁으로 더욱 정교하게 묘사된다. 요엘은 2:12-17의 제의 조치를 성공적으로 보기 때문에, 미래의 구원에 관한 3장과 4장(개역개정 2:28-3:21)의 묘

---

36) 예컨대 Franz Joseph Stendebach는 쿰란 「전쟁 문서」에 묘사된 종말론적 최후 전쟁(Entscheidungskampf)에서 기마 부대가 중심 역할을 한다고 말한다("סוּס," TWAT 5.791). 또 다른 예는 요한계시록에 나타난 말의 역할이다(예. 계 9:16-18).
37) David Noel Freedman and B. E. Willoughby, "עָנָן," TWAT 6:272-73; Wolff, Joel, 40을 보라.

사는 하나님의 편에 선 자들에게 변화를 약속한다.[38] 묵시적인 대적의 군대는 이제 용사이신 하나님에 의해 전멸되어야 할, 하나님께 맞서는 반역자로 간주된다. 공격하는 열방의 엄청난 악에 대한 요엘 4:13(개역 개정 3:13)의 묘사는 그 군대를 집단적 죄의 화신으로 제시한다.[39]

다음 구절인 요엘 4:14(개역개정 3:14)은 대적을 묘사하고자 핵심 어인 "하몬"(הָמוֹן, "사나운 군중," "무수히 많은 무리")을 사용해 "사람이 많음이여, 심판의 골짜기에 사람이 많음이여"라고 언급한다. 곡의 무리에 대한 이전 장의 논의에서 우리는, 이 단어가 원묵시 텍스트 안에서 하나님에 맞서 반역을 일으키는 혼돈과 교만의 세력이 종말에 일으킬 공격을 묘사하는 데 중요하게 사용된다고 다뤘다.[40] 그러므로 곡의 악한 군대는 에스겔 39:11, 15-16에서 "사나운 무리"로 묘사된다. 이사야 13:4 역시 묵시적 무리의 도래를 그리기 위해 다음과 같이 "하몬"을 사용한다. "산에서 무리(הָמוֹן)의 소리가 남이여 많은 백성의 소리 같으니, 곧 열국 민족이 함께 모여 떠드는 소리라." 요엘의 군중 모티프는 종말 때에 하나님께 대적하여 함께 모인 집단 세력을 묘사하기 위해 원묵시 텍스트에서 사용된 이미지를 차용한 것이 분명하다.

또한 요엘서에 등장하는 세 번째 유형의 이원론은 현세와 다가오

---

38) 요엘서의 구조는 이후에 설명할 것이다.

39) Leslie C. Allen은 "하나님의 진멸의 심판을 받게 된 것은 바로 그들 자신의 극악 무도한 악 때문이다. 열방의 집단적 죄와 그들의 집단화된 현존 사이의 연결은 너무나 필수적이어서 이 둘은 함께 시적으로 작동 가능하다"라고 적절하게 언급한다(*The Books of Joel, Obadiah, Jonah and Micah*, NICOT [Grand Rapids, Mich.: Eerdmans, 1976], 118).

40) A. Baumann, "הָמוֹן," *TDOT* 3:416-17을 보라. 겔 38-39장의 הָמוֹן은 이미 혼돈과 교만을 의미하는 단어인데, 본격적인 묵시 텍스트에서 그 의미가 더욱 발전되었다. 1QM 15는 이 표현을 사용해 악한 대적의 무리를 묘사한다. 또 다른 예로 1QM 18은 "이스라엘의 하나님의 손을 모든 다수에 맞서 들어올린다"라고 말한다.

는 시대를 포함하는 이원론이다. 요엘 2:10에 따르면, 북쪽 군대의 맹습으로 창조 세계는 실제로 역전된다. "라아쉬"(רעשׁ, "진동")를 마지막 때에 혼돈으로 돌아가는 양상을 나타내는 단어로 보는 차일즈의 견해는 이 구절의 해석을 도와준다.[41] 이것은 새로운 세계의 도래를 여는 태고로의 회귀를 초래하는, 현재 창조의 "흔들림"(רעשׁ)을 묘사한다.[42] 요엘이 이 단어를 사용하는 것은, 포로기 이후 묵시적 종말론에는 "큰 흔들림" 모티프와 "북쪽에서 오는 대적" 전승이 결합되어 있다고 보는 차일즈의 주장을 뒷받침하는 좋은 예가 된다는 점도 주목하라.[43] 북쪽에서 오는 묵시적 군대의 도래는 태곳적 혼동으로의 회귀, 새로운 시대가 오기 이전의 마지막 단계를 의미한다. 그러므로 요엘 2장의 언어 표현은 요엘이 현세와 다가올 세대 사이에서 나타나는 급진적 분리를 묘사하고 있음을 분명히 한다.

"흔들림"이라는 이 묵시 모티프는 요엘 4:16-17(개역개정 3:16-17)에서 다시 나타난다. 이 구절에서 다가오는 거대한 흔들림이 옛 세계와 새 세계를 분리할 것이라는 점이 더욱 분명해진다. 하늘과 땅이 "흔들리고"(רעשׁ) 난 후, 혼돈으로의 회귀가 일어나고, 하나님은 자신의 시온 거주를 선언하시며, 예루살렘은 마침내 거룩한 곳으로 세워진다. 야웨의 시온 통치를 준비하면서(사 24:23), 땅의 기초가 흔들리는

---

41) Brevard S. Childs, "The Enemy from the North and the Chaos Tradition," *JBL* 78 (1959): 189-90.

42) 여타 원묵시 텍스트도 종말의 혼동을 묘사하기 위해 이런 "흔들림" 모티프를 차용하고 있음을 상기하라. 예로는 겔 38:20과 사 13:13을 들 수 있다(참조. 렘 4:24). 나아가 명사 "지진"은 겔 38:19과 슥 14:4-5에 사용된다. 이후 「제2에스드라서」 6:11-17; 「제1에녹서」 1:5-8; 「모세 승천기」 10:4과 같은 본격적인 묵시 텍스트 역시 지진을 종말 때 현세를 마감하는 혼동의 일부로 묘사한다.

43) Childs, "Enemy," 197.

(사 24:18) 이사야서의 묵시와 비교해보라.

야웨의 날에 급진적으로 완전히 변화될 세계(욜 4:17[개역개정 3:17])는 다음 단락인 요엘 4:18-21(개역개정 3:18-21)에서 더욱 자세히 나타난다.[44] 현시대에 "단 포도주"(עָסִיס)는 끊어질 수 있지만(욜 1:5), 천년왕국 시대에 산들은 포도주를 흘려보낼 것이고(욜 4:18[개역개정 3:18]), 언덕은 우유를 흘려보낼 것이다.[45] 현시대에 "시내"(אֲפִיק)는 말라버리지만(욜 1:20), 천년왕국 시대에 모든 것은 물을 흘려보낼 것이다(욜 4:18[개역개정 3:18]). 특히 이 단락이 다가오는 시대를 묘사하고자 태곳적 낙원의 언어를 사용한다는 데 주목하라. 따라서 창세기 2:10-14에 등장하는 에덴의 강이 요엘 4:18(개역개정 3:18)에 나타난다. 여타 사독계 천년왕국 환상에서처럼(겔 47:1-12; 슥 13:1; 14:8), 성전의 샘은 그 강의 원천이다. 유다는 급진적으로 변모된 이 새로운 세상에서 "영원히"(לְעוֹלָם) 있을 것이다(욜 4:20[개역개정 3:20]).

부수적 특징

요엘은 원묵시 문학의 몇 가지 다른 특징도 드러낸다. 분명히 요엘

---

44) Prinsloo, *Theology*, 118을 보라. 요엘이 현시대와 구시대를 엄격하게 구분하지 않았다는 Bergler의 주장은 비판받을 수 있다(*Schriftinterpret*, 347). Bergler와 달리, 묵시 문학은 새로운 시대를 묘사하고자 옛 시대의 범주를 사용할 수 있다. 4장의 각주 13을 보라.

45) 이 명사의 희귀성과 여기에 묘사된 역전은 이 단락(욜 4:18-21[개역개정 3:18-21])이 당시 지속했던 요엘 집단의 산물임을 보여준다. 또 다른 중요한 동사 연결어는 욜 4:21b(개역개정 3:21b)와 4:17b(개역개정 3:17b) 사이에 있다. 그러나 이 단락이 겔 38:18과 39:11에서 후대 삽입을 알리기 위해 사용된 서두 공식 "그리고 그 날에"(וְהָיָה בַּיּוֹם הַהוּא)로 시작하고 있음을 주목하라. 그러므로 이 단락은 요엘서의 두 번째 발전 단계에서 요엘 집단이 추가했던 종말론적 부록을 나타내는 듯하다. 욜 4:4-8(개역개정 3:4-8)은 요엘서에 두 번째로 추가된 또 다른 예일 것이다.

은 시대를 결정하는 데 관심을 두고 있다(욜 1:15; 2:1; 4:14[개역개정
3:14]).⁴⁶ 요엘은 심지어 서로 다른 시대나 세대를 구분하는 데서 시작
한다(욜 1:2; 2:2; 4:18-21[개역개정 3:18-21]). 앞서 보았듯이, 요엘서에서
하나님은 서로 다른 시대들의 발생을 통제하신다. 이런 견해를 지니
고 요엘은 묵시적 결정주의(determinism) 개념을 전개하기 시작한다.
에스겔 38-39장처럼, 요엘 4장(개역개정 3장)은 하나님의 심판이 예정
된 저당물인 예루살렘을 치기 위해 열방을 불러온다고 말한다(욜 4:2,
12[개역개정 3:2, 12]).

각각의 요소에서 요엘서는 본격적인 후대 묵시 텍스트의 주요
특징인 암호나 암호화된 용어를 차용한다. 한 가지 예는 "북쪽 사람
들"(הַצְּפוֹנִי)에 대한 요엘 2:20의 언급이다. 나아가 최후의 심판이 벌어
질 "여호사밧 골짜기"(עֵמֶק יְהוֹשָׁפָט, 욜 4:2, 12[개역개정 3:2, 12])는 아마도
실제 골짜기의 이름이 아니라, 암호일 것이다. 레슬리 C. 앨런(Leslie
C. Allen)은 "14절에서 판결 골짜기로 이름을 변경한 것은 현재 이름이
지형적 연관성보다는 '야웨가 심판하는 장소'라는 신학적 상징으로
의도되었음을 보여준다"라고 말한다.⁴⁷

마지막으로 다른 부수적인 묵시 모티프가 요엘 2:1-11, 3장(개역개
정 2:28-32), 4장(개역개정 3장)에 나타난다. 요엘 2:3, 5과 3:3(개역개정
2:30)에서 중요한 종말론적 요소인 불은 종종 묵시적 묘사에 등장한
다. 그러므로 "불"(אֵשׁ)은 에스겔 38:19, 22, 39:6, 9, 10과 스가랴 12:6;
13:9에 등장한다. 마찬가지로, 말라기 3:19(개역개정 4:1)은 야웨의 날
에 있을 심판을 묘사하기 위해 동사 "타오르다, 불을 지르다"(לָהַט)

---

46) Wolff, *Joel*, 14, 26, 64을 보라.
47) Allen, *Joel*, 109; Wolff, *Joel*, 76을 보라.

를 사용한다는 점에서 요엘 3:3, 4(개역개정 2:30, 31)과 비슷하다. 요엘 3:3, 4(개역개정 2:30, 31)이 "피"(רָם)에 초점을 맞추는 것은 다른 원묵시 텍스트들과 병행을 이룬다. 이사야 34:3, 63:6 및 에스겔 38:33은 엄청난 양의 피와 묵시적 심판을 연결시킨다(비교. 겔 39:18).[48] 에스겔 38:22이 요엘 3:3(개역개정 2:30)의 불과 피를 묵시적으로 연결하고 있다는 데 주목하라. 이 모든 부수적 요소는 요엘과 원묵시 문학의 가족 유사성을 확증해준다.

요엘서의 통일된 구조 안에서 묵시 단락의 위치

요엘서의 묵시 텍스트는 포로기 이후 사회의 중앙 제사장계에서 유래한 책의 핵심을 차지한다. 요엘과 그의 말을 전수하고 해석했던 학파는 유다 사회의 성전 중심부 역할을 담당했던 집단이었다. 앞 장에서 언급한 대로, 많은 학자가 포로기 이후에 제의 예언(cult prophecy)이 강조되었다고 주장한다.[49] 요엘도 그러한 제의 예언자 가운데 하나

---

48) B. Kedar-Kopfstein은 "종말에 유대인의 피는 그들의 대적의 피로 되갚아질 것이다(사 49:26; 겔 38:22, 39:17f.)"라고 말한다("רָם," *TDOT* 3:250). 아울러 피에 대한 욜 4:19, 21(개역개정 3:19, 21)의 언급을 보라.

49) 이미 1914년 Gustav Hölscher는 제의 예언자를 위한 자리가 성전 내에 있다고 보았다(*Die Profeten* [Leiden: J. C. Hinrichs, 1914], 143). 그 후 1923년에 Sigmund Mowinckel은 예루살렘 제의 집단 내 예언자에 대한 선구적 저술을 출간했다. *Psalmenstudien: Kultprophetie und prophetische Psalmen* (Oslo: Jacob Dybwad, 1923), 1-29. 제의 예언 현상에 관한 연구는 Aubrey R. Johnson, *The Cultic Prophet in Ancient Israel* (Cardiff: University of Wales Press, 1944); *The Cultic Prophet and Israel's Psalmody* (Cardiff: University of Wales Press, 1979); Hans Joachim Kraus, *Worship in Israel*, trans. G.

예언과 묵시

이며 중요한 예언자였다.[50] 그러므로 요엘서는 요엘이 국가적인 탄식 제의를 담당했던 인물이었다고 묘사한다. 국가적 탄식에 대한 요청은 요엘 1:5, 8, 11, 13, 14, 18, 2:15-17에 나타나는데, 그런 요청은 보통 권위 있는 자로부터 나온다.[51] 요엘 1:13과 2:17에서 요엘은 심지어 국가적 탄식을 진행하기 위해 제단의 제사장에게 정확한 의례에 대한 지시를 내린다. 그는 실제로 요엘 2:17에서 제사장들에게 기도를 제시 한다. 제의에서 요엘이 행하는 중요한 역할은 요엘서가 제의 언어와 예전 형태를 사용한다는 점을 통해 입증된다.[52] 이 후자의 영역은 이

Buswell (Oxford: Basil Blackwell, 1966); H. H. Rowley, *Worship in Ancient Israel* (London: SPCK, 1967) 등이 다뤘다. 제의 예언은 포로기 이후에 매우 중 요했다. Robert R. Wilson은 포로기 이후 세워진 종교 질서 내 많은 예언자들 의 역할에 주목했다(*Prophecy and Society in Ancient Israel* [Philadelphia: Fortress, 1980], 306). 앞 장의 스가랴서 논의에서 본 바대로 히브리어 성서는 중 앙 성전 제의와 연결된 몇몇 중요한 포로기 이후 예언자에 대한 기록을 보존하고 있다. 더 깊은 논의는 Thomas W. Overholt, *Channels of Prophecy: The Social Dynamic of Prophetic Activity* (Minneapolis: Fortress, 1989), 152을 보라.

50) Sigmund Mowinckel은 요엘이 하박국과 나훔과 같은 인물이라기보다는 성 전 예언자였다고 진술하는 데 조금 더 조심스러웠다(*The Pslams in Israel's Worship*, trans. D. R. Ap-Thomas [Nashville: Abingdon, 1967], 2:93). 그러나 Mowinckel은 요엘이 제의 의식에 강한 영향을 받았음을 보여준다고 분명하게 인정했다. 그에 반해 우리는 요엘이 분명히 한 제의 분파의 예언자였다고 말하는 Ivan Engnell, Richard Hentschke, Johannes Lindblom과 같은 학자들의 견해 에 동의한다. Kapelrud는 "욜 1:14; 2:1, 15, 17; 3:5[개역개정 2:32]; 4:1, 6, 16, 17, 20, 21[개역개정 3:1, 6, 16, 17, 20, 21]에 의해 분명히 입증되듯이, 요엘서는 예루 살렘 성전 제의에서 기원했다"라고 진술한다(*Joel Studies*, 11). 후에 Kapelrud는 "특히 요엘은 제의와 밀접하게 연결되어 있었던 것처럼 보인다. 우리는 그가 성전 예언자로서 성전에 소속되었다고 가정하는 데 주저해서는 안 된다"라고 말한다 (ibid., 177).

51) Graham S. Ogden, "Joel 4 and Prophetic Responses to National Lamnets," *JSOT* 26 (1983): 97과 Prinsloo, *Theology*, 26을 보라.

52) 예를 들어 R. Wilson, *Prophecy and Society*, 290을 보라.

후에 논의할 것이다.

요엘서 텍스트를 검토해보면, 요엘 2:1-11과 3-4장(개역개정 2:28-3:21)의 묵시 자료가 책의 나머지 부분을 저술한 자와 동일한 제의 예언자(그리고 그가 연결된 제의에 기반을 둔 계파)로부터 나온 것이라는 데는 의심의 여지가 없다. 이는 요엘서의 구조를 검토하고, 어법과 관용어의 반복을 통해 요엘서의 각 부분이 상호 연결된다는 점을 보임으로써 입증할 수 있다.[53]

요엘서의 통일성 문제, 그리고 이 제의 예언자가 천년왕국 세계관을 지녔는지에 관한 문제는 2:1-11의 경고하는 부르짖음에 대한 해석에 달려 있다. 지금까지 논의로 보아 분명히 드러나듯이, 나는 2:1-11이 그저 메뚜기 재앙, 동풍과 함께 폭풍/열풍의 도래, 혹은 현실 군대의 진군을 묘사한다고 주장하는 학자들에게 동의할 수 없다.[54] 오

---

53) 많은 학자가 요엘서의 본질적 통일성과 관련된 관련 논의를 제시해왔다. Kapelrud는 제의적 해석을 통해 요엘서의 통일성을 옹호한다(*Joel Studies*, 예컨대 176). 요엘서의 대칭에 기초를 둔 Wolff의 통일성 논증은 훨씬 더 설득력이 있다(*Joel*). 요엘서를 통일된 문학으로 읽는 학자로는 Wilhelm Rudolph, *Joel-Amos-Obadja-Jona*, KAT 13/2 (Gütersloh: Gütersloher Verlagshaus Gerd Mohn, 1971), 23-24, 88-92; Ahlström, *Temple Cult*, 예. 137; Allen, *Joel*; Kathleen S. Nash, "The Palestine Agricultural Year and the Book of Joel" (Ph.D.diss., Catholic University of America, 1989), 9; Graham S. Ogden and Richard R. Deutsch, *A Promise of Hope—A Call to Obedience: A Commentary on the Books of Joel and Malachi*, International Theological Commentary (Grand Rapids, Mich.: Eerdmans, 1987), 8; Bergler, *Schriftinterpret*, 31이 있다.

54) 욜 2:1-11이 1:4-7의 일상적인 메뚜기 재앙과 연속된다고 보는 대다수 의견과는 달리, K. Nash는 팔레스타인의 계절별 기후의 측면을 고려해 이 단락에 대한 신선한 해석을 제시한다. 그녀는 욜 2장에 반영된 농경 달력의 상황과 시기를 고려한다면, 이 단락의 언어는 그 공동체가 품고 있던 열풍에 대한 두려움과 일치한다고 주장한다. Nash는 욜 2:1-11에서 "요엘이 유다에 맞서 천상 군대를 인도하시

예언과 묵시

히려 우리는 이 단락에서 에스겔의 묵시를 따라 북쪽에서 오는 대적에 관한 환상을 본다.[55] 비록 그 언어는 요엘 1장의 메뚜기 재앙 및 기후 관련 언어에 영향을 받았지만, 이 단락은 마지막 때의 위기를 예견하고 있다.

요엘 1장에 묘사된 황폐함은 과거에 일어난 일이다. 하지만 2:1은 비록 야웨의 날이 "임박한"(קָרוֹב) 상황이지만, 여전히 "오고 있다"(בָּא, Qal 분사형)라고 진술한다. 미완료 동사 형태는 이어지는 구절에서 주로 나오는데, 이는 여기에 묘사된 묵시적 위협이 여전히 다가오고 있음을 보여준다.[56] 나아가 요엘 2:1-11의 미래에 있을 황폐함은 독특

는 주님이라는 관점에서, 뜨겁고 먼지투성이인 열풍의 진행을 묘사한다"라고 주장한다("Agricultural Year," 144, 참조. 11, 20, 139, 152, 156). 비록 이 본문에서 사용된 동풍과 폭풍우 이미지에 대한 Nash의 지적은 옳지만, 그런 언어는 원묵시 문학인 욜 2:1-11에 반하는 요소가 아니다. 이를테면 Nash도 욜 4장(개역개정 3장)이 열풍 언어를 차용한다고 보면서 종말론적 양상을 인정한다("Agricultural Year," 142, 193). 나는 욜 2장이 이런 언어를 사용하는 이면에는 묵시 세계관 요소 역시 숨어 있다고 주장한다. 단순한 기후 현상을 과장된 상상으로 표현한 게 아니라 그 이상의 것이 여기서 중요하다. 한편 Ogden의 욜 2:1-11 해석은 아마도 독특해 보인다. Ogden은 기원전 587년의 바빌로니아 침입이 요엘서 본문에 현재로 투영되어 있다고 본다(Hope, 27). 그러나 이 견해를 지지할 증거는 거의 없다.

55) Wolff의 말처럼, "[욜] 1:4-20은 이제 막 시작되는 경제적 재앙을 직면하고 있지만, 이 일시적인 위기를 바라보며 2:1-17은 얼핏 보기에 예루살렘에 도래하는 마지막 재앙을 탈출할 가능성이 없다고 보는 듯하다"(Joel, 6, 참조. 42).

56) 3절: "불태울 것이다"(תְּלַהֵם); 4절: "그들이 달리다"(יְרוּצוּן); 5절: "그들이 뛰다"(יְרַקֵּדוּן); 6절: "그들이 질리다"(יָחִילוּ); 7절: "그들이 달리다"(יְרֻצוּן), "그들이 기어오르다"(יַעֲלוּ), "그들이 나아가다"(יֵלֵכוּן), "그들이 이탈하다"(יְעַבְּטוּן); 8절: "그들이 부딪히다"(יִדְחָקוּן), "그들이 나아가다"(יֵלֵכוּן), "그들이 충돌하다"(יִפֹּלוּ), "그들이 상하다"(יִבְצָעוּ); 9절: "그들이 뛰어 들어가다"(יָשֹׁקּוּ), "그들이 달리다"(יְרֻצוּן), "그들이 기어오르다"(יַעֲלוּ), "그들이 들어가다"(יָבֹאוּ); 11절: "그들이 ~할 수 있다"(יְכִילֶנּוּ).

하다고 말할 수 있다. 요엘 2:2은 "이와 같은 것이 옛날에도 없었고 이후에도 대대에 없으리로다"라고 진술한다.[57] 이런 진술은 결코 일상적인 위기에 적용할 수 없다.[58] 더구나 요엘 2:20의 군대를 "북쪽 사람들"(הַצְּפוֹנִי)이라고 부르는 것은 일상적인 메뚜기나 열풍의 위기에 대한 묘사와는 어울리지 않는다. 메뚜기와 열풍은 동쪽 사막 지대에서 온다.[59] 앞서 주장한 대로, 요엘은 여기서 북쪽에서 오는 무리에 대한 에스겔의 두려움(겔 38:6, 15; 39:2)에 강한 영향을 받았다. 사실상 앞선 단락의 많은 논거는 요엘 2:1-11이 단지 미래를 지칭하는 것이 아니라, 묵시적 종말을 지칭함을 보여준다.

요엘 2:1-11은 묵시 모티프 및 사상을 메뚜기, 기근, 열풍/동풍 이미지와 결합한다.[60] 이런 현상에 대한 가장 좋은 설명은 요엘이 (1:2-12에 묘사된) 당대의 위기 속에서 종말의 조짐을 보았다고 주장하는 것이다. 이미 요엘 1:15이 언급하듯이, 이는 당대의 폐허로 인한 성전 탄식의 일부로서, 다가오는 종말의 위협과 연결된다.[61] 여기서 고려하고

---

57) Wolff, *Joel*, 42, 45을 보라.

58) Kapelrud는 요엘의 관심사가 단지 일상적 위기였다면, 그의 말이 결코 전해 내려오지 않았을 것이라고 주장한다(*Joel Studies*, 52).

59) 요엘이 여기서 전문적인 묵시 문학 용어를 사용하고 있다는 주장은 Gressmann, *Der Messias*, 137을 보라. Wolff는 "요엘서에서 분명히 확인할 수 있는 묵시 사상의 발흥은 신화적 용어를 암호로 사용하기 시작하면서부터다"라고 말한다(*Joel*, 62). 또한 Prinsloo, *Theology*, 74; John D. W. Watts, *The Books of Joel, Obadiah, Jonah, Nahum, Habakkuk and Zephaniah*, CBC (Cambridge, England: Cambridge University Press, 1975), 33을 보라.

60) 각주 65는 욜 2:1-11의 언어가 어떻게 당대의 폐허 상황에 영향을 받았는지를 입증한다. 동풍-폭풍 언어의 중요성은 앞선 각주 54, Nash의 박사 논문에 수록된 논의를 보라.

61) 미완료 동사형 "~이 올 것이다"(בוֹא)는 그날이 여전히 미래임을 분명히 밝히고 있다. Gressmann은 이미 1:15에서 요엘이 당대의 메뚜기 재앙을 초자

있는 것은 단순한 종말이 아니라, 묵시적 최후이다. 요엘 1:15은 이사야 13:6의 원묵시적 묘사를 되풀이한다. 두 텍스트는 모두 다음과 같이 말한다. "슬프다, 그날이여! 여호와의 날이 가까웠나니 곧 멸망같이 전능자에게로부터 이르리로다"(כִּי קָרוֹב יוֹם יְהוָה וּכְשֹׁד מִשַּׁדַּי יָבוֹא).

요엘 2:1-11이 종말의 폐허를 언급한다고 받아들이면, 요엘서 전체의 통일된 구조는 분명해진다. 실상 요엘의 묵시 단락은 이 책의 문학적 대칭을 위해 필수다. 요엘 2:18은 이 대칭의 중간 지점으로, 선행 텍스트는 이중 폐허를 묘사하고 후행 텍스트는 이중 구원을 묘사한다.[62] 이러한 이중 묘사는 전조에 대한 요엘의 믿음을 고려할 때 가장 잘 이해될 수 있다. 요엘은 징조들이 최후 심판일의 전조이며, 당대의 구원은 단지 다가올 일의 조짐에 불과하다고 본다. 이 믿음으로, 요엘은 일상적 실재와 묵시적 실재를 유형론적인 한 쌍으로 묶었다. 따라서 요엘서의 두 부분은 즉각적이며 예변적인 상태에서 묵시적인 상태로 옮겨갔다.

양식 비평과 문학적 분석은, 요엘서의 이중화라는 문학적 특징을

_____

연적인 어떤 것으로 나타냈으며, 이는 야웨의 날이 가까이 오고 있음에 대한 초기 징조(Vorbote)라고 말한다(*Der Messias*, 134). 또한 Ernst Kutsch, "Heuschreckenplage und Tag Jahwes in Joel 1 und 2," *TZ* 18 (1962): 89-94; Alfons Deissler, *Zwölf Propheten* (Würzburg: Echter Verlag, 1981), 1:78; Rudolph, *Joel*, 57; Kapelrud, *Joel Studies*, 52, 58, 71을 보라. 요엘과 사회적 유사성을 검토해보면, 이 주제에 신빙성을 더해준다. 여타 천년왕국 집단은 당대의 위기를 종말의 전조나 조짐으로 보았다. 이후 이런 비교 자료를 언급함으로써, 요엘 묵시 텍스트의 사회학을 설명할 것이다.

62) Wolff는 "이 책 전체의 메시지를 고려할 때, 결정적인 전환점은 2:17과 2:18 사이의 접점에서 분명히 드러난다. 여기에서 선행하는 탄식의 부르짖음으로부터 뒤이어 나오는 간구에 대한 하나님의 응답을 확신하는 신탁으로 급작스러운 전환이 이루어진다"(*Joel*, 7)라고 말한다. 또한 Bergler, *Schriftinterpret*, 31, 88. 341과 Ahlström, *Temple Cult*, 132도 보라.

분명히 드러낸다. 요엘서의 두 부분은 또한 각각 두 부분으로 구성되는데, 한 부분은 현재를 다루고 다른 한 부분은 종말을 다룬다. 당대에 이뤄진 황폐는 요엘 1:2-12에 기록되어 있는데, 이는 공동체의 탄식을 요청하는 동기 부여 단락이며 서론의 일부다. 이 단락의 단어와 모티프는 이런 위기로부터의 현재적/즉각적 구원을 묘사하는 확신 신탁 혹은 약속(Verheissung)인 요엘 2:18-27을 강하게 되울리고 있다.[63] 그러나 요엘 2:1-11에 묘사된 황폐(환상을 보도하는 경고/경보의 외침)는 3장과 4장(개역개정 2:28-3:21)에서만 해결책/반대가 나타나는데, 주석가들은 이 부분이 미래 종말의 구원을 묘사하는 약속 신탁을 담고 있다는 데 동의한다.[64] 이런 결론은 목록 4에서 항목으로 분류된 언어적 반향과 주제적 역전을 볼 때 분명하다.

---

63) 몇몇 학자가 이 점에 주의를 기울였다. 예컨대 Prinsloo, *Theology*, 71 및 Redditt, "Peripheral Prophecy," 228을 보라. Ferdinand E. Deist는 어떻게 욜 2:18-27이 욜 1:2-20; 1:6, 10↔2:18; 1:10↔2:21[또한 2:19, 24를 보라]; 1:12↔2:22; 1:16 ↔2:23; 1:19, 20↔2:22[두 단락 모두 들짐승과 광야의 목초지를 언급한다]에서 선포된 결핍을 제거하는지를 묘사하고자, 후속하는 상응 관계를 언급한다. Deist 의 "Parallels and Reinterpretation in the Book of Joel: A Theology of the Yom Yahweh?," in *Text and Context: Old Testament and Semitic Studies for F. C. Fensham*, ed. W. Classen, JSOTSup 48 (Sheffield: JSOT Press, 1988), 63-64을 보라. 그러나 Deist는 욜 2:1-11이 2:18-27에서 그 "제거"를 찾지 못했다고 언급한다(ibid., 67).

64) 욜 2:27과 4:17(개역개정 3:17)에 병행으로 나타나는 하나님 인식에 대한 확신은 균형 잡힌 요엘서 전체 단락에서 2개의 구원 단락을 구분하는 데 도움을 준다. 한편, 욜 2:27의 공식은 기근과 메뚜기 재앙의 영향으로부터 놓여나리라는 약속을 포함하고 있다. 다른 한편으로 욜 2:27의 사상은 요엘서의 나머지 부분에서 더 발전되고, 요엘의 연설인 4:17의 마지막 부분에서 반복된다. 하나님 인식에 대한 요엘서의 확신은 겔 39:22과 29을 연상시킨다. 욜 3장(개역개정 2:28-32)은 1절(개역개정 2:28)의 "그 후에"(וְהָיָה אַחֲרֵי־כֵן)라는 공식으로 인해 미래를 언급하는 새로운 구원 신탁으로 분류된다. 욜 4장(개역개정 3장)의 신탁은 "그날과 그 때에"(בַּיָּמִים הָהֵמָּה וּבָעֵת הַהִיא)라는 서론 공식으로 시작한다.

목록 4: 요엘 3-4장(개역개정 2:28-3:21)과 **요엘 2:1-11의 연속성**

1. 요엘 2:1, 11 ↔ 3:4(개역개정 2:31), 4:14(개역개정 3:14). 묵시에서 사용되는 어구 "야웨의 날"(יוֹם יְהוָה)은 두 단락의 연속성을 보여 주는 중요한 요소다. 또한 요엘서 전체에서 야웨의 날은 "가까운"(קָרוֹב) 것으로 묘사되고 있다는 데 주목해야 한다. 요엘 1:15, 2:1, 4:14(개역개정 3:14)을 보라.

2. 요엘 2:1 ↔ 4:17(개역개정 3:17). 요엘서의 두 단락은 모두 우주적 산이라는 시온 신학의 모티프를 사용한다. 하나님은 시온을 "나의 성산"(הַר קָדְשִׁי)이라고 부르신다.

3. 요엘 2:2(비교. 10절) ↔ 3:4(개역개정 2:13, 비교. 4:15[개역개정 3:15]). 요엘서의 두 부분 모두에서 야웨의 날은 "어두움"(חֹשֶׁךְ)을 특징으로 한다.

4. 요엘 2:3, 5 ↔ 3:3(개역개정 2:30). "불"(אֵשׁ)은 요엘서의 두 부분 모두에서 야웨의 날의 핵심 요소다.

5. 요엘 2:3 ↔ 4:19(개역개정 3:19). 유다가 "황폐한 광야"(מִדְבַּר שְׁמָמָה)가 되리라는 위협은 요엘서의 두 번째 단락에서 역전된다. 이것은 이제 열방 대적의 운명이 될 것이다. 같은 단어가 요엘서 두 부분 모두에서 폐허를 나타내는 데 사용된다. 이것이 변화를 일으킬 폐허의 대상이다.

6. 요엘 2:3 ↔ 3:5(개역개정 2:32). 요엘서의 진행 방향을 보면, 묵시적 무리의 학살을 피할 이가 없으리라는 위협은 뒤집힌다. 요엘 2:3의 위협은 군대가 "피하여 남은 자"(פְּלֵיטָה)를 버려두지 않을 것이라는 점이다. 그러나 같은 용어가 피할 자가 있으리라는 요엘 3:5(개역개정 2:32)의 약속에서 사용된다.

7. 요엘 2:10 ↔ 4:16(개역개정 3:16). 요엘서의 두 부분은 모두 엄

청난 "흔들림"(רעשׁ)이 종말에 있을 것이라고 본다. 그러나 요엘 4:16(개역개정 3:16)은 야웨가 "하늘과 땅이 진동할" 때, "그의 백성을 위한 피난처"가 되리라는 것을 분명히 밝힌다.

8. 요엘 2:10 ↔ 4:15(개역개정 3:15) (비교. 3:4[개역개정 2:31]). 이 두 구절은 모두 해와 달이 묵시적으로 어두워질 것을 묘사하는 동일한 콜론(colon, 주로 운문에서 주어와 동사를 갖춘 한 문장을 가리킴-편집자 주) "해와 달이 캄캄하며"(שׁמשׁ וירח קדרו)를 포함한다.

9. 요엘 2:10 ↔ 4:15(개역개정 3:15). 이 두 부분에서는 "별들이 그 빛을 거두도다"(וכוכבים אספו נגהם)라는 콜론이 모두 반복된다.

10. 요엘 2:11 ↔ 4:2, 9-12(개역개정 3:2, 9-12). 황폐한 상태에 대한 요엘 2장의 묘사는 묵시적 군대의 도래를 예견하게 한다. 미래의 구원에 대한 요엘 4장(개역개정 3장)의 약속은, 묵시적 군대가 도래하지만 하나님이 그들을 멸망케 하시리라는 것을 확증한다(욜 4:2, 12[개역개정 3:2, 12]).

11. 요엘 2:11 ↔ 4:16(개역개정 3:16). 두 부분 모두에서 야웨는 "그의 소리를 발하신다." 그러나 요엘 2:11에서는 하나님이 묵시적 군대를 이끄시는 반면, 요엘 4:16(개역개정 3:16)에서 하나님은 예루살렘을 구하기 위해 자신의 목소리를 내신다(비교. 시 46:6).

12. 요엘 2:11 ↔ 3:4(개역개정 2:31). 이 두 부분은 모두 야웨의 날을 "크다"(גדול), 그리고 "두렵다"(נורא)라고 묘사한다.

논의

목록 4의 자료는 둠 이래로 통용된 견해, 즉 예언자 요엘은 요엘 1-2장(개역개정 1:1-2:27) 대부분을 저술했을 뿐이며, 3-4장(개역개정 2:28-3:21)은 묵시적 편집자의 것으로 봐야 한다는 주장에 대해 강력한 반증을 제시한다. 요엘 2:1-11의 언어는 분명히 당대의 황폐로부터 영감을 얻은 것이지만,[65] 그것은 이미 3-4장 이면의 묵시적 세계관을 반영한다. 나아가 요엘 2:1-11, 3장(개역개정 2:28-3:2) 및 4장(개역개정 3장)은 요엘서의 문학성이 드러나는 핵심으로, 요엘서 전체에 걸쳐 야웨의 날이라는 주제를 발전시킨다. 요엘 2:1-11은 야웨의 날을 두려운 날로 제시한다. 야웨는 유다에 맞서 심판을 위한 묵시적 군대를 이끄신다. 그 후 이 위협은 제의 수행으로 이루어진 중재를 통해 피할 수 있는 것으로 제시된다.[66] 그 결과 요엘 3장과 4장(개역개정 2:28-3:21)은 2:1-11을 분명하게 되울리고 병행을 이루면서 종말의 위협을 역전시키고 있다.[67]

---

65) 욜 2:1-11은 이전 단락과 중요한 의도적 연결 고리를 지니고 있다. 그러므로 K. Nash가 인정하듯이, 메뚜기 습격은 이 단락의 언어에 영향을 미쳤다. "요엘은 메뚜기 무리(גוֹי, 1:6; חֵיל, 2:25)와 전해의 기근을 통해, 열풍 속에 다가오는 임박한 야웨의 날(יוֹם־יהוה) 및 야웨의 군대(חֵיל, 2:11)의 전조를 보았다"("Agricultural Year," 156)이 Deist는 어떻게 욜 2:1-11이 1:1-15; 2:2 ↔ 1:6; 2:2 ↔ 1:2-3; 2:3 ↔ 1:4; 2:3c ↔ 1:7; 2:4-10 ↔ 1:4; 2:11 ↔ 1:15의 의미를 언급하면서 이를 심화시키는지를 보여준다("Parallels," 65). 아울러 Gressmann, *Der Messias*, 137; Prinsloo, *Theology*, 40을 보라.

66) 요엘서의 전반적인 구조 내에서 욜 1:13-20과 2:12-17의 다양한 유형(Gattung)은 완료된, 위협적인 황폐에 직면하여 요구되는 제의적 반응과 대응을 촉구하며 이를 묘사하고 있다. 욜 1:13-14는 탄식(Aufruf)을 요청하며, 1:15-18은 탄식의 부르짖음을 포함하고, 1:19-20은 기도(Gebet)이며, 2:12-14는 회개로의 부름이고, 2:15-17은 탄식 촉구/요청을 갱신하며, 2:17b은 또 다른 탄식 기도다. 요엘이 실제로 현재와 미래의 위협에 상응하는 두 개의 분리된 권고를 선포했는지는 불투명하다. 어느 경우든, 요엘서의 최종 구조 안에서 이 두 단락은 황폐한 두 상황이 다르게 묘사되어 있으며, 독자가 현재와 미래의 황폐한 두 상황을 구분할 수 있도록 텍스트를 구조화한다.

67) 미래의 구원을 약속하는 이 장들에서 야웨는 묵시적 군대의 선두에 서 있는 분으로 그려지지 않고(욜 2:11), 시온에 거주하며(욜 4:17[개역개정 3:17]), 적대적인 열방에 맞서 예루살렘을 보호하는 분으로 묘사된다. 이미 욜 2:20에서 공격

목록 4에 나타난 몇몇 항목은 요엘서가 황폐로부터 구원으로의 역전을 다룬다는 점을 분명히 드러낸다. 항목 6이 보여주듯이, 미래의 위협은 미래의 구원으로 바뀐다. 미래의 위협은 어떤 것도 다가오는 묵시적 군대를 피할 수 없다는 것이다. 그러나 요엘 3:1-5(개역개정 2:28-32)은 항목 8과 12가 일어날 때, 시온 산 위에 "피하는 자들"(5절 [개역개정 2:32])이 있으리라는 것을 분명히 밝힌다. 요엘 3:3-4(개역개정 2:30-31)에 대한 주석에서, 볼프는 다음과 같이 말한다.

> 그 현상은 예루살렘이 전환점 이전에 위협을 받았던 것과 같은 종류다 (참조. 2:10). 그들은 야웨의 날에 관한 예언에 친숙하다(3:4b[개역개정 2:31b]과 2:11b을 비교해보라!). 깨어 있는 자들(2:12-16)의 탄원(2:17)에 대한 놀라운 반응(2:18-19)은 야웨의 날의 방향을 바꾸게 한다.[68]

요엘서의 두 번째 부분에 나타난 묵시적 심판의 역전은, 그것이 취소된 것이 아니라 방향이 바뀌었음을 의미한다. 항목 7, 8, 9, 11의 자료는 요엘 4:14-17(개역개정 3:14-17)이 2:10-11에 대한 역대응을 포함한다는 점을 보여준다. 두 단락은 묵시적 군대가 도래할 때, 천체가 어두워지는 현상이 동반됨을 보여준다. 그러나 후반부의 구원 단락에서 야웨는 묵시적 군대의 공격을 역전시킨다. 하나님은 공격하는 군대(욜 2:11)의 편에 서는 대신, 예루살렘에서 "자기 목소리를 발하신다"(욜

해오는 묵시적 군대는 교만의 죄가 있다는 판결을 받았고, 4:11, 19-21(개역개정 3:11, 19-21)에서 그 군대는 유다의 피를 흘린 적대적 열방으로 드러난다. 겔 38-39장에서처럼, 야웨는 욜 4장(개역개정 3장)에서 예루살렘에 맞서는 군대를 소환하고 인도하신다. 그러나 이것은 그들의 패망이 목적이 아니다.

68) Wolff, *Joel*, 68.

4:16[개역개정 3:16]). 항목 5의 역전은 유다를 위협하는 묵시적 황폐가 대적에게 미칠 처벌임을 보여준다. 황폐 대신, 유다의 선택받은 자에 게는 하나님의 영을 부으실 것(욜 3:1[개역개정 2:28])이고, 이제 그들은 종말의 환란에서 생존하게 될 것이다. 이런 영을 부여받으리라는 기대 는 에스겔 39:29과 스가랴 12:10의 원묵시적 묘사를 반영한다.

그러므로 나는 요엘 "1-2장(개역개정 1:1-2:27)과 3-4장(개역개정 2:28-3:21)이 근본적으로 다른 관점(전자는 역사적, 후자는 묵시적 관점) 으로 말하고 있다고 주장하는 것은 묵시적인 야웨의 날을 향하는 2장 의 움직임을 놓치는 것이다"라는 듀에인 A. 개릿(Duane A. Garrett)의 진술에 동의한다.[69] 취사선택한 구절을 후대 편집자의 것으로 간주함 으로써, 요엘 1-2장에서 종말론을 배제할 수는 없다. 그렇기 보기에 는 요엘서가 매우 정연하게 배열되어 통일성을 지닌다. 요엘 2:1-11 은 이미 원묵시 단락으로, 당대의 메뚜기와 기근 재앙에 대한 묘사 및 묵시적인 요엘 3장과 4장(개역개정 2:28-3:21)과 불가분 연결되어 있다. 휴고 그레스만이 언급했듯이, 요엘서의 중심부를 도려내지 않고는 요 엘서의 종말론을 후대의 삽입으로 볼 수 없다.[70]

기술된 요엘서의 통일성은 편집 그 이상이다. 요엘 1장과 2장에 언급된 야웨의 날은 확장의 징조를 보여주지 않는다. 이렇게 언급된 야웨의 날은 요엘 2:1-11에서 다른 원묵시 문학과 가족 유사성을 유 지한다. 그리고 요엘 2:1-11은 해당 문맥의 언어 및 이미지와 잘 어울 린다. 이것은 다른 기원과 관점을 지닌 이질적인 자료들을 나란히 늘 어놓은 경우가 아니다. 오히려 요엘서는 매우 복잡하게 구성되고 구

---

69) Duane A. Garrett, "The Structure of Joel," *JETS* 28 (1985): 290.

70) Gressmann, *Der Messias*, 136.

조적으로 서로 엮여 있으므로, 요엘이나 그의 집단의 구성원에 의해 구성되고 형성됐음이 틀림없다. 그러므로 볼프는 요엘서 "네 장의 기본 구성은 단일 저자에게서 온 것이다"라고 말한다.[71] "유형론적으로 여러 단계를 걸쳐 발생된 것으로 보이는"[72] 야웨의 날 주제가 포함된 요엘서가 신학적으로 통일을 이룬다고 본 개릿의 주장은 옳다.

요엘서 내 중심부 제사장들의 영향을 보여주는 증거

지금까지의 논의는 제의 예언자 요엘이 원묵시 문학을 썼고, 이 천년 왕국설의 촉매 인물이 심지어 포로기 이후 성전에서 영향력 있는 지위를 차지하고 있었음을 보여준다. 이는 에스겔서와 스가랴서에서 찾아볼 수 있는 제의 용어와 제사장적 언어 및 신학이 풍성하게 발견될 수 있다는 점을 시사한다.

사실상 요엘서의 구체적 언어와 관심사는 이 책의 이면에 있는 집단이 중앙 제사장들이거나 그 동료들로 구성되어 있음을 보여준다. 그러나 관련된 증거를 제시하기 전에, 경고의 말을 해두는 것이 좋겠다. 이는 스가랴서의 관용구에 함축된 의미를 다룰 때 언급했던 경고

---

71) Wolff, *Joel*, 8. 여기서 Wolff가 제시한 예를 보라.

72) Garrett, "Structure," 297. 참조. Prinsloo, *Theology*, 112. 여기서 취한 견해와는 대조적으로, Brevard S. Childs는 "이[요엘서의] 문학적 통일성이 단일 저자에게서 유래했는지, 편집자의 창작인지는 해결되지 않은 문제다.⋯나는 통일성이 편집의 산물이라고 본다"라고 진술한다(*Introduction to the Old Testament as Scripture* [Philadelphia: Fortress, 1979], 389). 그러나 겔 38-39장의 논의에서 다뤘듯이, 요엘서의 언어적·주제적 상호 연결이 예언자 자신의 것인지, 요엘의 후속 집단의 것인지를 아는 것은 여기서는 중요한 문제가 아니다. 어느 경우든, 요엘서의 묵시 단락은 중앙 제의를 지지하는 집단과 틀림없이 연결되어 있다.

와 비슷하다. 예를 들어 상호텍스트성의 문제는 특히 요엘서에서 강하게 나타나는데, 요엘은 초기 예언 자료 수집물을 광범위하게 인용한다.[73] 요엘이 다른 사회적 배경을 지닌 예언자들에게 의존하므로, 요엘을 지지하는 집단이나 제사장의 계보를 파악하려면 요엘의 언어 사용에 주의를 기울여야 한다. 그러나 스가랴서의 경우처럼, 요엘이 전승을 혼용한다고 해도 요엘서에 지배적으로 나타나는 유다 사회 중심부 제사장의 언어와 신학을 파악하는 데는 방해가 되지 않는다.

요엘의 가장 큰 관심사 중 하나는 그가 묘사하듯이 황폐로 인해 성전 예배가 중단된 것이다.[74] 그는 "소제와 전제"(וָנֶסֶךְ מִנְחָה)를 성전에서 드릴 수 없어서 제사장의 사역이 방해를 받고 있다고 경고한다(욜 1:9).[75] 그는 요엘 1:13의 "소제와 전제를 너희 하나님의 성전에 드리지 못함이로다"를 통해 비슷한 걱정을 드러낸다. 그다음으로 1:16은 하나님의 집에서 기쁨과 즐거움이 끊어져 버렸다고 한탄한다(틀림없이 제

---

73) Bergler는 요엘서 전반에 고루 퍼져 있는 인용 관행을 찾아냈다(Schriftinterpret). 추가 논평은 K. Nash, "Agricultural Year," 14-15; R. Wilson, *Prophecy and Society*, 290; Wolff, *Joel*, 10-11을 보라. Ogden의 "Appendix 2"는 요엘서의 주요 인용을 목록화한다(*Hope*, 56-57).

74) Wolff, *Joel*, 31; Ahlström, *Temple Cult*, 29; Prinsloo, *Theology*, 20을 보라.

75) 이러한 요엘의 제물 용어의 조합(1:9, 13; 2:14)은 분명히 후대 중앙 제사장계의 어법을 대변한다. 이 어법은 P에 국한되는데(출 29:41; 30:9), 특히 후대의 P로 간주되는 본문(민 6:15, 17; 15:4-5, 6-7, 9-10, 24; 28:8, 9, 31; 29:6, 11, 16, 18, 19, 21, 22, 24, 25, 27, 28, 30, 31, 33, 34, 37, 38, 39)과 H 내의 사독계 본문(레 23:13, 18, 27) 및 에스겔서(겔 45:17)에 국한된다. 단 두 군데 예외가 있는데(왕하 16:13-15; 사 57:6), 이 두 본문은 모두 요엘과 달리 논쟁을 담은 맥락이다. 요엘은 이런 제물 용어 조합을 성전을 위해 규정된 매일의 제사를 지칭하기 위해 사용한다(민 28:3-8). 그러나 같은 두 제물이 수장절을 위해 지시(민 29:12-28; 레 23:33-34)되고 있는 점에 주목하라. 이 절기는 요엘이 회중에게 묵시 연설을 전하는 기회로 나타난다(각주 79를 보라).

물 공급이 끊겼기 때문이다). 알스트룀이 언급하듯이, "기쁨"(שִׂמְחָה)과 "즐거움"(גִּיל)이란 용어는 예루살렘 제의에서 매우 익숙한 단어였다.[76] 후에 요엘 2:14에서 소제와 전제는 다시 관심의 초점이 된다. 이 구절은 소제와 전제가 복에 대한 요엘의 소망을 보여주는 핵심이라고 규정한다.[77] 분명히 요엘은 전례를 위해 성전의 공급을 채우고, 이를 통해 제의 예배가 다시 수행되어야 한다고 주로 강조한다.

심지어 성전 지역 외부에서 기근과 메뚜기 때문에 일어난 문제를 보여주는 요엘의 묘사조차 예루살렘 성전의 언어를 채택한다. 예컨대 요엘 1:20은 시편 42:2의 언어를 강하게 반영한다. 아르비 S. 카펠루(Arvid S. Kapelrud)는 "תַּעֲרֹג(헐떡이다)와 אֲפִיקֵי(시내)와 같은 2가지 드문 표현이 두 군데 모두에서 발생하는 것은 단순한 우연일 리가 없다"라

---

76) Ahlström, *Temple Cult*, 44; 참조. Kapelrud, *Joel Studies*, 63-65; Gary A. Anderson, *A Time to Mourn, A Time to Dance* (University Park: Pennsylvania State University Press, 1991), 19-26, 109-14. 시 65:13이 풍부한 농산물 소출의 기쁨을 묘사하기 위해 "즐거움"(גִּיל)이라는 표현을 사용하는 데 주목하라. 이 시편은 (요엘이 직면한 것과 정반대의 상황인) 수장절과 같은 행사에 사용된 국가적 찬양시다. "기쁨"(שִׂמְחָה)과 "즐거움"(גִּיל)이라는 용어 모두 시 45:16에 사용되어 시온에서 벌어지는 혼인 잔치를 묘사한다. 이 두 명사는 시온과 성전 제단이 시편 기자의 넘치는 기쁨의 수단이 되는 시 43:4에서도 사용된다. 시 43편은 사실상 시 42편과 구조상 하나인 텍스트로서, 요엘서에 특별한 영향을 끼친 것으로 보인다. "기쁨과 즐거움"에 대해 둘 다 언급하는 것 외에도, 요엘서와 시 43편은 모두 하나님의 거룩한 산을 언급한다(시 43:3; 욜 2:1; 4:17[개역개정 3:17]). 두 텍스트 모두 하나님을 백성의 요새로 여긴다(시 43:2; 욜 4:16[개역개정 3:16]). 두 텍스트 모두 열방이 "그들의 하나님이 어디에 있느냐"(시 42:10; 욜 2:17)라고 말하지 않기를 기도한다. 또한 동사 "고대하다"(עָרַג)는 욜 1:20 외에는 시 42:2에서 유일하게 나타나고 있음을 주목하라.

77) Kapelrud는 "무엇보다도 בְּרָכָה[복]은 희생 제물이 다시 정기적으로 야웨에게 드려진다는 것을 암시하는데, 이런 요엘의 태도는 소제와 전제라는 제의를 통해 나타난다.…בְּרָכָה[축복]과 מִנְחָה וָנֶסֶךְ['소제와 전제']가 요엘에게는 동전의 양면일 뿐이다"라고 말한다(*Joel Studies*, 85).

예언과 묵시

고 말한다.[78]

현재 및 앞으로 예상되는 황폐를 고려한 요엘의 권고는 몇 가지 제의 용어를 사용할 뿐 아니라 제의의 수행을 요구한다. 요엘 1:14과 2:15은 "제의 성회"(עֲצָרָה)를 요청하고,[79] 두 권고 단락(욜 1:13-20; 2:12-17)은 모두 이 성회가 해야 할 일을 지시한다. 요엘 1:13-14은 회개를 위한 제의를 상세하게 묘사한다. 중앙 제의에 분명히 초점을 맞추고 있는 요엘 2:12-17의 권고는 훨씬 더 흥미롭다. 이 단락이 묵시적 위협에 대한 필수 반응으로서 요엘서 구조 내에 자리 잡고 있기 때문이다. 프린슬루는 여기서 사용된 제의 용어에 주의를 기울인다. 12절의 "금식"(צוֹם), "울다"(בְּכִי), "애통하다"(מִסְפֵּד). 14절의 "축복"(בְּרָכָה)과 "소제와 전제"(מִנְחָה וָנֶסֶךְ). 15절의 "금식일을 정하다"(קַדְּשׁוּ־צוֹם), "성회를 소집하다"(קִרְאוּ עֲצָרָה). 16절의 "모임을 거룩하게 하다"(קַדְּשׁוּ קָהָל). 17절의 "낭실"(אוּלָם), "제단"(מִזְבֵּחַ), "제사장들"(כֹּהֲנִים).[80] 이 텍스트 이면에는 기

---

78) Ibid., 70.

79) 이 어법은 후대의 제사장계 텍스트 여럿을 연상시킨다. 이 텍스트들은 수장절에 관심을 두는데, 요엘의 행동이 이 절기에 일어난 것이라면, 특별히 흥미로운 사실이다. 레 23:36(H)은 수장절이 "성회"(עֲצָרָה)로 불리는 "거룩한 모임"(מִקְרָא־קֹדֶשׁ)을 포함하고 있다고 암시한다. 유사한 지시가 민 29:35(후기 P)에서 보인다. 대하 7:7-8은 솔로몬이 수장절의 일부로서 "엄숙한 성회"(עֲצָרָה)를 열었다고 서술하고, 느 8:18은 포로기 이후에 이런 관습이 회복됐다고 서술한다. 아마도 수장절에 드릴 제물을 마련할 수 없는 상황에 분노한 요엘이 여기서 일상적인 추수 절기를 참회의 성회로 대신해야 한다고 촉구하고 있는 듯하다. 이런 제안에 대해서는 K. Nash, "Agricultural Year," 87, 참조. 29, 84-85, 220. 224을 보라.

80) Prinsloo, *Theology*, 49. "모임을 거룩하게 하다"(16절)라는 구절은 요엘서에서 여기에만 나타난다. 그러나 유사한 어법이 제사장계 텍스트(출 28:41; 29:1)에서 입증된다. "성전 낭실"(17절)은 겔 40-46장에서 여러 번 언급되며, "낭실과 제단 사이"라는 구체적인 장소 역시 겔 8:16(참조. 대하 8:12)에 언급된다. 제사장의 애곡 금지(17절; 참조. 1:9, 13)는 중앙 제사장들이 애곡 제의를 관장하는 슥 7:3을 연상시킨다.

근과 메뚜기 재앙이라는 실제 위기 중 요엘이 개최한 공동체/국가 탄식 의식이 있었다는 점을, 나는 앞으로 논증하고자 한다. 그러므로 하나님의 기업이 "웃음거리"(מָשָׁל)가 되지 않게 해달라는 요엘 2:17의 기도는 공동체 탄식시인 시편 44:13-15의 표현을 상기시킨다. 이 자료는 요엘서가 예루살렘 제의 전승에 뿌리를 두고 있음을 확증한다.

또한 요엘은 성전에 기반을 둔 프로그램(들)에서 연유한, 임박한 미래의 구원을 묘사할 때 중심부 제의 예언자에게서 나온 것으로 예상되는 언어를 사용한다. 요엘 2:21, 23에서 제의와 연관된 동사 원형 "기뻐하다"(שָׂמַח)와 "즐거워하다"(גִּיל)가 반복되어 1:16을 뒤집어버린다. 또한 2:26에서 그 백성이 야웨를 찬양하리라는 약속은 동사 "찬양하다"(הָלַל)를 사용하는데, 이는 종종 제의적 경배를 표현한다.[81] 성전(temple)의 언어 역시 요엘서에서 종종 묵시로 서술되는 단락인 마지막 부분의 약속에서 찾아볼 수 있다. 카펠루가 진술하듯이, 요엘 4:1-21(개역개정 3:1-21)은 "철저하게 전통적인 제의 용어와 사고에 영향을 받았다."[82] 예를 들어 4장은 선택받은 유다와 예루살렘에 도래하는 구원을 강조하고(1, 20절), 17절에 표현된 것처럼 미래의 예루살렘이 "거룩"(קֹדֶשׁ)하리라는 확고한 관심사를 반영한다. 이 구절에서 요엘은 에스겔서와 스가랴서에 나타나는, 제사장계의 거룩함이라는 같은 이상을 강조한다.

시온 신학에 대한 요엘의 의존은 요엘을 중앙 제사장 및 예루살렘 당국자들과 이어주는 중요한 단서다.[83] 요엘서는 지속적으로 "시

---

81) 그러므로 Ahlström은 이 구절이 제의라는 배경을 반영한다고 제안한다(*Temple Cult*, 47).
82) Kapelrud, *Joel Studies*, 7.
83) 요엘이 시온 신학을 고수했다는 점은 그가 중앙 제의 안에서 활동했다는 사실을

온"(תֹּצ, 욜 2:1, 15, 23; 3:5[개역개정 2:32]; 4:16, 17, 21[개역개정 3:16, 17, 21])과 시온의 선택에 대해 이야기한다. 실상 스가랴 1:14과 8:2에서처럼, 요엘 2:18은 하나님이 자신이 선택한 백성과 땅을 위해 "질투"(קִנֵּא)하실 것이라고 말한다. 나아가 스가랴 8:3처럼, 요엘은 시온을 "나의 거룩한 산"(קָדְשִׁי הַר, 목록 4, 항목 2를 보라)으로 지칭한다.[84] 이런 선택받은 거룩한 산이라는 시온 신학은 분명히 원묵시 문학 단락인 요엘 2:1과 4:17(개역개정 3:17)에 구체적으로 표현되고 있다.

요엘 3장과 4장(개역개정 2:28-3:21)의 원묵시 문학 단락은 요엘서의 나머지 단락만큼이나 강력하게 시온 신학에 뿌리를 두고 있다. 요엘 3:5(개역개정 2:32)은 시온 산을 야웨가 최후 심판의 생존자를 위해 마련한 구원의 장소로서 강조한다.[85] 요엘 4장(개역개정 3장)에서 시온 신학은 특히 시온이 난공불락의 성읍이라는 모티프에서 분명히 드러난다. 에스겔 38-39장과 스가랴 12장 및 14장의 이방인의 쇄도 모티

확증해준다. Mowinckel은 예언자들이 성전 제의 안에서 예루살렘의 선택과 보호라는 이데올로기를 자신들이 해야 할 사회 보존 기능의 일부라고 여기고, 규칙적으로 지지했음을 처음으로 보여준 학자 중 한 명이었다. 그의 *Psalms*, 2:53-73을 보라. 시 46편과 110편 같은 시를 보면, 제의 예언자들의 신탁이 종종 이 신학을 표방했음이 분명하다.

84) 시온을 거룩한 산으로 보는 사상은 제의 시편(예. 시 2:6[제왕시]; 3:5; 43:3; 48:2[시온 찬송]; 99:9[등극시])과 유다의 예언 전통(예. 사 6:13; 11:9; 27:13; 56:7; 57:13; 65:11, 25; 66:20; 옵 16절; 습 3:11)으로부터 요엘이 취한 것이다. 이 어법이 사독계 텍스트에서 익숙하게 나타난다는 점을 강조해야 한다(예. 겔 20:40; 28:14; 즉 8:3).

85) Prinsloo는 욜 3:5(개역개정 2:32)이 고전적인 시온 전승이 사용되었음을 보여준다고 주장한다. "시온과 예루살렘은 탁월한 야웨의 거주지이며, 안전과 안정의 요새다.…재앙과 세계적 대변동 가운데 야웨는 그의 백성에게 안전을 제공하실 바로 그분이다"(*Theology*, 87).

프가 여기에 분명히 반영되어 있다.[86] 혼돈이라는 묵시적 힘은 예루살렘에 맞서 모이고(2절), 엄청난 진동을 수반하며(16절), 북쪽의 위협과 연결된다. 그다음으로 4장(개역개정 3장)은 이런 혼돈의 군대가 행할 학살에 맞서 선택한 산을 보호하는 야웨를 묘사하는데, 이는 시온 신학을 참으로 반영한다. 에스겔 38:22에서처럼, 하나님은 묵시적 무리를 통해 심판을 시작하시고(נִשְׁפַּטְתִּי, 2절), 그들이 시온에 해를 끼치기 전에 "판단의 계곡"에서 적군을 무찌르신다(13-14절). 16절이 분명히 밝혀주듯이, 도래하는 엄청난 진동의 시기에 시온에는 피난처가 있을 것이다(목록 4, 항목 7을 보라). 앞서 논의된 놀라운 반전에서(목록 4, 항목 11을 보라), 시온 신학은 요엘 2:1-11의 위협을 압도한다. 야웨는 이전에 두려움의 대상이었던 무리를 이끌지 않고, 안에서부터 예루살렘을 보호하신다.

요엘 4:16(개역개정 3:16)은 최후의 묵시적 심판에 대한 요엘의 묘사에 시온 신학을 강력하게 도입한다. 16절에는 시편 46편의 신학과 강력한 연결 고리가 있는데, 시편 46편은 산이 진동할지라도(4절) 하나님이 피난처(2절)가 되리라고 주장한다. 요엘서와 시편 텍스트 모두 "피난처"(מַחְסֶה)와 "진동"(רָעַשׁ)이라는 용어를 사용한다. 이 "피난처"라는 용어는 야웨의 보호하심을 확신하는 다른 시편에서도 찾아볼 수 있다(시 14:6-7; 61:4; 62:8, 9; 71:7; 73:28; 91:2, 9; 94:22; 142:6). 그중 시편 94:22의 용례는, 특히 요엘 4:16(개역개정 3:16)처럼 이 공동체 탄식시가 국가적 위기에 직면하여 구원에 대한 확신을 표현하기 때문에 특별히 주목할 만하다.

요엘 4:16(개역개정 3:16)은 야웨가 이스라엘 백성의 "요새"(מָעוֹז)라

---

86) 4장 중 "후대에 재사용된 곡 전승" 단락의 논의를 보라.

예언과 묵시

고 확신하며 시온 신학을 표방한다. 이 어법은 이사야의 예루살렘 신학 형태(사 17:10; 27:5)와 시편(시 27:1; 28:8; 31:3, 5; 37:39; 43:2; 52:9)을 통해 친숙한 것이다. 요엘 4:16(개역개정 3:16)과 마찬가지로, 야웨가 "피난처"(מַחְסֶה)와 "요새"(מָעוֹז)라고 단언하는 이사야 25:4(이사야서 중 묵시에 해당한다)에 주목하라.

종말론적 구원의 약속에 등장하는 새로운 시대에 관한 요엘 4:18-21(개역개정 3:18-21)의 견해 역시 의도하지 않았더라도 시온 신학을 드러내고 있다. 18절의 성전 샘 환상은 성전 시편에 보존되어 있을 뿐만 아니라(시 36:8-9; 46:5; 65:10), 제사장 에스겔(겔 47:1-12)과 스가랴(슥 14:8)가 본 미래 환상의 중요한 주제였다.[87] 요엘의 마지막 구절(21절)은 야웨가 시온에 거주한다고 진술한다. 이로 인해 시온 신학은 마지막에 강력하게 강조된다.[88] 요엘은 단순히 시온 언어나 전승을 채택한 것이 아니다. 시온 신학 자체가 요엘의 묵시적 기대의 토대다.

요엘 4:17과 21(개역개정 3:17과 21)의 언어는 에스겔과 스가랴와 같은 중앙 제사장들의 특징이라 볼 수 있는 방식으로 시온 신학을 제시한다. 이 구절은 야웨를 "시온에 거하는/장막을 치는"(שֹׁכֵן בְּצִיּוֹן) 분으로 묘사하는 관용 어구를 사용한다. 핸슨이 관찰한 대로 이 어구는 "성직자 정치"와 관련된 문헌에서 사용되며, 동사 "장막을 치다"(שׁכן)

---

87) Ahlström, *Temple Cult*, 87; Paul Hanson, *The Dawn of Apocalyptic* (Philadelphia: Fortress, 1979), 377-78; Adam S. van der Woude, "Zion as Primeval Stone in Zechariah 3 and 4," in *Text and Context: Old Testament and Semitic Studies for F. C. Fensham*, ed. W. Claassen (Sheffield: JSOT Press, 1988), 244-45; Carroll Stuhlmueller, C.P., *Rebuilding with Hope: A Commentary on the Books of Haggai and Zechariah*, International Theological Commentary (Grand Rapids, Mich.: Eerdmans, 1988), 150을 보라.

88) Prinsloo, *Theology*, 117을 보라.

의 칼(Qal)형은 야웨의 예루살렘 임재 양식을 표현하는 핵심 용어가 된다.[89] 이 어법은 일부 시편(시 68:17; 74:2; 135:21) 및 시온을 하나님의 영원한 임재의 장소로 간주하는 이사야 8:18과 같은 중앙 제의와 연결된 텍스트에서 나타난다.[90] 그러나 요엘은 아마 더 구체적인 어떤 중앙 전승에 의존하고 있는 듯하다. 포로기와 포로기 이후에 에스겔과 스가랴 집단은 미래에 시온의 새로운 성전에 거하실 하나님의 거주를 묘사하고자 "장막" 언어를 사용했다(겔 43:7, 9; 슥 2:14-15; 8:3).[91] 요엘은 이 후자의 전문적인 어법을 채택하는데, 이는 요엘이 중앙 제사장 계열 내에 있었음을 보여준다.

---

89) Hanson, *Dawn*, 249 n. 56. 참조. Klaus Seybold, *Bilder zum Tempelbau: Die Visionen des Propheten Sacharja*, SB 70 (Stuttgart: Verlag Katholisches Bibelwerk, 1974). 85; Wolff, *Joel*, 82. 구체적으로 성직자 계열의 관용어는 야웨 자신의 거주지를 묘사하기 위해 사용된 Qal 동사라는 데 주의하라. 대조적으로 신명기 사가의 문헌에서는 비슷한 관용 표현을 사용할 때, 하나님의 이름이 머무르는 상황을 묘사하기 위해 שׁכן 동사의 피엘(Piel) 형태를 사용한다("그의 이름을 거기에 두시려고"[לְשַׁכֵּן שְׁמוֹ שָׁם], 신 12:11; 14:23; 16:2, 6, 11; 26:2; 참조. 렘 7:12). Ahlström이 언급하듯이, 요엘은 신명기 사가의 소위 "이름 신학"을 차용하지 않는다. 요엘은 야웨 자신이 거룩한 산 성전에 거하신다고 여긴다(*Temple Cult*, 125).

90) 연관된 어법으로, P는 출 25:8; 29:46과 민 5:3에서 이스라엘 중에 계시는 하나님의 거주지를 묘사하고자 "거하다"(שׁכן) 동사를 채택한다. 또한 P(예. 출 26:7, 12, 13; 36:14; 40:19; 민 5:6)에서 하나님의 "거주지" 혹은 "장막"을 암시하고자 사용하는 단어 מִשְׁכָּן에 주목하라. שׁכן의 명사형 מִשְׁכָּן를 사용하는 P의 방식은, H(레 26:11)와 겔 37:27에서 채택된다.

91) Hanson은 "에스겔은 이 용어를 야웨가 임재하리라는 언약 조건을 표현하는 핵심 구절에 적용한다.…그 후 스가랴는 같은 의미에서 야웨가 그의 백성 가운데 머물 것이라는 회복의 희망을 표현하기 위해 이 용어를 채택한다. '내가 와서 네 가운데에 머물 것임이라'(슥 2:14[10]). '내가 시온에 돌아와 예루살렘 가운데에 거하리니'(슥 8:3; 대상 23:25도 보라)"라고 진술한다(*Dawn*, 249, n. 56).

요엘 천년왕국 집단의 사회학

요엘 천년왕국 집단은 분명히 포로기 이후 중앙 제의 구조 내에서 운영되었다. 플뢰거, 볼프 및 다른 이들의 견해와는 달리, 그들은 주변부 집단이 아니었으며 성전에 대해 저항했다는 증표도 보이지 않는다.[92] 그 대신 요엘서는 요엘을 중앙 제의를 담당했던 관료로 묘사하며, 요엘서의 용어와 형식은 이를 지지한다. 중앙 제사장계의 언어와 사상이 종종 요엘서의 묵시 단락에 등장하는 만큼이나 다른 부분에도 등장하므로, 원묵시적이며 의례적인 요엘서의 특징은 단일한 사회 배경의 두 층위로서 서로 연결된다.

요엘의 종말론적 언어는 분명히 예루살렘을 통치했던 제사장 집단의 산물로 여겨진다. 그러므로 나는 묵시적 종말론이 515년 이후 "성직자들"의 저작물에는 등장하지 않는다는 핸슨의 견해에 동의할 수 없다. 제2성전이 완성된 이후 "성직자 정치 전승"의 일부였던 "묵시 사상적 논지"가 급작스럽게 사라졌다는 핸슨의 주장은 요엘서의 증거를 무시한 것이다.[93]

나는 요엘이 야웨의 날을 제의의 맥락 안에서 해석하고 있다고 주장한다. 따라서 몇 가지 중요한 사항을 먼저 설명하려고 한다. 첫

---

92) 요엘이 재앙 가운데 성전 제의를 비난했다고 보는 Redditt의 주장은 분명히 핵심을 벗어났다("Peripheral Prophecy," 235-37).

93) Hanson은 "성직자 정치 전승을 지지하는 이들은 6세기의 마지막 30년 동안 포로기 이후 공동체의 통치권을 획득했고, 환상에 근거한 자신들의 프로그램을 재건된 성전과 재구성된 사독계 제사장직으로 해석했고, 그 결과 환상이라는 형식으로 표현된 자신들의 프로그램을 버릴 수 있었다"라고 진술한다(*Dawn*, 237, 또한 231을 보라). 이미 살펴본 것처럼, Hanson은 515년 이전의 "묵시 사상적 논지"의 존재에 대해 진술하는데, 그러한 환상의 요소들이 "단순히 실용적인 프로그램을 전수하는" 역할을 한다고 주장한다(*Dawn*, 232, 참조. 288).

째, 요엘이 제의 예언자(혹은 차라리 제의적 천년왕국의 촉매자)라고 말하는 것은 그가 혁신의 영이나 제의를 비판할 능력이 없다는 뜻이 아니다.[94] 오히려 요엘서를 분석해보면 제의 예언자의 특징을 덜 제한하게 될 것이다. 예를 들어 H. H. 로울리의 견해와는 달리, 요엘서는 제의 예언자들이 "도전적이며 거침없을" 수 있음을 보여준다.[95] 요엘은 제의를 중재하고 신탁을 발화하지만, 중요한 심판을 경고하며, 다른 "정경 예언자들"처럼 윤리성을 요구하기도 한다(욜 2:12-14).[96]

둘째, 요엘서의 제의 맥락은 요엘을 종종 **의례**와 **신화**라는 용어와 연관된 사고의 범주로 한정하지 않는다. 요엘의 세계관은 제의적 신화에 뿌리를 두지만, 그 세계관의 묵시적 본질은 이 신화가 종말론화되었음을 의미한다. 그래서 알스트룀은 요엘의 신학을 신화로 규정하

---

94) 제의 예언자의 발화를 단순한 의식 행위 때 따라오는 행위 정도로 보는 Plöger와 Rowley 같은 학자들이 문제가 된다(Plöger, *Theocracy*, 99; Rowley, *Worship*, 170). 에스겔은 중앙 제의 예언자였지만, 그의 예언 활동은 규정된 의식 내에서 정해진 신탁을 단순히 전달하는 수준을 넘어섰다.

95) Rowley, *Worship*, 175. 요엘서에 묘사된 제의 예언은 예언을 반제의적인 저항 운동으로 보는 Wellhausen과 Weber의 견해를 비판할 필요가 있음을 확증한다. Andrew D. H. Mayes의 말처럼, "제의는 삶의 모든 측면에서 더욱 중심이 되었고, 이전보다 영성의 예언적 유형에 더 많은 여지를 남겼다"(Andrew D. H. Mayers, *The Old Testament in Sociological Perspective* [London: Marshall Pickering, 1989], 75). Peter L. Berger의 진술, "구약의 예배에 관한 연구는 제의 자체가 초기 해석가들이 생각했던 것보다 '자유롭게 흐르는 영성'에 훨씬 더 많은 여지를 남겼음을 보여준다"와 비교해보라("Charisma and Religious Innovation: The Social Location of Israelite Prophecy," *American Sociological Review* 28 [1963]: 944). 또한 Berger는 "아무리 예언자를 (심지어 급여를 주는) 어떤 집단에 소속시킨다고 하더라도, 그가 전례 없는 급진성을 띠는 일을 효과적으로 막기란 어려울 것이다"라고 진술한다(ibid., 949).

96) 욜 2:12-14은 제의적 예배에서 회개를 표한다고 할지라도 진심으로 해야 함을 분명히 밝히고 있다. 이 단락에서 전치사 "~와 함께"(ב)의 사용에 관한 Prinsloo의 논의를 보라(*Theology*, 59).

고, 요엘의 야웨의 날을 단순하게 야웨와 혼돈 세력 간에 매년 벌어지는 예식적인 전투로 간주했다는 비판을 받는다.[97] 2장에서 보았듯이, 묵시 사상의 신화적-현실적 위기는 역사적 실재로 이해된다. 순환이 아니라, 단선적인 흐름으로 간주되는 역사에 신화적-현실적 위기가 개입된다.

요엘의 천년왕국 집단 프로그램에 근거한 중앙 제의

양식 비평에 근거한 요엘서의 많은 단위는 공동체의 탄식과 연관된다. 볼프와 달리, 나는 요엘서의 이 양식을 원래 삶의 자리와 분리해서 볼 이유가 없다고 본다.[98] 오히려 요엘서는 위기의 시기에 거행된 탄식 의식이 발생한 어떤 상황을 반영한다.[99] 비록 지금은 요엘서가 구조를 갖춘 문학 작품이지만, 요엘 집단이 기근과 메뚜기 재앙 위기에 대해 취했던 실질적인 행동 프로그램을 요엘서 자체에서 찾아볼 수 있다. 종말의 전조를 목전에 두고 요엘은 국가적 위협을 다루기 위해 중앙 제의를 가동해야 한다고 권고한다. 시편 74편과 80편 같은 경우, 마찬가지로 특별한 어려움이 제기되는 때에 국가적인 움직임이 필요하다고 호소한다.[100] 이런 맥락에서 볼 때, 요엘서는 현재 위기의 묵

---

97) Ahlström, *Temple Cult*, 71, 88. 다른 곳에서 Ahlström은 의식의 "실재"에 대해 이야기한다(ibid., 74).

98) Wolff, *Joel*, 10. Wolff는 요엘이 제의에 "단순한 관심"만 보였다고 본다(ibid., 84). 요엘이 "예루살렘 성전의 제의 조직에 대한 기본적 신뢰가 없었다"라고 보는 Hanson의 견해(*People Called*, 314)와 비교해보라.

99) 요엘서 자체가 제의 의식에 관한 책은 아니지만, 단일하고 독특한 역사적 일화에 근거를 둔다. Allen, *Joel*, 31; Ahlström, *Temple Cult*, 130-31을 보라.

100) Johnson, *Israel's Psalmody*, 131-34, 150을 보라. 요엘서에서 중앙 제의는 일상의 위기에 대한 대응과 마찬가지로, 종말의 위기에 대응한다. 국가의 종교 지도자와 백성은 국가적 탄식 의식을 통해 야웨에게 호소한다.

시적 의미에 대한 인식을 환기하고자 제의라는 수단과 의례를 사용하고, 그 가운데 구원을 찾고자 하는 중심부 제사장의 묵시적 세계관을 드러낸다.[101] 요엘서는 제의를 통한 중재로 묵시적 재앙을 벗어날 수 있다고 본다. 앞서 3장에서 논의된 바처럼, 사회학적 증거는 종말에 구원을 얻기 위해 천년왕국 집단이 중앙 제의를 사용했음을 보여준다. 그러므로 마마이아 제의에서 토착신 오로의 제사장이 취한 행동은 요엘서에서 찾아볼 수 있는 것과 비슷하다. 토착민들은 천년왕국 집단 프로그램으로 전통적인 의례를 중앙 제의 내에서 거행했다.

요엘서의 구조는 요엘 집단의 프로그램이 중앙 제의의 국가적 탄식 의식 패턴에 기초를 두고 있음을 분명히 보여준다. 앞서도 다뤘지만 요엘서의 구조에서는 먼저 현재 황폐에 대한 묘사가 나타나고, 미래의 묵시적 황폐에 대한 예언이 뒤따른 다음, 제의 수행에 대한 권고가 등장한다.[102] 이 권고는 성공적으로 보이며, 구원 신탁이 책을 마무리한다. 요엘서의 현재 형태에서 이런 결론 단락은 임박한 미래에 대한 요엘 집단의 희망을 보존해준다. 자신이 경험한 위기에 대해 제의

---

101) 그러므로 Gunter Wanke는 공적 예배에 대한 요엘의 긍정적인 태도에 주목한다. "요엘은 제의 형태를 수용하고 채택함으로써, 예루살렘 회중이 새롭게 종말론적 메시지를 깨닫기 원한다"("Prophecy and Psalms in the Persian Period," in *The Cambridge History of Judaism*, ed. W. D. Davies and L. Finkelstein [Cambridge, England: Cambridge University Press, 1984], 1:177). Ahlström은, 학개와 스가랴처럼 요엘도 올바른 제의가 유일한 기초이며 그 위에 다른 것을 쌓아야 한다고 보았다고 진술한다. "그 제의 예언자는 제의를 심각하게 다룬다. 그에게 더 나은 세상은 참된 '의'(צְדָקָה)를 부여하는 참된 제의로 시작한다"(*Temple Cult*, 61).

102) Wolff는 요엘서의 의식 관련 단락이 전형적이며 기본적인 탄식 의식의 요소를 보여준다고 주장한다(*Joel*, 9). Ogden은 요엘서를 포로기 이후 제의 중 요엘이 진짜로 행했던 탄식 의식을 모은 책으로 간주한다(*Hope*, 7-14).

에 기초한 응답을 수행했고 올바른 제의를 계속 드리려고 애썼으므로, 요엘 집단은 희망을 가졌다.

기근이나 재앙이 몰아칠 때, 이스라엘 당국은 "금식"(צוֹם)을 제도화하고, 탄식과 회개를 위한 제례를 선포했다.[103] 그러므로 요엘서에서 제사장은 당대의 황폐를 목도하며 탄식하고(욜 1:13), 금식을 위해 성전으로 백성을 모은다(욜 1:14). 백성의 비애에 대한 진술이 뒤따르고(욜 1:15-18), 요엘 1:19-20은 심지어 성전에서 사용되었던 것 같은 실제 참회 기도를 보존하고 있다. 카펠루는 이 요엘서 단락(1:13-20)의 자료가 성전 당국을 대신해 요엘이 성전에서 인도했던 소집과 탄식을 반영한다고 본다.[104] 비록 이미 요엘 1:15에서 제사장들이 종말의 위기를 두려워하고 있지만, 독자는 이 지점에서 요엘 1:2-12에 묘사된 세속의 위기만을 알고 있을 뿐이다.

앞서 주장한 대로, 독자가 요엘 2:12-17에 도달할 즈음에는 당대의 위기가 이와 더불어 묵시적 재앙의 위협을 초래하리라는 것이 분명해진다. 그러나 이 구절 다음에, 요엘서는 현재와 미래의 구원에 대한 약속만을 제시한다. 이 구조를 고려할 때, 제의 프로그램을 수행하라는 요엘 2:12-17의 권고는 요엘서의 주요 전환점이다. 여기서 제의를 수행하라는 명령은 묵시적 재앙을 약속으로 전환하려는 목적을 지닌다. 이 단락의 12-14절은 금식과 회개를 촉구한다. 다음으로 15-17절은 의식 행위에 필요한 구체적인 사항을 지시한다. 성전에서 엄숙

---

103) Kraus, *Worship*, 225을 보라.

104) Kapelrud, *Joel Studies*, 4. Kapelrud는 "제사장들을 향해 제사장 자신과 백성을 위해 참회하라는 요엘서의 호소는 분명히 진지하게 이루어진 것임이 틀림없다. 제의 양식으로 표현하는 일이 예언자에게 자연스러운 일이므로, 이 호소는 확실히 제의라는 특징을 보여준다"라고 진술한다(ibid., 51).

한 총회를 소집하라는 명령이 다시 반복된다. 그다음으로 제사장들은 "낭실과 제단 사이에서 애곡하라"라는 명령을 받으며, 그들의 기도 언어(17b절)는 전통적인 제의 탄식 언어를 연상시킨다.[105] 이 본문이 제의 행위와 의식에 초점을 맞춘다는 점은 요엘 천년왕국 집단의 프로그램에 대해 언급된 바를 지지해준다. 요엘서의 현재 문학적 구조가 기근과 메뚜기 재앙의 위기 상황에서 요엘 집단이 해야 할 행위와 우선순위를 반영한다면, 이 제의 절차는 묵시적 황폐를 전조로 보여줌으로써 구원이 필요함을 확신시키기 위해 필요하다고 여겨지는 요엘 집단의 실질적인 프로그램이었을 것이다.[106]

요엘서의 구조는 요엘 2:18-27, 3장(개역개정 2:28-3:32)과 4장(개역개정 3장)을 제사장계 구원 신탁(Priesterliches Heilsorakel)으로 알려진 제의적 탄식 의례의 일부로 제시한다.[107] 그레이엄 S. 오그던(Graham

---

105) Ahlström은 제사장의 행위에 대한 상세한 정보를 주지 않은 채, 욜 2:17이 실제 성전 의식을 반영한다고 언급한다(*Temple Cult*, 51).

106) Prinsloo는 욜 2:15-16의 용어가 "회개하라는 명령에 주의를 기울이던 백성에게 실질적인 제의 명령으로 작용했다"라고 본다(*Theology*, 52). Blenkinsopp는 "재난을 벗어나는 것은 가능하다면 전체 공동체의 제의 행위로만 이룰 수 있다"라고 요엘이 추정했을 것이라고 진술한다. 그 위협은 "성전에서 예언자의 주도로 수행되는 제의 행위를 통해서만" 벗어날 수 있다(*History of Prophecy*, 253). Blenkinsopp는 요엘서의 제의 절차를 세속 재난에만 연관시킨다. 그러나 그의 진술은 요엘의 반응이 묵시적 위협에 대한 것이었다고 해도 올바른 것으로 보인다.

107) Bergler, *Schriftinterprest*, 86; Kraus, *Worship*, 226; Erhard S. Gerstenberger, *Psalms, Part I, with an Introduction to Cultic Poetry*, FOTL, 14 (Grand Rapids, Mich.: Eerdmans, 1988), 253을 보라. 요엘서는 시 60편과 비교해볼 수 있는데, 시 60편은 제의 예언자의 중재일 뿐만 아니라 그의 신탁이며 국가적인 탄식시로 볼 수 있다. Kapelrud, *Joel Studies*, 90-91; Johnson, *Israel's Psalmody*, 165을 보라. 시 40:6-8에서, 제의 예언자는 구원을 간구하는 앞 단락의 기도에 대해 하나님의 긍정적인 응답 신탁을 보여준다(Johnson, *Israel's Psalmody*, 169). 대부분 다른 시편에서 제사장/제의 예언자의 신탁은 확신의

S. Ogden)의 말처럼, "오바댜서와 요엘 4장은 예언 문학의 동일 범주에 속한다. 그들은 모두 위기의 순간에 처한 국가의 탄식에 대해 예언자적 반응을 보인다. 그러므로 이 두 신탁은 하나님이 들으시리라는 것을 이스라엘이 확신하게 하는 언어이므로, 탄식 의례의 필수 요소가 된다."[108] 요엘서는 예언자의 신탁에 발전된 문학적 양식을 부여하고, 뚜렷한 패턴을 따라 이를 구조화했다. 그러나 요엘서는 여전히 요엘이 경험한 위기 상황에 전달했던 확언이라는 실제 신탁의 취지를 보존하고 있다.

그러므로 요엘서는 묵시적 파멸이 유다를 위협할 때 중앙 제의 집단이 수행했던 탄식 의식의 실제 절차를 반영하고 있다. 여기서 제의 예언자의 행위에 대한 역대하 20장의 묘사는 삶의 자리를 분명히 하는 데 도움이 된다. 요엘 1:14에서처럼 유다는 국가적 위기에 야웨의 도우심을 구하기 위해 성전에 모여들었다(대하 20:4). 역대하 20:14에 따르면, 야웨의 영이 레위인들에게 임했고, 이들은 15-17절에서 구원 신탁을 선포했다. 제의 담당자들은 야웨의 승리를 예견하면서 의식을 인도했다. 그의 신탁은 참된 것으로 판명된다. 따라서 28절은 야웨가 이스라엘의 대적을 물리치신 후, 성전에서 드린 승전 기념식을 묘사

외침 혹은 분위기의 전환을 기반으로 추론되거나 재구성되어야 한다. 실제로 Joachim Begrich는 사 40-55장에 등장하는 형태를 근거로 처음에는 제사장계 구원 신탁 형태가 존재한다고 주장했다("Das priesterliche Heilsorakel," ZAW 52 [1934]: 81-92). 그러므로 이를테면 시 20편에서 제사장의 신탁이 5절과 6절 사이에 드러나는데, 이는 그다음 구절에서 확신을 표현하도록 고무한다. Claus Westermann, *Praise and Lament in the Psalms* (Atlanta: John Knox, 1981), 65, 70을 보라.

108) Ogden, "Joel 4," 103. 욜 3-4장(개역개정 2:28-3:21)의 확언 신탁 단락은 다양한 논리 단위와 형식을 담고 있다. 예컨대 이 부분의 열방 심판 신탁은 신적 확언의 일부로서 작용한다. Ogden, *Hope*, 11을 보라.

한다.

요엘과 사독계 제사장들의 관계

불행히도 요엘서는 1:1에 나타나는 "브두엘"(פְּתוּאֵל)이라는 아버지의 이름 외에는 요엘의 계보나 배경에 대해 아무것도 알려주지 않는다. 그렇더라도 이전에 살펴본 증거를 기초로 요엘의 관점, 지위, 직능이 분명히 사회의 중앙 제의 내에 있었다고 볼 수 있다. 그는 중요한 보직을 차지한 성전 전문가였으며, 심지어 제사장이었을 가능성이 있다.[109]

성전 관료로서의 역할과 포로기 이후 성전의 배경을 볼 때, 만약 요엘이 제사장이었다면 그는 아마도 사독계였을 것이다.[110] 앞 장에서 사독계 작품으로 파악된 텍스트들을 요엘이 중요하게 여겨 상당수 반영하고 있다는 점은 이런 추론을 가능하게 한다. 그중 중요한 텍스트는 에스겔서다. 요엘은 야웨의 날에 대한 에스겔의 신탁에 의존하고(예. 겔 7장과 30장), 도래하는 북쪽 군대의 공격에 대한 에스겔의 기대를 구체적으로 사용한다(겔 38-39장).[111] 앞서 살폈듯이, 이러한 에스겔의 영향은 요엘이 메뚜기와 기근 황폐를 묵시적인 야웨의 날에 대한 전조로 보았던 중요한 이유다.

---

109) Movinckel이 관찰한 대로, 몇몇 경우에 제사장과 성전 예언자는 동일한 한 인물이었다(시 2:58). 요엘은 1:13과 2:17에서 자신과 제사장을 구분하지 않는다. 제사장 스가랴가 제사장 집단에게 연설하던 장면을 회상해보라(슥 7:5).

110) 제2성전기 제의 예언자를 레위계 집단으로 한정하는 Movinckel을 추종하는 학자들이 문제가 된다. Movinckel은 제2성전에서 제의 예언자들이 레위 계열의 노래 부르는 자 등급으로 강등됐다고 주장한다(*Psalmenstudien III*, 17f.). 아울러 Johnson, *Ancient Israel*, 72 및 *Israel's Psalmody*, 174을 보라. 앞 장에서 주장한 대로, 스가랴는 사독계 제사장이자 제의 예언자였다. 요엘 역시 두 역할을 했을 것이다.

111) 이 책 pp. 275-86과 Zimmerli, *Ezekiel 2*, 321을 보라.

나아가 요엘의 여타 관용구와 언어는 에스겔에 대한 그의 특별한 의존을 보여준다. 예를 들어 요엘 2:3은 "에덴동산"(עֵדֶן־גַּן)을 언급하는데, 이는 에스겔에서 자주 발견되는 어법이다(겔 28:13; 31:9, 16, 18; 36:35).[112] 요엘이 환상을 서술하기 위해 사용하는 명사 "형상"(מַרְאֵה) 역시 에스겔의 관용구를 연상시킨다.[113] 하나님의 백성이 다시는 열방 가운데 "비난거리"(חֶרְפָּה)가 되어서는 안 된다는 요엘의 관심사(욜 2:17, 19) 역시 에스겔에서 강조되는 바다(겔 36:15; 비교. 22:4; 34:29). 이스라엘은 열방 가운데 흩어졌다(욜 4:2[개역개정 3:2]; 겔 34:6; 36:19; 38:8; 비교. 슥 2:2[개역개정 1:19]). 이제 열방은 하나님의 땅에 해를 입혔기에 벌을 받아야 한다(욜 4:2[개역개정 3:2]; 겔 35:10; 36:1-5). 마지막 예로서, 요엘 3:1(개역개정 2:28)이 백성과 하나님 사이의 궁극적 연합을 이루기 위해, 종말에 하나님의 영을 이스라엘에게 부으시리라는 에스겔 39:28-29의 관점을 견지한다는 데 주목하라.[114]

분명히 요엘은 에스겔 예언의 영향을 받았지만, 구체적으로 에스겔 계열의 사독계로 규정할 수 없다. 요엘서의 언어와 문체는 에스겔

---

112) Adalbert Merx는 이로부터 요엘이 에스겔의 제자라고 주장한다(*Die Prophetie des Joel und ihre Ausleger* [Halle a. S.: Verlag der Buchhanlung des Waisenhauses, 1879], 65).

113) 겔 1:5, 13, 14, 16, 26, 27, 28; 8:2, 4; 10:1, 9, 10; 11:24; 23:15, 16; 40:3; 41:21; 42:11; 43:3을 보라.

114) 그러므로 Zimmerli는 "여기에서도 [겔] 39:29과 용어상 연결되는 요엘서는 에스겔서(3:1f.)에서 볼 수 있는 구원 선포를 더욱 발전시킨다"라고 진술한다(*Ezekiel 2*, 321). 또한 "하나님의 영의 재창조하는 힘에 대한 이 단어(욜 3:1-2[개역개정 2:28-29])와 가장 가까운 병행 본문은, 패배주의에 빠져 의기소침했던 포로기 이스라엘 백성에게 행한 에스겔 혹은 에스겔의 제자 중 하나의 연설(겔 39:29; 36:26; 37:1-14)에서 찾아볼 수 있다"라는 Blenkinsopp의 진술에 주목하라 (*History of Prophecy*, 258). 예언과 하나님의 영을 연결했던 에스겔를 요엘이 수용했는지에 대해서는 R. Wilson, *Prophecy and Society*, 261을 보라.

의 아류가 아니고, 심지어 몇 가지 점에서 에스겔서와 다르다. 오히려 요엘 집단과 스가랴 계열의 사독계를 비교하는 편이 더 낫다. 에스겔의 언어와 모티프를 차용하지만, 스가랴의 추종자들은 에스겔의 추종자 계열 외부와도 연대하는 별개 집단을 형성했는데, 이들은 다소 비타협적이었던 것 같다.

요엘의 집단처럼 스가랴 계열도 에스겔에 의존한다. 스가랴 12:10은 요엘 3:1(개역개정 2:28)처럼 에스겔의 영 부음 모티프를 반영한다. 에스겔의 성전 샘 모티프(겔 47:1) 역시 요엘(4:18[개역개정 3:18])과 스가랴 계열(슥 13:1; 14:8) 모두가 채택한다.[115] 스가랴와 요엘 모두 에스겔에 의존하지만 다른 집단의 견해도 채택하므로, 그들 계열이 에스겔의 전수자 외에도 다른 집단과도 담론을 친밀히 공유했다고 가정할 수 있다. 요엘 집단이 에스겔 집단보다 스가랴 집단과 더 연결되었다는 주장을 지지하려면, 예루살렘의 거룩에 대한 요엘 4:17(개역개정 3:17)의 견해가, 에스겔 43:12에 나타나는 강경한 사독계의 견해보다 스가랴 집단의 거룩 개념(슥 2:5; 9:8; 14:20-21)에 더욱 가깝다는 데 주목해야 한다.[116]

요엘과 스가랴 계열이 겹친다는 제안을 입증할 증거가 존재하지만, 개별 전승의 강조점이 다르다는 점은 이들을 동일시하지 못하게 한다. 요엘은 메시아를 언급하지 않는다는 점에서 스가랴와 다르다.[117] 또한 요엘과 스가랴는 새 시대에 관해 그들이 본 환상을 서로

---

115) 이런 증거의 근거에 대해, Kapelrud는 "스가랴 전승뿐만 아니라 요엘도 예루살렘 성전과 연관된 거의 동일 계열에 속한다"라고 결론짓는다(*Joel Studies*, 129).

116) 여기서 욜 4:17(개역개정 3:17)과 슥 14:21이 거룩한 도성에서 이루어지는 제의 바깥의 제의를 배제하고 있다는 데서도 연결되고 있음에 주목하라.

117) 욜 2:23은 때때로 추정되는 바처럼 메시아 대망을 반영하는 것처럼 보이지 않는다. 그러나 슥 14장 역시 메시아를 언급하지 않는다. 사독계 일부 집단이 페르시아 후

다르게 진술한다. 요엘 3:1(개역개정 2:28)은 환상 활동을 긍정적으로 보지만, 스가랴 13:4은 미래 예언자들이 그들의 환상을 부끄럽게 여길 것이라고 예견한다.[118]

이런 논의를 근거로, 요엘 집단은 예루살렘 성전을 다스렸던 사독계 제사장과 그들의 동료 중 한 계열로 간주해야 한다. 비록 그들이 에스겔의 예언을 낳았던 사독계 강경파보다는 스가랴 집단과 더 가깝지만, 그들을 다른 계열로 볼 수는 없다. 우리는 기근과 메뚜기 재앙이 이 중앙 제사장에게 가했던 위협을 상상해볼 수 있다. 그들은 당시 사회에서 종교적 권위를 지니고 있던 자들이었으므로, 유다 내 다른 집단은 당대의 재난에 대해 그들을 비난할 수 있었을 것이다.

영역 계층과 사회 배경

요엘 집단의 광범위한 사회적 환경은 스가랴 천년왕국 집단의 그것과 같이 계층 A 영역에 속한다. 요엘 천년왕국 집단은 내생적 환경 안에서 중앙 권력을 가지고 있었다. 스가랴 집단의 내생적 영역과 마찬가지로, 페르시아는 요엘 시대에 유다를 억압하지 않았다. 실제로 페르시아 제국은 유다 공동체의 평화로운 존속을 지원했다. 볼프는 요엘 집단이 자기가 속한 사회 영역 안에서 "순조롭게 작용하는 페르시아 제국의 일부였으며, 외부의 불안 때문에 더는 곤란을 겪지 않았다"라고 언급한다.[119] 그러나 나는 요엘과 스가랴 집단 각각의 사회적 영

기에 이러한 부차적인 묵시 세계관의 양상을 강조하지 않았을 가능성은 있다.

118) 그러나 겔 39:29과 13:1-23의 비교가 두 견해 모두 한 집단 안에서 주장될 수 있음을 보여주고 있다는 데 주목하라. 한 집단은 그런 모든 활동을 비난하지 않지만, 그것이 불분명하거나 우상 숭배적인 예언이거나 황홀경으로 간주하고 공격할 수 있다. 관련 논의는 Kapelrud, *Joel Studies*, 135을 보라.

119) Wolff, *Joel*, 5. 비슷한 관점에서 Hanson은 요엘서를 에스라·느헤미야 개혁 이

역에 나타나는 주요 차이점 중 하나를 강조하려고 한다. 스가랴 집단은 위기 때 발생했거나 그 영향을 받지 않았으나, 반대로 위기는 요엘의 세계관을 추동하는 데 분명히 일조했다. 요엘의 사회학에서 이 요소가 지닌 역할을 이제 상술하려고 한다.

천년왕국설이 재앙이나 위기와 연관되는 유사 사례에 관한 사회학적 연구는 요엘서 연구에 유의미한 새로운 빛을 던져주었다. 연구를 위해, 사회학적인 유사 사례를 많이 이용할 수 있다. 그러므로 노먼 콘은 다음과 같이 천년왕국설이 재해에 뒤따라오는 경우를 열거했다.

제1차 십자군 전쟁 및 1260, 1348-9, 1400년 고행 운동의 서곡이 된 전염병. 제1차, 제2차 십자군 전쟁 및 1309-20년의 민중 십자군 운동과 1296년의 고행 운동, 에온(Eon)과 가짜 볼드윈(pseudo-Baldwin)을 둘러싼 운동의 서곡이 된 기근. 뮌스터 혁명의 서곡이 된 가격 폭등.[120]

후의 산물로 본다. 그에 따르면, 에스라·느헤미야의 개혁은 "유다 공동체가 지역 내 사독계 제사장들의 지도와 페르시아 왕의 원거리 통치하에 안전을 유지했던 시기를 가져왔다"(*People Called*, 312).

120) Norman Cohn, *The Pursuit of the Millennium* (New York: Oxford University Press, 1970), 282. 아울러 Cohn은 "**사회 전체**를 휩쓸었던 천년 왕국 소동 중 가장 거대한 파동은 중세의 가장 보편적인 자연 재해였던 흑사병 때문에 촉진되었다"라고 언급한다(ibid., 강조는 추가됨). 또한 Norman Cohn, "Medieval Millenarism: Its Bearing on the Comparative Study of Millenarian Movements," in *Millennial Dreams in Action: Essays in Comparative Study*, ed. S. Thrupp (The Hague: Mouton, 1962), 34; Yonina Talmon, "Millenarism" [sic], in *The International Encyclopedia of the Social Sciences* (New York: Macmillan Co. and Free Press, 1968), 10:354; Weston La Barre, "Materials for a History of Studies of Crisis Cults: A Bibliographic Essay," *Current Anthropology* 12 (1971): 15; Wayne Suttles, "The Plateau Prophet Dance among the Coast Salish," *Southwestern Journal of Anthropology* 13 (1957): 392을 보라.

나는 2장에서 박탈을 그 원인으로 보기보다는 천년왕국 집단을 추동한 긍정적인 동기를 찾아야 한다고 주장했다. 요엘 천년왕국설의 경우, 이것은 당대의 황폐를 박탈로 해석하기를 거부하는 것을 의미한다. 요엘서에 나타난 위기는 박탈이라는 토대를 발전시킬 만큼 충분히 길지 않았다.[121] 더 오랜 기간 그랬다고 할지라도, 요엘서의 기근과 전염병을 박탈의 원인으로 해석하는 것은, 요엘 2:20과 이 구절이 요엘의 위기 상황을 에스겔서가 언급했던 "북쪽 군대"(הַצְּפוֹנִי)와 연결 짓는다는 점을 설명하지 못한다.[122]

요엘 2:20의 언어는 요엘 집단 구성원들의 성향에 이미 존재했던 믿음과 두려움을 여러 위기 상황이 촉발했음을 암시한다. 요엘 1:2-12에 묘사된 당대의 황폐는, 에스겔서와 스가랴서에 대한 자신들의 연구를 기초로 이미 종말을 기대하고 있던 요엘 집단에 긍정적인 동기를 부여했던 촉매제였다.[123] 다시 말해 위기는 두 눈을 뜨게 해준 사

---

121) 예를 들어 10년간의 기근과 흉년, 5년간의 전염병이 1095년 제1차 십자군 전쟁 시기에 몇몇 지역에서 천년왕국설보다 먼저 일어났다(Weston La Barre, *The Ghost Dance: Origins of Religion* [Garden City, N.Y.: Doubleday, 1970], 255을 보라). 마찬가지로, 유럽의 통치에 맞서 반역을 일으킨 솔라레스(Solares)의 아르헨티나 천년왕국 집단이 출현했던 것은 바로 광범위한 흉년을 가져온 오래 계속된 기근이었다(Vittorio Lanternari, *The Religions of the Oppressed*, trans. L. Sergio [New York: Knopf, 1963], 182을 보라). 이 두 경우에 나타날 법한 억눌린 좌절 외에 다른 어떤 요소가 요엘서에서 지속되고 있는 것처럼 보인다.

122) Gressmann, *Der Messias*, 137의 논의와 비교해보라.

123) Wanke, "Prophecy and Psalms," 176을 보라. Lorenz Dürr는 종말의 공격에 대한 에스겔서의 묘사가 요엘서에 반영되었다고 주장한다. 요엘서에서는 북에서 온 대적을 두려워하도록 백성의 심장을 떨게 하기 위해 일어났던 일은 그 땅을 덮친 메뚜기 떼가 전부였다(*Die Stellung des Propheten Ezechiel in der Israelitisch-Jüdischen Apokalyptik*, Alttestamentliche Abhandlungen 9:1, ed. J. Nikel [Münster: Aschendorffschen Verlagsbuchhandlung, 1923], 99).

건 혹은 징조였다. 기근과 전염병을 토대로 종말이 요엘 집단의 시야에 들어오게 된다.

위기 동안 문서화된 묵시와 구전 묵시 전승이 묵시적 기대가 부상하는 데 중요한 토대를 형성했던 피렌체의 사보나롤라 운동은 유용한 사회학적 병행 사례를 제공한다.[124] 요엘의 경우처럼, 사보나롤라의 시대에는 사회 중심부가 종말론적인 전승을 다루는 기록물을 축적하고 있었는데, 그런 저작물에 따르면 다가오는 시대에 피렌체가 세상에서 지도력을 쥐게 될 것이었다. 사보나롤라가 경험했던 대변동은 이런 전통에 대한 그의 연구와 맞물렸다. 요엘처럼 이런 대변동에 영향을 받은 그는, 다가오는 사건의 경로에 대한 환상을 통합하기 위해 이전 묵시 저술가들의 언어와 은유에 의존했다.

다른 문화와 교차 비교함으로써 우리는 요엘서의 기근과 전염병의 역할을 구체화할 수 있다. 그런 비교는 천년왕국 집단들이 종종 종말의 전조로서 징조를 찾고 있음을 보여준다. 2장에서 언급한 남아프리카 호사족의 19세기 천년왕국 제의의 예를 찾아보라. 이 제의는 하늘의 두 태양, 거대한 어두움, 맹렬한 돌풍이 종말에 앞서 일어난다고 주장한다.[125] 마찬가지로, 교령 춤 운동도 새로운 시대의 도래 이전에

---

124) 이 운동에 대한 앞 장의 논의와 Donald Weinstein, "Millenarianism in a Civic Setting: The Savonarola Movement in Florence," in *Millennial Dreams in Action*, 194-203을 보라. 과거의 기록물과 전승에서 온 사상을 새로운 묵시적 이해로 통합하는 데 필요한 교육을 받을 수 있고 그럴 시간이 충분한 자는 통상 사회의 상류 계층이라는 데 주목하라(3장, 각주 107의 논의와 비교해보라). 요엘의 신분 및 그가 예루살렘의 제사장 장서에 접근할 수 있었다는 점은, 그를 그러한 지위로 간주하게 한다(각주 73과 비교해보라).

125) Bryan R. Wilson, *Magic and the Millennium* (New York: Harper & Row, 1973), 239을 보라.

있을 지진, 산사태, 폭풍을 기대했다.[126]

고대했던 대변동이 일어날 때, 해당 집단은 기대했던 최후 심판으로 인해 충격에 빠지게 된다. 예를 들어 콘은 13세기와 14세기에 고행 운동이 일어났을 때 전염병 때문에 당시 사회가 묵시적 메시지를 수용하는 일이 가속화됐다고 말한다.[127] 실제로 이탈리아의 첫 번째 고행 운동은 1258년 기근과 1259년 전염병의 결과로 일어났다. 콘은 기근과 전염병이 고행 집단에 더욱 큰 종말론적 위기를 보여주는 전조였다고 결론을 내린다. "이런 고통은 압도적인 최후 재앙의 서곡으로 느껴질 수밖에 없었다."[128] 같은 방식으로 위기는 천년왕국의 촉매 인물에게 종말의 도래를 선언하도록 영감을 불어 넣을 수 있다. 바로 이것이 중부 독일에서 일어난 14세기 천년왕국 집단의 메시아인 콘라드 슈미트(Konrad Schmid)의 경우다. 콘은 "최후의 심판이 있을 것이며 천년왕국이 다가오는 해에 시작될 것이라고 슈미트가 선언할 수 있었던 것은, 바로 1368년의 특히 극심했던 풍토병 때문이었을 것이다"라고 진술한다.[129]

종말의 징조에 대한 요엘의 믿음은 요엘 3:3(개역개정 2:30)이 사용하는 "이적/징조"(מוֹפֵת) 관련 용어를 볼 때 분명하다. 앞서 상세하게 주장했듯이, 요엘 1:15과 같은 앞부분에서 이미 기근과 메뚜기 위기는 야웨의 날의 징조로 간주되었다. 그레스만은 꽥꽥거리는 바다 갈매기

---

126) Kenelm Burridge, *New Heaven, New Earth: A Study of Millenarian Activities* (New York: Schocken, 1969), 78; Thomas W. Overholt, *Prophecy in Cross-Cultural Perspective: A Sourcebook for Biblical Researchers* (Atalanta: Scholars Press, 1986), 130을 보라.

127) Cohn, *Pursuit*, 144.

128) Ibid., 128.

129) Ibid., 144.

가 바다에 다가오는 맹렬한 폭풍을 경고하듯이 메뚜기는 요엘에게 종말의 재앙(Endkatastrophe)을 선언한다고 말한다.[130] 요엘이 연구한 묵시 텍스트는 새로운 시대 앞에 오는 위기와 혼동을 예견한다. 극심한 위기가 도래했을 때, 그 위기는 그의 집단이 마지막 때에 살고 있음을 요엘에게 확신시켰다.

전염병과 재앙 때문에 천년왕국설에 동요되는 자는 억압받는 자들이나 사회의 주변부에 있는 자들만이 아니다.[131] 요엘 집단의 경우처럼, 천년왕국설은 이런 방식으로 사회의 상류 계층 사이에서도 촉진될 수 있다. 예를 들어 16세기 프랑스 북부와 벨기에에서 퍼졌던 영적 자유파(Spiritual Liberty) 천년왕국 운동을 고려해보라. 1530년 앤트워프에서 전염병이 발생했을 때 이 집단에 많은 이가 새로이 합류했는데, 그중에는 상류층도 있었다. 콘은 "기금을 헌납한 이들 중에는 부유한 상인을 비롯해, 심지어 프랑스 왕 프랑수와 1세의 보석상도 있었다"라고 진술한다.[132] 멘디에타의 스페인 프란체스코 천년왕국설에서, 전염병의 영향으로 이 집단에 합류했던 이들은 고통 받는 토착민이 아니라 스페인 식민주의자들이었다. 수백만의 토착민이 스페인인들이 옮긴 전염병으로 죽었다.[133] 그러나 전염병 와중에 이런 위기를 최후 심판의 전조로 해석하곤 했던 인물이 바로 스페인 사람 멘디에

---

130) Gressmann, *Der Messias*, 135.

131) Cohn의 일반화(*Pursuit*, 58-60, 281-82)와는 대조적이다.

132) Ibid., 170.

133) John L. Phelan은 "특별히 1576-79년과 1595-96년에 일어난 엄청난 풍토병으로 심각한 인구 감소가 일어났다"라고 진술한다(*The Millennial Kingdom of the Franciscans in the New World*, 2d ed. [Berkeley and Los Angeles: University of California Press, 1970], 92).

타였으며, 그는 묵시적 파멸의 관점으로 가득 차 있었다.[134] 멘디에타는 "의심의 여지없이 우리의 하나님은 곧 세상을 끝내시기 위해 인디언들로 하늘의 보좌를 채우고 계신다"라고 진술했다.[135]

묵시적 기대가 현재 느끼는 좌절로부터의 도피거나 그에 대한 보상이라는 어떤 주장도 지금까지 논의된 천년왕국의 사회적 영역 내에서는 지지를 받을 수 없다. 이런 영역 유형에서 황폐는 공상적인 소망으로 이끌지 않고 잠재된 두려움에 불을 붙이는 전조가 된다.[136] 종말은 바라는 바가 아니라, 이전에 경험했던 기근이나 전염병 재앙의 정점으로서 두려움의 대상이다. 이를 보여주는 한 예는 앞서 언급한 13세기 이탈리아의 천년왕국적인 고행 운동이다. 콘은 "고행 행진을 하면서 사람들은, 자신의 죄에 대한 처벌로 하나님이 지진과 하늘에서 내려온 불로 자기들을 당장 멸망시키리라고 여겨 두려워하는 것처럼 행동했다"라고 말한다.[137]

분명히 야웨의 날은 요엘서 이면의 천년왕국설에서 "바라는 바"가 아니라, 두려움과 탄식의 대상이었다. 야웨의 날에 대한 요엘 1:15의 첫 언급은 감탄사 "슬프다"(אֲהָהּ)와 더불어 그날이 가까이 다가옴에 대

---

134) 멘디에타는 "묵시의 고통이 가져올 위대한 시기는…땅 위에서 천년왕국 수립에 선행한다"라고 기대하는 전통 안에서 활동했다(ibid., 104).

135) Ibid., 94에서 인용. Phelan은 "1590년대의 인구 통계적 위기가 탁발 수도회의 연대기 기록자에게는 새로운 세상이 실상은 세상의 종말이라는 신선한 증거처럼 보였다"라고 결론을 내린다(ibid., 96, 참조. 102).

136) 종말의 세계적 혼동이 한 집단을 삼킬 것이라는 두려움은 색다른 천년왕국적인 믿음이 아니다. 예를 들어 워드지워브의 1870년 교령 춤의 한 지점에서, 토착 아메리카인은 다가오는 종말의 대재앙 때 백인과 함께 멸망당할까봐 두려워한다. Lanternari, *Religions of the Oppressed*, 132을 보라.

137) Cohn, *Pursuit*, 128. 그 집단들은 기근과 전염병을 하나님이 인간의 완고함에 분노해 지구상의 모든 것을 죽이려고 결심한 결과로 해석했다(ibid., 130).

해 반응한다. 나아가 요엘은 그날이 "황폐"(שׁד)를 가져오리라고 두려워한다. 왜 요엘이 결정적인 파멸의 기운으로 말미암아 두려워하면서 야웨의 날을 맞이하는지를 이해할 수 있다. 심지어 그날이 기본적으로 곡에 맞서는 날로 제시되는 에스겔 39:8에서조차 곡은 예루살렘에 대한 거대한 위협으로 다가온다. 마지막 전쟁에 대한 후대 시나리오에서 예루살렘은 단지 위협당하는 것 이상의 상태에 처한다. 사실상 스가랴 14:1-3 텍스트는 야웨의 날이 먼저 이스라엘에 맞서는 날이며, 그다음에야 그날이 바로 공격하는 열방이 파멸당하는 날임을 분명히 밝히고 있다.

물론 요엘의 두 번째 부분은 많은 유다인이 남은 자로서 묵시적 파멸을 모면하게 되기를 희망한다(앞 목록의 항목 6을 보라). 그러나 이런 희망을 지닌 집단조차 마지막 때의 단련과 정결함을 위한 시련을 "견뎌내기"(כול)를 원치 않았을 것이다(욜 2:11; 비교. 말 3:23[개역개정 4:5]; 슥 13:7-9). 그러므로 요엘서 내 자료는 묵시적 세계관이 결핍과 좌절에 직면할 때 일어나는 망상이나 보상 기제라는 관념을 뒷받침하지 않는다. 측정 불가능할 정도의 최악의 위기가 도래하리라는 예상은 박탈 이론이 상정하듯 현재의 곤경에서 벗어날 것이라는 감정적·심리적 안도감을 가져다주지 못한다.

소외보다는 연합의 사회학

마지막으로, 적대적 분파의 사회학이 포로기 이후 원묵시 문학이 등장하는 사회적 토대를 형성했다는 주장이 성서학자들 사이에서 일반적이지만, 요엘서의 증거는 이러한 일반 의견과 상충한다.[138] 플뢰거,

---

138) 앞 장을 되돌아보면, Plöger는 묵시 사상의 기원을 사회 중심부에 있는 자들과의

볼프, 핸슨 같은 이들은 요엘서 이면에서 종말론적인 반대파를 찾아내고자 한다. 그러나 나는 3장에서 그 대안이 될 견해의 개요를 서술했다. 때때로 천년왕국설은 중심부의 도덕성과 권위를 지지하고, 실제로 중앙 지도층을 둘러싼 다양한 분파를 결집시킨다. 천년왕국의 촉매 인물은 이전에 적대적인 집단들에 연합의 초점을 제공한다. 브라이언 윌슨은 "다른 경우라면 분리되거나 상호 적대적일 집단들을 공동의 행위를 하도록 결집시키려면, 예언자가 구체화했던 유형과 같은 초자연적 구속을 요구한다"라고 진술한다.[139] 이런 현상의 예는 라우누에르족의 천년왕국 운동, 1690년 푸에블로 봉기, 델라웨어 예언자 운동, 텐스크와타와 주변의 천년왕국 운동을 포함한다. 요엘서의 사회학은 이런 유형의 천년왕국 활동과 병행을 이룬다.

요엘서에는 분파적 갈등의 증거가 거의 없다고 봐야 한다. 요엘은 공동체 내의 어떤 집단에 대해서도 거친 말을 거의 하지 않는다. 요엘 2:12-14조차 하나님의 도우심을 위해 회개보다는 완전히 그분께로 돌아서야 한다고 강조한다.[140] 모든 유다 집단 중 요엘이 제의를 책임지는 자들을 공격한다고 상상하기란 가장 힘들다. 따라서 플뢰거, 볼

분파적 갈등에서 찾는다. Hanson 역시 권력을 가진 자들에 의해 한 집단이 억압받는 사회 영역을 묵시 문학 "여명"의 배경으로 강조한다. 따라서 Hanson은, 이를테면 "점차 우위를 차지하게 된 집단이 기존 구조와 연속성, 공동체와 제의 활동에 대한 전통적 가르침의 실질적 활용을 강조하는 반면, 억압받는 집단은 기존 구조를 급진적으로 새로운 질서로 대체할 신적 개입에 대한 환상에 호소한다"라고 진술한다(*Dawn*, 260).

139) B. Wilson, *Magic*, 214.

140) Ogden, "Joel 4," 105; *Hope*, 11; Wanke, "Prophecy and Psalms," 177. Wolff는 구체적 위반 사항에 대한 어떤 언급도 없다는 데 주목한다. 오히려 돌아서는 행위는 관습적이며, 중앙 제의 의례로 표현된다(*Joel*, 49).

프, 핸슨, 레딧은 옳지 않다.[141] 오히려 그 반대로 요엘서에는 성전 당국으로부터 소외된 증거가 없다. 요엘서는 어렴풋이 나타나는 묵시적 위기를 다룰 주요 수단으로 중앙 제의 기능에 의존하고 있다.

요엘은 여타 집단을 소외시키지 않았을 뿐 아니라, 당대의 위협을 전체 공동체에 경고하고 하나님의 구원을 찾기 위한 노력에 모두를 포함시킨다. 요엘서에는 묵시적 비밀이 나타나지 않는다. 그는 전체 공동체가 야웨의 날이 가까이 왔음을 알기 원했다. 그러므로 요엘 1:2은 전체 백성을 향해 말하며, 1:14은 "그 땅의 모든 거주민"(כֹל יֹשְׁבֵי הָאָרֶץ) 에게 성전으로 모이라고 부른다. 요엘의 포용성은 어떤 집단도 총회에서 제외될 수 없다고 말하는 2:16에서도 나타난다. 심지어 가장 어린 유아와 신혼 부부조차 소환된다.[142]

제의를 통해 반응하라는 요엘의 촉구에 모든 것이 포함되어 있듯이, 모든 유다인은 구원을 경험하라고 초대받는다. 요엘 3:1-5(개역개정 2:28-32)은 영이 전체 공동체 위에, "모든 육체 위에"(עַל־כָּל־בָּשָׂר, 1절[개역개정 2:28]) 부어질 것이라고 분명히 밝힌다.[143] 플뢰거와 레딧은 여기

---

141) Redditt은 요엘이 재앙 중에 제의가 중단되었음을 알게 되었다고 주장한다(욜 1:9, "Peripheral Prophecy," 235). 그러나 그 맥락을 보면, 통탄스러운 멈춤은 바로 재앙 자체로부터 나타난 것임을 암시한다. 만약 요엘이 실제로 제사장과 장로들이 주도권을 포기했다고 생각했다면(Redditt, "Peripheral Prophecy," 236, 240), 요엘서는 논쟁을 암시했을 것이다.

142) Wolff는 15-17절이 "명백히 모든 계층의 사람과 그 지도층을 예외 없이 탄식과 회개로 부르고 있다"라고 진술한다(*Joel*, 5, 참조. 51). 또한 Prinsloo, *Theology*, 60을 보라.

143) Redditt은 욜 3:1-5의 저자들을 사회 주변부 인물들로 정당화하면서, 해당 단락에서는 "카리스마가 직책을 대신한다"라고 주장하는데, 이는 옳지 않다 ("Peripheral Prophecy," 232-33). 앞서 언급했듯이, 카리스마와 중앙 제사장 직분이 양립할 수 없다는 사고방식은 Weber로까지 거슬러 올라가는데, 이는 더 이상 유효하지 않다. "카리스마라는 혁신적인 힘이 반드시 사회적으로 주변성

예언과 묵시

서 구원의 한계가 주변부 분파로 한정된다고 주장한다는 점에서 옳을
수 없다.[144] 1-2절(개역개정 2:28-29)은 공동체의 모든 회원을 포함하고
정당화한다.[145] 5절(개역개정 2:32)은 "누구든지 부르는 자"(כֹל אֲשֶׁר־יִקְרָא)
가 구원을 받게 되리라고 진술한다.[146] 이 구절에서 남은 자 개념이 등
장한다고 해서 이를 지하의 비밀 결사 단체나 주변부 집단과 동일시
해야 하는 것은 아니다. 남은 자가 중심부를 포함해 사회의 모든 계층
민을 왜 포함할 수 없는지를 알려주는 선험적 이유는 없다.

　　요약하면, 요엘서 이면의 사회학은 집단들이 충돌하기보다는 함께

을 암시하는 것은 아니다"라는 Mayes의 결론을 참조하라(*Old Testament*, 76;
Berger, "Charisma," 950을 보라). Redditt은 Hanson의 견해인 제사장/예언자
이원화를 보존함으로써 그런 현상의 원인을 카리스마적 제사장으로 보지 않았
다는 비판을 피할 수 없다. 그는 요엘 집단의 자기 정체성이 "제사장이 아니라,
예언자"였다고 진술한다("Peripheral Prophecy," 236).

144) 앞서 언급했듯이, Plöger는 욜 3장(개역개정 2:28-32)이 이스라엘의 숨겨진 구
획이 준비 중임을 의미한다고 해석한다. 그에 따르면, "종말론적 이스라엘을 특
징짓는 영 부음의 표지 역시 절대적으로 분리 및 분열과 연결된다." 그러므로 본
문에서는 "종말론적 믿음에 반응하고, 야웨의 날을 종말론적 실재로 간주하는
이스라엘"에게만 약속이 주어진다(*Theocracy*, 103). 그러므로 Plöger는 그 종
파가 "비밀 결사 유형의 한계"를 보인다고 결론짓는다(*Theocracy*, 104). 또한
Redditt, "Peripheral Prophecy," 233을 보라.

145) Wolff, *Joel*, 67을 보라. Allen은 "그 본문이 정말로 하나님의 궁극적 축복을 한
집단으로 한정하는지"는 "대단히 의심스럽다"라고 말한다(*Joel*, 27). 마찬가지로,
포용적이지만 민족주의적인 묵시 구원관이 16세기 "대발견의 시대"에 천년왕국
집단을 식민화함으로써 주장되었다. Phelan은 "한 명의 보편적 왕권하에 모든
인류를 연합함으로써, 스페인이 이 땅 위에 천년왕국을 곧 개시하리라는 사상은
탐험가, 정치가, 성직자를 압도했다"라고 진술한다(*Franciscans*, 107). 그러나
욜 3장(개역개정 2:28-32)의 경우처럼, 이러한 보편주의는 특수주의와 관계가
있다. 다른 집단 간 예를 보면, 투르크인과 옛 세계의 유대인들이 서로 상대방의
종교로 개종하리라는 기대는 없었다.

146) 시편(시 79:6; 80:18; 105:1; 116:4, 13, 17)에 채택된 관용구의 사용은 욜 3:5(개
역개정 2:32)의 언어가 제의를 통해 야웨를 찾으라는 점을 의미한다고 암시한다.

연대하게 하는 천년왕국설이 있음을 증거를 통해 보여주고 있다. 메뚜기와 기근 재앙은 포로 공동체에 무언가 잘못된 일이 일어나고 있음을 보여준다. 그러나 중심부 제사장들은 이 재앙의 시기에 다른 집단을 비난하지 않았다. 요엘서에는 논쟁이 있었다는 증거가 없다. 아마도 비난 행위는 다른 분파를 인정한다거나, 요엘 집단으로서는 받아들일 수 없는 방식으로 그들이 권력을 행사했음을 나타낼 것이다. 그렇지 않으면, 아마도 공통의 위협으로 인해 다양한 분파가 각자의 차이를 제쳐두게 되었을지도 모른다.

요엘은 위기를 맞아 다른 집단들을 비난하기보다, 사독계 프로그램 이면에 있는 모든 이를 단결시키고자 천년왕국의 촉매 인물로서 맡은 바 역할을 다했다. 위기가 절망을 불러오거나 예루살렘 제의 담당자들에 대한 신뢰를 잃게 되는 계기가 아니라, 임박한 야웨의 날에 대한 징조라는 자신의 메시지를 통해 요엘은 성전 당국자들을 향한 환멸감을 물리쳤다. 야웨의 날은 유다의 묵시적 종말을 의미하므로, 모든 이는 하나님의 구원을 찾기 위해 성전 제의에 가담하고자 노력해야 한다. 이런 메시지를 통해 요엘은 사회를 통합했고, 당국자들의 권위를 인정했다.[147] 그러므로 요엘의 메시지는 사독계를 강력하게 지지하는 역할을 했다.

---

147) 천년왕국설 내 이 현상에 대해서는 B. Wilson, *Magic*, 223-23을 보라.

7장

결론

4-6장에서 살펴본 성서의 원묵시 텍스트는 중앙 제사장들이 저술한 문학 작품의 주요 부분을 차지하며, 확고한 중앙 제사장적 언어와 사상을 드러내고 있다. 이 텍스트들은 포로기와 포로기 이후 이스라엘 사회의 중심부에 있던 사독계가 저술한 원묵시 문학임이 틀림없다. 이 텍스트들의 실제적인 특성을 고려하면서 본 연구는 다른 사회와 문화에 나타난, 권력을 쥔 천년왕국 집단과 비교함으로써 이 텍스트들을 재해석하고자 했다.

본 연구는 박탈 이론을 묵시 사상의 해석을 위한 핵심 원칙으로 삼는 것을 포기해야 한다고 제안한다.[1] 이러한 부정적 결론은 묵시 사상이 어떤 특유의 사회학을 결여하고 있다는 뜻은 **아니다**. 천년왕국 집단들은 우리가 분명히 식별할 수 있는 특징을 보여준다. 그러나 이런 가족 유사성이 천년왕국 집단들의 사회적 상황이 아니라, 해당 집단들 사이에서 발생한다는 점이 중요하다. 그러므로 묵시 사상에 대한 사회학적 정의는 묵시 집단의 수준으로 한정되어야 하며, 이를 더

---

1) 박탈 이론 대신, 천년왕국설의 인과 관계는 그것을 일으키기 쉬운 요인과 묵시적 촉매 작용의 과정이라는 측면에서 이해해야 한다. 천년왕국 집단은 한 집단의 의식이 확장되어 집단 구성원들이 자신들을 급속히 종말로 치닫는 우주적 드라마 속에 둘 때 촉진된다. 이것은 종종 그 집단의 신비적 태고의 원형을 직선적 역사관 내에서 재실현함으로써 성취된다. 혹은 종말 징조처럼 보이는 위기와 같은 요인으로, 한 집단의 전승 안에 이미 잠재하는 묵시적 믿음이 부활할 때 촉매 작용이 완수된다.

욱 정확하고 엄밀하게 해야 한다. (원)묵시 문학의 삶의 자리를 형성하는 것은 천년왕국 집단의 사회적 현상이다.

천년왕국 집단은 각각 특징적인 사회학을 지니지만, 또한 구성원들의 사회 계층과 여타 사람들과의 관계 속에 놓인 그들의 사회적 위치라는 다양한 영향을 반영한다. 이를 규명하면 천년왕국설이 일반적으로 허용된 것보다 더 다양하고 복잡한 사회적 토대 내에서 발생할 수 있음을 알 수 있다. 이런 사실을 고려하여 이 책에서 박탈 가설은 천년왕국 집단을 반영하는 다양한 사회적·경제적·정치적 조건들에 대한 더 비평적인 이해로 대체되었다. 비록 천년왕국 집단이 속해 있는 몇몇 사회적 영역은 소외를 포함하지만, 이 책에서 나는 그런 조건을 포함하지 않는 천년왕국설의 환경에 특별한 관심을 기울였다.

천년왕국 집단이 유형적으로 다양하다는 점은 묵시 문학이 어떤 한 전승의 흐름에 제한되지 않음을 암시한다. 오히려 묵시 사상은 서로 다른 전승을 지닌 집단 내에서 일어날 수 있는데, 이들의 지도자는 사회에서 다양한 역할을 수행할 수 있다. 그러므로 비록 일부 천년왕국 집단이 예언자에 의해 움직인다고 할지라도, 여타 집단에서는 제사장이 그 수장이 되기도 한다.

비록 천년왕국설은 때때로 당파 간 투쟁에 연루되지만, 공통의 초점으로서 묵시적 세계관을 제시함으로써 다양한 집단 사이에서 더 많은 일치와 협동을 창출하기도 한다. 게다가 권력을 가진 자들을 포함하는 천년왕국 집단은 시간이 지남에 따라 변해간다. 한 집단의 세계관이 점차 세속화됨에 따라, 그 집단은 일상화된다. 혹은 묵시적 기대감이 강렬해져서 더 과격해진다. 비록 천년왕국설의 원인에 대한 논의에서 과도하게 강조되기는 하지만, 스트레스 요인과 긴장은 천년왕국 집단의 과격화를 조장하는 데 중요한 역할을 한다.

집단이 과격해지거나 일상화될 때, 그들의 사회 구성이 변하기도 하고 여타 집단과 연대하기도 한다. 몇몇 경우 천년왕국 집단의 구성원들은 사회 안에서 여타 집단과 새로운 공통 요소를 발견할 때, 새로운 연합을 형성하게 된다. 때때로 집단 구성원들은 동료들과의 차이가 점증함에 따라 사회에서 중심 지위를 포기하기까지 한다.

천년왕국 집단에 대한 더 발전된 이해를 도모함으로써 우리는 에스겔 38-39장, 스가랴서, 요엘서 텍스트의 해석을 진전시키는 토대를 마련했다. 아울러 이 텍스트들을 분석할 때, 이들의 원묵시적이며 중앙 제사장적인 특성에 대한 검토에서 시작하여 사회적 배경에 대한 논의로 나아갔다. 성서 주해가 비교하려는 자료의 사용 방식을 통제하는 형태로 말이다. 각각의 경우 해당 텍스트의 원묵시적이고 중앙 제사장적인 특성은 단일한 사회 환경의 두 가지 차원으로 드러난다. 이를 통해 몇 가지 결론을 도출할 수 있다.

에스겔 38-39장과 스가랴 1-8장이 포로기 후반 및 포로기 이후 초반에 유래했음을 고려할 때, 유대 묵시 사상이 부상하는 데 이스라엘의 사회적 배경이 중요하게 작용했다는 현대 학자들의 강조가 재확인된다. 원묵시 문학이 초기에 등장했다는 점은, 그것이 외생적이거나 성서 전승 내 퇴폐적 양상이 아님을 의미한다. 페르시아와 헬레니즘의 영향이 묵시 문학의 발전에 영향을 미쳤지만, 유대 묵시 사상의 원천은 이란이나 조로아스터교가 아니라 이스라엘 집단 자체다. 묵시 사상이 토착 기원을 지닌다는 이 주장은 일부 원묵시 문학이 학구적인 제사장들 사이에서 유래했음을 발견함으로써 강화되었다.[2] 이 보

---

2) Hartmut Gese, "Anfang und Ende der Apokalyptik, dargestellt am Sacharjabuch," *ZTK* 70 (1973): 40-41을 보라.

수 집단들은 외래 전승이 아닌, 자신들의 전승을 연구했다.

묵시 사상이 이스라엘 안에서 유래했음을 확증함으로써, 성서의 일부 원묵시 문학이 포로기 및 포로기 이후 이스라엘 사회의 중심부에서 저술되었음을 알 수 있었다. 모든 이스라엘 원묵시 텍스트가 사회 주변부의 반체제 집단에서 유래한 것은 아니다. 이를 "비밀 집회"의 산물로 보는 해석이 일부 텍스트에 적용될 수도 있겠지만, 이를 전체로 일반화할 수는 없다.[3]

이 책에서 검토했던 천년왕국 집단의 구성원으로는 관료뿐만 아니라 제사장도 있었다. 그러므로 이스라엘 묵시 사상 계열을 소위 제사장/예언자 이분법으로 나눈 뒤 예언자 계열로 추적해 들어가는 접근에 의문을 제기해야 한다. 사실상 포로기 이후 유다 사회가 너무 복잡했으므로, **예언자**와 **제사장**이라는 꼬리표로 이 집단을 적절하게 정의하기란 어렵다. 그러므로 원묵시 텍스트들을 검토한 뒤 이를 제사장들의 산물로 간주하는 선에서 멈추는 것은 충분하지 않다. 또한 이들은 구체적인 씨족 집단으로 나뉘며, 우리가 살펴본 세 텍스트는 모두 사독계 제사장들의 작품으로 간주할 수 있다.

우리의 검토 대상인 원묵시 텍스트 이면의 집단 프로그램을 분석한 결과, 해당 텍스트를 옹호했던 집단들이 제사장 관료로 구성되었다는 결론이 뒷받침된다. 이 프로그램들은 사회의 기존 질서를 옹호했다. 그러므로 에스겔 천년왕국 집단은 수동적으로 하나님이 악을 멸하기를 기다리고 있었지만, 그 구성원들은 성전 제의 의식을 위해 그 땅을 정화하고자 광범위한 전쟁 후의 매장 계획을 수립했다. 이후

---

3) 이는 사독계 제사장이 모든 성서의 원묵시 자료를 저술했다거나 사회 중심부에서 이를 모두 생산했다는 주장이 아니다. 히브리어 성서는 여러 다른 사회 영역에 존재했던 천년왕국 집단에 대한 증거를 담고 있다.

예언과 묵시

에 나타난 스가랴 1-8장의 천년왕국 집단 프로그램은 성전 재건, 중앙 제의 회복, 사회 중심부 법전의 시행을 포함했다. 마지막으로, 국가적 위기의 시기에 요엘 집단은 묵시적 파멸을 피하고자 중앙 제의 의식을 일종의 천년왕국 프로그램으로 받아들였다.

또한 사독계 천년왕국 집단을 분석하면 그들이 시간의 경과에 따라 어떻게 변화해갔는지를 많이 알 수 있다. 집단이 과격해지면서 성전 및 기존 체제 관련 사상을 포기한 것이 아니라 오히려 더 강력한 기대를 표출하게 되었다. 곡 단락에 나타나는 과격화 양상을 통해 우리는 중앙 제사장들의 쟁점에 더욱 집중하게 된다. 마찬가지로, 스가랴 14장 역시 매우 과격화된 천년왕국 단계를 대변하는데, 이 장은 스가랴서의 여타 장들보다 중앙 제사장의 관심사에 더 많은 주의를 기울이고 있다.

마지막으로 이 책에서 검토한 집단들의 사회 환경을 보면 뚜렷한 결과가 나타난다. 이 세 부류의 사독계 천년왕국 집단은 다음 표에 요약된 계층 A와 C에 가장 잘 어울린다.[4]

	내생적 조건	외생적 조건	
		지배/식민통치	피지배/피식민층
자신의 사회에서 중앙 집단	계층 A 스가랴 1-8장 요엘서	계층 B	계층 C 겔 38-39장
자신의 사회에서 주변부 집단	계층 D 말기 무렵의 스가랴 집단(?)	계층 E	계층 F

표 3. 사독계 천년왕국 집단의 위치

---

4) 이 표에 대해서는 3장의 표 2에 대한 논의를 보라.

에스겔 38-39장을 기록한 집단은 계속해서 바빌로니아의 포로 상태였으므로 계층 C 영역에 가장 가깝다. 그러나 이런 분류는 에스겔과 그의 제사장 계열이 고난을 받았거나 포로지에서 억압받았다는 증거가 없다는 데 주목해야 한다는 제한 조건이 붙는다. 또한 에스겔 천년왕국 집단의 사회적 활동 영역은 시간의 경과에 따라 변화했음을 인식하자. 이 집단이 유다로 돌아갔을 때, 그들의 영역은 더는 외생적이지 않았다.

스가랴 천년왕국 집단이 활동했을 때는 페르시아가 유다를 통치했지만, 다소 먼 거리에서 통치권을 행사했다. 게다가 페르시아인들은 유다에 불안을 조성하기보다 스가랴의 회복 프로그램을 지지했다. 그러므로 스가랴 1-8장 이면의 천년왕국 집단은 계층 A 영역으로 분류할 수 있다. 그러나 이후 후속 스가랴 집단은 결국 이 영역을 떠나버린 듯하다. 스가랴 9-14장의 반(反)목자 논쟁은 이 집단이 종래는 행정 조직과 거기에 협력한 제사장들과 갈라섰음을 암시한다. 그러므로 스가랴 집단은 그 내력의 끝 무렵에 계층 D 영역에 속하게 되었던 것 같다.

요엘 집단은 후기에 활동했지만 스가랴 집단과 마찬가지로, 페르시아의 통제를 받는 유다 제사장 정부의 일부였다. 페르시아가 유다 공동체의 평화로운 존속을 계속 허용하는 한, 이 집단의 영역은 계층 A로도 간주될 수 있다. 요엘서와 스가랴 1-8장이 같은 영역의 계층에 속하지만, 요엘의 사회적 배경은 위기 상황을 포함하므로 스가랴 집단의 그것과는 다르다. 요엘 집단에게 기근과 재앙은 묵시적 심판의 전조였다.

예언과 묵시

포로기 이후의 천년왕국설과 사독 계열

개별 사독계의 원묵시 텍스트를 조사해보면, 포로기 이후의 사독계에 관한 광범위한 사항을 얻을 수 있을 뿐 아니라 그들 사이에 일어났던 천년왕국설의 실례를 확인해볼 수 있다. 페르시아 시대의 제사장 지도층 역사의 개요를 서술할 만한 증거는 충분하지 않지만, 그 사상과 프로그램의 일부가 알려져 있고, 그 내부에서 천년왕국 집단으로 발전했던 몇 가지 사례가 발견된다.

에스겔 학파는 사독계 제사장들과 사독계 천년왕국설을 둘 다 밝히기 위한 출발점이 된다. 이 집단의 창립자는 바로 예루살렘의 사독계 제사장들로부터 추방당했다. 이는 에스겔서가 H문서를 반영한다는 점으로부터 확증되는 사실이다. 에스겔서를 편집 비평으로 분석해보면, 이 학파가 성직자적 관심사를 보였음을 예측할 수 있다. 이들은 특히 이스라엘의 성스러운 예배와 제의적 정결에 관심을 기울인다. 에스겔 계열이 천년왕국 집단이 되었을 때, 이 집단의 사독계적 관심은 폐기된 것이 아니라 오히려 강화되었다.

천년왕국설이 에스겔 집단에서 발생한 이래, 이들의 제사장 전승 내에 있는 묵시적 유산이 후대의 사독계에 영향을 미쳤다. 사독계 집단이 회복을 위해 물리적인 노력을 시작했을 때, 그들의 강렬한 비전에는 묵시라는 이 강력한 유산이 포함되었다(슥 1:14; 4:6; 6:8을 보라). 이후 성전 공동체에 위기가 닥쳤을 때, 사독계는 다시 이 자료에 의존해 자기들이 처한 상황을 인식했다(욜 1:15; 2:20을 보라).

스가랴 집단이 기원전 515년 성전 재건을 통해 정점에 도달한 회복에 박차를 가할 때, 천년왕국설이 사독계 사이에서 다시 제기되었다. 성전을 재건하려 했던 이 집단의 노력 이면에는 묵시적 환상이 있었는데, 이는 예언자적이면서도 묵시적인 에스겔서 자료의 영향을 강하게 받은 것이었다. 그러나 에스겔서와 스가랴서 사이의 긴장은 이두 책이 각각 다른 사독계의 회복 프로그램을 보존하고 있음을 암시한다. 에스겔 42-43장은 거룩을 구분하면서 단계마다 차이가 있음을 강조하는 반면, 스가랴 1-8장은 예루살렘을 가득 채운 야웨를 그리고 있다. 나아가 사독계와 여타 제사장 집단 사이를 강력하게 구분 짓는 것은 스가랴 1-8장이 아니라 에스겔 40-48장이다. 마지막으로 스가랴는 대제사장을 강조한다는 점에서 에스겔과 다르다.

이런 긴장을 볼 때, 사독계에는 하부 집단들이 존재했던 것 같다. 즉 사독계 제사장들은 서로 다른 여러 부류로 구성되었다고 간주해야 한다. 역설적이게도 에스겔서에서 사독계를 입증하기는 가장 용이하지만, 에스겔의 전수자들은 단지 사독계 씨족 집단 내 보수적인 분파 정도로 여겨야 할 것이다.

요엘서는 사독 계열에서 또 다른 천년왕국설이 발생했음을 보여주는데, 이때는 성전이 재건된 이후였다. 스가랴처럼 요엘도 분명히 에스겔의 예언을 소중히 여겼다. 사실상 에스겔의 저작은 요엘 집단이 천년왕국 성향을 지니는 데 영향을 미쳤다. 그럼에도 요엘 계열은 에스겔과 스가랴 집단이 아닌, 또 다른 제3의 사독계 하부 집단을 대변하는 것 같다. 에스겔과 달리 요엘 집단은 회개를 실현 가능한 것으로 보며(욜 2:12-14), 미래의 예루살렘을 위한 거룩의 단계적 차이를 강조하지 않는다(욜 4:17[개역개정 3:17]). 스가랴와 달리 요엘은 메시아를 강조하지 않으며, 다가오는 시대에 환상에 근거를 둔 행위가 수용될 것이라고 여긴다. 그러므로 요엘 집단은 에스겔과 스가랴의 전수자들과 겹치는 듯하지만, 사회적으로는 뚜렷이 구분되었다.

사독계 천년왕국설은 여러 다른 종류로 구성되었지만, 서로 다른 사독계 원묵시 텍스트들 속에서 연속되는 몇 가지 요소를 요약해보는 것이 좋겠다. 이 텍스트들에 에스겔서의 모티프와 주제가 다시 등장한다는 점을 보면, 에스겔의 영향이 상당했음을 알 수 있다. 예를 들어 스가랴 12:10과 요엘 3:1[개역개정 2:28]은 둘 다 종말에 하나님의 영이 부어질 것이라는 에스겔의 모티프(겔 39:29)를 공유한다. 공유된 서로 다른 두 개의 모티프를 이제 서술하려고 하는데, 이 둘은 에스겔서와 주요 제의 절기 의식이라는 이중 배경을 지니고 있다.

이 책에서 다룬 사독계 대표 저작들은 모두 예루살렘에 가해질 최후의 공격에 대한 예상을 강조하면서, 이를 북쪽에서 오는 대적에 관한 전승과 결합시킨다. 에스겔 38-39장은 최후의 심판을 묘사하고자 예루살렘을 향한 열방의 공격이라는 신화적인 제의 이미지를 차용한다(시 2:1-5; 46; 48; 75[시 65:7과 비교]). 에스겔은 성전 제의 모티프에 친숙했으므로, 종말에 일어날 결정적이며 우주적인 사건을 묘사할 때 시온에 가해지는 대규모 공격이라는 개념을 자연스럽게 사용했다. 뒤이어 나온 사독계 집단은 에스겔의 저작을 소중히 여겼으므로, 이런 모티프는 그들의 원묵시 문학에 전해졌다. 그러므로 스가랴 12:1-9에서 예루살렘은 지상 열방의 공격을 받지만, 용사이신 야웨의 보호를 받는다. 스가랴 14장 역시 모든 열방이 하나님과 "거룩한 자들"에게 패배할 때까지 예루살렘에 맞서 어떻게 전투를 벌이는지를 묘사한다. 이후 요엘 2:1-11은 메뚜기 위기를 종말에 발전할 무리를 보여주는 전조로 해석한다. 요엘 4장(개역개정 3장)은 에스겔서와 스가랴서에 묘사된 예루살렘에 대한 열방의 공격을 이런 위협으로 구체화한다.

요엘과 스가랴의 묵시적 환상에 공유된 두 번째 모티프는 성공적인 농사다. 학개 1:10, 스가랴 10:1 및 요엘 1:2-20과 같은 포로기 이후 텍스트는 모두 유대인들이 기후와 농사 문제에 관심을 기울였음을 알려준다. 포로기 이후 공동체는 생산성 문제를 겪고 있었으므로, 행정 당국을 향한 묵시적 기대가 자연스럽게 풍부한 농산물에 대한 강조로 이어졌다. 땅의 생산성 및 비와 풍요는 스가랴 8:12, 14:6-11, 16에 묘사되어 있다. 마찬가지로, 천년왕국의 풍요에 대한 요엘 4:18(개역개정 3:18)의 묘사 역시 풍부한 물과 생산성에 초점을 맞춘다. 새 시대에 이스라엘에는 비가 약속된 반면, 대적들은 사막과 같은 상태로 시들게 될 것이다(슥 14:17; 욜 4:19[개역개정 3:19]).

성전 시내가 영원히 흘러 땅에 물을 대리라는 소망은 농경에 집중된 사독계의 관심이 빚어낸 당연한 귀결이었다. 낙원의 강은 이미 제의 시편을 통해 성전인 산과 연관되었고, 에스겔 47:1-12을 통해 새로운 시대가 약속되었다. 스가랴 14:8(비교. 슥 13:1)과 요엘 4:18(개역개정 3:18)은 천년왕국 시대에 대한 자신들의 환상 속에서 이 약속을 유지하고 있다. 이 환상에 따르면, 에덴과 같은 물이 종말에 이스라엘을 경이로운 풍요로 인도할 것이다.

이렇게 묘사된 두 모티프 모두 같은 제의 축제인 장막절과 연결된다. 앞서도 다뤘듯이, 예루살렘에 대한 열방의 공격 및 완패와 파멸이라는 모티프는 종종 이 절기의 구성 요소인 야웨의 즉위라는 제의 신화로 이해되었다. 풍요로운 수확에 관심을 기울이는 이 절기의 의식역시 하나님의 선물인 비를 강조했다(신 16:15; 시 65:9-13). 장막절이 이스라엘의 풍요로 귀결되는 야웨의 즉위 및 우주적인 통치 환상과 관련되었으므로, 그것은 사독계 천년왕국 집단이 묵시를 표현하는 논리적인 배경이 된다.

장막절이 사독계 천년왕국설에 있어 중요한 절기임이 제안되고 공유되었다는 사실은 스가랴서와 요엘서의 증거에 의해 입증된다. 스가랴 14:16-19은 가장 분명하게 그 절기를 언급한다(חַג הַסֻּכּוֹת, 16절). 이 텍스트는 장막절에 대한 H의 강조(레 23:34-43) 및 이 절기와 연관된 모티프를 사용하는 에스겔 38-39장에 그 근거를 두고 있다. 그러나 스가랴 집단 자체가 포로기 이후 중앙 제의에서 이 절기를 실행했다는 점이야말로 아마도 가장 직접적으로 그들에게 영향을 끼쳤을 것이다.

마찬가지로, 요엘서 역시 장막절 모티프에 의존하고 있을 뿐만 아니라, 추수와 관련된 이 축제가 열렸을 시기에 자신의 신탁을 전달했을 것이다. 그래서 요엘은 그 절기에 필요한 제물(מִנְחָה וָנֶסֶךְ, "소제와 전제")을 구할 수 없다는 사실에 분노했다. 또한 요엘 1:14과 2:15은 "성회"(עֲצָרָה)라는 용어를 사용하는데, 이 단어는 이 절기에 관한 제사장 계열의 일부 텍스트를 연상시킨다(레 23:36; 민 29:35; 대하 7:7-8). 이는 요엘이 기근과 메뚜기가 휩쓸고 지나간 해에 장막절 대신 회개 집회를 촉구했다고 보는 캐서린 S. 내쉬의 견해를 입증한다.[5]

포로기 이후 시기에 대한 사회학적 의미

이 책이 도출한 결론은 페르시아 때의 종말론이 당시 제의와 어떤 관계인가 하는 문제를 주로 다룬다. 성전 제의가 미래적이지 않으며, 실현된 종말론에만 관심을 둔다는 일반적인 주장은 의심스러워 보인다. 포로기 이후 제의에 대해 더욱 비판적 견해는 시간과 종말론적 관점에 대해 직선적 개념을 포용할 만큼 충분한 탄력성을 지녀야 할 필요가 있다. 성전 제의는 천년왕국설을 포용할 만큼 탄력적이었다.[6]

또한 이 책이 발견한 바는 포로기 이후, 특히 제사장 계열 사이에서 일어난 서기관주의의 중요성을 확증한다. 포로기 유대인들의 제사

---

5) Nash의 견해에 대한 논의는 6장의 각주 79를 보라.
6) 그러므로 Hugo Gressmann이 포로기 이후 제의에서 구속사의 중요성을 강조한 것은 옳았다(*Der Messias* [Göttingen: Vandenhoeck & Ruprecht, 1929], 134).

장계 텍스트들은 강력하게 학습된 행위와 조직적 연구를 반영한다. 사독계 천년왕국설은 이 현상을 촉진했던 한 가지 요소였던 것 같다. 비교 문화적으로 볼 때, 종말을 기대하는 집단들은 종말을 알려주는 표징과 새로운 시대에 자신들의 자리를 보장해줄 의식을 배우고자 한다. 마찬가지로, 포로기 이후 종말론적 기대감 속에 유다의 천년왕국 집단들은 이와 같은 방면에서 자신들이 전수받은 작품에 의존하게 되었다. 그러므로 스가랴와 특히 요엘은 예언서 테스트의 포로기 이후 유산을 상당히 많이 사용했다.

마지막으로 포로기 이후를 분파 간 갈등이 만연했던 시기로 규정하는 것은 지나친 단순화로 보인다. 포로기 이후의 모든 원묵시 텍스트가 집단이나 계층 분열의 토대를 전제하는 것은 아니다. 그러므로 스가랴 1-8장 이면의 집단은 언약에 대한 불충실을 다룰 때 비난하고 정죄하기보다 목회적이며 권면적인 방식으로 접근했다. 이들의 천년왕국설은 여타 집단을 소외시키지 않고, 성전 제의 재건을 둘러싼 다양한 분파를 결집시켰다.

마찬가지로, 요엘서도 분파 간 갈등이나 성전 당국이 어떤 특정 집단을 소외시켰다는 증거를 전혀 보여주지 않는다. 요엘은 성전에서 이루어지는 탄식 제의를 위해 전체 공동체를 불러 모은다. 그 후 요엘이 구원 신탁을 전달할 때, 그 약속은 "모든 육체"와 "누구든지 부르는 자"에게 주어진다. 그러므로 요엘서 이면의 사회학은 소외로 발생한 것이 아니었으며, 공동체를 분열시키지도 않았다. 오히려 요엘의 메시지는 사회를 통합했다.

묵시 사상의 발흥에서 바빌로니아 유수의 위치

아직 마지막 한 가지 중요한 질문이 남아 있다. 국가의 상실과 바빌로

예언과 묵시

니아 유수라는 박탈이 이스라엘 천년왕국설 발흥의 핵심이 아니라면, 왜 성서의 원묵시 텍스트는 포로기 이후에 나타나는가? 몇 가지 잠정적인 제안을 할 수 있겠다.

첫째, 이 질문 자체의 전제가 이제 의심의 대상이 된다. 모든 원묵시 텍스트가 포로기 후반, 혹은 포로기 이후 상황 속으로 밀고 들어온 것은 아니다. 이런 추측은 어떤 집단의 예언이 실패하거나 적대적인 집단에 의해 평가절하당할 때 이 집단의 세계관과 부조화가 일어나 기존 텍스트에 대한 종말론적·묵시적 편집이 일어난다는 생각에 바탕을 두고 있다.[7] 그러나 이런 발상이 예언서 내 모든 묵시 텍스트에 합당한 것은 아니다. 일부 묵시 텍스트는 그 책을 기록했던 원래 과정의 일부분으로 창작되었다. 그러므로 에스겔 38-39장은 포로기 이후에 부적절하게 에스겔서 속으로 밀고 들어온 텍스트가 아니다. 이것은 에스겔 혹은 그의 초기 사독계 분파에 의해 에스겔서의 원편집본의 일부였다. 이런 통찰로 보아, 이사야서와 같은 여타 책들의 원묵시 텍스트가 모두 포로기 이후에 기록되었다는 전제를 재검토해야 한다. 마찬가지로, 저작 연대가 포로기 이후의 분파 간 갈등을 반영하기 이전이므로, 학자들이 원묵시로 분류하기를 주저하는 (렘 4장과 같은) 텍스트들의 장르 역시 재검토해야 한다.

둘째, 포로기와 포로기 이후의 긍정적인 동기 부여 요소들은 포로기를 박탈의 배경으로 보기보다 묵시 사상의 부상에 관해 훨씬 중요한 이해를 제시한다고 볼 수 있다. 새로운 외래적 영향이 어떤 영향을

---

7) Robert P. Carroll은 이런 견해를 주장하는 주요 주석가 중 하나다. Carroll은 "예언에 뿌리를 둔 채, 묵시는 포로기 이후 초반에 예언 성취의 결여로 인해 야기된 부조화의 해결책이 되었다"라고 말한다(*When Prophecy Failed* [New York: Seabury, 1979], 205).

미쳤다고 할지라도, 이 시기의 이스라엘 종교에는 그 이상의 무언가가 개입되었다. 포로기는 일부 이스라엘 집단이 천년왕국설에 기울게 된 중요한 부가 요소를 배태하고 있었다. 예를 들어 한 시기의 종결이라는 단순한 개념이 천년왕국 집단이 부상하게 된 동기가 될 수 있다. 오늘날 우리의 문화를 보면, 2000년이 가까워오자 사람들이 묵시 사상에 대해 엄청난 관심을 보였다.[8] 마찬가지로, 이스라엘의 바빌로니아 유수는 한 시기의 종국을 나타내며, 세상에 다가오는 급격한 변화에 대한 기대를 불러일으켰다.

유수로 인한 새 시대는 사람들이 받아들여야 할 많은 변화를 수반했고, 여러 집단은 자신들의 세상에 일어난 변화를 보며 천년왕국설로 기울게 되었다. 그러므로 유럽의 혁명들과 영국의 전반적인 배반의 징후는 어빙과 천년왕국설을 위한 길을 터놓았다. 요엘의 경우, 기근과 메뚜기 떼는 너무나 기이하여 요엘 집단의 세계관의 변화를 촉진시켰다. 동시에 유수는 근본을 흔드는 변화였음이 틀림없다. 포로민의 세계에 일어난 이런 변화는 그들의 믿음과 사고방식의 변화를 수반했다. 예를 들어 이 시기의 많은 이들은 하나님에 관한 자신들의 인식이 매우 협소함을 깨닫게 되었다. 야웨는 그저 한 민족의 신이 아니라 그 이상이며, 역사 안에서 일하시는 분이다. 다시 말해 옛 세계관은

---

8) Yonina Talmon은 천년왕국설이 중세 말과 근대 초 사이의 변혁기에 많았다는 사실에 주목한다("Millenarism"[sic], *The International Encyclopedia of the Social Sciences* [New York: Macmillan and Free press, 1968], 10:355). Hillel Schwartz는 어떻게 주요 변화가 여전히 오늘날에도 천년왕국설의 결정적 요소가 될 수 있는지를 서술한다. 그러므로 Schwartz는 "많은 이에게 2000년은 진정한 천년이 될 것이므로, 역사적 신화는 지속된다"라고 말한다("Millenarianism, An Overview," in *The Encyclopedia of Religion*, ed. Mircea Eliade [New York: Macmillan, 1987], 9:530).

세계를 보게 된 사람들의 새로운 의식 수준을 설명해내지 못했다. 그 결과 그들은 새로운 의미의 우주를 수용하게 되었다.

동시에 요엘의 위기처럼 유수는 종말의 전조가 되는 중요한 조짐이었다. 요엘서에서처럼, 위기는 미래의 변화와 위기의 징조로 보일 수 있다. 그러므로 일부 집단에게 유수는 다가오는 하나님의 세계 심판의 초기 징조로 보였으며, 회복은 하나님의 종말론적 구원의 준비처럼 보였다. 이런 식으로 포로기 이후는 일부 집단이 천년왕국설의 부상으로 기울게 되는 시기였다. 이 시기는 또한 많은 종말론적 저작물에 끼친 이스라엘의 초기 예언자의 영향이 중요한 방식으로 인지되는 때였다.[9] 요엘의 경우처럼, 포로기 이후에는 메뚜기 떼조차 집단들을 동요시켰으며, 이들은 초기 텍스트로부터 천년왕국설을 암시하는 묵시적 징조를 찾아내고자 했다.

한 걸음 물러나서 포로기와 포로기 이후를 더 넓은 관점으로 보더라도 에스겔 38-39장, 스가랴 1-8장, 그리고 요엘서 연구를 통해 전개된 박탈 이론에 대한 평가는 바뀌지 않는다. 일반적인 경우 및 구체적인 경우 모두 묵시 사상의 세계관 변화를 유발하는 긍정적 요소들이 분명히 있다. 이런 경우 천년왕국설을 야기한 박탈을 찾을 필요는 없다.

---

9) 겔 38:17; 슥 1:4-5, 그리고 6장 각주 73에 열거한 요엘의 인용 관습에 대한 언급을 보라. Willem S. Prinsloo가 관찰했듯이, 열방을 향한 야웨의 심판과 이스라엘에 대한 축복이라는 종말론적 약속은 포로기 이후에 틀림없이 매우 중요해졌을 것이다(*The Theology of the Book of Joel* [New York: Walter de Gruyter, 1985], 105, 112).

미래의 연구를 위해 나아갈 길

이 책이 택한 방법은 고대 근동과 지중해 세계의 묵시 텍스트에 대한 일반 연구를 위한 시사점을 지니고 있다. 천년왕국 집단 분석을 위한 구성적 패러다임은 일부 텍스트의 사회학을 규명하는 데 도움이 된다. 예를 들어 아카드어 묵시 문학의 사회학은 권력을 쥐고 있는 집단에 의해 일부 텍스트가 기록되었다는 제안하에 재검토되어야 한다.[10] 일부 유대 묵시 문학의 사회학 역시 재평가되면 유익할 것이다. 예를 들어 「아브라함 유언서」 이면의 "위기"는 단순히 죽음의 불가피성[11]일 수 있다. 「희년서」 이면의 계열은 반정부 집단은 아니었던 것 같다.[12]

나는 사독계 천년왕국설에 초점을 맞췄고, 이 현상의 후속 역사를 앞으로 검토할 필요가 있다고 본다. 물론 이런 연구는 분명 사독계가 기초를 놓은 쿰란 공동체에 대한 지속적인 검토를 포함한다.[13] 4QMMT 같은 텍스트는 쿰란의 사독계가 기득권층 내부 분쟁에 연루

---

10) William Hallo, "Akkadian Apocalypses," *IEJ* 16 (1966): 231-42; Robert R. Wilson, *Prophecy and Society in Ancient Israel* (Philadelphia: Fortress, 1980), 123을 보라.

11) John J. Collins, *Daniel with an Introduction to Apocalyptic Literature*, FOTL 20 (Grand Rapids, Mich.: Eerdmans, 1984), 22을 보라.

12) George W. E. Nickelsburg, "Social Aspects of Palestinian Jewish Apocalypticism," *Apocalypticism in the Mediterranean World and the Near East*, ed. D. Hellholm (Tübingen: J.C.B Mohr, 1983), 648을 보라.

13) 일부 쿰란 자료는 쿰란 공동체나 그 지도자들을 "사독의 아들"로 언급한다(특히 다메섹 문서 3:20-4:4을 보라). George W. E. Nickelsburg, *Jewish Literature Between the Bible and the Mishnah* (Philadelphia: Fortress, 1981), 133-34; Jerome Murphy-O'Connor, O.P., "The Judean Desert," in *Early Judaism and its Modern Interpreters*, ed. R. Kraft and G. Nickelsburg (Philadelphia: Fortress; and Atlanta: Scholars Press, 1986), 139-41; Geza Vermes, *The Dead Sea Scrolls in English* (New York: Penguin, 1962), 63을 보라.

되었음을 입증해준다. 이들은 성전 제의에서 물러남으로써, 희생 제사 율법과 제의적 정결과 같은 논쟁거리를 두고 예루살렘의 제사장 행정부 내에 머문 자들과 여전히 논쟁 중이었다.[14]

마지막으로 천년왕국 집단이 시간의 경과에 따라 어떻게 변해갔는지를 계속 연구하면 유익할 것이다. 예를 들어 묵시적 비관주의가 부상하게 된 요소를 추가로 연구할 필요가 있다. 스가랴 집단과 비슷한 방식으로 집단 구성과 방향성에 일어난 변화가 다니엘서나 요한계시록과 같은 여타 묵시 작품에 덧붙여진 비관적인 단락의 이면에 있는지, 앞으로의 연구는 질문을 던져야 한다.

---

14) 현재까지 이를 다룬 문헌으로는 Philip R. Davies, "The Social World of Apocalyptic Writings," in *The World of Ancient Israel*, ed. R. E. Clements (Cambridge, England: Cambridge University Press, 1989), 258; Lawrence H. Schiffman, "The New Halakhic Letter (4QMMTand the Origins of the Dead Sea Sect," *BA* 53 (1990); 64-73이 있다.

Aberle, David F. "A Note on Relative Deprivation Theory as Applied to Millenarian and Other Cult Movements." In *Millennial Dreams in Action: Essays in Comparative Study*, ed. S. Thrupp, 209-14. The Hague: Mouton, 1962.

_____. "The Prophet Dance and Reactions to White Contact." *Southwestern Journal of Anthropology* 15 (1959): 74-83.

Ackroyd, Peter R. "Apocalyptic in Its Social Setting." *Int* 30 (1976): 412-15.

_____. "Archaeology, Politics and Religion: The Persian Period." *Iliff Review* 39/2 (1982): 5-24.

_____. *Exile and Restoration*. OTL. Philadelphia: Westminster, 1968.

_____. "Two Old Testament Historical Problems of the Early Persian Period." *JNES* 17 (1958): 13-27.

Adas, Michael. *Prophets of Rebellion: Millenarian Protest Movements against the European Colonial Order*. Chapel Hill: University of North Carolina Press, 1979.

Ahlström, Gosta W. *Joel and the Temple Cult of Jerusalem*. Leiden: Brill, 1971.

Ahroni, Reuben. "The Gog Prophecy and the Book of Ezekiel." HAR 1 (1977): 1-27.

Allan, Graham. "A Theory of Millennialism: The Irvingite Movement as an

Illustration." *British Journal of Sociology* 25 (1974): 296-311.

Allen, Leslie C. *The Books of Joel, Obadiah, Jonah and Micah*. NICOT. Grand Rapids, Mich.: Eerdmans, 1976.

Amsler, Samuel. *Aggée, Zacharie, Malachie*. CAT 11c. Paris: Delachaux & Niestlé, 1981.

_____. "Zacharie et l'origine de l'apocalyptique." VTSup 22, pp. 227-31. Congress Volume: Uppsala, 1971. Leiden: Brill, 1972.

Anderson, Bernhard W. *Understanding the Old Testament*. Englewood Cliffs, N.J.: Prentice-Hall, 1986.

Anderson, Gray A. *A Time to Mourn, A Time to Dance*. University Park: Pennsylvania State University Press, 1991.

Astour, Michael C. "Ezekiel's Prophecy of God and the Cuthean Legend of Naram-Sin." *JBL* 95 (1976): 567-79.

Avigad, Nahman. *Bullae and Seals from a Post-Exilic Judean Archive. Qedem* 4. Jerusalem: Hebrew University Institute of Archaeology, 1976.

Baldwin, Joyce G. *Haggai, Zechariah, Malachi*. London: Tyndale, 1972.

Barber, Bernard. "Acculturation and Messianic Movements." *American Sociological Review* 6 (1941): 663-69.

Barr, James. "Jewish Apocalyptic in Recent Scholarly Study." *BJRL* 58 (1975): 9-35.

Berth, Hermann, and Odil Hannes Steck. *Exegese des Alten Testaments: Leitfaden der Methodik*. Neukirchen-Vluyn: Neukirchener Verlag, 1971.

Begrich, Joachim. "Das priesterliche Heilsorakel." *ZAW* 52 (1934): 81-92.

Bercovitch, Sacvan. *The Puritan Origins of the American Self*. New Haven: Yale University Press, 1975.

Berger, Peter L. "Charisma and Religious Innovation: The Social Location of Israelite Prophecy." *American Sociological Review* 28 (1963): 940-50.

Bergler, Siegfried. *Joel als Schriftinterpret*. Beiträge zur Erforschung des Alten Testaments und des Antiken Judentums 16. Frankfurt am Main: Verlag

Peter Lang, 1988.

Bewer, Julius A. *A Critical and Exegetical Commentary on Obadiah and Joel*. ICC. New York: Scribner's, 1911.

Blenkinsopp, Joseph. *Ezekiel*. Interpretation. Louisville: John Knox, 1990.

_____. *A History of Prophecy in Israel*. Philadelphia: Westminster, 1983.

Block, Daniel I. "Gog and the Pouring Out of the Spirit." *VT* 37 (1987): 257-70.

Boardman, Eugene P. "Millenary Aspects of the Taiping Rebellion (1851–64)." In *Millennial Dreams in Action: Essays in Comparative Study*, ed. S. Thrupp, 70-79. The Hague: Mouton, 1962.

Bright, John. *A History of Israel*. 3d ed. Philadelphia: Westminster, 1981.

Brownlee, William H. "'Son of Man Set Your Face', Ezekiel the Refugee Prophet." *HUCA* 54 (1983): 83-110.

Bruce, F. F. (Frederick Fyvie). "The Earliest Old Testament Interpretation." In *The Witness of Tradition*. OTS 17, pp. 37-52. Leiden: E. J. Brill, 1972.

Burden, J. J. "Esegiël, Priester en Profeet." *Theologia Evangelica* 18/1 (1985): 14-21.

Burridge, Kenelm. *New Heaven, New Earth: A Study of Millenarian Activities*. New York: Schocken, 1969.

_____. "Reflections on Prophecy and Prophetic Groups." *Semeia* 21 (1981): 99-102.

Burrows, Millar. *The Literary Relations of Ezekiel*. Philadelphia: Jewish Publication Society, 1925.

Carley, Keith W. *The Book of the Prophet Ezekiel*. CBC. Cambridge, England: Cambridge University Press, 1974.

_____. *Ezekiel among the Prophets*. SBT, 2d Series, 31. Naperville, Ill.: Allenson, 1974.

Carroll, Robert P. "Twilight of Prophecy or Dawn of Apocalyptic?" *JSOT* 14 (1979): 3-35.

_____. *When Prophecy Failed*. New York: Seabury, 1979.

Chapman, G. Clark, Jr. "Falling in Rapture Before the Bomb." *The Reformed Journal* 37/6 (June 1987): 11-14.

Charles, R. H. (Robert Henry). *The Apocrypha and Pseudepigrapha of the Old Testament*. Oxford: Clarendon, 1913.

Charlesworth, James H., ed. *The Old Testament Pseudepigrapha*. Vol. 1, *Apocalyptic Literature and Testaments*. Garden City, N.Y.: Doubleday, 1983.

Chesneaux, Jean (contributor). "Current Anthropology Book Review: The Religions of the Oppressed: A Study of Modern Messianic Cults by Vittorio Lanternari." *Current Anthropology* 6 (1965): 447-65.

Childs, Brevard S. "The Enemy from the North and Chaos Tradition." *JBL* 78 (1959): 187-98.

_____. *Introduction to the Old Testament as Scripture*. Philadelphia: Fortress, 1979.

Clements, Ronald Ernest, ed. *The World of Ancient Israel: Sociological, Anthropological and Political Perspectives*. Cambridge, England: Cambridge University Press, 1989.

Clines, David J. *Ezra, Nehemiah, Esther*. NCBC. Grand Rapids, Mich.: Eerdmans, 1984.

Cody, Aelred. *Ezekiel with an Excursus on Old Testament Priesthood*. Wilmington, Del.: Glazier, 1984.

Coggins, Richard J. *Haggai, Zechariah, Malachi*. Old Testament Guides. Sheffield: JSOT Press, 1987.

Cohn, Norman. "Medieval Millenarism: Its Bearing on the Comparative Study of Millenarian Movements." In *Millennial Dreams in Action: Essays in Comparative Study*, ed. S. Thrupp, 31-43. The Hague: Mouton, 1962.

_____. *The Pursuit of the Millennium*. New York: Oxford University Press, 1970.

Collins, John J. *The Apocalyptic Imagination: An Introduction to the Jewish*

Matrix of Christianity. New York: Crossroad, 1984.

_____ . *Daniel With an Introduction to Apocalyptic Literature*. FOTL 20. Grand Rapids, Mich.: Eerdmans, 1984.

_____ . "Introduction: Towards the Morphology of a Genre." *Apocalypse: The Morphology of a Genre. Semeia* 14 (1979): 1-20.

_____ . "The Jewish Apocalypses." *Semeia* 14 (1979): 21-59.

Collum, Danny. "Armageddon Theology as a Threat to Peace." *Faith and Mission* 4/1 (1986): 55-64.

Coogan, Michael. "Life in the Diaspora: Jews at Nippur in the Fifth Century B.C." *BA* 37/1 (1974): 6-12.

Cross, Frank Moore. *Canaanite Myth and Hebrew Epic*. Cambridge, Mass.: Harvard University Press, 1973.

Daniels, Ted. *Millennialism: An International Bibliography*. New York: Garland, 1992.

Davies, Philip R. "The Social World of Apocalyptic Writings." In *The World of Ancient Israel*, ed. R. E. Clements, 251-71. Cambridge, England: Cambridge University Press, 1989.

Day, Peggy L. *An Adversary in Heaven: śāṭān in the Hebrew Bible*. HSM 43. Atlanta: Scholars Press, 1988.

Deissler, Alfons. *Zwölf Propheten*. Würzburg: Echter Verlag, 1981.

Deist, Ferdinand E. "Parallels and Reinterpretation in the Book of Joel: A Theology of the Yom Yahweh?" In *Text and Context: Old Testament and Semitic Studies for F. C. Fensham*, ed. W. Claassen, 63-79. JSOTS up 48. Sheffield: JSOT Press, 1988.

_____ . "Prior to the Dawn of Apocalyptic." In *The Exilic Period: Aspects of Apocalypticism*, 13-38. OTWSA 25/26 (1982/1983).

Dentan, Robert C. "The Book of Zechariah, Chapters 9-14, Introduction and Exegesis." *IB* 6:1089-1114.

Duhm, Bernhard. "Anmerkungen zu den Zwölf Propheten: X. Buch Joel." *ZAW*

31 (1911): 184-88.

Dumbrell, W. J. "Kingship and Temple in the Post-Exilic Period." *The Reformed Theological Review* 37 (1978): 33-42.

_____. "Some Observations on the Political Origins of Israel's Eschatology." *The Reformed Theological Review* 36 (1977): 33-41.

Dürr, Lorenz. *Die Stellung des Propheten Ezechiel in der Israelitisch-Jüdischen Apokalyptik.* Alttestamentliche Abhandlungen 9:1, ed. J. Nikel. Münster: Aschendorffschen Verlagsbuchhandlung, 1923.

Eliade, Mircea. "'Cargo Cults' and Cosmic Regeneration." In *Millennial Dreams in Action: Essays in Comparative Study*, ed. S. Thrupp, 139-43. The Hague: Mouton, 1962.

Eliot, John. "Letter from Rev. John Eliot, 1664." In *The New England Historical and Genealogical Register*, 9:131-33. Boston: Drake, 1855.

Elliger, Karl. *Das Buch der zwölf Kleinen Propheten.* ATD 25/2. Göttingen: Vandenhoeck & Ruprecht, 1959.

Erling, B. "Ezekiel 38-39 and Origins of Jewish Apocalyptic." In *Ex Orbe Religionum Studia Geo Widengren*, 1:104-14. Leiden: E. J. Brill, 1972.

Ewald, Heinrich. *Die Propheten des alten Bundes.* Göttingen: Vandenhoeck & Ruprecht, 1841.

Faith, Karlene. "One Love—One Heart—One Destiny: A Report on the Ras Tafarian Movement in Jamaica." In *Cargo Cults and Millenarian Movements*, ed. G. Trompf, 295-341. Berlin: Mouton de Gruyter, 1990.

Festinger, Leon, Henry W. Riecken, and Stanley Schachter. *When Prophecy Fails: A Social and Psychological study of a Modern Group That Predicted the Destruction of the World.* New York: Harper & Row, 1964 (1st ed.: 1956).

Fine, Lawrence. "Medieval Jewish Apocalyptic Literature." In *The Encyclopedia of Religion*, ed. M. Eliade, 1:342-44. New York: Macmillan, 1987.

Firth, Raymomd W. *Elements of Social Organization.* New York: Philosophical

Library, 1951.

Frost, Stanley B. "Apocalyptic and History." In *The Bible in Modern Scholarship*, ed. J. p. Hyatt, 98–113. Nashville: Abingdon, 1965.

Frye, Richard N. "Qumran and Iran: The State of Studies." In *Christianity, Judaism and Other Greco-Roman Cults*. Morton Smith Festschrift, ed. Jacob Neusner, 3:167–73. Leiden: E. J. Brill, 1975.

Garrett, Duane A. "The Structure of Joel." *JETS* 28 (1985): 289–97.

Gerstenberger, Erhard S. *Psalms, Part 1, with an Introduction to Cultic Poetry*. FOTL 14. Grand Rapids, Mich,: Eerdmans, 1988.

Gese, Hartmut. "Anfang und Ende der Apokalytik, dargestellt am Sacharjabuch." *ZTK* 70 (1973): 20–49.

Gibson, John C. L. *Canaanite Myths and Legends*. Edinburgh: T. & T. Clark, 1978.

Glock, Charles Y. "The Role of Deprivation in the Origin and Evolution of Religious Groups." In *Religion and Social Conflict*, ed. R. Lee and M. W. Marty, 24–36. New York: Oxford University Press, 1964.

Glock, Charles Y., and Rodney Stark. *Religion and Society in Tension*. Chicago: Rand McNally, 1965.

Gottwald, Norman K. *The Hebrew Bible: A Socio-Literary Introduction*. Philadelphia: Fortress, 1985.

_____. "Problems and Promises in the Comparative Analysis of Religious Phenomena." *Semeia* 21 (1981): 103–12.

Greenberg, Moshe. "The Design and Themes of Ezekiel's Program of Restoration." *Int* 38 (1984): 181–208.

Gressmann, Hugo. *Der Messias*. Göttingen: Vandenhoeck & Ruprecht, 1929.

_____. *Der Ursprung der israelitisch-jüdischen Eschatologie*. Göttingen: Vandenhoeck & Ruprecht, 1905.

Guiart, Jean. "The Millenarian Aspect of Conversion to Christianity in the South Pacific." In *Millennial Dreams in Action: Essays in Comparative Study*, ed.

S. Thrupp, 122-38. The Hague: Mouton, 1962.

Gunkel, Hermann. *Schöpfung und Chaos in Urzeit und Endzeit*. Göttingen:
Vandenhoeck & Ruprecht, 1895.

Hallo, William. "Akkadian Apocalypses." *IEJ* 16 (1966): 231-42.

Halpern, Baruch. "The Ritual Background of Zechariah's Temple Song." *CBQ* 40
(1978): 167-90.

Hals, Ronald M. *Ezekiel*. FOTL 19. Grand Rapids, Mich.: Eerdmans, 1989.

Hamerton-Kelly, Robert G. "The Temple and the Origins of Jewish Apocalyptic."
VT 20 (1970): 1-15.

Hammershaimb, Erling. "The Change in Prophecy during the Exile." In *Some
Aspects of Old Testament Prophecy from Isaiah to Malachi*, 91-112.
Copenhagen: Rosenkilde og Bagger, 1966.

Hanson, Paul D. "Apocalypse, Genre." In *IDBSup*, 27-28.

_____. "Apocalypticism." In *IDBSup*, 28-34.

_____. *The Dawn of Apocalyptic*. Philadelphia: Fortress, 1979.

_____. "In Defiance of Death: Zechariah's Symbolic Universe." In *Love and
Death in the Ancient Near East*. Marvin Pope Festschrift, ed. J. Marks and R.
Good, 173-79. Guilford, Conn.: Four Quarters, 1987,

_____. "Malachi." In *Harper's Bible Commentary*, ed. J. Mays, 753-56. San
Francisco: Harper & Row, 1988.

_____. *Old Testament Apocalyptic*. Nashville: Abingdon, 1987.

_____. *The People Called: The Growth of Community in the Bible*. San
Francisco: Harper & Row, 1986.

_____. "Prolegomena to the Study of Jewish Apocalyptic." In *Magnalia Dei:
The Mighty Acts of God*, ed. F. M. Cross, W. Lemke, and P. D. Miller, Jr.,
389-413. Garden City, N. Y.: Doubleday, 1976.

_____. *Visionaries and their Apocalypses*. Philadelphia: Fortress, 1983.

_____. "Zechariah, Book of." In *IDBSup*, 982-83.

Harrelson, Walter. "The Celebration of the Feast of Booths According to Zech xiv 16-21." In *Religions in Antiquity*. Goodenough Festschrift, ed. J. Neusner, 88-96. Leiden: Brill, 1968.

Harrison, Roland Kenneth. *Introduction to the Old Testament*. Grand Rapids, Mich.: Eerdmans, 1969.

Hilgenfeld, Adolf. *Die jüdische Apokalyptik in ihrer geschichtlichen Entwicklung*. Jena: F. Mauke, 1857.

Hill, Michael. *A Sociology of Religion*. New York: Basic Books, 1973.

Hine, Virginia H. "The Deprivation and Disorganization Theories of Social Movements." In *Religious Movements in Contemporary America*, ed. I. Zaretsky and M. Leone, 646-61. Princeton, N. J.: Princeton University Press, 1974.

Hoffmann, Hans Werner. "Form—Funktion—Intention." *ZAW* 82 (1970): 341-46.

Hoffmann, Yair. "The Day of the Lord as a Concept and a Term in the Prophetic Literature." *ZAW* 93 (1981): 37-50.

Hölscher, Gustav. "Die Entstehung des Buches Daniel." *TSK* 92 (1919): 113-38.

_____. *Die Profeten*. Leipzig: J. C. Hinrichs, 1914.

Hossfeld, Frank L. *Untersuchungen zu Komposition und Theologie des Ezechielbuches*. FB 20. Würzburg: Echter, 1977.

Howie, Carl G. "Gog and Magog." *IDB*, 2:436-37.

Hurvitz, Avi. *A Linguistic Study of the Relationship Between the Priestly Source and the Book of Ezekiel*. Paris: Gabalda, 1982.

Irwin, William A. *The Problem of Ezekiel*. Chicago: University of Chicago Press, 1943.

Jeremias, Christian. *Die Nachtgesichte des Sacharja*. Göttingen: Vandenhoeck & Ruprecht, 1977.

Johnson, Aubrey R. *The Cultic Prophet in Ancient Israel*. Cardiff: University of Wales Press, 1944.

_____. *The Cultic Prophet and Israel's Psalmody*. Cardiff: University of Wales Press , 1979.

Kähler, Martin. *The So-Called Historical Jesus and the Historic, Biblical Christ*. Trans. C. Braaten. Philadelphia: Fortress, 1988 (1st German ed., 1892).

Kaminsky, Howard. "The Free Spirit in the Hussite Revolution." In *Millennial Dreams in Action: Essays in Comparative Study*, ed. S. Thrupp, 166-86. The Hague: Mouton, 1962.

Kapelrud, Arvid S. *Joel Studies*. Uppsala: Lundequistska Bokhandeln, 1948.

Käsemann, Ernst. "The Beginnings of Christian Theology." In *New Testament Questions of Today*, 82-107. Trans. W. J. Montague. Philadelphia: Fortress, 1969.

Kaufmann, Yehezkel. *The Religion of Israel*. Trans. M. Greenberg. Chicago: University of Chicago Press, 1960.

Klein, Ralph W. *Ezekiel: The Prophet and His Message*. Columbia: University of South Carolina Press, 1988.

_____. *Israel in Exile*. OBT. Philadelphia: Fortress, 1979.

Koch, Klaus. *The Growth of the Biblical Tradition: The Form-Critical Method*. Trans. S. M. Cupitt. New York: Macmillan, 1969.

_____. *The Rediscovery of Apocalyptic*. Naperville, Ill.: Allenson, 1972.

Kraus, Hans Joachim. *Worship in Israel*. Trans. G. Buswell. Oxford: Basil Blackwell, 1966.

Kuhrt, Amélie. "The Cyrus Cylinder and Achaemenid Imperial Policy." *JSOT* 25 (1983): 83-97.

Kutsch, Ernst. "Heuschreckenplage und Tag Jahwes in Joel 1 und 2." *TZ* 18 (1962): 89-94.

La Barre, Weston. *The Ghost Dance: Origins of Religion*. Garden City, N.Y.: Doubleday, 1970.

_____. "Materials for a History of Studies of Crisis Cults: A Bibliographic Essay." *Current Anthropology* 12 (1971): 3-44.

Lamarche, Paul. *Zacharie IX-XIV: Structure littéraire et messianisme*. Paris: J. Gabalda, 1961.

Landau, Yehezkel. "The President and the Prophets." *Sojourners* 13/6 (June-July 1984): 24-25.

Lang, Bernhard, ed. *Anthropological Approaches to the Old Testament.* Philadelphia: Fortress, 1985.

Lanternari, Vittorio. "Nativistic and Socio-religious Movements: A Reconsideration." *Comparative Studies in Society and History* 16 (1974): 483-503.

_____. *The Religions of the Oppressed.* Trans. L. Sergio. New York: Knopf, 1963.

Lasswell, Harold D. "Collective Autism as a Consequence of Culture Contact: Notes on Religious Training and the Peyote Cult at Taos." *Zeitschrift für Sozialforschung* 4 (1935): 232-47.

Lawrence, Peter. "The Fugitive Years: Cosmic Space and Time in Melanesian Cargoism and Mediaeval European Chiliasm." In *Millennialism and Charisma*, ed. R. Wallis, 285-315. Belfast, Northern Ireland: Queen's University, 1982.

Levenson, Jon D. *Theology of the Program of Restoration of Ezekiel 40-48.* Missoula, Mont.: Scholars Press, 1976.

Lewis, I. M. (Ioan Myrddin). *Ecstatic Religion.* New York: Routledge, 1971.

_____. "Spirit Possession and Deprivation Cults." *Man* n.s. 1 (1966): 307-29.

Lindblom, Johannes. *Prophecy in Ancient Israel.* Philadelphia: Fortress, 1962.

Linton, Ralph. "Nativistic Movements." *American Anthropologist* 45 (1943): 230-40.

Lofland, John. *Doomsday Cult.* Englewood Cliffs, N.J.: Prentice-Hall, 1966.

Long, Burke O. "Perils General and Particular." *Semeia* 21 (1981): 125-28.

Long, Charles H. "Cargo Cults as Cultural Historical Phenomena." *JAAR* 42 (1974): 403-14.

Lücke, Friedrich. *Versuch einer vollständigen Einleitung in die Offenbarung Johannis und in die Gesammte apokalyptische Literatur.* Bonn: E. Weber,

1852.

Lust, Johan. "The Final Text and Textual Criticism. Ez 39,28." In *Ezekiel and His Book: Textual and Literary Criticism and Their Interrelation*, ed. J. Lust, 48-54. Leuven, Belgium: Leuven University Press, 1986.

_____. "The Order of the Final Events in Revelation and in Ezekiel." In *L'Apocalypse johannique et l'Apocalyptique dans le Nouveau Testament*, 179-83. Leuven: Leuven University Press, 1980.

MacRae, George W., S.J. "The Meaning and Evolution of the Feast of Tabernacles." *CBQ* 22 (1960): 251-76.

Mannheim, Karl. *Ideology and Utopia: An Introduction to the Sociology of Knowledge*. Trans. L. Wirth and E. Shils. New York: Harcourt, Brace and Co., 1936 (1st German ed., 1929).

Mason, Rex. *The Books of Haggai, Zechariah and Malachi*. CBC. Cambridge, England: Cambridge University Press, 1977.

_____. "The Relation of Zech 9-14 to Proto-Zechariah." *ZAW* 88 (1976): 227-39.

_____. "Some Echoes of the Preaching in the Second Temple? Tradition Elements in Zechariah 1-8." *ZAW* 96 (1984): 221-35.

Mastin, Brian A. "A Note on Zechariah 6:13." *VT* 26 (1976): 113-15.

Mauch, Theodore M. "Zechariah." In *IDB*, 4:941-43.

Mayes, Andrew D. H. *The Old Testament in Sociological Perspective*. London: Marshall Pickering, 1989.

_____. "Sociology and the Old Testament." In *The World of Ancient Israel: Sociological, Anthropological and Political Perspectives*, 39-63. Cambridge, England: Cambridge University Press, 1989.

McBride, S. Dean, Jr. "Biblical Literature in its Historical Context: The Old Testament." In *Harper's Bible Commentary*, ed. J. Mays, 14-26, San Francisco: Harper and Row, 1988.

McEvenue, Sean E. "The Political Structure in Judah from Cyrus to Nehemiah."

CBQ 43 (1981): 353-64.

Meeks, Wayne A. *The First Urban Christians: The Social World of the Apostle Paul*. New Haven: Yale University Press, 1983.

Merx, Adalbert. *Die Prophetic des Joel und ihre Ausleger*. Halle a.S.: Verlag der Buchhandlung des Waisenhauses, 1879.

Meyer, Lester V. "An Allegory Concerning the Monarchy: Zech 11:4-17; 13:7-9." In *Scripture in History and Theology: Essays in Honor of J. Coert Rylaarsdam*, ed. A. Merrill and T. Overholt, 225-40. Pittsburgh: Pickwick, 1977.

Meyers, Carol, and Eric Meyers. *Haggai, Zechariah 1-8*. AB 25B. Garden City, N.Y.: Doubleday, 1987.

Meyers, Eric. "The Shelomith Seal and Aspects of the Judean Restoration: Some Additional Reconsiderations." ErIsr 17 (1985): 33-38.

Milgrom, Jacob. *Leviticus 1-16*. AB 3. Garden City, N.Y.: Doubleday, 1991.

Millar, William R. *Isaiah 24-27 and the Origin of Apocalyptic*. Missoula, Mont.: Scholars Press, 1976.

Miller, J. Maxwell, and John H. Hayes. *A History of Ancient Israel and Judah*. Philadelphia: Westminster, 1986.

Miller, Patrick D., Jr. *The Divine Warrior in Early Israel*. Cambridge, Mass.: Harvard University Press, 1973.

Mitchell, Hinckley. *Haggai, Zechariah, Malachi and Jonah*. ICC. New York: Scribner's, 1912.

Mooney, James. *The Ghost-Dance Religion and the Sioux Outbreak of 1890*. Lincoln: University of Nebraska Press, 1991.

Mowinckel, Sigmund. *He That Cometh*. Nashville: Abingdon, 1954.

_____. *Psalmenstudien III: Kultprophetie und prophetische Psalmen*. Oslo: Jacob Dybwad, 1923.

_____. *The Psalms in Israel's Worship*. Trans. D. R. Ap-Thomas. Nashville: Abingdon, 1967.

Möller, Hans P. "Mantische Weisheit und Apokalyptik." VTSup 22, 268-93. Congress Volume: Uppsala, 1971. Leiden: Brill, 1972.

Murphy-O'Connor, Jerome, O. P. "The Judean Desert." In *Early Judaism and its Modern Interpreters*, ed. R. Kraft and G, Nickelsburg, 119-56. Philadelphia: Fortress, and Atlanta: Scholars Press, 1986.

Nash, Kathleen S. "The Palestinian Agricultural Year and the Book of Joel." Ph.D. diss., Catholic University of America, Washington, D. C., 1989.

Nash, Philleo. "The Place of Religious Revivalism in the Formation of the Intercultural Community on Klamath Reservation." In *Social Anthropology of North American Tribes*, ed. F. Eggan, 377-442. Chicago: University of Chicago Press, 1937.

Neil, William. "Zechariah, Book of." In *IDB*, 4:943-47.

Nicholson, Ernest W. "Apocalyptic." In *Tradition and Interpretation*, ed. G. W. Anderson, 189-213. Oxford: Clarendon, 1979.

Nickelsburg, George W. E. *Jewish Literature Between the Bible and the Mishnah*. Philadelphia: Fortress, 1981.

_____. "Social Aspects of Palestinian Jewish Apocalypticism." In *Apocalypticism in the Mediterranean World and the Near East*, ed. D. Hellholm, 641-54. Tübingen: J. C. B. Mohr, 1983.

Nobile, Marco. "Beziehung zwischen Ez 32, 17-32 und der Gog-Perikope (Ez 38-39) im Lichte der Endredaktion." In *Ezekiel and His Book: Textual and Literary Criticism and their Interrelation*, ed. J. Lust, 255-59. Leuven, Belgium: Leuven University Press, 1986.

North, Francis S. "Aaron's Rise in Prestige." *ZAW* 66 (1954): 191-99.

North, Robert. "Prophecy to Apocalyptic via Zechariah." VTSup 22, 47-71. Congress Volume: Uppsala, 1971. Leiden: Brill, 1972.

O'Brien, Julie. *Priest and Levite in Malachi*. SBLDS 121. Atlanta: Scholars Press, 1990.

Ogden, Graham S. "Joel 4 and Prophetic Responses to National Laments." *JSOT*

예언과 묵시

26 (1983): 97–106.

Ogden, Graham S., and Richard R. Deutsch. *A Promise of Hope—A Call to Obedience: A Commentary on the Books of Joel and Malachi.* International Theological Commentary. Grand Rapids, Mich.: Eerdmans, 1987.

Olson, Theodore. *Millennialism, Utopianism, and Progress.* Toronto: University of Toronto Press, 1982.

Orlinsky, Harry M. "Whither Biblical Research?" *JBL* 90 (1971): 1–14.

Overholt, Thomas W. *Channels of Prophecy: The Social Dynamics of Prophetic Activity.* Minneapolis: Fortress, 1989.

_____. "Model, Meaning, and Necessity." *Semeia* 21 (1981): 129–32.

_____. *Prophecy in Cross-Cultural Perspective: A Sourcebook for Biblical Researchers.* Atlanta: Scholars Press, 1986.

Pedersen, Joh[anne]s. *Israel: Its Life and Culture.* 4 vols. London: Oxford University Press, 1940.

Penniman, T. K.(Thomas Kenneth). *A Hundred Years of Anthropology.* London: Duckworth, 1935.

Petersen, David L. *Haggai and Zechariah 1-8.* OTL. London: SCM, 1984.

_____. *The Roles of Israel's Prophets.* JSOTSup 17. Sheffield: JSOT Press, 1981.

_____. "Zechariah." In *Harper's Bible Commentary,* ed. J. Mays, 747–52. San Francisco: Harper and Row, 1988.

_____. "Zechariah's Visions: A Theological Perspective." *VT* 34 (1984): 195–206.

Petitjean, Albert. *Les Oracles du proto-Zacharie: un programme de restauration pour la communauté juive après l'exil.* Paris: J. Gabalda, 1969.

Phelan, John L. *The Millennial Kingdom of the Franciscans in the New World.* 2d ed. Berkeley and Los Angeles: University of California Press, 1970.

Pierce, Ronald W. "Literary Connectors and a Haggai/Zechariah/Malachi Corpus." *JETS* 27 (1984): 277–89.

참고 문헌

_____. "A Thematic Development of the Haggai/Zechariah/Malachi Corpus." *JETS* 27 (1984): 401-11.

Plöger, Otto. *Theocracy and Eschatology.* Trans. S. Rudman. Richmond, Va.: John Knox, 1968.

Plumstead, A. W. (Arthur William). *The Wall and the Garden.* Minneapolis: University of Minnesota Press, 1968.

Pope, Marvin. "Notes on the Rephaim Texts from Ugarit." In *Essays on the Ancient Near East in Memory of Jacob Joel Finkelstein.* Memoirs of the Connecticut Academy of Arts and Sciences 19, ed. M. Ellis, 163-82. Hamden, Conn.: Archon, 1977.

Portnoy, Stephen L., and David L. Petersen. "Biblical Texts and Statistical Analysis: Zechariah and Beyond." *JBL* 103 (1984): 11-21.

Prinsloo, Willem S. *The Theology of the Book of Joel.* New York: Walter de Gruyter, 1985.

Pritchard, James B., ed. *Ancient Near Eastern Texts Relating to the Old Testament.* 3d ed. Princeton, N.J.: Princeton University Press, 1969.

Rad, Gerhard von. *Old Testament Theology.* Trans. D. Stalker. New York: Harper and Row, 1965.

_____. *Wisdom in Israel.* Trans. J. Martin. New York: Abingdon, 1973.

Radday, Yehuda T., and Moshe A. Pollatscheck. "Vocabulary Richness in Post-Exilic Prophetic Books." *ZAW* 92 (1980): 333-46.

Redditt, Paul L. "The Book of Joel and Peripheral Prophecy." *CBQ* 48(1986): 225-40.

_____. "Israel's Shepherds: Hope and Pessimism in Zechariah 9-14." *CBQ* 51 (1989): 631-42.

Ribeiro, René. "Brazilian Messianic Movements." In *Millennial Dreams in Action: Essays in Comparative Study*, ed. S. Thrupp, 55-69. The Hague. Mouton, 1962.

Robinson, Theodore H., and Friedrich Horst. *Die ZwölfKleinen Propheten.* HAT

1/14. Tübingen: J. C. B. Mohr, 1938.

Rogerson, John William. *Anthropology and the Old Testament*. Sheffield. JSOT Press, 1984.

Rowland, Christopher. "The Visions of God in Apocalyptic Literature." *Journal for the Study of Judaism* 10 (1979): 137-54.

Rowley, H. H. (Harold Henry). *The Relevance of Apocalyptic*. London: Lutterworth, 1944.

_____. "Ritual and the Hebrew Prophets." *JSS* 1 (1956): 338-60.

_____. *Worship in Ancient Israel*. London: SPCK, 1967.

Rudolph, Wilhelm. *Haggai—Sacharja 1-8—Sacharja 9-14—Maleachi*. KAT 13/4. Gütersloh: Gütersloher Verlagshaus Gerd Mohn, 1976.

_____. *Joel-Amos-Obadja-Jona*. KAT 13/2. Gütersloh: Gütersloher Verlagshaus Gerd Mohn, 1971.

Russell, D. S. (David Syme). *Apocalyptic: Ancient and Modern*. Philadelphia: Fortress, 1978.

_____. *The Method and Message of Jewish Apocalyptic*. Philadelphia: Westminster, 1964.

Sæbø, Magne. "Vom Grossreich zum Weltreich: Erwägungen zu Pss. lxxii 8, lxxxix 26, Sach. ix 10b." *VT* 28 (1978): 83-91.

Sandeen, Ernest R. "Millennialism." In *The New Encyclopaedia Britannica*, 12: 200-203. 15th ed. Macropaedia. Chicago: Benton, 1974.

Schiffman, Lawrence H. "The New Halakhic Letter (4QMMT) and the Origins of the Dead Sea Sect." *BA* 53 (1990): 64-73.

Schmithals, Walter. *The Apocalyptic Movement: Introduction and Interpretation*. Trans. John E. Steely. Nashville: Abingdon, 1975.

Scholem, Gershom. *Sabbatai Ṣevi: The Mystical Messiah 1626-1676*. Princeton, N.J.: Princeton University Press, 1973.

Schwartz, Gary. *Sect Ideologies and Social Status*. Chicago: University of Chicago Press, 1970.

Schwartz, Hillel. "The End of the Beginning: Millenarian Studies, 1969-1975." *RelSRev* 2/3 (1976): 1-14.

_____. "Millenarianism, An Overview." *The Encyclopedia of Religion*, ed. Mircea Eliade, 9:521-32. New York: Macmillan, 1987.

Schweitzer, Albert. *The Quest of the Historical Jesus*. New York: Macmillan, 1957 (1st German ed., 1906).

Sellin, Ernst. *Studien zur Entstehungsgeschichte der jüdischen Gemeinde nach dem babylonischen Exil*. Leipzig: A. Deichert, 1901.

_____. *Das Zwölfprophetenbuch*. KAT 12/1. Leipzig: A. Deichert, 1922.

Seybold, Klaus. *Bilder zum Tempelbau: Die Visionen des Propheten Sacharja*. SB 70. Stuttgart: Verlag Katholisches Bibelwerk, 1974.

Shaked, Shaul. "Qumran and Iran: Further Considerations." *Israel Oriental Studies* 2 (1972): 433-46.

Shaw, P. E.(Plato Ernest). *The Catholic Apostolic Church Sometimes Called Irvingite: A Historical Study*. Morningside Heights, N.Y.: King's Crown, 1946.

Shepperson, George. "The Comparative Study of Millenarian Movements." In *Millennial Dreams in Action: Essays in Comparative Study*, ed S. Thrupp, 44-52. The Hague: Mouton, 1962.

_____. (contributor). "Current Anthropology Book Review: The Religions of the Oppressed: A Study of Modern Messianic Cults by Vittorio Lanternari." *Current Anthropology* 6 (1965): 447-65.

_____. "Nyasaland and the Millennium." In *Millennial Dreams in Action: Essays in Comparative Study*, ed. S. Thrupp, 144-59. The Hague: Mouton, 1962.

Sierksma, F. (contributor). "Current Anthropology Book Review: The Religions of the Oppressed: A Study of Modern Messianic Cults by Vittorio Lanternari." *Current Anthropology* 6 (1965): 447-65.

Simpson, George. "The Ras Tafari Movement in Jamaica in its Millennial

Aspect." In *Millennial Dreams in Action: Essays in Comparative Study*, ed.
S. Thrupp, 160–65. The Hague: Mouton, 1962.

Sinclair, Lawrence A. "Redaction of Zechariah 1–8." *BR* 20 (1975): 36–47.

Smend, Rudolf. "Anmerkungen zu Jes. 24–27." *ZAW* 4 (1884): 161-224.

Smith, Morton. *Palestinian Parties and Politics That Shaped the Old Testament*.
London: SCM, 1971.

Soggin, J. Alberto. *Introduction to the Old Testament*. OTL. Trans. J. Bowden.
Philadelphia: Westminster, 1976.

Spier, Leslie, Wayne Suttles, and Melville J. Herskovits. "Comment on Aberle's
Thesis of Deprivation." *Southwestern Journal of Anthropology* 15 (1959):
84–88.

Stendebach, Franz Joseph. *Prophetie und Tempel: Die Bücher Haggai—
Sacharja—Maleachi—Joel*. Stuttgart: Verlag Katholisches Bibelwerk, 1977.

Stone, Michael E. "Lists of Revealed Things in the Apocalyptic Literature." In
Magnalia Dei: The Mighty Acts of God, ed. F. M. Cross, W. Lemke, and P. D.
Miller, Jr., 414–52. Garden City, N.Y.: Doubleday, 1976.

Stuhlmueller, Carroll, C. P. *Rebuilding with Hope: A Commentary on the Books
of Haggai and Zechariah*. International Theological Commentary. Grand
Rapids, Mich.: Eerdmans, 1988.

Suttles, Wayne. *Coast Salish Essays*. Seattle: University of Washington Press,
1987.

————. "The Plateau Prophet Dance among the Coast Salish." *Southwestern
Journal of Anthropology* 13 (1957): 352–96.

Talmon, Yonina. "Millenarism" [sic]. *In The International Encyclopedia of the
Social Sciences*, 10:349–62. New York: Macmillan Company and Free
Press, 1968.

Taylor, John B. *Ezekiel: An Introduction and Commentary*. Leicester, England:
Tyndale, 1969.

Thomas, D. Winton. "The Book of Zechariah, Chapters 1–8, Introduction and

Exegesis." In *IB*, 6:1053-1088.

Thrupp, Sylvia L. "Millennial Dreams in Action: A Report on the Conference Discussion." In *Millennial Dreams in Action: Essays in Comparative Study*, ed. S. Thrupp, 11-27. The Hague: Mouton, 1962.

Towner, W. Sibley. "Daniel." In *Harper's Bible Commentary*, ed. J. L. Mayes, 695-706. San Francisco: Harper & Row, 1988.

Troeltsch, Ernst. *The Social Teaching of the Christian Churches*. 2 vols. Trans. O. Wyon. New York: Harper Torchbooks, 1960 (1st German ed., 1911).

Trompf, Gary W., ed. *Cargo Cults and Millenarian Movements: Transoceanic Comparisons of New Religious Movements*. Berlin: Mouton de Gruyter, 1990.

Tucker, Gene M. *Form Criticism of the Old Testament*. Old Testament Guides to Biblical Scholarship. Philadelphia: Fortress, 1971.

van der Kroef, Justus. "Messianic Movements in the Celebes, Sumatra, and Borneo." In *Millennial Dreams in Action: Essays in Comparative Study*, ed. S. Thrupp, 80-121. The Hague: Mouton, 1962.

van der Woude, Adam S. "Serubbabel und die messianischen Erwartungen des Propheten Sacharja." *ZAW* 100 Suppl. (1988): 138-56.

_____. Zion as Primeval Stone in Zechariah 3 and 4." In *Text and Context: Old Testament and Semitic Studies for F. C. Fensham*, ed. W. Claassen, 237-48. Sheffield: JSOT Press, 1988.

Vaux, Roland de. *Ancient Israel*. New York: McGraw-Hill, 1961.

Vawter, Bruce, C. M. "Apocalyptic: Its Relation to Prophecy." *CBQ* 22 (1960): 33-46.

Vermes, Geza. *The Dead Sea Scrolls in English*. 2d ed. New York: Penguin, 1962.

Vielhauer, Philipp. "Apocalypses and Related Subjects, Introduction." In *New Testament Apocrypha*, ed. E. Hennecke and W. Schneemelcher, 2:579-607. London: Lutterworth, 1965.

Voget, Fred W. "The American Indian in Transition: Reformation and

Accommodation." *American Anthropologist* 58 (1956): 249-63.

Wallace, Anthony F. C. "Revitalization Movements." *American Anthropologist* 58 (1956): 264-81.

Wallis, Roy, ed. *Millennialism and Charisma*. Belfast, Northern Ireland: Queen's University, 1982.

Wanke, Gunther. "Prophecy and Psalms in the Persian Period." In *The Cambridge History of Judaism*, ed. W. D. Davies and L. Finkelstein, 1:162-88. Cambridge, England: Cambridge University Press, 1984.

Waterman, Leroy. "The Camouflaged Purge of Three Messianic Conspirators." *JNES* 13 (1954): 73-78.

Watts, John D. W. *The Books of Joel, Obadiah, Jonah, Nahum, Habakkuk and Zephaniah*. CBC. Cambridge, England: Cambridge University Press 1975.

Weber, Max. *The Sociology of Religion*. Trans. E. Fischoff. Boston: Beacon, 1963 (1st German ed., 1922).

Weinstein, Donald. "Millenarianism in a Civic Setting: The Savonarola Movement in Florence." In *Millennial Dreams in Action: Essays in Comparative Study*, ed. S. Thrupp, 187-203. The Hague: Mouton, 1962.

_____. *Savonarola and Florence: Prophecy and Patriotism in the Renaissance*. New Jersey: Princeton University Press, 1970.

Weiss, Johannes. *Jesus' Proclamation of the Kingdom of God*. Philadelphia: Fortress, 1971 (1st German ed., 1892).

Wellhausen, Julius. *Die Kleinen Propheten übersetzt und erklärt*. 3d ed. Berlin: Georg Reimer, 1898.

_____. *Prolegomena to the History of Ancient Israel*. Gloucester, Mass.: Peter Smith, 1973 (1st German ed., 1878).

_____. "Zechariah, Book of." In *Encyclopaedia Biblica*, ed. T. Cheyne, 4:5390-95. New York: Macmillan, 1903.

Werblowsky, R. J. Zwi. "Messiah and Messianic Movements." In *The New Encyclopaedia Britannica*, 11:1017-22. 15th ed. Macropaedia. Chicago:

Benton, 1974.

Westermann, Claus. *Praise and Lament in the Psalms.* Atlanta: John Knox, 1981.

Wevers, John W. *Ezekiel.* NCBC. Greenwood, S.C.: Attic Press, 1969.

Widengren, Geo. "The Persian Period." In *Israelite and Judaean History*, ed. John H. Hayes and J. Maxwell Miller, 489-538. Philadelphia: Westminster, 1977.

Wilder, Amos N. "The Rhetoric of Ancient and Modern Apocalyptic." *Int* 25 (1971): 436-53.

Williams, F. E. "The Vailala Madness in Retrospect." In *Essays Presented to C. G. Seligmann, ed. E. E. Evans-Pritchard*, et al., 369-79. London: K. Paul, Trench, Trubner, 1934.

Wilson, Bryan R. *Magic and the Millennium.* New York: Harper & Row, 1973.

Wilson, Robert R. "Ezekiel." In *Harper's Bible Commentary*, ed. J. Mays, 652-94. San Francisco: Harper and Row, 1988.

_____ . "From Prophecy to Apocalyptic: Reflections on the Shape of Israelite Religion." *Semeia* 21 (1981): 79-95.

_____ . "The Problems of Describing and Defining Apocalyptic Discourse." *Semeia* 21 (1981): 133-36.

_____ . *Prophecy and Society in Ancient Israel.* Philadelphia: Fortress, 1980.

_____ . *Sociological Approaches to the Old Testament.* Old Testament Guides to Biblical Scholarship, ed. G. Tucker. Philadelphia: Fortress, 1984.

Winston, David. "The Iranian Component in the Bible, Apocrypha, and Qumran: A Review of the Evidence." *HR* 5 (1966): 183-216.

Wittgenstein, Ludwig. *Philosophical Investigations.* 3d ed. Trans. G. Anscombe. New York: Macmillan, 1958.

Wolff, Hans Walter. *A Commentary on the Books of the Prophets Joel and Amos.* Hermeneia. Philadelphia: Fortress, 1977.

Worsley, Peter. *The Trumpet Shall Sound: A Study of "Cargo" Cults in Melanesia.* 2d ed. New York: Schocken, 1968.

Zimmerli, Walther. *Ezechiel*. Neukirchen-Vluyn: Neukirchener, 1969.

_____. *Ezekiel 1*. Hermeneia. Trans. R. E. Clements. Philadelphia: Fortress, 1979.

_____. *Ezekiel 2*. Hermeneia. Trans. J. D. Martin. Philadelphia: Fortress, 1983

_____. "The Message of the Prophet Ezekiel." *Int* 23 (1969): 131-57.

인명 색인

Bewer, J. A. (베버, 율리우스 A.) 268

Blenkinsopp, J. (블렌킨소프, 조셉) 37, 151, 154n.17, 166n.61, 167n.65, 195n.141, 227n.63, 228n.71, 252n.124, 259n.148, 262n.157, 264n.160, 271, 272, 312n.106, 315n.114

Block, D. I. (블록, 대니얼 I.) 149n.1, 198n.145, 200, 201n.151

Boardman, E. P. 61n.25, 66n.44, 71n.62

Bruce, F. F. 165n.57

Burden, J. J. 185n.113

Burridge, K. (버릿지, 케넬름) 52n.5, 55, 60n.22, 62n.28, 63n.29, 64n.32, 67n.45, 68n.51, 69n.54, 70n.59, 71, 72n.67, 80, 82n.105, 83n.111, 85n.114, 86, 92n.135, 96, 97, 129n.72, 137n.93, 141n.106, 321n.126

C

Carroll, R. P. 343n.7

Chapman, G. C. (채프먼, G. 클라크) 81

Charles, R. H. (찰스, R. H.) 26, 27n.4

Chesneaux, J. 133n.85

Childs, B. S. (차일즈, 브레바드 S.) 157n.26, 158n.32, 160, 161, 205n.9, 206n.10, 219n.42, 221n.48, 223n.52, 261, 283, 298n.72

Clines, D, J. 194n.140

Coggins, R. J. 213n.26

Cohn, N. (콘, 노먼) 47, 77, 121, 126, 193-94, 318, 321-23

Collins, J. J. (콜린스, 존 J.) 25n.2, 26n.3, 54n.9, 56, 58n.16, 59n.17, 72n.68, 73n.72, 74n.74, 93n.136, 158n.31, 161n.42, 208n.15, 346n.11

Coogan, M. 187n.120

Cross, F. M. (크로스, 프랭크 무어) 32, 53n.8

D

Daniels, T. 48n.63

Davies, P. R. 28n.9, 32n.15, 66n.40, 121n.48, 347n.14

Day, P. L. 213n.26

Deist, F, E. 87n.121, 166n.61, 181n.98, 292n.63, 295n.65

Dentan, R. C. 264n.160

Duhm, B. (둠, 베른하르트) 268-69, 271, 294

Dumbrell, W. J. 204n.3, 226n.59, 239n.94, 243n.104

Dürr, L. (뒤어, 로렌츠) 156, 157n.29, 159n.33, 163n.47, 164, 165, 166n.58, 175, 182n.105, 319n.123

E

Erling, B. 150n.5, 158n.31, 165, 170n.74, 178n.92, 193n.135, 219n.43

Ewald, H. (에발트, 하인리히) 207

예언과 묵시

308n.95, 326n.143

Meeks, W. A. (믹스, 웨인 A.) 43, 44, 45n.54, 53n.8, 60n.20, 72, 92n.135

Merx, A. 315n.112

Meyer, L. V. 260n.151

Meyers, C. and E. Meyers 220n.45, 223n.52, 228n.71, 231n.76, 253n.129, 254n.134, 262n.155

Meyers, E. 262n.155

Milgrom, J. 179n.94

Miller, P. D. 53n.8, 154n.14, 237n.89, 278n.30

Mitchell, H. 219n.43

Mooney, J. (무니, 제임스) 48, 109n.9, 138

Mowinckel, S. (모빙켈, 지그문트) 27, 155n.20, 240n.95, 286n.49, 287n.50, 302n.83

Müller, H. P. 208n.16

Murphy-O'Conner, J. 346n.13

N

Nash, K. S. (내쉬, 캐서린 S.) 288n.53, 290n.60, 295n.65, 299n.73, 301n.79, 341

Nash, P. (내쉬, 필리어) 41, 45

Neil, W. (니일, 윌리엄) 37, 224n.56, 227n.64, 236n.84, 254n.135, 258n.144

Nicholson, E. W. 27n.7

Nickelsburg, G. W. E. 92n.134, 346n.12

Nobile, M. 176n.87

North, R. 73n.73, 149n.1, 208, 215n.31, 283n.41

O

O'brien, J. 205n.9, 228n.68, 259n.148, 261n.154

Ogden, G. S. (오그던, 그레이엄 S.) 287n.51, 288n.53, 299n.73, 310n.102, 312, 313n.108, 325n.140

Olson, T. (올슨, 테오도르) 35n.24, 62n.28, 63n.31, 66n.40 68n.51, 76, 77n.82, 85n.113, 86n.118, 119n.40, 193n.135

Overholt, T. W. (오버홀트, 토머스 W.) 62n.28, 64n.33, 65n.38, 68n.51, 69n.54, 71n.64, 72n.67, 86n.116, 92n.134, 105n.4, 107n.7, 109n.9, 123n.54, 128n.69, 129n.73, 137n.93, 138, 139, 227n.62, 249n.117, 260n.151, 286n.49, 321n.126

P

Peterson, D. L. 104n.2, 234n.80, 236n.87, 237n.89, 244n.105, 245n.111

Phelan, J. L. (펠란, 존 L.) 62n.28, 77n.85, 117n.34, 118, 119n.41, 120n.44, 143n.112, 251n.121, 256, 258n.146, 262n.157, 322n.133, 323n.135, 327n.145

Pierce, R. W. (피어스, 로널드 W.) 206n.10, 256n.141, 257, 258n.143

Plöger, O. (플뢰거, 오토) 23, 30-40, 48, 121, 133n.82, 150n.5, 204, 247, 249, 260n.150, 269, 270-272, 307, 324-326

Pope, M. 134, 155n.19, 160n.37, 205n.9

Prinsloo, W. S. (프린슬루, 빌렘 S.) 273n.21, 275n.24, 278, 284n.44, 287n.51, 290n.59, 295n.65, 298n.72, 299n.74, 301, 303n.85, 305n.88, 308n.96, 312n.106, 326n.142, 345n.9

R

Rad, G. von (라트, 게르하르트 폰) 39, 181n.97, 212, 247n.113

Redditt, P. L. (레딧, 폴 L.) 37, 44n.53, 260n.150, 264n.160, 272, 292n.63, 307n.92, 326, 327n.144

Ribeiro, R. (리베이로, 르네) 62n.27, 63n.31, 64n.34, 67n.45, 69n.54, 71n.63, 72n.67, 82, 86n.115, 92n.134, 139n.99

Robinson, T. H., and F. Horst 269n.5

Rowley, H. H. (로울리, H. H.) 27, 28, 32, 38, 286n.49, 308

Rudolph, W. 216n.35, 288n.53, 290n.61

Russell, D. S. (러셀, D. S.) 27, 28, 38, 57n.15

S

Sæbø, M. 158n.30, 224n.55, 274n.22

Schiffman, L. H. 347n.14

Schmithals, W. (슈미탈스, 발터) 36, 37, 216n.35

Scholem, G. (숄렘, 게르솜) 78, 83n.108, 87n.120, 92n.133, 126

Schwartz, H. (슈바르츠, 힐렐) 40n.41, 48n.63, 75n.78, 85n.113, 86, 87n.119, 90n.126, 110n.15, 113, 114n.25, 344n.8

Schweitzer, A. 29n.10

Sellin, E. (젤린, 에른스트) 207, 208n.14, 269n.5

Seybold, K. (제이볼드, 클라우스) 53n.8, 73n.73, 208n.15, 211n.23, 222n.49, 230, 231n.76, 241n.97, 242n.102, 254n.135, 306n.89

Shaked, S. 28n.8

Shaw, P. E. (쇼, P. E.) 79, 91n.130, 94n.138, 122, 123n.55, 137n.93

Sierksma, F. 117n.33

Sinclair, L. A. 221n.47

Smend, R. (스멘트, 루돌프) 207

Smith, M. 28n.8, 35n.24

Soggin, J. A. 204n.5

Spier, L. 83n.109, 84n.112

Stendebach, F. J. 228n.70, 242n.100, 281n.36

Stone, M. E. 53n.8, 59n.18

Stuhlmueller, C. 206n.10, 222n.49, 227n.64, 230n.75, 236n.86, 237n.88, 252n.128, 262n.157, 305n.87

Suttles, W. (서틀스, 웨인) 83n.109, 84n.112, 124, 125n.60, 318n.120

288n.53, 289n.55, 290n.59, 291n.62, 296, 298, 307, 309, 317, 325

Worsley, P. (워슬리, 피터) 63n.30, 65n.38, 67, 68n.50, 69n.53, 70n.58, 74, 85n.114, 86n.116, 92n.135, 129n.72, 133n.83, 137n.95, 140, 141n.105, 142n.107

Z

Zimmerli, W. (침멀리, 발터) 149n.1, 152n.10, 153n.12, 156n.23, 157n.28, 163, 167n.62, 166n.59, 169, 171, 174, 175, 179n.93, 180n.95, 181n.99, 182n.102, 183n.109, 186n.118, 188n.123, 189n.125, 199n.146, 200n.147, 243n.103, 275, 276n.26, 315n.114

성서 색인

예언과 묵시

한국구약학연구소 총서 002

예언과 묵시

포로기 이후 묵시 사상에 대한 사회학적 연구

Copyright ⓒ 새물결플러스 2016

1쇄발행_ 2016년 10월 28일

지은이_ 스티븐 L. 쿡
옮긴이_ 이윤경
펴낸이_ 김요한
펴낸곳_ 새물결플러스
편   집_ 왕희광·정인철·최율리·박규준·노재현·최정호·한바울·유진·신준호
디자인_ 서린나·송미현·이지훈·이재희·김민영
마케팅_ 이승용·임성배
총   무_ 김명화·최혜영
영   상_ 최정호·조용석

아카데미_ 유영성·최경환·김태윤

홈페이지 www.hwpbooks.com
이메일 hwpbooks@hwpbooks.com
출판등록 2008년 8월 21일 제2008-24호
주소 (우) 07214 서울특별시 영등포구 양평로 11, 4층(당산동5가)
전화 02) 2652-3161
팩스 02) 2652-3191

ISBN 979-11-86409-79-4 93230

책값은 뒤표지에 있습니다.

이 도서의 국립중앙도서관 출판시도서목록(CIP)은 서지정보유통지원시스템 홈페이지
(http://seoji.nl.go.kr)와 국가자료공동목록시스템(http://www.nl.go.kr/kolisnet)에서
이용하실 수 있습니다(CIP제어번호: CIP2016024725).